Pop Shop

Gespräche mit Jugendlichen in Haft

KONKRET LITERATUR VERLAG

2. überarbeitete Auflage Januar 2008

Lektorat: Christiane Ensslin, Köln
Umschlaggestaltung: Jörg Hauenstein, Köln
Fotos Umschlag und Innenteil: Jörg Hauenstein, Köln
Satz: Jörg Hauenstein, Köln
Druck: Hans-Jürgen Weber Druck und Werbung, Köln
ISBN 978-3-89458-254-8
www.konkret-literatur-verlag.de

Klaus Jünschke
Jörg Hauenstein
Christiane Ensslin

Pop Shop

Gespräche mit Jugendlichen in Haft

KONKRET LITERATUR VERLAG

Inhalt

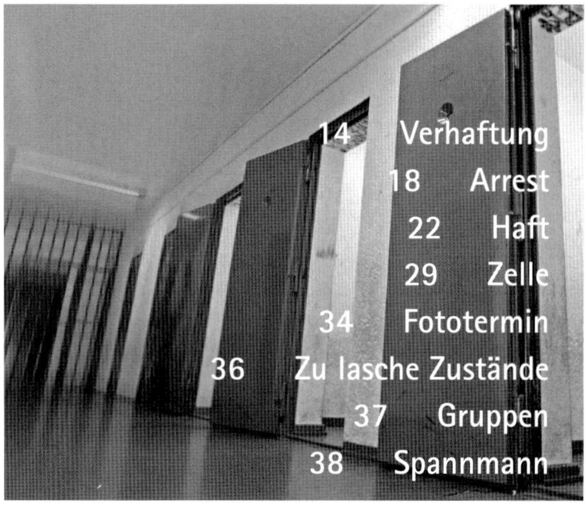

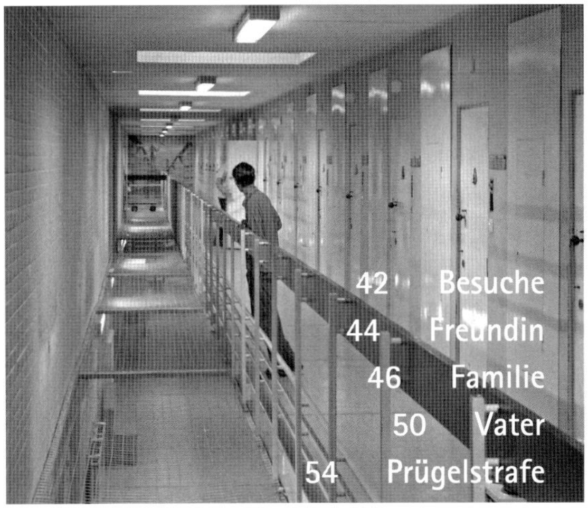

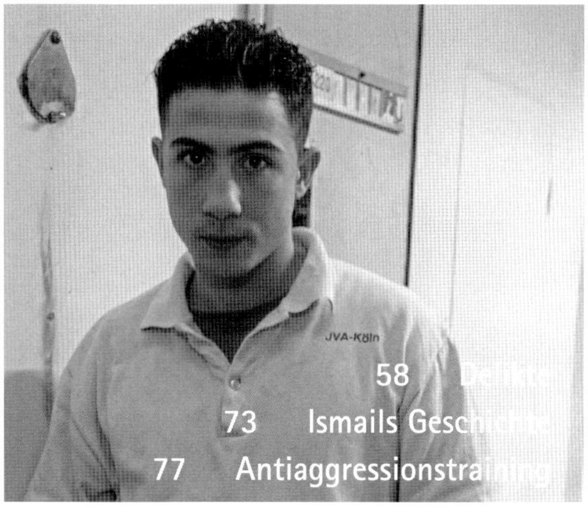

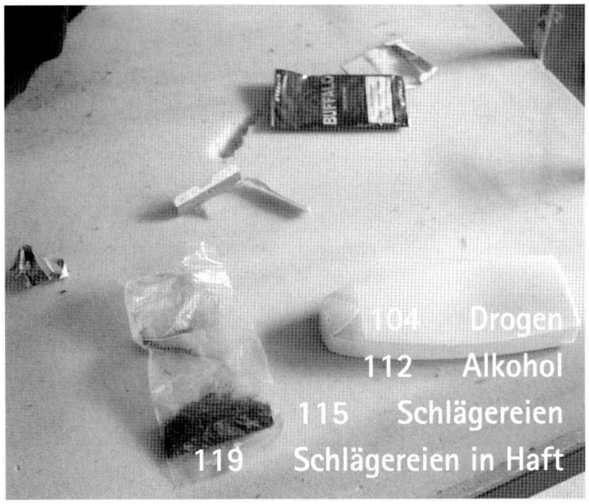

Ein Jahr lang, bis Ende Juli 2006 hat Klaus Jünschke mit insgesamt etwa zwanzig Jugendlichen und Heranwachsenden in der Jugendabteilung der Justizvollzugsanstalt Köln gesprochen. Dieses Projekt des Kölner Appell gegen Rassismus e.V* lief unter der Bezeichnung „Erzählwerkstatt". Jeden Montag von 15 – 17 Uhr trafen sich sechs Jugendliche mit ihm in den Gemeinschaftsräumen der Hafthäuser 8 und 9. Einige waren nur einige Wochen dabei, weil sie schnell entlassen wurden, andere arbeiteten fast dieses ganze Jahr mit. Sie sind teilweise noch heute in den Justizvollzugsanstalten Siegburg, Heinsberg und Iserlohn in Haft, wohin sie nach ihrer Verurteilung verlegt wurden. Mit einigen besteht ein reger Briefwechsel.

Angekündigt und im Hafthaus bekannt gemacht wurde die Erzählwerkstatt durch ein kleines Plakat auf dem Schwarzen Brett gegenüber der Kanzel der Beamten. Daran kommen alle Jugendlichen beim täglichen Gang in den Hof zur Freistunde oder beim Verlassen des Hafthauses vorbei, wenn sie zum Anwalt oder zum Besuch der Freundin oder der Familienangehörigen begleitet werden. Die Jugendlichen und Heranwachsenden haben durch diesen Aushang erfahren, dass es Ziel dieser Erzählwerkstatt ist, ein Buch aus der Sicht der Gefangenen herauszubringen. Nachdem die Gruppentreffen schon ein paar Wochen stattgefunden hatten, sorgte die Mundpropaganda dafür, dass es immer mehr Interessenten als freie Plätze in der Gruppe gab. Wer Interesse an der Teilnahme hatte, musste einen Antrag schreiben, in dem er sich für die Gruppe meldete. Der für die Freizeit zuständige Beamte im Jugendbereich der JVA hat die Anträge dann in der Reihenfolge, in der sie gestellt wurden, genehmigt. Nach und nach haben über 20 Jugendliche an der Gruppe teilgenommen.

Zuerst erzählten die Jugendlichen, wie es ihnen ging und was sie in der vergangenen Woche erlebt hatten. Die JVA Köln ist eine Untersuchungshaftanstalt und deshalb haben fast alle am Gesprächskreis beteiligten Jugendlichen ihre Verhandlungen noch vor sich. Einige wenige waren schon verurteilt und warteten auf das Ergebnis der Berufungsverhandlung oder der Revision. Wenn all das besprochen worden war, verständigten wir uns auf bestimmte Themen für das Buch. Oft gab es einen Bezug zur letzen Woche, manchmal aber war es wie ein Schnitt: „Erzählt doch heute mal, was ihr draußen am liebsten in der Freizeit gemacht habt."

Die Jugendlichen waren sehr unterschiedlich: Einige waren aufgeschlossen und fröhlich, dass es keiner Erzählaufforderung bedurfte, um sie zum Reden zu bringen. Während andere gehemmt und traurig waren, bedrückt von ihren Taten und der Trennung von den Familien. Für manche von ihnen war es sehr anstrengend auch nur drei aufeinander folgende Sätze in der Runde zu sprechen. Oft waren ihre Stimmen beim Abhören der Tonbänder nur schwer oder gar nicht zu verstehen. Von den Abschriften der Bänder erhielten alle eine Woche später eine Kopie, und manchmal verlangten die Jugendlichen nach der Lektüre Korrekturen.

Durch Fotos vom Innern der Haftanstalt sollten die Erzählungen ergänzt werden. Als der Fotograf Jörg Hauenstein den Jugendlichen auf seinem Laptop die von ihm gemachten Fotos zeigte, erklärten die Jugendlichen, dass sie selbst auch für das Buch fotografiert werden wollten. In Absprache mit ihnen wurde allerdings vereinbart, dass ihre richtigen Namen im Buch nicht vorkommen sollten.

Wir danken „Wir helfen e.V.", der Aktion des Kölner Stadtanzeigers für Kinder und Jugendliche in Not, für die finanzielle Unterstützung, ohne die dieses Projekt nicht möglich gewesen wäre.

Wir danken der Leitung der JVA Köln, die diese unüberwachte Gesprächsgruppe genehmigt hat. Wir danken auch den Bediensteten aus Haus 8, die die Jugendlichen aus ihren Zellen zum Gruppenraum brachten.

Doch unser ganz besonderer Dank gilt allen zwanzig Jugendlichen und Heranwachsenden. Wir danken ihnen für ihre Offenheit, mit der sie über ihr Leben sprachen, selbst wenn sie niedergeschlagen und traurig waren. Wir danken ihnen, dass wir von ihren Sehnsüchten, ihrer Wut und ihrer Verzweiflung erfahren konnten. Wir danken ihnen auch für ihr Lachen in ihrer Niederlage.

Christiane Ensslin, Jörg Hauenstein, Klaus Jünschke

Köln, April 2007

*www.koelnerappell.de

Gefangene machen ein Buch
in der Erzählwerkstatt
Über das Leben in der JVA
Über das Leben vor der JVA
Über das Leben nach der JVA
Die Zeiten sind härter geworden und härter geworden sind auch die Berichte über Jugendliche und den Strafvollzug. Es wird behauptet, dass Jugendliche immer früher kriminell und immer gewalttätiger werden. Der Ruf nach härteren Strafen wird lauter.
Aber die betroffenen Kinder und Jugendlichen selbst sind nicht zu hören. Um ihnen eine Stimme zu geben, haben wir uns vom Kölner Appell gegen Rassismus entschlossen, ein Buch zu machen, das nur aus Erzählungen von inhaftierten Jugendlichen besteht. Damit es draussen ein Bild vom Leben in der Haft aus der Sicht der Jugendlichen gibt.
Wer Lust hat, an diesem Buch mitzuarbeiten, das im Sommer 2006 erscheinen soll, melde sich per Antrag bei Herrn Kluck.
Wer noch nicht gut erzählen kann, kann es in dieser Erzählwerkstatt lernen.
Die Gruppe findet ab 1. August 2005
montags von 15.15 bis 17 Uhr
im Gruppenraum von Haus 8 statt.
Leitung: Klaus Jünschke,
Kölner Appell gegen Rassismus, Körner Str.77-79, 50823 Köln

Die Kritik am Gefängnis ist so alt wie die Gefängnisse selbst, die Ende des sechzehnten Jahrhunderts entstanden. Bereits 1764 schrieb der italienische Jurist und Schriftsteller Cesare Beccaria in seinem weltberühmten Buch „Über Verbrechen und Strafen": „Es ist besser, den Verbrechen vorzubeugen, als zu bestrafen ... Das sicherste aber schwierigste Mittel, die Verbrechen zu verhüten, ist endlich die Erziehung." 150 Jahre später wurde dieser Gedanke in Deutschland von dem Strafrechtslehrer Franz von Liszt aufgenommen und vertieft. Sozialpolitik stellte für ihn die beste und wirksamste Kriminalpolitik dar. Damit waren Staat und Politik als Verantwortliche für gesellschaftliche Probleme benannt und nicht mehr allein Erziehung und die Familie. Durch die damals eingeführten amtlichen Statistiken wurde außerdem erkannt, dass die harten und langen Strafen gegen Jugendliche genau zum Gegenteil dessen führten, was beabsichtigt war – je härter und länger die Strafen, desto höher die Rückfallquoten. Deshalb sprach Franz von Liszt damals von einem völligen Bankrott der gesamten Strafrechtspflege.

Die im Kaiserreich entstandene Reformbewegung für die Entwicklung einer eigenen Jugendgerichtsbarkeit wurde durch die damals in den angelsächsischen Ländern praktizierte Pädagogik bestätigt. Dort weigerte man sich, im strafbaren Verhalten von Kindern Kriminalität zu sehen. Man sprach von „delinquency". Damit war Fehlverhalten gemeint und zwar in der doppelten Bedeutung des Wortes: Jugendliche haben einen Fehler gemacht, weil ihnen etwas fehlt – nämlich die Lebensbedingungen und vor allem die liebevolle Erziehung, die jeder junge Mensch braucht, um sich zum sozial verantwortlichen Individuum entwickeln zu können.

Ein eigenes Jugendgerichtsgesetz wurde erst in der Weimarer Republik verabschiedet. Es kam aber nicht zu einem allgemeinen Strafvollzugsgesetz und auch nicht zu einem besonderen Jugendstrafvollzugsgesetz. Doch unter dem damaligen Justizminister Gustav Radbruch wurden Strafvollzugsgrundsätze beschlossen, die erste Regelungen für den Umgang mit inhaftierten Jugendlichen enthielten. Mit seinem Satz: „Das ferne Endziel ist nicht ein besserer Strafvollzug, sondern etwas, das besser ist als Strafvollzug", war Radbruch seiner Zeit weit voraus.

Im Nationalsozialismus wurde diese Reformbewegung abrupt beendet. Soweit rechtliche Normen Anwendung fanden, galten sie nur noch für „arische" Jugendliche. Ihre vorzeitige Entlassung aus dem Jugendstrafvollzug war im Krieg „zur Frontbewährung" möglich. Die „nichtarischen" Kinder und Jugendlichen, die behinderten, „asozialen" und homosexuellen wurden ermordet. Die für die Kriminalitätsbekämpfung zuständigen Instanzen Polizei, Justiz, Strafvollzug und Psychiatrie waren daran direkt beteiligt.

In der Bundesrepublik wurde der Zuchthausvollzug für Erwachsene erst in den 60er Jahren durch Gefängnisskandale und Gefangenenrevolten in Hamburg und Köln überwunden. Ein Erfolg der Protestbewegung der 60er Jahre war die Abschaffung der geschlossenen Heimerziehung für Jugendliche und eine Diskussion um die Öffnung, ja sogar Abschaffung der Gefängnisse.

Die große Jugendstrafvollzugskommission, die in den 70er Jahren zusammenkam, forderte:

- Durch ambulante Jugendhilfemaßnahmen soll der geschlossene Vollzug zurückgedrängt werden.

- Der Strafvollzug darf nur die letzte Notlösung vor anderen Sozialisations- und Hilfsangeboten sein.

- Der Vollzug muss eindeutig am Erziehungsgedanken ausgerichtet sein.

Für diese Forderungen gab es damals einen breiten gesellschaftlichen Konsens, an den man heute nur noch mit Wehmut zurückdenken kann. In diesen Jahren entstanden in der Bundesrepublik vier profunde Studien zur Delinquenz von Jugendlichen mit Migrationshintergrund, die in der Tradition von Franz von Liszt eine Reihe von sozialpolitischen Forderungen aufstellten, ergänzt um ausländerrechtliche Verbesserungsvorschläge. Um der Kriminalisierung ausländischer Kinder entgegenzuwirken wurde z.B. eine offensive Integrationspolitik, die Elternarbeit und Gemeinwesenorientierung einschließt, empfohlen, ebenso wie die

Überwindung ihres unsicheren aufenthaltsrechtlichen Status, den die Forscher für die institutionalisierte Randständigkeit verantwortlich machten. Die Empfehlungen der Fachleute fanden in der Politik kein Gehör. Deshalb sitzen heute die Kinder der damals Inhaftierten in den Jugendstrafanstalten.

In den 80er Jahren kam es vor allem in den USA, aber auch in fast allen anderen demokratischen Ländern zu einem fundamentalen Wechsel in der Wirtschafts- und Sozialpolitik, wofür die Begriffe Neoliberalismus und Globalisierung stehen. Kriminalpolitisch bedeutet dies die Abkehr von der wohlfahrtsstaatlich orientierten Auseinandersetzung mit delinquentem Verhalten zu immer mehr Kontrolle und Repression.

In den USA führte diese Entwicklung dazu, dass dort heute über 700 von 100.000 Einwohnern inhaftiert sind – das ist die größte Haftrate der Welt. (Nur zum Vergleich: in Deutschland sind es 97, in Russland 581 und in Finnland 66). Am Ende seiner Studie „Elend hinter Gittern", in der sich der Soziologe Loic Wacquant mit dieser Situation auseinandersetzt, schreibt er: „Die Vereinigten Staaten haben sich eindeutig für eine Kriminalisierung des Elends als Gegenstück zur allgemeinen sozialen Unsicherheit und der Unsicherheit auf dem Arbeitsmarkt entschieden. Europa steht vor einer historischen Entscheidung: Wegschluss der Armen und polizeiliche und strafrechtliche Kontrolle der von den Umwälzungen auf dem Arbeitsmarkt und dem entsprechenden Abbau sozialer Schutzmaßnahmen destabilisierten Bevölkerungsschichten einerseits, unverzügliche Schaffung neuer Bürgerrechte – etwa ein von Arbeitsauflagen unabhängiges Mindesteinkommen, ein lebenslanger Anspruch auf Bildung und Ausbildung, ein allgemeines Recht auf Wohnraum und medizinische Versorgung – und gleichzeitige offensive Wiederherstellung der sozialen Leistungsfähigkeit des Staates andererseits. Die Entscheidung wird zeigen, welche Art von Zivilisation den Bürgern angeboten werden soll."

Dieser Zusammenhang macht deutlich, warum in den 90er Jahren das Thema „Ausländerkriminalität" und in diesem Jahrzehnt das Thema „Jugendkriminalität" in der innenpolitischen Auseinandersetzung in der Bundesrepublik zu allgemeinen gesellschaftspolitischen Problemfeldern werden konnten, über das Wahlkämpfe geführt und entschieden wurden. Eine Folge der verhinderten Reformen war der drastische Anstieg der Gefangenenzahlen: Von 1990 bis 1999 hat die Zahl der deutschen Gefangenen um 9 Prozent zugenommen und die der nichtdeutschen um 160 Prozent.

Als der Kölner Appell gegen Rassismus e.V. 1993 die Antirassismusgruppe in der Jugendabteilung der JVA Köln begann, nahmen daran mehrheitlich Jugendliche ohne deutschen Pass teil. Das entsprach der damaligen Zusammensetzung der Gefangenen in der Jugendabteilung, in der über 70 Prozent der Jugendlichen einen Migrationshintergrund hatten. In der Auseinandersetzung mit dieser Situation in der Untersuchungshaft entstand 1997 unser „Kölner Stadtbuch Jugendkriminalität". Der Untertitel lautet: „Gegen die Kriminalisierung von Jugendlichen". Wir setzten uns darin mit dem Prozess der Kriminalisierung von Jugendlichen in Köln im Allgemeinen und mit der überproportionalen Kriminalisierung von Jugendlichen mit Migrationshintergrund im Besonderen auseinander.

Der mühsame Prozess der Überwindung der Leugnung, dass die Bundesrepublik ein Einwanderungsland ist, führte schließlich 2004 zu einem Zuwanderungsgesetz. Da unter der Regelung der Zuwanderung hauptsächlich ihre Begrenzung verstanden wurde, wird den Zugewanderten die Gleichberechtigung nach wie vor verweigert. Das heißt zum Beispiel, dass Jugendliche ohne deutschen Pass abgeschoben werden, wenn sie wegen Drogendelikten zu mehr als zwei Jahren und bei anderen Straftaten zu mehr als drei Jahren ohne Bewährung verurteilt werden. Das betrifft auch Jugendliche, die hier geboren wurden.

Mit der veränderten Wahrnehmung der Einwanderung kam die Integration von Migranten auf die politische Tagesordnung und die Zuschreibung „Ausländerkriminalität" trat in den Hintergrund. In aktuellen regierungsamtlichen Schriften kommt dieses Wort nicht mehr vor.

So hieß es im 2001 vorgelegten „Ersten Periodischen Sicherheitsbericht der Bundesregierung": „Die Thematisierung ‚Zuwanderung und Kriminalität' stellt auf mögliche Folgen des unterschiedlich sicheren Aufenthaltsstatus für Lebensverhältnisse, Integration und Kriminalität ab, anstatt auf Nationalitätenzugehörigkeit." Die strafbaren Handlungen von Migranten und Flüchtlingen werden damit zumindest teilweise als Produkt der Erschwerung und Illegalisierung von Zuwanderung erkannt.

Im „Zweiten Periodischen Sicherheitsbericht" stehen Empfehlungen, die daraus Konsequenzen ziehen: „Insofern die Deliktbegehung stark mit dem Aufenthaltsstatus und dessen Folgen für die Integrationschancen zusammenhängt, ist Prävention vor allem auch durch Integration und dabei für die 2. und 3. Generation mittels Bildungsförderung zu erreichen."

Damit ist man immer noch nicht weiter als Franz von Liszt. Die Tatsache, dass heute wie vor fünfhundert Jahren in den Gefängnissen die Armen und Ohnmächtigen nahezu unter sich sind und die Reformbestrebungen die Lösung in einer besseren Sozial- und Bildungspolitik sehen, vermittelt eindrücklich die Rolle der Kriminalisierung im sozialen Verteilungskampf. In diesen „außerkriminellen" Faktoren sieht der Soziologe Fritz Sack die eigentlich Ursache für die Kriminalisierung von Jugendlichen, die damit zu Sündenböcken gemacht werden, deren Aufgabe es ist, vom eigentlichen gesellschaftlichen Skandal abzulenken: die Armen werden ärmer und die Reichen werden reicher.

Die öffentliche Debatte um die angeblich immer brutaler werdende Jugend wird von einem Verbund aus Polizei, Medien und Politik – ein sich gegenseitig verstärkender Kreislauf – beherrscht. Und entsprechend drastisch fallen die Maßnahmen aus, die Abhilfe bringen sollen: Herabsetzung des Strafmündigkeitsalters von 14 auf 12 Jahre, Herausnahme der Heranwachsenden aus der Jugendstrafrechtspflege, schnellere und härtere Sanktionen und vieles andere mehr. Bei straffällig gewordenen Menschen ohne deutschen Pass wird nach immer umfassenderen und schnelleren Möglichkeiten der Abschiebung gesucht.

In dieser auf immer härtere Repressionen setzenden Entwicklung kommen diejenigen nicht zu Wort, die es betrifft – die Gefangenen. Genau das wollten wir mit unserer Erzählwerkstatt ändern. Diese Gesprächsgruppe hatte die Aufgabe, ein Buch herauszubringen, das parteiisch aus der Sicht und in den Worten der inhaftierten Jugendlichen darstellen soll, wie sie die Haft erleben und was das Gefängnis mit ihnen macht, und zeigen, durch welche Verhältnisse ihr Weg ins Gefängnis vorgezeichnet war.

Die Leserinnen und Leser des Buches sollen nicht nur eine Vorstellung davon bekommen, wie aus Kindern und Jugendlichen in Schwierigkeiten, schwierige und schwierigste Jugendliche werden können. Wir denken, dass die Distanz zu ihnen, die durch Klischees wie Brutalo-Kids und Intensivtäter geschaffen wurde, aufzulösen ist, wenn die Betroffenen von sich reden können. Wir wollen, dass in der Erwachsenengesellschaft die Mitverantwortung für Lebensverhältnisse und die Entwicklung dieser Jugendlichen erkannt werden kann. Vor allem soll der gezielt inszenierte Eindruck zerstört werden, dass mit diesen Jugendlichen nicht mehr geredet werden kann. Tatsächlich haben sie uns viel zu sagen und deshalb müssen sie bei der Regelung ihrer Probleme beteiligt werden.

In seiner Entscheidung vom 21.Mai 2006, in der das Bundesverfassungsgericht die Bundesländer verpflichtet, bis Ende 2007 den Jugendstrafvollzug auf eine gesetzliche Grundlage zu stellen, gibt es dafür Unter-stützung:„Jugendliche befinden sich biologisch, psychisch und sozial in einem Stadium des Übergangs, das typischerweise mit Spannungen, Unsicherheiten und Anpassungsschwierigkeiten, häufig auch in der Aneignung von Verhaltensnormen, verbunden ist. Zudem steht der Jugendliche noch in einem Alter, in dem nicht nur er selbst, sondern auch andere für seine Entwicklung verantwortlich sind. Die Fehlentwicklung, die sich in gravierenden Straftaten eines Jugendlichen äußert, steht in besonders dichtem und oft auch besonders offensichtlichem Zusammenhang mit einem Umfeld und Umständen, die ihn geprägt haben."

Uns geht diese Entscheidung allerdings nicht weit genug. Wenn Jugendliche schon vorübergehend festgehalten werden müssen, dann sollten sie in Zimmern und nicht in Zellen untergebracht werden.

Nach dem Tötungsdelikt in der Jugendstrafanstalt Siegburg im Dezember 2006, bei dem drei Jugendliche den Mitgefangenen Herman Heibach getötet haben, wurde das Recht auf eine Einzelzelle als Schutz vor derartigen Übergriffen beschlossen. Diese Forderung ist blind für die Tatsache, dass Einzelzellen selbst ein Übergriff sind. Besonders bei Jugendlichen löst die Einsperrung in einem kleinen Raum Angstzustände, Gefühle des Ausgeliefert- und Alleinseins aus und produziert Hass. Jugendliche müssen in Zimmern untergebracht werden, die sie verlassen können, wenn sie Angst bekommen. Dieser offene Vollzug als Regelvollzug ist eine alte Forderung der Jugendhilfe: „Menschen statt Mauern."

Die Jugendlichen sind nicht blind gegenüber dem, was sie angerichtet haben, und sie akzeptieren, dass ihnen Einhalt geboten werden musste. Dass sie in den verhängten langen Strafen keinen Sinn sehen, ist nicht nur ihrem persönlichen Wunsch, frei zu sein, geschuldet. Seit Franz von Liszt ist empirisch belegt, dass harte und lange Strafen schaden.

Fast alle Jugendlichen sind bereit, sich mit den Opfern ihrer Handlungen zu verständigen, sich zu entschuldigen und den angerichteten Schaden wieder gut zu machen. Doch kritisch ist zu diesem Täter-Opfer-Ausgleich anzumerken, dass er zu kurz greift, denn zu den Delikten kam es nicht im luftleeren Raum. Wir finden in den Berichten der Jugendlichen in diesem Buch nur einmal mehr bestätigt, dass aus sozialen Konflikten Delikte entstehen. Deshalb muss an diesen sozialen Konflikten angesetzt werden. Es handelt sich um Konflikte der gesellschaftlichen Teilhabe. Es geht um die partielle oder gänzliche Verweigerung des Zugangs zum Arbeitsmarkt, zu sozialstaatlichen Leistungen der Qualifikation und der sozialen Sicherung.

Köln, April 2007

Klaus Jünschke

Für die Jugendlichen

Angel, Arao, Askar, Baki, Beni, Christoph, Claudio, Dominique, Kamil, Marco, Marko, Martin, Mohamed, Rachid, Sascha, Sefa, Stefan, Stephan, Uygur, Yassin

Bilal: Ich wurde verhaftet nach einem Überfall. Wir waren mit dem Auto auf der Autobahn auf der Flucht, da ist uns ein Streifenwagen hinterhergefahren. Nach zwei, drei Kilometer hat der uns überholt und uns diese Anzeige „Bitte folgen" rausgehalten. Da sind wir hinterhergefahren und zuerst war die normale Kontrolle und nach zwei, drei Minuten waren mehrere Streifenwagen und die Kripo da, dann wurden wir festgenommen.

Wie läuft so eine Festnahme ab?

Bilal: Zwei Beamte halten die Waffe auf dich, einer macht die Tür auf und der andere bittet dich, aus dem Wagen auszusteigen.

Wart ihr bewaffnet?

Bilal: Ja, aber das war keine echte Waffe, die mussten keine Angst haben. Dann haben wir Anweisungen bekommen, Hände auf den Rücken, wir wurden abgetastet, Handschellen und dann in den Wagen.

Das war das erste Mal?

Bilal: Ja, also auf diese Art. Man wird schon mal verhaftet wegen Randale oder so, aber nur für kurze Zeit und nicht von zivilen Beamten.

Die Handschellen, waren die vor dem Körper?

Bilal: Nein, hinten, das war in den Schultern richtig schmerzhaft.

Wie ging's weiter?

Bilal: Wir kamen im Polizeipräsidium erst mal gemeinsam in Polizeigewahrsam und nach ein paar Stunden getrennt jeder in eine andere Zelle. Nach Stunden oder nach einer Nacht wird man erst vernommen.

Im Fernsehen hört man immer, ich sage nichts ohne meinen Anwalt.

Bilal: Ja, aber ich hab' was gesagt, denn die hatten alles mit der Kamera aufgenommen, und außerdem hatten wir im Auto auch die Masken und die Waffe, da kann man nichts mehr verheimlichen. Ich war zwei Tage und zwei Nächte im PG. Danach wurde ich vor den Haftrichter geführt und der entscheidet, ob man in Untersuchungshaft kommt oder auf freien Fuß.

Hast du gewusst, dass du Rechte hast, wenn du verhaftest wirst?

Bilal: Ja, die haben mich richtig belehrt. Die haben alles gesagt, was die sagen müssen. Ich musste auch unterschreiben, dass die das gemacht haben.

Fandest du das korrekt, wie die das gemacht haben, oder war das brutal?

Bilal: Nee, das war ganz normal, wie man halt so höflich ist. Nur die Handschellen waren zu eng, die waren falsch positioniert hinten am Rücken. Ich hab' verlangt, dass die nach vorne kommen, das hat richtig in den Schultern geschmerzt. Auf der Fahrt zum Polizeipräsidium haben die mit Absicht Gas gegeben, damit ich so nach hinten falle. Das hat er auch gesagt, dass er weiß, dass das schmerzt. Da kann man gar nichts dagegen machen.

Was ist dir denn durch den Kopf gegangen in dieser Zelle im Polizeigewahrsam?

Bilal: Mein Vater, meine Familie eben. Mir war das egal, ich wusste, dass ich in Untersuchungshaft komme.

Hubertus: Ich bin verhaftet worden, weil ich ohne festen Wohnsitz war. Ich hab' meine Wohnung verloren, also Räumungsklage. Danach bin ich zu einem Kollegen nach Köln gezogen. Zum Schluß hab' ich mich zwar bei meinem Bruder angemeldet, aber in dieser Zeit auf der Straße gelebt. Da ist ein Gerichtstermin gekommen und ich bin nicht erschienen, weil ich die Post ja gar nicht gekriegt habe, deshalb haben die Haftbefehl gegen mich erlassen. Ich wollte in Köln-Mülheim ein geklautes Fahrrad verkaufen, da kam die Polizei und hat gesehen, dass das Fahrrad als gestohlen gemeldet war. Die wollten auch meinen Ausweis sehen und haben dann gesehen, dass ich zur Fahndung ausgeschrieben bin.

Du bist eigentlich bei einer Fahrradkontrolle erwischt worden.

Hubertus: Nein, wir wollten das Fahrrad ja verkaufen und da kam die Polizei, weil wir vorher schon bei zwei, drei Leuten das versucht haben. Ich denk' mal, die haben uns verfolgt. Die kamen aus dem Auto und haben zuerst das Fahrrad kontrolliert.

Waren die in Zivil?

Hubertus: Ja. Am Fahrrad war die Generalnummer, da haben die gewusst, das ist geklaut. Ich hab' die Sicherungskette mit `ner normalen Kneifzange durchgetrennt, aber denen hab' ich erzählt, ich hab' das Fahrrad einfach mitgenommen, es stand da.

Du bist dann in Polizeigewahrsam gekommen?

Hubertus: Ja, erst nach Mülheim, da musste ich die Aussage wegen dem Fahrrad machen, und dann haben sie mich nach Kalk in Polizeigewahrsam gebracht und da Fingerabdrücke gemacht und von Kalk aus haben die mich nach Ossendorf gefahren.

Hast du im PG Fenster gehabt, wo du rausgucken konntest?

Hubertus: Nee, das waren Milchglasfenster, da konntest du gar nicht rausgucken.

Und frische Luft?

Hubertus: Auch nicht, nur so eine Lüftung. Die ersten zwei Tage waren totale Abkacker für mich, draußen hatte ich regelmäßig gekifft und jetzt hatte ich den Tatterich.

Christian: Wir sind aus Holland gekommen und wurden schon zwei Tage vorher observiert, ohne dass wir das mitgekriegt haben.

Warum nicht? Du musst doch gucken, ob einer hinter dir herkommt.

Christian: (lacht) Mit einem Richtmikrofon können die aus fünfhundert Meter Entfernung alles mitkriegen, was du redest, auch die Entfernung des Autos können die feststellen. Davon kriegst du nichts mit im Auto. Bei uns haben sie die Ausfahrt versperrt. Wir wollten runterfahren und haben gesehen, dass wir keine Möglichkeit mehr hatten, da rauszukommen. Dann kamen noch zwei andere Zivilfahrzeuge und haben die Straße abgesperrt. Wir hatten uns ein Auto gekauft, mit dem erst dreitausend Kilometer gefahren wurde, da haben die direkt gefragt, von was wir uns das Auto leisten könnten. Wir haben nur gesagt, das ist unser Auto. Dann kamen die beiden anderen Polizisten und noch mal zwei Polizisten, da waren es schon sechs. Die haben uns die Autoschlüssel abgenommen, das Auto durchsucht und dabei natürlich direkt alles gefunden. Dann wurden wir festgenommen. Sie haben uns alles abgenommen, Führerschein, Bargeld, Uhr, alles. Dann sind wir am selben Abend gegen halb acht in Polizeigewahrsam gekommen. Da saßen wir so zwei bis drei Stunden in der Zelle, getrennt wegen Mittätertrennung.

Was muss man im PG abgeben?

Christian: Die Schuhe muss man vor der Zelle ausziehen und den Gürtel abgeben.

Horst: Ich musste zwei Sporthosen abgeben, wegen der Schnüre.

Hast du deine Zigaretten behalten dürfen?

Christian: Nein, im PG darf man nicht rauchen. Wenn man einen korrekten Polizisten hat, darf man rauchen. Der eine Polizist, der uns festgenommen hat, der kommt aus unserem Dorf, den kannten wir. Sie wollten uns vernehmen, aber wir haben natürlich nichts gesagt. Das Erste, was ich gesagt habe, war, es sollten meine Eltern informiert werden. Da hat der eine Polizist gesagt, ist nicht nötig, die Polizei ist schon vor Ort und macht Hausdurchsuchung.Dabei haben sie die Utensilien gefunden zum Abwiegen und so, aber sonst nichts.

Da war meine Flucht in ein paar Sekunden vorbei

Was haben denn deine Eltern gesagt?

Christian: Es war halt Samstagabend so gegen neun Uhr, da waren die ganz schön vor den Kopf gestoßen. Ich weiß gar nicht, ob die Besuch gehabt haben. Aber bei den Nachbarn ist klar, die seh'n das ja alle.

Kommen die mit Streifenwagen vorgefahren?

Christian: Nein, in Zivil, aber mindestens drei Leute.

Also ist das schon auffällig.

Christian: Ja, auf dem Dorf ist das sowieso auffällig. Wir sind dann am nächsten Morgen um sieben Uhr zum Untersuchungsrichter gekommen. Ich war voll down gewesen, weil die Polizisten gesagt haben, ihr geht jetzt die nächsten paar Jahre in den Knast. Aber die sagten auch noch zu mir, ich an Ihrer Stelle würde flüchten. Dann haben die mich zur Arrestzelle gebracht, da hab ich noch mal drei Stunden gesessen, ohne Handy, ohne alles. Dann haben mich der eine Polizist aus unserem Dorf und ein anderer aus der Zelle geholt und sind mit mir aus dem Haupteingang rausgegangen. Ich hatte keine Handschellen um, da hab' ich an das gedacht, was die gesagt haben, hau' ab. Das hab' ich gemacht, ich bin losgerannt wie der Teufel. Ich wollte auf die Hauptstraße rennen und hab' nicht auf den Verkehr geachtet, da kam von links ein Bus und der hat mich voll umgenietet. (schallendes Gelächter) Da war meine Flucht in ein paar Sekunden vorbei. Dann haben sie mich ohne Arzt, ohne Krankenhaus direkt in den Knast gesteckt. So bin ich nach Ossendorf gekommen und jetzt sitz' ich hier. In zwei Monaten hätte ich Gesellenprüfung gehabt.

Die haben dich nicht misshandelt?

Christian: Nein, ich hatte noch ziemlich viel Bargeld bei mir, vier Kilo Gras, richtig teure Klamotten, allein die Hose hat sechshundert Euro gekostet, und dann noch 1200 Ecstasy-Tabletten. Das alles behält jetzt die Polizei.

Thomas: Als ich auf ein Firmengrundstück ging, stand die Polizei bereits drauf und hat mich festgenommen. Gewaltsam wurden mir die Handschellen angelegt, dann ins Auto gesteckt und ab in die PG-Zelle. Nach vier Stunden sollte ich ′ne Aussage machen, da hab' ich zwei Einbrüche zugegeben. Die haben dann den Haftrichter angerufen, ob ich in Haft soll oder nicht, und der Haftrichter hat mich laufen lassen. Später saß ich zu Hause mit ′nem Freund, da kamen Beamte in Zivil und haben an die Haustür geklopft. Wir waren ganz leise, ′ne halbe Stunde haben die hart geklopft und schließlich die Tür eingetreten, dann wurde ich verhaftet. An dem Tag ist meine Mutter gestorben, ich wollte eigentlich zum Krankenhaus, aber das haben die nicht erlaubt. Sie haben mich in die PG-Zelle gebracht. Die ersten zwei Tage hab' ich Aussagen gemacht, einige Einbrüche zugegeben. Alle zwei Stunden hab' ich die Ampel gedrückt und hab' gesagt, jetzt mach' ich noch mal eine Aussage. Dann bin ich mit denen hochgegangen, weil ich oben rauchen konnte, und hab' noch mal zwei Einbrüche zugegeben. Nach zwei Tagen sind die zu meinem Vater gefahren und haben dort ein Kilo Marihuana gefunden. Die haben fast hundertfünfzig Einbrüche insgesamt gehabt, aber 141 hab' ich nur gemacht, die hab' ich auch zugegeben, und mein Vater hat denen gesagt, wo ich was verkauft habe. Nach zwei Tagen haben die mich aus der PG-Zelle rausgeholt und wollten mich noch an diesem Tag dem Haftrichter vorführen, da hab' ich mich mit zwei Polizisten angelegt, ich wollte mich mit denen prügeln, weil ich wusste, dass die Trauermesse für meine Mutter innerhalb von drei, vier Tagen passieren musste. Die haben meinen Vater angerufen und der kam mit meinem Bruder zum Polizeirevier und haben das geklärt. Dann durfte ich vier Tage auf PG-Zelle bleiben wegen der Beerdigung meiner Mutter. Mit zwei Beamten sind wir zur Trauermesse gefahren, danach zum Haftrichter und der hat gesagt, ab nach Köln-Ossendorf.

Der Haftrichter hat mir noch nicht mal ins Gesicht geguckt

Wenn ich so viele Einbrüche gemacht hätte wie du, da hätte ich Zweifel, ob ich mich noch genau daran erinnern könnte.

Thomas: Da ging's ja nicht nur um mein Gedächtnis, die haben mir Mappen vorgelegt, das war so ein großer Stapel, das waren alles Einbrüche und daraus haben die mir vorgelesen, Datum, Ort, Zeit. Dann haben die noch erklärt, was ich rausgeholt hab' und dann hab' ich gesagt, nein, das hab' ich nicht rausgeholt, aber das. So ging das.

Daniel: Meine erste Verhaftung war schlimm, da war ich 18. Ich hatte zuviel getrunken und hab' angefangen zu weinen.

Wie bist du von der Polizei behandelt worden?

Daniel: Der eine Polizist war freundlich und der andere ein bisschen streng mit mir. Der hat mich ins Auto gezerrt und die Handschellen zu fest gemacht. Da hab' ich den anderen Polizisten gefragt, ob er mir die lockerer machen kann, das hat er auch gemacht. Dann sind sie mit mir zur Polizeiwache gefahren und abends hat meine Mutter mich auf der Polizeiwache abgeholt und wir sind zusammen zu McDonald's, da saßen schon mein Vater und meine kleine Schwester.

Die Eltern waren entsetzt?

Daniel: Ja, ziemlich.

Später bist du noch mal verhaftet worden.

Daniel: Ja, zwei Jahre später, das war vor ein paar Tagen, da haben sie mich am Kirmesplatz festgenommen, weil ich angeblich Kondome geklaut hätte, obwohl mir ein kleiner Junge die in die Hosentasche gestopft hat. Ich hab' auf der Kirmes auf dem Auto-Scooter gearbeitet und wollte mir einen Eistee holen. Sie sind dann mit mir zu meinen Eltern gefahren, weil ich keinen Ausweis bei mir hatte. Als sie den Ausweis gesehen hatten, haben sie gesagt, steigen Sie bitte ein, wir müssen mit Ihnen zur Wache, noch was klären. Dort haben sie mir gesagt, dass ich wegen Autodiebstahl verhaftet bin.

Bruno: Ich war bei meiner ersten Verhaftung 13 Jahre alt. Da hab' ich Haschisch verkauft und zu der Zeit musste ich auch Sozialstunden machen. Wir haben zu viert auf einem Fußballplatz gearbeitet, zwei oben und zwei unten. Dann wollten wir eine kleine Pause machen und statt Pause zu machen sind wir in eine Schule gegangen und haben dort Sachen geklaut. Einen Tag später waren wir wieder auf dem Weg zu den Sozialstunden, da kam die Polizei und hat uns verhaftet. Wir saßen alle vier unten in Polizeigewahrsam, jeder in einer Einzelzelle. Bei mir wurde dann Personenkontrolle durchgeführt. Zwei von den anderen kannte ich mein Leben lang schon. Der eine davon ist dann mit 14 zum ersten Mal in U-Haft gegangen und ich kam am nächsten Tag wieder frei.

Hast du da deine Eltern informieren dürfen?

Bruno: Nein, der Kriminalpolizist hat meine Eltern informiert, worüber meine Mutter am Telefon direkt am Weinen war. Mein Vater war sehr entsetzt, enttäuscht halt von mir. Dann war ich da unten in der Zelle in Polizeigewahrsam und hab' andauernd mit meinen Händen an die Wand gehauen. Beim nächsten Mal war ich mit mehreren Freunden zusammen, da hat meine Exfreundin angerufen, die hat von mir ein Kind und hat gefragt, ob ich mich mit ihr treffe. Ich hab' ihr gesagt, dass ich das nicht will, sie ist nämlich verheiratet. Daraufhin hat sie bei der Polizei angerufen und gesagt, dass ich zu ihr in die Wohnung gefahren wäre und hätte sie geschlagen, auch das Kind hätte ich gehauen. Zu dem Zeitpunkt hab' ich in einem Heim gewohnt. Ich bin zur Polizeiwache gegangen und wollte eine Anzeige gegen dieses Mädchen erstatten wegen Falschaussage, da haben sie mich festgenommen. Die letzte Verhaftung war vor zwei Wochen. Ich war bei meinem Bruder, da haben sie mir den Haftbefehl gezeigt, weil ich angeblich eine Messerstecherei gemacht hätte. Ich kam vor den Haftrichter, aber der hat mir noch nicht mal ins Gesicht geguckt, hat seinen Schreibkram gemacht und sich nicht dafür interessiert, was ich gesagt habe. Dann hat er in der JVA anrufen lassen und seit dem Tag sitz' ich hier. Der hat ja noch nicht mal meinen Eltern oder irgendjemand sonst Bescheid gesagt, die haben erst diese Woche telefonisch von hier Bescheid bekommen.

Baschar: Ich war in Ferien bei meiner Oma in Holland, da hat meine Mutter angerufen und gesagt, du hast einen Haftbefehl, komm' und guck' dir den an. Das hab' ich nicht so ernst genommen, aber dann wurde ich in Holland verhaftet. Ich war fünf Tage bei denen, dann haben die mich hier bis zur Grenze gebracht und schließlich nach Ossendorf gefahren. Mein Anwalt sagte zu mir, du wirst verdächtigt, eine Hure vergewaltigt und beklaut zu haben. Ich kenne diese Hure, ich war öfters bei der. Gut, ich hab' die beklaut, aber sie hat gesagt, ich hätte sie vergewaltigt. Deswegen sitze ich hier.

Hast du eine Möglichkeit, das zu widerlegen?

Baschar: Viele Zeugen, die die kennen und die auch vor mir und nach mir zu ihr reingegangen sind, meinten, die war ganz normal drauf. Nur das Problem ist, ich hab' ihr Handy und ein bisschen Geld geklaut und bin dann rausgegangen.

Wie war deine Festnahme?

Abdullah: Da war ich auf dem Weg nach Hause und da stand die Polizei schon vor unserem Haus. Die fragten mich nach meinem Personalausweis, den hab' ich denen gegeben und da haben die mir gleich Handschellen angelegt. Erst mal kam ich in Polizeigewahrsam runter in den Keller, danach haben die mich vernommen. Am nächsten Tag ging's vor den Haftrichter und von dort bin ich hierher gekommen.

Kannst du mal vom Polizeigewahrsam erzählen?

Abdullah: Da sind zehn, zwölf Zellen unten im Keller, die sind ein bisschen kleiner als die Zellen hier, mit Scheiben, wo man nicht rausgucken kann, nur ein bisschen Licht dringt rein. Eine Matratze liegt auf dem Boden und eine Decke.

Als du da rein bist, hat man dir was abgenommen?

Abdullah: Alles, auch den Gürtel. Das haben die in eine Kiste getan, alles aufgeschrieben, das musste ich unterschreiben und dann ging's direkt in die Zelle, über 24 Stunden musste ich warten.

Baschar: Bis die Kriminalpolizei wieder da ist. Das Wochenende ist noch schlimmer. Die haben mich mal an einem Freitagmittag verhaftet und die beiden Kriminalpolizisten hörten schon um zwei Uhr auf zu arbeiten. Erst montags um elf Uhr kam die Kriminalpolizei.

Am nächsten Tag, haben die dich geholt?

Abdullah: Die haben mich in ihrem Büro oben vernommen, dann wieder runter in die Zelle und am nächsten Tag nachmittags kam ich vor den Haftrichter.

Warum hat der Richter dich in die U-Haft geschickt?

Abdullah: Wegen Wiederholungsgefahr.

Hattest du zu dem Zeitpunkt eine Arbeit?

Abdullah: Nee, ich war in der Berufsschule, ich hatte die Hauptschule beendet, aber zu dem Zeitpunkt waren Herbstferien.

Wie war das bei dir?

Carlos: Das war ein Schock, die kamen bei mir gleich mit Waffen.

Wo bist du festgenommen worden?

Carlos: Auf der Straße, nach einer Party. Ich wollte in ein Taxi steigen und nach Hause fahren, aber die haben mich rausgeholt, auf den Boden geworfen, Knie voll ins Gesicht, Handschellen, in den Wagen rein und weg war ich.

Und warum?

Carlos: Ich soll jemand abgestochen haben. Das ist alles direkt passiert nach der Party.

Das heißt, du hast ein Messer dabei gehabt?

Carlos: Nein, es war nicht mein Messer.

Abdullah: Die Polizei war schon da, nur zehn Meter entfernt.

Carlos: Vor den Augen der Polizei. (Gelächter) Ich war voll besoffen und auf Drogen.

Haben sie dann gleich eine Blutprobe genommen?

Carlos: Ja, Blutprobe, Fingernägel, Haare, Mundspeichel, das volle Programm haben die gemacht.

Was steht in deinem Haftbefehl?

Carlos: Da steht versuchter Totschlag, aber so sehe ich das nicht.

Das heißt, das Opfer lebt?

Carlos: Ja. Das ist ein Mann in meinem Alter, aber zwei Meter groß.

Wie ging es dann weiter?

Carlos: Ich kam auf die Polizeiwache in die Ausnüchterungszelle bis zum nächsten Tag. Die haben erst mal meine Klamotten ausgezogen und mir andere Klamotten gegeben, weil die alles für die Beweisaufnahme brauchten. Die taten alles in eine Kiste, haben alles aufgeschrieben, das musste ich auch unterschreiben. Um drei Uhr morgens am Samstag wurde ich verhaftet und hab' bis Sonntag um elf Uhr geschlafen. Dann kam ich ins Vernehmungszimmer, da war ich drei, vier Stunden, danach wieder in der Zelle, bis der Haftrichter gekommen ist und der meinte, dass ich für lange Zeit im Gefängnis bleiben muss. Dann hat er den Haftbefehl geschrieben und nachmittags wurde ich nach Ossendorf gefahren.

Als man dich hier in eine Zelle gebracht hat, was hast du da gefühlt?

Carlos: Das war schon hart, weil es das erste Mal war. Ich bin so ein Typ, der nie alleine ist, ich muss in der Umgebung von Leuten sein.

Also, wenn du allein bist, dann ist das schwer?

Carlos: Ja, das war schwer. Ich war eine Woche hier allein, da bin ich fast durchgedreht.

Ich war eine Woche hier allein, da bin ich fast durchgedreht

Thomas: Als ich das erste Mal in Dauerarrest musste, kam ich nach Remscheid. Da war ich in einer Viererzelle mit zwei Türken und einem Albaner zusammen. Ich bin rein in die Zelle und hab' keinen Ton gesagt. Die Türken haben direkt große Töne gespuckt und ich hab' mich auf mein Bett gesetzt.

Warum sagst du nicht guten Tag, wenn du irgendwo reinkommst?

Thomas: Ich hab' vor, die Zeit schnell abzusitzen, dann geh' ich wieder raus.

Die haben sich direkt provoziert gefühlt.

Thomas: Ich lag auf dem Bett, hab' mein Buch genommen und angefangen zu lesen. Du darfst da nicht rauchen, keine Musik, gar nichts darfst du.

Sedinam: Strenge Erziehungsmaßnahmen.

Thomas: Ich war am Lesen und da hat mich ein Türke - er war vielleicht 17 Jahre, ich war ja 14 - angemacht, wie heißt du, wie alt, wo kommst du her. Ich hab' gar nichts gesagt. Dann hat der Freund von ihm gesagt, paß' mal auf, wenn du in die Freistunde kommst, kannst du was erleben. Dann kam das Schellen zur Freistunde, da sind die rausgegangen und ich durfte noch nicht raus, ich hatte Pop Shop, weil ich frisch reingekommen bin. Als ich danach zur Freistunde gehen konnte, stand ich mit zwanzig anderen zusammen und auf der anderen Seite standen nur Ausländer, Schwarze, Türken, Albaner, Polen, Russen. Das waren auch so zwanzig Leute, bei uns waren auch ein paar Ausländer bei, aber die haben zu den Deutschen gehalten. Normalerweise spielst du Rennball in der Freistunde. Aber in Remscheid ist das nicht so, da musst du Runden gehen, du darfst nicht stehen bleiben. Wir waren also die ersten fünf Minuten draußen, standen da und waren am Reden. Plötzlich kam dieser Türke angelaufen, ich dreh' mich um, da hatte ich die Faust von dem in der Fresse. Ich bin ausgeflippt, bin dem hinterher gelaufen, der dreht sich um, da hab' ich dem mein Knie an den Kopf gehauen, gegen die Augenbrauen. Der ist umgefallen und ich bin auf den drauf geflogen. Der hatte direkt Platzwunden hinten am Kopf. Das hat noch keine zwei Minuten gedauert, da kamen die Beamten mit Gummiknüppeln. Dann war ich vier Tage im Bunker. Nach diesen vier Tagen haben die mich nach Solingen verlegt. In Solingen kommst du in eine Zelle rein, das ist die Begrüßungszelle. Da waren wir mit sechs Mann drin und haben zwölf Stunden gewartet, danach wurden wir in verschiedene Zellen aufgeteilt. Da hab' ich Glück gehabt, Solingen ist ja neu gebaut worden und ich bin dorthin gekommen, als der Neubau gerade fertig war. Sie haben mich mit einem Italiener auf die Zelle getan und die Zelle war doppelt so groß wie hier, 'ne Zweierzelle mit großem Waschbecken, einem großen Spiegel und Ablage. Da war ich dann die restlichen drei Wochen.

Warst du schon in Arrest?

Christian: Ja, ich war aber nur im Wochenendarrest in Siegen. Aber das war eigentlich nicht schlimm. Ich hab' mir mein Handy und zu rauchen mit reingenommen. Man wird mit einem Metalldetektor abgesucht und dann hat man noch den Rucksack mit den Klamotten, aber den tasten sie nicht ab. Da hatte ich meine Zigaretten und Haschisch drin. Ich hab' zwei Tage nur Leitungswasser getrunken, nichts gegessen, nur geraucht und SMS verschickt.

Sedinam: Ich war in Remscheid und in Solingen. Arrest ist noch schlimmer als hier, man geht nur eine Stunde raus und den Rest, 23 Stunden, ist man auf Zelle. Das war das Schlimme, das war ziemlich hart, das geht schon an die Psyche.

Thomas: In Solingen ist ganz in der Nähe 'ne Schule, da hörst du, wenn Pause ist, die Schüler schreien, ihr Knackies, ihr Hurensöhne. Ich hab' mir geschworen, wenn ich rauskomme, ich geh' zur Schule und klatsche welche um, die an der Mauer stehen. Die Schule war so vierzig Meter von der Knastmauer entfernt. Als meine Mutter und mein Vater mich abgeholt haben, bin ich an denen vorbei - die saßen im Auto - zur Schule gerannt. Da standen auch zwei an der Mauer. Ich komm' angelaufen und hab' einen von denen umgeklatscht. Da fragt der, wer biste? Ich sag', ich bin Knacki. Meine Eltern sind zur Schule gefahren und mein Vater hat mich schnell ins Auto reingeholt.

Das macht dann schon irgendwas kaputt im Kopf

Sedinam: Ja, die haben uns den ganzen Tag beleidigt.

Thomas: Du sitzt da, hast ein Fenster, das kann man zwar kippen, aber dann sind oben nur zwanzig Zentimeter, wo du rausgucken kannst. Und das geht auch nur, wenn du dich auf den Stuhl stellst, den du vorher auf den Tisch gestellt hast. Ich hab' das mal probiert, aber ich konnte keinen Schüler sehen.

Über was habt ihr euch in den Freistunden unterhalten?

Sedinam: Warum bist du drin? Was hast du gemacht?

Thomas: In Solingen gibt's keine Unterhaltung.

Sedinam: Doch, wir haben uns unterhalten. Wenn es regnete, dann durften wir nur im Kreis gehen. Ist doch klar, dass man sich da auch unterhält.

Einer aus dem Justizministerium hat in einem Vortrag gesagt, wir erziehen die Jugendlichen im Jugendarrest, wir machen mit ihnen Kanufahrten, damit die lernen, in einer Gemeinschaft zu leben. Was ihr erzählt, ist was ganz anderes.

Christian: Es gibt immer so vereinzelte Programme einmal im Jahr und wenn man Glück hat, kommt man auch rein. Ich schätze mal, über neunzig Prozent kriegen davon nichts mit.

Sedinam: In Solingen gab es gar nichts, schon gar keine Kanufahrt.

Thomas: Gar nichts gab's da. Es gab Leute, die haben für Spielplätze Gerüste gebaut. Drei, vier Häftlinge, die wurden in einem Bus auf einen Spielplatz gefahren, dann durften die auf dem Spielplatz das Gerüst aufbauen. Aber mehr gab's nicht.

Sedinam: Da ist es ziemlich hart.

Wie alt warst bei deinem ersten Arrest?

Miguel: Da war ich 15. Das war Jugendarrest in Remscheid, zwei Wochen lang, das war ziemlich schlimm. Ich hatte einen Trainingskurs besucht und bin da rausgeflogen, weil ich zehn Minuten zu spät war. Dann so ein halbes Jahr später kam die Polizei zu mir nach Hause und sagte, ich hätte einen Haftbefehl. Da haben die mich nach Remscheid gebracht. Ich wusste gar nicht, was da abgeht, hatte keine Ahnung.

In der Juristensprache war das dann ein Ungehorsamsarrest, weil du eine Maßnahme abgelehnt hast?

Miguel: Genau.

Was für ein Training war das?

Miguel: Das war ein sozialer Trainingskurs Drogen. Ich war schon vorher einmal unentschuldigt nicht da gewesen, aber das war ein halbes Jahr vorher, ansonsten war ich immer pünktlich.

Erzähl' noch ein bisschen von diesem Arrest in Remscheid.

Miguel: Die Polizei hat mich dahin gebracht. Die ersten drei Tage hatte ich Pop Shop, da durfte ich nicht raus, keine Freistunde.

Man hat doch nach dem Gesetz jeden Tag eine Freistunde.

Sedinam: Nein, das ist ja Jugendarrest.

Miguel: Das ist zur Erziehung, die dürfen alles mit dir machen. Da hab' ich mir halt die Zeit mit Bücherlesen vertrieben. Ich war in einer Einzelzelle. Da hab' ich zum ersten Mal Knast kennengelernt und was das bedeutet, Arrest und eingesperrt zu sein und seine Freiheit nicht zu haben. Das war nicht gerade schön, aber ich wusste, wann ich rauskomme, das war gut, das weiß ich hier nicht. Ein paar Monate später war ich noch mal eine Woche in Arrest, weil ich die Sozialstunden nicht gemacht habe.

Lebtest du da bei deinen Eltern?

Miguel: Ja, bei meiner Mutter, sie war natürlich sehr geschockt, aber gut, ich hab' nur so ein bisschen Stress gehabt mit dem Gesetz. Ich hatte schon immer so meine Probleme, mich richtig einzuordnen. Beim ersten Mal hat mich gestört, dass meine Mutter jetzt weiß, ich muss ins Gefängnis und die Gedanken, die sie sich macht über mich. Aber von meiner Seite aus war es nicht so schlimm.

Hat sie dich besucht in Remscheid?

Da hab' ich zum ersten Mal Knast kennengelernt und was das bedeutet, eingesperrt zu sein

Miguel: Da darf man niemanden besuchen, weil die Höchststrafe ein Monat ist.

Thomas: Abkacken pur.

Miguel: Das würde ich mir auf jeden Fall hier nicht wünschen, so was. Das ist schrecklich, also ich muss ganz ehrlich sagen, für einen Jugendlichen oder für ein Kind, das kann man ja noch Kind nennen, das macht dann schon was kaputt im Kopf, das verkraften die meisten nicht. Ich hab' da Leute gesehen, die schon zwei Wochen da waren, die haben versucht, sich aufzuhängen. Arrest heißt, auf Zelle sitzen und Bett hochklappen, da gibt es nicht viele Möglichkeiten. Bis fünf Uhr darf man das Bett nicht runterklappen, den ganzen Tag soll man auf dem Stuhl sitzen. Na gut, ich hab' mich auf den Tisch gelegt oder auf den Boden, weil das doch ein bisschen bequemer ist, aber man hat sich auf jeden Fall schon viel Gedanken gemacht. Als ich entlassen wurde das erste Mal, da hab' ich geschrien, ich bin frei und hab' mich irrsinnig gefreut. Die erste Zigarette, die hat mich natürlich umgehauen. Dann bin ich zurück nach Bonn gefahren und hatte erst mal wieder Glück, dann ging es halt weiter wie bisher.

Christian: In meiner ersten Nacht im Gefängnis in Siegburg war ich mit einem auf Zelle, den ich von draußen gut kannte, und so war das ziemlich gut, weil der mich über alles aufgeklärt hat, was einem so zusteht. Die müssen dir zum Beispiel Briefmarken geben, damit du Leute informieren kannst. Dann bin ich hier nach Ossendorf gekommen, da war ich mit einem auf Zelle, der hat geschnarcht, das war ein Monster. Mir ging es ja nicht gut, ich war auf Entzug und hatte nichts zu rauchen. Wenn man draußen ist und kifft, wird man müde und abends, wenn man schlafen will, raucht man extra noch eine, damit man schön schlafen kann, deshalb kann man hier drin überhaupt nicht schlafen. Man denkt auch viel zu viel nach.

Bilal: Das Denken, das macht einen verrückt.

Bernd, wie war es für dich, als du mit den Sachen von der Kammer in deine Zelle gekommen bist?

Bernd: Das erste, was ich gemacht habe, ich hab' mich hingesetzt und erst mal gemeint, hast du gut gemacht. Ich bin direkt auf diese Dreierzelle gekommen und die musste man erst mal sauber machen. Zwei Wochen später ist einer gekommen, den ich von draußen kannte, und dann bin ich mit dem auf eine Zelle gegangen. Das war super, für den Umstand, dass man im Knast saß, war das schon erfreulich.

Miguel: Man muss doch sagen, wie Scheiße es hier ist, nicht wie gut es hier ist.

Bernd: Es gibt gar keine guten Seiten.

Ich hab' Gefangene hier kennengelernt, die haben gesagt, wenn ich nicht hier reingekommen wäre, wäre ich vielleicht schon tot. Ich hing so an der Nadel, ich war so kaputt.

Thomas: Wenn ich nicht hier reingekommen wäre, dann hätte ich noch mehr Scheiß gebaut.

Wie war das bei dir, Baschar?

Baschar: Beim ersten Mal musste ich unten, wo das Gerichtsgebäude ist, fünf, sechs Stunden warten, bis der Transport kam, dann wurde ich hierher gebracht. Die haben mich erst mal mit vier älteren Leuten, die alle auf Shore waren, in eine Zelle in Haus 1 gebracht, damit bin ich nicht klargekommen. Ich hatte keine Zigaretten, die haben mir die Beamten weggenommen, weil die Packung offen war und weil sie nicht wussten, ob ich da Drogen reingestopft hätte, aber ich wollte diese Leute nicht nach einer Zigarette fragen. Ich bin ins Bett gegangen. Am nächsten Tag haben die mich hier nach Haus 9 verlegt, in eine Einzelzelle. Aber damit bin ich auch nicht klargekommen, eine Woche hab' ich durchgehalten, ganz alleine, das erste Mal Knast. Und dann zum Glück haben die mich in eine Doppelzelle getan mit einem anderen Afrikaner, mit dem hab' ich mich verstanden und zum Glück nach der dritten Woche kam der Anruf für die Entlassung.

Seit wann bist du hier?

Fred: Seit vier Wochen.

War das Leben auf der Straße härter als hier im Knast?

Fred: Teilweise schon, wenn man nicht weiß, wo man schlafen soll, das ist schon ziemlich unangenehm, aber ich bin schon lieber in Freiheit, da kann man machen, was man will. Das Schlimmste hier ist das Eingesperrtsein, die Langeweile, von keinem mehr was zu hören.

Haus 1 ist das Zugangshaus, hattet ihr dort auch Freistunde?

Thomas: Ja, eine Stunde im kleinen Hof. Da waren so zwanzig Leute drin, Erwachsene, Jugendliche, alles gemischt.

Als du hier in Haus 1 warst, war das für dich das erste Mal?

Thomas: Ja.

Du wusstest nicht, wie es weitergeht?

Thomas: Nein, ich wusste nur, ich krieg' Knastkleidung.

Du bist direkt eingekleidet worden?

Das Schlimmste hier ist das Eingesperrtsein, die Langeweile

Thomas: Nein. Nach vier Tagen haben wir Bescheid gekriegt, dass wir auf andere Häuser verteilt werden. Wir kamen erst mal in eine Wartezelle, dann sind wir in einen Flur reingekommen, wo so kleine Kabinen sind und man sitzen kann. Wir wurden einzeln aufgerufen, da haben die Fotos geschossen und gefragt, was wir gemacht haben. Ich musste wieder zurückgehen in den Flur, da wurde ich dann aufgerufen und bin in einen Raum gekommen, wo es Klamotten gibt, Knastkleidung. Sie haben zu mir gesagt, ich soll mich ausziehen und meine Sachen in so einen grünen Sack reinräumen. Dann haben die meine eigenen Sachen und mein Handy noch mal kontrolliert und alles aufgeschrieben, das musste ich dann unterschreiben. Die haben in einer Ecke so einen Stapel mit Decken, Bettwäsche, Teller und dem, was du alles bekommst. Das geben sie dir in die Hand und dann musst du in den Nachbarraum gehen und duschen und dich mit der Knastkleidung anziehen und wieder in die Wartezelle kommen. Später kommt dich einer abholen für den Arzt, der wollte meine Eier fühlen und so 'ne Faxen. (Gelächter) Das hab' ich natürlich nicht zugelassen. Zuletzt haben die mich noch gewogen und ins Haus 8 gebracht.

Christian, kannst du mal schildern, wie es für dich war in Haus 1?

Christian: Haus 1 war eigentlich riesig, das fand ich besser als hier. Als ich hier hingekommen bin, war ich erst mal in Wartezellen, da hab' ich einen gekannt von draußen. Da hab' ich direkt eine Packung Tabak gekriegt und mich den ganzen Tag mit dem unterhalten. Das war eigentlich easy. Ich musste eine Nacht in Haus 1 übernachten. Da hatte ich so einen voll behämmerten Spannmann, der hat sich in einer Minute fünfzigmal im Bett rumgedreht und das Bett war noch kaputt.

Baschar: Krass.

Christian: Sonst war eigentlich alles ganz gut. Direkt am ersten Abend gab's Milch. Dann bin ich am nächsten Morgen nach Haus 8 gekommen und gleich mit

jemand auf Gemeinschaft gegangen. Danach musste ich zum Arzt gehen, der hat mich untersucht und nach Drogen gefragt, da hab' ich leider gesagt, ja. Deshalb hab' ich jetzt die grüne Karte und die krieg' ich nicht mehr weg.

Was ist das grüne Karte?

Christian: Selbstmordgefährdet.

Das machen die prinzipiell bei jedem, der Drogen nimmt?

Christian: Ja, bei Drogen und Alkohol, auch wenn man nur gekifft hat. Die denken dann, du wärst hoch auf Entzug und würdest dir die Pulsadern aufschneiden. Aber ich meine, das könnten auch Leute machen, die keine Drogen genommen haben.

Hast du die ärztliche Untersuchung auch als belästigend empfunden?

Christian: Nein, ich war schon Schlimmeres gewohnt. Als ich aufgegriffen wurde, war die Polizei noch ein bisschen extremer. Ich musste mich ausziehen, aber bei meinem Mittäter, dem haben sie ein bisschen im Arsch rumgewühlt und so Sachen. Ich wurde da gar nicht belästigt. Die Scheiße war nur, das mit dem Druck. Das ist die beschissenste Sache an der ganzen Inhaftierung.

Du bist jetzt zum ersten Mal in Haft, hat jemand vom Knast hier mit dir gesprochen?

Christian: Nein, ich hab' selber nachgefragt. Im Haus 1 wurde sofort gesagt, sieh' zu, dass du nicht in Haus 8 kommst. Geh' lieber nach Haus 10, Haus 8 ist Scheiße.

Warum?

Christian: Da würde es voll abgehen mit Schlägereien und so. Ich mag keine Schlägereien, ich hab' mich noch nie geschlagen. Da hab' ich versucht, mit den Beamten zu reden, aber die haben auch immer nur das Knappste vom Knappsten gesagt. Aufklärung, kein bisschen. Man kriegt so Zugangszettel, mit Anweisungen, Hausordnung und was in U-Haft deine Rechte und deine Pflichten sind. Ich hab' bestimmt sieben oder acht solche Zettel.

Hat der Arzt die Funktion zu checken, wie es den Leuten geht?

Christian: Die hat der auf gar keinen Fall. Wenn das so wäre, dann müsste er das bei den zwei, die versucht haben, Selbstmord zu machen, direkt gesehen haben.

Du hast zwei Jugendliche erlebt, die versucht haben, Selbstmord zu begehen?

Christian: Ja, hier in Haus 8. Einer wollte sich die Pulsadern aufschneiden, aber der Spannmann hat das nicht zugelassen. Der andere hat sich den Bauch aufgeschlitzt. Jetzt sind beide in Haus 2 unter Beobachtung. Die haben jetzt die Arschkarte gezogen. Als ich meinen zweiten Besuch hier hatte, da hat meine Verlobte gesagt - ich hatte der draußen immer schöne Klamotten gekauft - sie will bei so einem Foto-Shooting mitmachen für Unterwäsche und Dessous und so was alles. Die wollte bei einer amerikanischen Firma Model-Durchbruch starten. Da war ich halt ziemlich fertig, ich bin im Knast und die lässt sich da halbnackt fotografieren. Da haben die Beamten einen Psychologen zu mir auf die Zelle geschickt, damit der mal horcht, wie es mir so geht. Dann hab' ich mit dem geredet, dem die Wahrheit gesagt und das war ein Fehler. Das hätte ich lieber nicht sagen sollen. Jetzt bekomme ich bis zu meiner Verhandlung die grüne Karte gesteckt, keine A-Gruppe. Das ist alles Scheiße.

Warum keine A-Gruppe?

Christian: Wer die grüne Karte hat, darf nur allein in eine Zelle, wenn er bereit ist, zuerst auf die Beobachtungszelle zu gehen, und wer auf dieser Beobachtungszelle ist, kriegt keine A-Gruppe. Dann hab' ich auch bei dem Psychologen gesagt, wenn ich nach Siegburg gehen muss, dann schneide ich mir lieber beim Transport die Pulsadern auf. Das war wieder ein Fehler von mir.

Wie war es bei dir, Baschar?

Baschar: Ich bin hier reingekommen und wollte in eine Doppelzelle, das haben sie gemacht. Dann kam der Beamte mit einem Blatt Papier und einem Stift, hat alles, was in der Zelle war, aufgeschrieben, das musste ich unterschreiben, dann ging er weg. Da hab' ich einer Sozialarbeiterin geschrieben, die kam nach einer Woche und meinte, was kann ich für Sie tun? Ich sagte, meinen Anwalt und meine Eltern benachrichtigen. Dann ist sie wieder gegangen, ohne mich zu fragen, wie sie mir helfen kann. Hat nur ein paar Wörter gesagt und ist gegangen.

Und dieses Recht auf das erste Telefonat?

Baschar: Nein, die meinte, sie rufe an. Ich durfte selber nicht anrufen. Nur in der Zelle hat sie mit mir gesprochen, hat mich nicht mitgenommen in ihr Büro.

Sedinam: Ja, die sind da unterbesetzt, die Sozialarbeiter.

Ich hab' jetzt einen Gefangenen gesehen,

der war völlig apathisch, da muss doch jemand von denen hingehen. Geschieht das bei solchen Leuten?

Christian: Das kommt drauf, wie die Beamten klarkommen. Wenn du nach Haus 8 reinkommst, dann musst du erst mal in das Büro der Beamten und die fertigen den ersten Bericht über dich an, ob man freundlich ist, das Auftreten von einem. Wenn die sagen, dass der ganz normal war und mit dem Beamten klargekommen ist und dann apathisch geworden ist, dann reagieren die Beamten von alleine. Aber wenn man von vornherein mit einer Leck-mich-am-Arsch-Haltung hier reinkommt, dann sagen die Beamten auch nichts.

Aber die brauchen doch die meiste Hilfe. Wenn du selbstbewusst bist, dann ist ja klar, der organisiert sich seinen Alltag. Aber die, die so aus Trotz rummotzen, die müssen doch angesprochen werden. Da habt ihr alle den Eindruck, das geschieht überhaupt nicht.

Christian: Nein, ich finde das auch richtig so. Wenn einer hier reinkommt, weiß er, dass er draußen Scheiße gebaut hat, dann muss er sich um seine Probleme auch selbst kümmern. Die meisten sind doch hier nicht dumm, die können doch reden.

Horst: Aber es gibt Leute, die schaffen das nicht.

Christian: Aber sie schaffen es, Straftaten zu begehen.

Miguel: Aber das ist eine andere Szene, vielleicht haben die die Sachen gemacht, weil nichts anderes in Frage gekommen ist.

Christian: Ich hab' mich selber gekümmert. Man muss das auch mal so sehen, hier sind 1300 Gefangene und ich sag' mal dreihundert Beamte. Wollen die sich jetzt um jeden Gefangenen kümmern oder was? Das geht doch nicht. Das sind auch nur Menschen und die müssen hier alles organisieren, dass die Leute in die Dusche gehen, die müssen die Leute zum Friseur bringen und in die Gruppen, das müssen die alles geregelt kriegen. Wir sind hier im Knast und die wenigsten sitzen hier unschuldig, die allerwenigsten.

Wenn ich mit den Beamten hier rede, sagen die mir, wir haben zu wenig Personal. Die sind sehr unzufrieden. Es gibt sogar Sozialarbeiter, die haben mir gesagt, was hier läuft, ist unmenschlich. Verstehst du, die sind nicht einverstanden.

Wenn hier mehr Beamte wären, wäre die ganze Situation anders

Christian: Aber das sage ich doch. Wenn hier mehr Beamte wären, wäre die ganze Situation anders. Wenn ich hier arbeiten würde und ich müsste das alles organisieren, mit Dusche und allem, da will einer ein Radio haben, da einer einen Fernseher, da einer auf eine andere Zelle verlegt werden und dann müssen die den ganzen Papierkram machen und alles. Ich hätte auch keinen Bock da drauf, ich würde mich genauso wenig um die Gefangenen kümmern, wenn ich so viel um die Ohren habe.

Thomas: Du kannst die Ampel drücken, wenn keine Duschzeit ist. Der Beamte M. zum Beispiel kommt dann, er macht die Tür auf, da kannst du ganz vernünftig mit dem reden.

Christian: Klar. Aber nicht alle.

Miguel: Von den ganzen zehn Beamten sind das drei, vier.

Christian: Ja, aber es gibt auch nur drei Hausbeamte hier.

Thomas: An die Hausbeamten musst du dich wenden.

Die Hausbeamten hier in Haus 8, sind die ständig hier?

Christian: Ja, die müssen tagsüber hier sein.

Die anderen, sind das Gastbeamte?

Christian: Ja, der eine kommt aus Haus 10 oder aus Haus 6, das sind Aushilfen.

Thomas: Dann fragt einer zum Beispiel nach einem Leihradio. Dann sagen die, wir sind nicht für das Haus zuständig. Aber trotzdem sind die dann zwei Wochen hier im Haus am Arbeiten. Und keiner gibt dir was und keiner macht dir Umschluss.

Miguel: Der eine schiebt es auf den anderen.

Kerim: Wenn man hier durchs Haus geht und guckt sich alle an, dann sieht man, dass von 60 vielleicht 55 nur eine Kleinigkeit gemacht haben, wegen zwei- bis dreihundert Euro, wenn's hoch kommt mal tausend Euro.

Miguel: Pille-Palle-Gangster.

Kerim: Es gibt nur sehr wenig Leute, die wirklich was durchgezogen haben, wo es sich lohnt, kriminell zu werden.

Bruno erzähl' mal, wann du zum ersten

Mal vom Knast gehört hast?

Bruno: Das erste Mal hab' ich davon durch meine Oma erfahren, weil mein Onkel in den Knast kam. Er bekam sieben oder acht Jahre. Dann später von meinem Nachbarn, das war vor zwei, drei Jahren, der saß auch hier in Ossendorf. Und als ich 14 war, hab' ich zum ersten Mal einen Kollegen im Knast besucht, der hatte acht Monate bekommen, komplett ohne Lockerungen. Der saß in Siegburg und hat erzählt, dass es unter den Gefangenen viele Boxereien gibt, dass da immer so Gruppen sind, denen man sich am besten anschließen sollte, dass das kein Kinderspiel ist, auch vom Brenner hat er mir manchmal erzählt, wie man damit Essen macht.

Was für Gruppen sollten das sein?

Bruno: Die Russen sind unter sich, die Türken, die Marokkaner. Auf jeden Fall sollte man nicht allein bleiben. Er hat sich den Türken angeschlossen und als er rauskam, war er ein halber Türke.

Es gibt auch viele Leute, die bleiben für sich.

Bruno: Meiner Meinung nach gehen diese Leute unter. Der, den ich besucht hab', mit dem bin ich zusammen aufgewachsen, der hat ganz anders gesprochen, als er wieder rauskam. Der hat noch manchmal so geredet, als wenn er im Knast wäre. Nach einem Monat hat er noch gesagt, ich mach' jetzt bei dem Typen Umschluss und geh' den abziehen. Der hat erzählt, dass er manchmal nachts aufwacht und denkt, er wäre noch im Knast, da war er schon ein, zwei Monate draußen.

Was hat dich denn ins Gefängnis gebracht?

Kerim: Es ist das Geld, das einen reizt. Also ich würde sagen, ich würde nicht kriminell, wenn ich nichts davon hätte. Ich würde nicht aus Spaß so was machen.

Miguel: Der Nervenkitzel ist auch schön.

Kerim: Aber das ist dann nebenbei noch ein Plus.

Es ist das Geld, das einen reizt

Sediman: Das Geld ist der Reiz.

Horst: Ja, aber es ist so, man fängt mit 'ner Wasserpistole an, dann ist es 'ne Gaswaffe und nachher hat man schon 'ne scharfe Waffe in der Hand. So steigert sich das immer weiter. Man fängt klein an, bricht 'nen Kaugummiautomaten auf, dann klaut man ein Fahrrad, dann bricht man in einen Kiosk ein. Man merkt das selber gar nicht. Wir haben zum Beispiel Autos aufgebrochen und die Radios rausgenommen, das ging alles so schnell, das hat man selber gar nicht gerafft.

Thomas, als du mit 15,16 mit deinen Kumpels zusammen warst, waren da welche dabei, die schon in Haft waren?

Thomas: Viele, das waren richtige Freunde von mir, die haben auch vom Tagesablauf im Knast erzählt. Als ich hier reinkam, hat mir mein Bruder einen Brief geschrieben und erklärt, was ich hier machen kann, welche Möglichkeiten ich habe.

Hast du von Freunden vermittelt bekommen, dass der Knast harmlos ist?

Thomas: Die haben doch nicht gesagt, dass der harmlos ist. Die haben auch gesagt, als die rausgekommen sind nach zwei Jahren, die hätten das auf einer Arschbacke abgesessen. Die haben auch gesagt, dass du da drin abkackst. Du kannst hier auch Sachen unternehmen, aber sobald die Zelle zu ist, ist es vorbei.

Also das mit der linken Arschbacke hast du auch schon gehört.

Thomas: Schon tausendmal.

Das sind Vollidioten.

Thomas: Es gibt viele Leute, die prahlen sogar damit, dass sie zwei Jahre im Knast waren.

Miguel: Ich würde damit nicht prahlen.

Bruno: Ich auch nicht, ich würde das gar keinem erzählen.

Miguel: Leute, die mich kennen, die wissen das. Bei Leuten, die ich neu kennenlerne, werde ich mich hüten, denen das zu erzählen. (Alle reden durcheinander.)

Baschar: Ich verstehe das nicht, wenn ich unsere Protokolle lese, dann kriege ich doch mit, wie es hier ist und warum sagen dann manche, wenn sie rauskommen, das war okay?

Miguel: Was sollen sie denn sagen, meinst du, die erzählen draußen, wie sie hier drinnen geheult haben?

Bernd: Wenn einer daraus gelernt hätte, Knast ist Scheiße, ich hab' zwei Jahre abgesessen, dann würde er doch aufhören und draußen eine Arbeit suchen.

Miguel: Also ganz ehrlich, die Leute, die im Knast waren, die haben mir gesagt, Scheiße, aber die haben nicht erzählt, wie Scheiße das war, die haben nicht die

Situation und die Tage erzählt, was da passiert ist. Ganz ehrlich, keiner ist hier glücklich.

Bernd: Ja, aber man denkt oft, wenn die Zeit vorbei ist, sie ist schnell vorbeigegangen.

Thomas: Sechs Monate, war nichts.

Bernd: Und danach macht man auch oft weiter.

Thomas: Ja, wie die Zeit vergeht, heute geht, morgen geht. Mittwochs haben wir lang Aufschluss oder Umschluss, aber beispielsweise Donnerstag ist Pop-Shop-Tag. Wochenende ist für mich auch Pop Shop, eingeschlossen ab drei, vier Uhr, da ist am Wochenende die Abendessensausgabe, da weißt du, ab jetzt geht die Tür nicht mehr auf, dann ist abkacken angesagt. Was soll ich den ganzen Tag in der Zelle allein machen? Der Montag, das ist ein guter Tag, ich bin zwischendurch auf Zelle gewesen und hab' gedacht, in einer Stunde kommt der Klaus, dann machst du die Gruppe, hinterher gehst du auf Umschluss, kommst anschließend auf die Zelle und guckst dann noch ein bisschen Fernsehen.

Meinst du, die erzählen draußen, wie sie hier drinnen geheult haben?

Miguel: Ja, der beste Tag ist der Montag, auch für mich.

Es gibt Leute, die sagen, nachdem der Richter sie zu einer Jugendstrafe von drei Jahren ohne Bewährung verurteilt hat, ach, die mach' ich auf der linken Arschbacke ab, um zu zeigen, das macht mir nichts aus.

Miguel: Ich hab' so was schon live miterlebt. Ich war selber vor Gericht, da ging's um Jugendarrest, da hab' ich gesagt, das sitz' ich auf der linken Arschbacke ab. Da gab's sofort noch zwei Wochen drauf. Ich war viermal im Jugendarrest, da bin ich Rekordhalter.

Diese jungen Männer wollen damit sagen, mich könnt ihr nicht kleinkriegen.

Miguel: Das, was Vater und Mutter nicht geschafft haben, das schafft ihr auch nicht.

Thomas: Ich hab' dem Richter gesagt, nur zwei Wochen, da hat er mir direkt noch eine Woche draufgegeben. Aber im Arrest sitzt du dann 23 Stunden in der Zelle und guckst die Wand an.

In Hamburg will eine Sozialarbeiterin mit Jugendlichen nach Fuhlsbüttel gehen - das ist das Hamburger Gefängnis, wo die harten Jungs von der Reeperbahn sitzen – damit diese Gefangenen mit den Jugendlichen so reden, dass sie mit den kriminellen Sachen aufhören. Könnt ihr euch vorstellen, dass das was nützt?

Miguel: Es würde bestimmt mehr Sinn machen, wenn wir erzählen, was wir selber durchgemacht haben, als wenn das so eine pädagogische Person macht.

Thomas: Also wenn Jugendliche hier reinkommen und da würden richtige Häftlinge - nicht so Picos wie wir - richtig erzählen, was hier drin abgeht, da kriegen die mehr Respekt vor dem Gefängnis als von all dem, was die draußen hören.

Was ist der Unterschied zwischen einer Zelle und einem Zimmer?

Baschar: Die Zelle hat ein Gitter.

Keiner von euch wohnte im Klo. Die Tür eurer Zimmer zu Hause hatte keinen Spion und innen war eine Türklinke, ihr konntet jederzeit rausgehen.

Thomas: Wenn ich nach Hause komme, hänge ich alle Türen aus.

Christian: Wir haben hier einen Hausarbeiter, der will, wenn er rauskommt, erst mal sein Fenster aufmachen und rausspringen, einfach so aus Spaß, weil er es hier nicht kann.

Was bedeutet für einen Gefangenen das Fenster?

Thomas: Im Erdgeschoss haben alle Fliegengitter. Ich war drei Monate unten, da fühlst du dich schlimmer als im Zwinger.

Was soll ich den ganzen Tag in der Zelle allein machen?

Sedinam: Du fühlst dich beengt, eingeengt.

Thomas: Ich bin danach in den ersten Stock gekommen und hatte wirklich Glücksgefühle.

In den Gefängnissen von Nordrhein-Westfalen wurden Überwachungsanlagen installiert, die mit Videosensoren jede Bewegung an den Fenstergittern sofort melden sollten, um Fluchtversuche zu verhindern. Dazu musste angeblich jede Bewegung außerhalb der Gitter unterbunden werden. Deshalb wurden zusätzliche Gitter von

Ghetto City

außen vor den Fenstern angebracht. Als sich herausstellte, dass es technisch möglich ist, die Fenster und die Höfe auch ohne diese Zusatzvergitterung zu überwachen, konnte der damalige Anstaltsleiter Jörn Foegen erreichen, dass nicht alle Fenster vergittert wurden. Seither wird erzählt, dass die Gitter angebracht worden wären, damit die Gefangenen keinen Müll rauswerfen. Jörn Foegen hätte gerne das Geld, das das alles gekostet hat, für andere Dinge gehabt, zum Beispiel zur Renovierung der Duschen.

Thomas: Ein Gitter kostet hundertfünfzig Euro, mit Anbringung 194 Euro.

Christian: Der Mitgefangene, der jetzt eines kaputt gemacht hat, musste 185 Euro bezahlen.

Was kann man mit den Fenstern ohne Fliegengitter alles machen?

Sedinam: Man kann rausgucken, man kann die Hände raushalten, ich kann einen Spiegel raushalten und zum Nachbarn gucken. Ich hab' sogar schon meinen Fernseher ans Gitter gehalten und mein Nachbar konnte mit seinem Spiegel mit mir zusammen fernsehen. Du hast mehr Freiheit und fühlst dich freier.

Thomas: Beim Fliegengitter fühlt man sich wirklich eingeengt, ein unbeschreibliches Gefühl.

Ismail: Ich kann beobachten, was draußen los ist.

Carlos: Weil du kein Fliegengitter hast.

Ismail: Ja, das ist ein großer Unterschied. Beim Fliegengitter kannst du nicht mal einen Finger rausstrecken.

Carlos: Wenn man im Bett liegt, kann man nicht aus dem Fenster sehen. Ich kann mir nicht vorstellen, dass es Leute gibt, die sich daran gewöhnen.

Baschar: Man muss sich dran gewöhnen.

Carlos: Ja, man muss sich damit abfinden, man ist gezwungen.

Christian: Mein Vater züchtet Rottweiler und ich will ja auch irgendwann Rottweiler züchten und werde die auf jeden Fall nie wieder in einen Zwinger einsperren, das ist einfach schrecklich.

Wie unterscheiden sich die Betten hier von denen zu Hause?

Christian: Mein Bett zu Hause ist bestimmt zweieinhalbmal so breit und locker noch dreißig Zentimeter länger und meine Freundin liegt zum Beispiel mit im Bett. Beim Fernsehen muss ich mich aufsetzen, weil du diese dünne Schaumstoffmatratze einfach durchliegst. Einmal war ich auf Zelle 104, da hatte ich es gut, da lag ich auf zwei Matratzen.

Ihr habt eine Wolldecke mit einem dünnen Überzug. Wie oft wird das gewechselt?

Christian: Die Wolldecken werden jedes halbe Jahr gewechselt, das Bettzeug alle zwei Wochen.

Da gibt man das Laken raus und den Bezug des Kopfkeils.

Christian: Kopfkeile haben wir nicht mehr, weil die Jugendlichen die immer kaputt gemacht haben.

Thomas: Die meisten nehmen sich eine Wolldecke, stecken die in ein Unterhemd und machen sich so einen Kopfkeil.

Was ist das für ein Spind, ist das ein Metallspind?

Thomas: Nein, aus Holz, da ist oft innen alles auseinandergebrochen.

Habt ihr am Waschbecken Spiegel?

Thomas: Nein, ich hatte eineinhalb Monate keinen Spiegel, da hab' ich mich an der Fensterscheibe rasiert.

Sind Handspiegel nicht erlaubt?

Christian: Doch, die muss man aber kaufen.

Warum sind die Spiegel über den Waschbecken weg?

Christian: Die haben die Leute, die vorher drin waren, kaputt gemacht.

Thomas: Manche haben nicht mal eine Ampel in ihren Zellen, da ist oben alles rausgerissen. Wenn die nachts was wollen, hörst du die gegen die Tür klopfen, bumm, bumm, bis ein Beamter kommt.

Christian: Ich war mal mit einem auf Zelle, der hat vom Arzt Medikamente gekriegt. Der hat abends die Ampel gedrückt, aber die Beamten sind erst zwei Stunden später gekommen. Wenn hier einer starke Schmerzen hat, kriegt er keine Hilfe.

Sedinam: Denen passiert ja auch nichts.

Was sagt ihr zum Waschbecken?

Baschar: Das ist so klein, da kann ich mir nicht mal meine Haare waschen.

Wie oft dürft ihr duschen?

Thomas: Zweimal die Woche.

Christian: Entweder ist das Wasser kalt oder es ist so heiß, dass man sich nicht drunter stellen kann.

Kann man das nicht regulieren?

Christian: Der Regulierer war kaputt.

Thomas: Dann schicken die zwei Installateure, die sollen das reparieren, aber die Installateure sind selber Häftlinge, von Tuten und Blasen keine Ahnung.

Wie viele Duschen sind das im Haus?

Christian: Sechs können gleichzeitig duschen.

Bei sechzig Gefangenen in einem Hafthaus bedeutet das zehn Schichten. Wie lange habt ihr dann Zeit?

Bernd: Zehn bis 15 Minuten. Das kommt drauf an, welcher Beamter da ist. Es gibt welche, die gucken auf die Uhr, und es gibt welche, die lassen dich eine halbe Stunde drin.

Christian: Einer der Beamten schließt die Leute immer in der Dusche ein und nach zehn Minuten kommt er wieder und scheucht sie alle raus.

Gibt es Steckdosen in den Zellen für die elektrischen Geräte?

Thomas: Ja, zwei Stück, aber meistens ist eine kaputt.

Rasiert ihr euch nass oder trocken?

Christian: Nass. Thomas zum Beispiel darf keinen Trockenrasierer haben, weil die denken, er baut sich eine Tätowiermaschine damit.

Thomas: Dabei tätowiere ich mich gar nicht.

Warum stinken die Mülleimer so?

Thomas: Ich kam jetzt auf eine andere Zelle, ich hab' die Mülltonne aufgemacht, da kam ein ganzer Schwarm Fliegen raus.

Gibt's denn keine Plastiktüten für die Mülleimer?

Thomas: Nein, nur wenn man selbst welche kauft.

Christian: Hier wird Müll produziert, das ist unvorstellbar. Ich weiß nicht, wo das ganze Zeug herkommt, auf jeden Fall laufen die Hausarbeiter jeden Morgen mit 'ner Mülltonne hier lang und jeden Morgen ist die voll. Wenn man an alle jeden Tag Mülltüten verteilen würde, wären das jeden Tag vierzig Tüten, das summiert sich. Der Teich im Hof hier ist auch verrottet. Da ist ein Entenhäuschen und wenn die Enten Kinder kriegen, dann kommen die extra hier hin und ziehen ihre Jungen im Hof groß. Vor drei Wochen sind sie weggeflogen.

Die Enten brüten hier und keiner klaut ihnen die Eier?

Christian: Nein, da geht keiner dran.

Es gibt also Dinge, die sind hier tabu.

Christian: Das ist das einzig Fröhliche, das man hier sieht.

Sedinam: Abends sieht man hier Ratten im Hof.

Baschar: Es sind auch zu viele Fliegen hier, die ganze Decke in meiner Zelle ist voll.

Christian: Wenn ich meinen Mülleimer aufmache, hab' ich den Gestank in meiner Bude.

Hier wird Müll produziert, das ist unvorstellbar

Putzt ihr den nicht?

Christian: Ich mach' den Eimer sauber, klar, aber ich werd' den Gestank nicht los. Selbst das Klo wasche ich mittlerweile einmal am Tag, aber es stinkt trotzdem.

Thomas: Als ich einmal nicht schlafen konnte, hab' ich sogar Shampoo ins Klo geschüttet, damit ich diesen Pissegeruch nicht riechen muss.

Wie schmückt ihr eure Zellen?

Sedinam: Ich hab' Poster an der Wand.

Hast du auch persönliche Fotos in der Zelle?

Sedinam: Ja, Freundin, Mutter, Familienfotos.

Baschar: Ich hab' nichts gemacht. Nur wenn ich schlafe, häng' ich eine Decke als Vorhang über das Fenster, damit kein Licht reinkommt. Sonst schmücke ich die Zelle nicht, ich bin da drin nur am Pofen.

Hast du Bücher?

Baschar: Letzte Woche hab' ich einen Antrag auf Bücher gestellt und geschrieben, welche ich haben wollte, aber ich hab' zwei Frauenbücher bekommen, die ich nicht bestellt habe.

Christian: Ich schmücke meine Zelle, hab' da ein paar Poster hängen, aber sonst ist es mir eigentlich egal, was in meiner Zelle ist, irgendwann komme ich soundso raus.

Wie hast du deine Zelle geschmückt?

Thomas: Poster, Fotos, ein Bettlaken hab' ich mal auseinandergeschnitten und daraus einen Vorhang für die Lampe ge

macht. Bernd hat die einzige Klobrille und egal wohin der verlegt wird, er schraubt die ab und nimmt sie unter'n Arm.

Warum?

Bernd: Da, wo alle draufpinkeln, da setz' ich mich doch nicht hin.

Gibt es unterschiedliche Klobrillen?

Christian: Es gibt keine Klobrillen, nur Klodeckel. Das ist eine Holzplatte, damit der Gestank nicht ganz so extrem rauskommt.

Baschar: Bei mir liegen immer zwei, drei Schichten Zeitungen drauf.

Sedinam: Ja, sonst wirst du krank.

Was für Besteck habt ihr?

Bernd: Löffel, Gabel, Alumesser. Das Messer darfst du schärfen, aber nicht spitzen.

Christian: Das ist schon wieder so eine Unlogik, die zum Gefängnis passt. Man darf sich das Messer haarscharf machen, aber wenn man eine neue Zahnbürste will, muss man die alte abgeben, weil man sonst eine Rasierklinge in den Stiel machen und damit jemanden verletzen könnte.

Wie werden die Zellen beleuchtet?

Thomas: Mit Neonröhren. Eine Nachttischlampe oder Leselampe kann man sich kaufen, aber man muss Geld dafür haben.

Ich hab' gehört, man könnte auch einen kleinen Ventilator kaufen.

Thomas: Kannst du auch, du darfst dir auch eine Schreibmaschine reinschicken lassen.

Christian: Schreibmaschine? Da hol' ich mir einen Computer mit PSP.

Thomas: Das darfst du nicht.

Christian: Das ist ein Gameboy.

Bernd: Da kannst du Nachrichten versenden.

Klärt mich mal auf, was heißt denn PSP?

Christian: Play-Station-Portal.

Thomas: Da drin sind Speicherkarten und wer gut ist, kann Nachrichten einbauen. Wenn man die Playstation aufmacht, kann man die lesen. Das haben hier die Russen gemacht, und die Beamten haben mal aus Versehen die Memorycard angemacht und da kam ausgerechnet eine Nachricht. Seitdem ist das hier verboten.

Kommt hier ein Friseur rein, der euch die Haare schneidet?

Sedinam: Ja, jeden Montag.

Thomas: Das sind gelernte Friseure, die haben hier in Köln ein Geschäft und montags haben Friseure ja immer geschlossen, da kommen die hier rein. Ich hab' von einem Beamten gehört, dass die pro Person fünf Euro kriegen.

Christian: Nein, drei Euro fünfzig. Die machen in der Minute einen Mann. Die schneiden nicht mit der Schere, nur mit der Maschine.

Thomas: Wenn du zum Beispiel hier die Haare länger haben willst, das interessiert den gar nicht.

Christian: Der eine Friseur ist auch noch schwul. Bei uns ist ein Hausarbeiter, den hat der Friseur so von hinten angefasst und dem auf den Nacken getascht, da ist der aufgesprungen und hat den angeschrien, hey, du Scheiß-Schwuler, tatsch' mich nicht an. Wenn du mich noch einmal angetaschst, klatsch' ich dir eine, scheiß Schwuchtel.

Hat sich einer von euch im Gefängnis tätowieren lassen?

Bernd: Ich zweimal.

Das ist doch offiziell verboten?

Thomas: Ja, das ist Körperverletzung. Wenn die dich dabei erwischen, kriegst du eine Anzeige wegen Körperverletzung.

Christian: Das Schlimme ist ja nicht die Körperverletzung, das Schlimme ist die Hepatitis.

Sedinam: Ja, wenn Geräte benutzt werden mit einer unsauberen Nadel, dann können Krankheiten übertragen werden.

Bernd hat die einzige Klobrille und egal wohin der verlegt wird, er schraubt die ab und nimmt sie unter'n Arm

12

Wie fotografiert man die Zeit und die Langeweile?

Bernd: Man darf nicht vergessen, wir sind hier in Untersuchungshaft.

Miguel: In der Strafhaft ist es noch schlimmer. Geh' mal nach Siegburg.

Thomas: Da gibt's aber den Neu- und den Altbau.

Jörg: Ich hab' mal im Internet geguckt, da sieht es sauber aus in Siegburg. Die haben alle Werkstätten fotografiert und sogar einen Gefangenen, der durch die Gänge läuft und alles erklärt. Es sieht dreimal besser aus als hier. Wir können versuchen, der Wirklichkeit hier drin so nahe wie möglich zu kommen.

Bruno: Ich hab' von einem Freund gehört, dass im Altbau von Siegburg sogar Mäuse in der Zelle rumlaufen.

Bernd: Gibt es etwas, was nicht gezeigt werden darf?

Sicherheitsbedeutsame Dinge dürfen wir nicht zeigen. Früher war es ganz ausgeschlossen, dass man überhaupt im Innern des Gefängnisses fotografiert. Heute gibt es sogar Luftaufnahmen und die werden in den Tageszeitungen veröffentlicht.

Jörg: Ich zeig' euch gleich mal ein Bild, wo es deswegen Diskussionen gab.

Thomas: Den Schlüssel darf man nicht zeigen.

Jörg: Genau, bei dem Bild musste er mit der Hand den Schlüssel abdecken, damit es kein Foto vom Schlüsselbart gibt. Den Hof am Eingang durfte ich auch nicht fotografieren, weil da die Kameras hängen.

Miguel: Ich würde gerne ein Foto im Bunker machen.

Jörg: Ja, den Bunker konnte ich nicht fotografieren, weil da gerade jemand drin war. Aber davon werden wir auch noch ein Bild machen.

Das ist erlaubt?

Jörg: Das ist erlaubt.

Miguel: Ich würde gerne von mir ein Bild im Bunker machen.

Jörg: Da müssen wir fragen. Für das Buch ist es aber schöner, den Alltag zu zeigen, die Freistunden, die Arbeit, die Zelle. Ihr sagt, dass einige Bilder zu positiv sind.

Bernd: Für mich schon, also wenn Sie jetzt das Bild seh'n würden in einem Buch, da denkt man sich, ach, so schlimm sieht es gar nicht aus.

Thomas: Die Toilette ist nicht abgeschirmt.

Bernd: Viele Leute, die im Ausland im Knast saßen, meinten, das hier ist wie im Urlaub.

Ich hab' einen russlanddeutschen Jugendlichen interviewt, der hat gesagt „Knast in Deutschland ist eine Paradies".

Bernd: Man kriegt immer eine Mahlzeit, man hat immer was zu essen, nicht gerade das Beste vom Besten, aber man lebt, man kann sich einen Fernseher besorgen, Arbeit, man kann einkaufen.

Jörg: Aber du siehst auf dem Foto die Enge. Du siehst, was für viele Menschen ein großes Problem wäre, mit drei anderen monatelang auf einer Zelle zu leben. Jemand der draußen ist, kann vielleicht noch nicht mal mit seiner Frau vernünftig zusammenleben, wie soll er es dann mit Fremden können?

Bernd: Wenn man hier reinkommt, muss man sich umstellen und sagen, okay, ich muss mit dem jetzt auf einer Zelle sein, ich muss dieses Essen jetzt essen. Man gewöhnt sich das ab, ach wär' das schön, jetzt zum McDonald's zu gehen.

Bruno: Ganz ehrlich, ganz abgewöhnen tut man sich das nicht, es gibt vielleicht Tage, wo man nicht so viel nachdenkt, aber am Wochenende, wenn schon um fünf Uhr die Tür zugeht oder wenn man den ganzen Tag allein auf Zelle ist, dann kommen auf jeden Fall schon solche Gedanken.

Jörg: Überleg' mal, wie könnte man den Leuten draußen zeigen, was du hier empfindest. Du müsstest mir einen Tipp geben, was du gerne zeigen würdest und wenn's nur dieses Fenster wäre mit dem Satz, hier steh' ich acht Stunden am Tag davor und guck' raus.

Wir haben viele Zitate von Thomas, da ist einer, der geht nachts zwanzigmal auf's Klo, dem hab' ich eine geklatscht, der ist von hier bis ans Fenster geflogen.

Bruno: Oder von dem einen, der sich nie gewaschen hat.

Baschar: Das größte Problem ist hier der Zahnarzt.

Jörg: Ich kann in die Zahnarztpraxis gehen und den Stuhl dort fotografieren. Ich kann das nicht darstellen, dass du Zahnschmerzen hast, aber wenn du das sagst, dann kapieren das die Leute. Dafür haben wir die Texte im Buch. Die Bilder haben den Sinn, dass die Leute, die noch nie hier waren, eine Vorstellung davon bekommen. Den Gang, wo eine Tür neben der anderen ist, das kennen ganz wenige. Ihr müsstet mir auf jeden Fall helfen und sagen, fotografiere noch da und da, weil es noch zu positiv aussieht. Diese kleine Scheibe mit dem Zeichen U bedeutet U-Haft und wenn es auf dem Kopf steht, dann ist der Gefangene nicht auf seiner Zelle.

Miguel: Das wusste ich ja selber nicht.

Warum sind an der Zellentür zwei Zahlen, 104 und 105?

Baschar: Weil das eine Doppelzelle ist.

Jörg: Die Farben haben doch auch eine Bedeutung oder?

Bruno: Das grüne Viereck bedeutet selbstmordgefährdet.

Thomas: Die blaue Karte ist A-Gruppe.

Bruno: A-Gruppe, B-Gruppe und C-Gruppe gibt's nur im Jugendhaus.

Kerim: So sieht das voll korrekt aus. Das Klo ist abgedeckt. Es gibt einen Fernseher.

Jörg: Wenn es so ein Bild im Buch gibt, was für einen Text möchtest du dazu haben?

Kerim: Ich würde auf jeden Fall sagen, es sieht auf den Bildern nicht so aus wie in der Realität.

Jörg: Als ich euch besucht habe, wusstet ihr nicht, dass ich komme. Herr K. und ich sind vor der Tür gestanden, da wart ihr noch in der Zelle und wir sind rein. Herr K. hat gesagt, ich soll rausgehen, damit ihr nicht fotografiert werdet, weil wir euch nicht zeigen dürften. Ich hab' dann die Zelle fotografiert, wir haben nichts angefasst, nichts verändert. Wir sind eineinhalb Stunden durch die JVA und ich hab' fotografiert.

Kerim: Wenn ich jetzt draußen wäre und das so seh'n würde ...

Miguel: ... ist ja super, ist ja locker.

Was ist denn wichtig für Leute draußen, damit sie vom Knast was verstehen?

Bernd: Die dreckige Zelle.

Kerim: Dass man sich selbst beschäftigen muss, das ist auf jeden Fall wichtig, dass man Geduld braucht, um irgendetwas zu kriegen.

Jörg: Wär' es eine Möglichkeit mit denen, die Lust haben, bei der Fotogruppe mitzumachen, dass die eigene Bilder machen? Mein Ziel wäre, dass du mit dieser Kamera ein Bild machst, so wie du es zeigen willst.

Miguel: Ich hätte zum Beispiel eine schöne Idee, in die Beruhigungszelle zu gehen.

Bruno: Ein Freund von mir, der saß in Siegburg und da konnten sie auch Fotos machen. Er stand da am Gitter und hat den einen Arm links, den anderen Arm rechts rausgestreckt und dann wurden von außen Fotos gemacht.

Jörg: Ja, wenn wir uns das erste Mal zum Fotografieren treffen, dann könnt ihr so ein Bild machen.

Thomas: Diese Fotos, das sind bestimmt die kaputten Zellen.

Jörg: Da kann man zumindest mal die Matratze erkennen.

Miguel: Was ist denn das für ein Stoff?

Jörg: Das hab' ich mich auch gefragt. So, jetzt kommt noch mal eine leere Zelle.

Was man nicht sieht, das ist die Zeit und das müsst ihr mit Worten sagen.

Jörg: Das war jetzt alles zu dem Thema Dreck, was ihr erzählt habt, zum Beispiel über den kaputten Eimer.

Baschar: Hier ist gar kein Klodeckel.

Thomas: Ich hab' auch keinen Klodeckel, aber überall sieht man hier die Klodeckel.

Miguel: Ehrlich gesagt, so einen Klodeckel will ich gar nicht haben.

Thomas: Das ist die Ampel für den Notruf. Da kann man zwei bis drei Stunden warten, bis ein Beamter kommt.

Jörg: Ich muss jetzt noch mal nachfragen: Hast du das Gefühl, wenn deine Eltern diese Bilder sehen, dann denken die, dir geht es hier drinnen zu gut?

Bernd: Auf jeden Fall. So schlecht geht es einem ja auch nicht, du kannst trainieren, fernsehen, Sport machen, das ist wie im Schullandheim. Mein Vater denkt, dass es ein bisschen härter sein sollte. Natürlich ist es Scheiße, dass sein Sohn im Knast ist, das ist gar nicht die Frage, aber er findet, dass es hier drinnen viel zu locker ist.

Bruno: Dann soll er sich mal ein paar Tage hier reinsetzen.

Bernd: Der Vater von Baschar würde auch darüber lachen.

Einige eurer Väter finden den Knast hier viel zu lasch. Erzählt mal, was eure Eltern dazu gesagt haben.

Baschar: Zu lasch finden die das nicht, locker ist das nicht, das sagen die nicht, aber sie sagen, das ist eine Lektion, dadurch lernst du, damit kommst du bestimmt klar und dann kommst du ordentlich hier raus.

Was hast du darauf geantwortet?

Baschar: Die sollen sich das doch mal angucken. Was soll man denen sonst sagen?

Miguel: Von draußen sieht man ja nicht, wie es ist.

Kerim, dein Vater hat gesagt, es sei zu lasch.

Kerim: Auf jeden Fall. Wenn er hört, man hat Fernsehen, man hat Umschluss, Sport, einkaufen, Arbeit, man verdient hier auch noch Geld, da sagt er, das ist doch kein Knast.

Knallhart, kein Fernsehen, kein Radio, aber natürlich wünscht er sich das nicht für seinen Sohn

Wie sollte das seiner Meinung nach hier sein?

Kerim: Knallhart, kein Fernsehen, kein Radio, aber natürlich wünscht er das nicht für seinen Sohn.

Ah, für dich wünscht er sich das nicht, aber vielleicht für Baschar. (Alles lacht schallend.)

Kerim: Das ist doch klar, keiner wünscht sich das für seinen Sohn. Aber er meint, dass das viel zu locker ist, dass man nichts daraus lernt.

Denkst du, dass du direkt wiederkommst?

Kerim: Vielleicht nicht direkt, aber mit der Zeit. Es könnte schon sein, dass ich wiederkomme durch irgendeine Aktion. Die Polizei wird ja immer schlauer.

Miguel: Unser Kollege denkt gar nicht daran, sich zu ändern. Er will weiterhin Snacks machen, also Einbrüche.

Baschar: Woher willst du wissen, dass er seine Tat nicht einsieht?

Bruno: Soll ich dir sagen warum? Ich hab' mich mit einem Beamten unterhalten, der hat mir gesagt, warum sie Kerim für die Wohngruppe nicht nehmen wollten. Weil er seine Tat nicht zugegeben hat.

Kerim: Die fragen dich irgendwelche Scheiße und da ist es doch normal, wenn du zurück fragst, was wollen Sie von mir. Wenn mich jemand fragt, irgend so ein Psychologe, der textet mich zu mit warum-hast-du-das-gemacht und der versucht mich auch noch runterzumachen, da sag' ich zu dem, leck' mich am Arsch, so denk' ich.

Miguel, was sagen deine Eltern zur Haft hier?

Miguel: Meine Eltern sind natürlich nicht begeistert, aber die stellen sich das schon sehr krass vor. Ich sag' ganz ehrlich, mit den Leuten hier ist das für mich kein Problem. Ich hab' gedacht, draußen sind die Leute noch schlimmer. Das Einzige, was schlimm ist, ist dieser Einschluss, man kackt hier ziemlich viel ab.

Bruno, was sagen deine Eltern?

Bruno: Also, wenn die zu Besuch kommen, reden wir eigentlich gar nicht darüber. Mein Vater versucht, mich aufzumuntern, meine Mutter ist halt mega enttäuscht und sagt, lern' draus. Meine Mutter findet das eher zu schlimm, weil sie kennt das von einer Nachbarin, ihr Sohn sitzt auch ein paar Jahre im Knast, die versucht sie aufzubauen und erklärt ihr, was hier so abgeht. Sie sagt auch, wenn ich noch mal in den Knast gehe, dann kann ich mir meine Familie an den Hut schmieren.

Thomas, was sagen deine Eltern?

Thomas: Mein Vater sagt, da muss ich durch. Er war ja selber 15 Jahre drin, sie finden das nicht zu lasch, sie wissen, dass man hier viel abkackt, rumsitzt und überlegt.

Das Einzige, was schlimm ist, ist dieser Einschluss

Was bedeutet A-Gruppe, B-Gruppe, C-Gruppe genau?

Thomas: A-Gruppe darf alles mitmachen. Da hast du noch eine Extra-Freistunde und Kraftsport.

Christian: Früher war bei A-Gruppe immer auch Aufschluss, wenn die anderen Umschluss hatten, sie durften wie die Hausarbeiter überall rumlaufen, aber das gibt es jetzt auch nicht mehr, zu wenig Beamte.

Das heißt, sechzig Jugendliche sind hier im Haus 8 und davon sind 15 in der A-Gruppe. Und wie viele in der B-Gruppe?

Christian: Jeder kommt erst mal in die B-Gruppe.

Wie viele sind im Moment in der C-Gruppe?

Christian: Sieben, acht, neun Leute.

Diese A-, B-, C-Gruppen gibt es erst ein paar Jahre. Davor waren die Haftbedingungen für alle gleich und auch das Tragen von Privatkleidung war üblich. Wegen der vielen Abziehereien wurde das Tragen der Privatkleidung abgeschafft und die A-, B-, C-Gruppen eingeführt.

Thomas: Manche benehmen sich nicht.

Miguel: Aber wenn es für mehr Leute A-Gruppe geben könnte, das wäre gut.

Thomas: Ich musste drei Wochen warten, bis ich A-Gruppe hatte.

Christian: Wer seine Zelle nicht putzt oder wenn das Fliegengitter verdreckt ist, dem kann die A-Gruppe weggenommen werden.

Thomas: Die Anträge für die Gruppen kann man erst nach vier Wochen stellen. Die B-Gruppe ist dazu da, dich anzugucken, wie du dich verhältst, ob du ein ruhiger Mensch bist. Wenn du zu unruhig bist, dann darfst du gar nicht in die A-Gruppe.

Diejenigen, die in der C-Gruppe sind, wie lange bleiben die da?

Christian: Vorgeschrieben sind vier Wochen Minimum, danach kann man beantragen, dass die C-Gruppe aufgehoben wird, aber bei den wenigsten wird das nach vier Wochen gemacht. Jetzt hat sich einer bei 'ner Schlägerei die Hand gebrochen und der bleibt mindestens bis zu seiner Verhandlung in der C-Gruppe.

Thomas: Der ist doch schon lange hier.

Christian: Das ist ein anderer, der hat die C-Gruppe wegen Beleidigung bekommen. Der hört auch nie auf zu beleidigen, der beleidigt auch Beamte, der wird die C-Gruppe nie loswerden.

Thomas: Der ist hier richtig dick geworden.

Christian: Der denkt, je mehr man wiegt, desto stärker ist man. Also, wenn er hundertfünfzig Kilo wiegt, dann kann er jeden umhauen. Sein größtes Vorbild ist Arnold Schwarzenegger. Wenn er rauskommt, will er sich ganz viel Anabolika spritzen, viel trainieren und Weltmeister im Bodybuilding werden. Ich hab' mich viel mit dem am Fenster unterhalten, da hat er das erzählt, keiner hat sonst mit ihm geredet.

Gibt es Einzelne, mit denen sich keiner unterhält?

Miguel: Eigentlich nicht.

Also jeder findet jemanden, mit dem er reden kann?

Miguel: Ja. Vorausgesetzt er will es.

Christian: Ich geh' nie in die Freistunden, ich hab' einfach keine Lust dazu.

Thomas: Er nimmt starke Schlaftabletten, da kann er lange schlafen.

Findet ihr das gut, solche Medikamente zu nehmen?

Christian: Ich hab' draußen Drogen genommen und hab' mir meinen Körper nicht kaputt gemacht, und jetzt nehme ich hier drin diese Drogen. Ich finde das ist ein Vorteil, ich kann den ganzen Tag schlafen.

Ohne kannst du das nicht?

Christian: Ohne die Tabletten kann ich nicht einschlafen.

Diejenigen von euch, die keine Arbeit haben, bekommen die Taschengeld?

Thomas: Wenn du reinkommst, musst du den Antrag direkt abgeben, dann wird er bearbeitet und beim zweiten Einkauf kriegst du dann dein Taschengeld vom vorigen Monat, 32 Euro fünfzig.

Miguel: Aber ehrlich gesagt, bringt der Einkauf nicht viel. Man hat ein paar Packen Zigaretten, ein bisschen was zu trinken, ein paar Nudeln, das war's.

Thomas: Besser als nichts.

Diejenigen, die wirklich nichts haben, werden die von euch mit versorgt?

Thomas: Halbwegs.

Christian: Die Russen machen das am allerbesten, die sind so die Vorbilder im Kameradschaftsein. Die haben einen Gemeinschaftskarton und wenn Einkauf ist, tut da jeder was rein, Tabak, zu trinken, alles Mögliche. Und wenn ein neuer Russe kommt, kriegt er direkt den Karton in die Hand gedrückt, damit er was hat. Aber das machen nur die Russen so.

Miguel: Wir hier unter uns helfen uns auch, weil wir uns ja auch von draußen kennen.

In den Knast stecken, das ist schon irgendwo richtig

Was müsste hier drin anders werden?

Miguel: In den Knast stecken, das ist schon irgendwo richtig, damit die Leute lernen. Vielleicht nicht so lange, die Strafen ein bisschen milder machen und was tun für die Leute, weil die meisten, die hier waren, die kommen wieder zurück. Wenn man hier eingesperrt ist, da werden die Leute ja noch verrückter, als sie vorher schon waren. Also man müsste was Gutes, Soziales für die Gefangenen hier tun und mehr Gespräche mit den Leuten führen. Die meisten sind eh nur auf Zelle, da haben wir Glück, dass wir mit Ihnen ein bisschen reden können. Wenigstens einmal die Woche so eine Gruppe, damit man wenigstens ein bisschen klarkommt.

Thomas: Viele sitzen hier, außer der Freistunde, nur auf Zelle, die sind nicht beim Sport, haben kein Radio, kein Fernsehen. Wenn du erst mal ein Radio hast, da kriegst du Glücksgefühle, dass dich das Fernsehen gar nicht so interessiert. Wenn du aber einmal einen Fernseher auf der Zelle gehabt hast und der wird eines Tages rausgenommen, da flippst du aus. Das haben die bei mir gemacht, mir kamen zwei Stunden vor wie zehn, ich hab' die Poster alle zehn Minuten umgehängt, um zu gucken, wie das so aussieht.

Andreas: Ich find' die Zeit jetzt, wo es

Aber jetzt krieg' ich voll die Sommergefühle

wärmer wird, viel schlimmer als im Winter. Jetzt, wo es länger hell wird und es wieder voll warm wird, sind alle draußen. Ich denk' die ganze Zeit, jetzt wär' ich auch draußen bei diesem Wetter. Bei mir zu Hause sind so zwei Gebäude und dazwischen ist ein Platz, wo man Fußball spielen kann, oder wir gehen schwimmen und machen voll die Faxen.

Selim: Wenn du daran denkst, dass du hier am Abkacken bist und die anderen sind draußen ...

Andreas: ... wenn ich abends nichts zu tun hab' und es ist auch nichts im Fernsehen, dann denk' ich automatisch an so etwas.

Selim: Bist du auf Einzelzelle?

Andreas: Nein, mit Spannmann, aber der ist voll der Pisser, auf jeden Fall voll ätzend. Immer wenn man so dran denkt, wenn ich draußen wäre, könnte ich jetzt ins Schwimmbad gehen mit Mädchen und so. Im Winter hab' ich gar nicht dran gedacht, aber jetzt krieg' ich voll die Sommergefühle, wenn du diese Luft riechst. Ich mach' immer die Fenster auf, dann riechst du diese Luft, ätzend ist das.

Ein Spannmann ist jemand, mit dem man zwangsweise zusammen ist. Ist es dann auch noch ein Spannmann, wenn man freiwillig zusammen ist?

Thomas: Es ist immer ein Spannmann.

Christian: Den kann man bespannen, dem kann man beim Pissen zugucken, der kann dir beim Wichsen zugucken.

Thomas: Beim Kacken, alles was du machst, kann der gucken.

Selim: In der ersten Zeit hatte ich Einzelzelle, da war ich ein bisschen am Abkacken, da hab' ich viel an draußen gedacht, aber danach hat sich das gelegt.

Andreas: Mein bester Freund, der hat jetzt den Führerschein. Ich hab' mit dem angefangen, ich hätte jetzt auch einen Führerschein, aber ich bin hier drin. Der schreibt mir Briefe und ich les' das und stell' mir vor, ich hätte jetzt auch den Führerschein und würd' mit dem jetzt draußen rumfahren.

Das kommt für dich auch wieder.

Andreas: Aber dann ist es nicht mehr so cool.

Bruno: Wenn man mit dem vier Wochen auf der Zelle ist ...

Miguel: ... da wirst du bekloppt.

Bruno: Ich war die ganze Zeit nett zu dem. Ich hab' mit dem Sachen geteilt und zu dem gesagt, komm, gib' mir das halbe Paket Tabak ab, dann tauschen wir das gegen Thunfisch, Nudeln und Orangensaft. Dann hat er gefragt, wo ist denn der Tabak, er wollte den zurück, hat aber trotzdem von mir den Thunfisch bekommen. Wenn er was hat, dann frisst er das alles schnell weg.

Miguel: Das ist einfach ein Geier.

Bruno: Zum Beispiel ich hab' Marmelade, dann frisst er das ganze Glas weg, irgendwann kriegt man zuviel. Für mich ist das Nehmen und Geben, aber der nimmt nur und gibt nicht.

Thomas: Mein Spannmann ging mir zwei Wochen lang auf den Sack, der hat ständig geheult. In der zweiten Woche bin ich zu den Beamten gegangen und hab' denen gesagt, ich schlag' den, ich zwing' den unter die Dusche, ich zwing' den zum Putzen. Der Beamte sagt, okay. (Alle schreien durcheinander.) Jetzt ist mein Spannmann so ein kleiner abgekokster Junkie. Ich hab' zum Beispiel Brausetabletten, Magnesium zum Trinken, und ein halbes Päckchen Tabak auf dem Tisch liegen und geh' abends schlafen. Der ist ein Junkie und kann nachts nicht schlafen. Ich werd' morgens wach, da sind in dem Päckchen Tabak nur noch zwei Drehungen drin. Und trinken tut der, wie der will. Er nimmt die Kanne, tut Wasser rein,

Ein Häftling lässt sich nicht beklauen

nimmt heimlich eine Tablette von mir und ich höre dann, wie sie sich auflöst, das Brausen. Der fragt nicht. Jetzt hab' ich meinen Tabak unterm Bett versteckt, in einem Bananenkarton, und da ist eine Dose drin, da hab' ich die Stöppel und alles, was mit Rauchen zu tun hat, reingeschüttet, dass der nichts mehr anpacken kann. Meistens mach' ich um vier Uhr nachmittags mein Mittagsschläfchen. Auf jeden Fall bin ich wach geworden und der ist unter meinem Bett bei meinem Bananenkarton. Ich hab' mich nicht bewegt und nichts gesagt, zehn Sekunden später hüpft der wie eine Katze oben auf das Bett. Dann bin ich aufgestanden, hab' die Zelle hell gemacht, mich unten auf mein Bett gestellt und dem ein paar Fäuste ins Gesicht und in die Rippen gegeben. Einmal, morgens um vier Uhr, ich bin am Schlafen und der sitzt oben auf dem Bett. Ich hab' dem versprochen, wenn der runterkommt, ich breche dem die Knochen, wenn er mich wach macht. Ich war auf Drogen und kann nicht sofort wieder einschlafen. Also, ich werd' um vier Uhr morgens wach und hab' geschrien, du schwule Sau, ich breche dir die Knochen. Dann bin ich aufgestanden, hab' dem eine geklatscht, dann war Ruhe.

Der ist doch schwächer als du?

Thomas: Ja, aber ein Häftling lässt sich nicht beklauen.

Bilal: Er redet ja erst mal mit ihm, damit kommt er nicht klar. Er sagt ja offen, hör' auf, mir die Sachen zu klauen, oder frage wenigstens. Bei uns fragt man.

Thomas: Egal, wo ich bin, ich frage, hast du eine Drehung?

Bilal: Jeder gibt.

Thomas: Jeder hilft dir. Aber der fragt nicht. (Alle reden durcheinander.) Ich war mal auf Umschluss mit Christian und seh' einen Junkie bei ihm an den Schrank gehen. Ich weiß, er hat keinen Einkauf, er hat gar nichts, dann sitz' ich da, bin eine am Rauchen und dann nimmt er sich alle fünf Minuten ein Lutschbonbon, setzt sich wieder hin und sagt keinen Ton. Da bin ich am Überlegen, darf der von Christian die Bonbons nehmen, wenn er nicht da ist? Christian hat ja immer viel Tabak vom Besuch, weil er nicht raucht, dann frag' ich Christian, darf ich mir eine drehen? Dann sagt der ja. Und die Junkies fragen nicht, die gehen einfach dran.

Horst: Ich kann das nicht abhaben, wenn ich am Pennen bin, dass ich dann geweckt werde, das macht mich richtig aggressiv. Weißt du, was mein Spannmann gemacht hat? Ich bin so am Pennen und auf einmal werde ich wach, da läuft der Fernseher. Da hab' ich dem gesagt, pass' mal auf, wenn du das leise machst, ist mir das egal. Ich geb' dem abends sogar die Fernbedienung runter, aber der denkt nicht dran auszumachen. Mitten in der Nacht um drei Uhr steh' ich dann auf, weil ich den Fernseher höre, mach' den Fernseher aus und kann dann nicht mehr pennen. Dann kriegt der eins in die Fresse von mir, damit der auch wach ist und auch nicht pennen kann. Morgens sitzt der um sieben Uhr im Bett und guckt auf den schwarzen Bildschirm, die Fernbedienung liegt vor dem. Meinst du, der hat den Mumm, die zu nehmen und die Glotze einzuschalten?

Christian: Wir sitzen alle im gleichen Boot und wenn man dann noch von Spannmännern beklaut wird, das ist das Letzte. Ich bin jetzt mit einem auf Zelle, der fragt sogar, ob er den Spiegel haben kann, so muss das sein.

Thomas: Mein Spannmann ist jetzt drogenfrei, ich sag' dem, beklau' mich nicht, frag' mich, du kannst alles von mir haben. Der kommt jetzt zu mir und fragt. Aber den Junkies, denen kannst du das hundertmal sagen, die sagen immer, ich hab' nichts genommen.

Horst: In einem Monat hatte ich zwanzig Pakete Spaghetti, die teile ich mit meinem Spannmann. Esse ich einmal alleine Spaghetti abends, da sagt der zu den andern, der frisst mir abends Spaghetti vor und lässt mich abkacken, und dabei bin ich den seit zweieinhalb Monaten mit am Durchfüttern. Der Penner hat auch noch 31 Euro Einkauf, ich dachte, der hat gar keinen Einkauf. Da kauft der sich vier Nutella, eine einzige Brotscheibe hab' ich abbekommen. Und trotzdem, wenn der mich fragt für ´ne Drehung, dann kriegt der ´ne Drehung.

Christian: Mein Spannmann hat den Willen zu klauen, aber gleichzeitig nicht den Willen mal dazuzulernen. Ich sag' ihm, hör' auf damit, aber er ignoriert das, weil er das ignorieren will.

Thomas: Wie bei meinem Spannmann, der hat mich immer weiter beklaut, bis ich den geklatscht habe.

Bilal: Also Klaus, man hat vor Leuten, die klauen, keine Achtung, nichts, die haben kein Gesicht.

Aber du hast draußen doch auch geklaut.

Bilal: Ich hab' nur einen Raub begangen. Ich hab' schon oft gesehen, dass Menschen ihr Geld hinter sich verloren haben, so zum Beispiel bei einer langen Schlange bei McDonald's oder in der Disco. Da holt sich einer zehn Euro raus und da fallen ihm hundert Euro raus, das hab' ich schon oft erlebt und jedes Mal geb' ich das zurück. Ich steck' das nicht ein, aber wenn ich selbst was verliere, dann krieg' ich es nicht wieder.

Bist du mit dem neuen Spannmann nicht einverstanden?

Bruno: Ich bin die ganze Zeit am Reden, damit ich Einzelzelle bekomme. Ich krieg' laufend Leute mit grünem Punkt, ich meine, der ist zwar jetzt kein Junkie, aber trotzdem. Das ist komisch, wenn man mit einem auf Zelle ist, der keinen Einkauf hat, da muss ich den voll mit ernähren. Wenn ich esse, kann ich den doch nicht zugucken lassen.

Thomas: Geizig.

Bruno: Ja, auf keinen Fall, vor allem dann, wenn einer keinen Einkauf hat. Der C. zum Beispiel, hat einfach meine Würstchen gefressen. Hätt' er wenigstens Bescheid gesagt, aber einfach so nehmen, das hat mich angekotzt. Ich hab' mit dem alles Mögliche geteilt. Also mein Spannmann geht auch in der Nacht zwanzig-, dreißigmal auf Toilette, das ist doch unnormal.

Thomas: Da würde ich ein Schloss drauf machen. (Alle lachen.)

Wissen Sie, wie man sich über einen Brief freuen kann?

Bruno: Morgens, wenn ich aufwache, geht der auf Toilette, fünf Minuten später schon wieder, das nervt.

Thomas: Den würd' ich ans Bett fesseln mit dem Gürtel. (Alle reden durcheinander.) Ich würd' mich einfach auf die Toilette setzen, mit dem Deckel.

Bruno: Ich hab' den gefragt, ob er das nicht mal einhalten kann.

Thomas: Ich geh' nachts nie auf Toilette.

Bruno: Ich auch nicht, ich hab' gar keine Lust aus dem Bett aufzustehen.

Ismail: Ich hab' mich mit meinem Spannmann mal über die Leute unterhalten, die hier so reinkommen. Die kommen hier rein, du ißt mit denen, du schläfst mit denen, machst alles Mögliche mit denen. Sie sagen, ey, Bruder, wenn ich rauskomme, schreib' ich dir Briefe, und wenn sie rauskommen, ist von denen nichts mehr zu hören. Das hab' ich selber erlebt. Das Problem ist das Vertrauen, ich vertraue keinem mehr.

Tamer: Als ich in Waldshut in der JVA war, war ich mit zwei Leuten aus Liberia auf der Zelle, die konnten kein Deutsch. Ich hab' mich ziemlich gut mit denen verstanden, die hatten selber nichts gehabt und haben trotzdem Schokolade mit mir geteilt. Ich bin rausgekommen, mir ging es ja einigermaßen gut, ich hatte Geld und da hab' ich denen dreihundert Euro auf ihr Konto überwiesen. Ich persönlich würd' also mein Wort halten, wenn ich jemand etwas versprochen habe.

Man muss lernen, wem man vertrauen kann.

Ismail: Ich war mal nur für fünf Tage in Siegburg und dort mit einem Marokkaner auf einer Zelle, mit dem hab' ich mich immer geschrieben. Der hatte mir ein Buch geschenkt, ich hab' von seinem Essen gegessen und wir haben uns dann gegenseitig Briefe geschrieben. Das ist was Schönes, wenn man einen hat, mit dem man sich schreiben kann. Einer denkt an dich, dieses Gefühl ist echt sehr schön. Wissen Sie, wie man sich über einen Brief freuen kann? Als ich den ersten Brief hier bekam, hab' ich mich wie ein kleines Kind gefreut, dann liest man diesen Brief fünfmal durch, das ist so ein Gefühl, wo man sich freut. Wenn ich jetzt rauskommen würde und ich würde Selim einen Brief schreiben, würde er sich so freuen.

Carlos: Das ist dann so, dass man runter zur Kanzel geht und den Beamten fragt, haben Sie einen Brief für mich, haben Sie einen Brief für mich, man freut sich, wenn man einen Brief bekommt, was anderes hören, was anderes sehen.

Andreas, versuch' mal einen Besuch zu schildern.

Andreas: Es gibt den kleinen und den großen Besucherraum. Die ersten zwei-, dreimal, als meine Familie kam, war ich im kleinen Besucherraum. Da sitzt man direkt an einem Tisch, so wie hier, und in der Ecke sitzt ein Beamter, hört zu und guckt genau auf die Uhr, wann die halbe Stunde zu Ende ist.

Ich dachte, der Besuch dauert eine Stunde.

Bruno: Das ist nur im großen Besucherraum so, da sind ganz viele Tische und nur ein Beamter sitzt ganz vorne, aber der hört nicht zu, das ist nur optische Überwachung.

Darfst du deine Freundin umarmen?

Bruno: Ja, ich darf die küssen, ich darf alles, außer ... (Alle lachen.)

Carlos: Man darf sich nicht zu ihr setzen.

Baschar: Jeder sitzt an einer Seite des Tisches.

Ich dachte, die hätten Angst wegen Schmuggel.

Carlos: Da wird auch viel geschmuggelt.

Bruno: Da sind so Holzbretter zwischen den Tischbeinen, damit man nichts unten durchgeben kann. Im großen Besucherraum gucken die auch nicht so auf die Uhr, da hat man manchmal länger Zeit.

Carlos: Beim letzten Mal war ich eine Stunde und 45 Minuten da.

Bruno: Man hört nicht auf den Nachbartisch.

Bernd: Die Ausländer schreien immer so.

Baschar: Das sind nicht nur Ausländer, das sind auch Deutsche, die rumschreien.

Im großen Besucherraum dürfen alle in ihrer Muttersprache sprechen?

Bruno: Ja, aber wenn du im kleinen Besucherraum in der Muttersprache redest, wird der Besuch direkt abgebrochen.

Baschar: Erst mal wird man verwarnt.

Wenn deine Familie kommt, sprichst du mit denen deutsch?

Baschar: Somalisch, was denn sonst? Meine Mutter kann nicht so gut Deutsch.

Dogan, in welcher Sprache redest du, wenn dein Bruder kommt?

Dogan: Deutsch.

Man sitzt also am Tisch und konzentriert sich auf die eigene Familie und die anderen an den Nachbartischen sieht und hört man gar nicht.

Carlos: Man ist automatisch konzentriert, weil man die Familie nicht so oft sieht. So ist das von meiner Seite her. Man achtet gar nicht drauf, was die anderen reden.

Bruno: Im großen Besucherraum kriegt man eine halbe Stunde länger, aber das geht trotzdem zu schnell rum. Man nimmt sich vorher vor, über bestimmte Sachen zu reden, aber dann denkt man gar nicht mehr dran.

Kann man sich einen kleinen Merkzettel mitnehmen?

Bruno: Nein, das darf man nicht. Ich hatte mal meine Paketmarke abgegeben und einen Zettel geschrieben, was meine Mutter alles reintun soll. Ich wollte ihr das nur vorlesen und da sagte die Beamtin sofort, pack' das wieder weg.

Baschar: Bei einem Besuch hab' ich mit meinen Eltern ein bisschen arabisch geredet und dachte, warum sagt die Frau nicht, hier wird deutsch geredet. Ich rede mit meinen Eltern somalisch, da sagt die, deutsch reden. Ich sagte, ich hab' die ganze Zeit arabisch gesprochen und Sie haben nichts gesagt. Da hat die gesagt, lass' das mal meine Sache sein. Später hab' ich von einem anderen erfahren, dass die Arabisch kann. Die hat nur gewartet, bis ich einen Fehler mache, damit die den Besuch abbrechen kann. Die hat gespannt zugehört. Danach hab' ich bei Besuchen immer arabisch gesprochen und sie hat nichts gesagt.

Meine Freundin würde ich dann am liebsten mitnehmen

Nach den Besuchen kommt ihr hier in die Gruppe. Aber eigentlich ist man nach den Besuchen immer ein bisschen traurig, oder?

Baschar: Ich nicht, ich freu' mich, dann bin ich sogar noch lustiger, ich hab' ja jetzt meine Familie wiedergesehen.

Miguel kam aber traurig rein.

Baschar: Vielleicht kam für ihn kein Besuch, die waren zu spät oder wurden wieder weggeschickt, oder der Besuch wurde bei dem abgebrochen oder der Besuch war abgefuckt.

Weinen deine Eltern beim Besuch?

Bruno: Nein, meine Freundin kommt

auch immer mit. Ich würde die am liebsten dann mitnehmen, aber das geht nicht.

Carlos: Bist du immer noch mit der zusammen?

Bruno: Ja.

Baschar: Wie willst du wissen, dass die draußen nicht rumfickt? (Gelächter) Ja, ist doch so.

Bruno: Ich vertraue der. (heftiges Durcheinander)

Baschar: Die macht mit dir einen auf Liebe und du weißt nichts.

Bruno: Die kommt immer von allein zu Besuch.

Baschar: Ja, die interessiert sich für dich, aber ihren Spaß muss sie sich auch irgendwo holen.

Carlos: Hör auf, Alter, das ist voll Scheiße, was du da laberst.

Erzähl' mal etwas über die Wartezellen zum Besucherraum.

Christian: Da sind Wände, die waren früher mal weiß, jetzt sind die nicht mal mehr beige, jetzt sind die fast schwarz, sogar die ganzen Decken. Da sind irgendwelche Idioten mit dem Feuer unter die Decke gegangen und haben ihre Namen hingeschrieben. Die Bänke total dreckig, überall was drauf geschrieben. Der Boden voll mit Zigarettenstummel, der wird nicht saubergemacht, nur durchgefegt. Da steht zwar ein Stummeleimer, aber da wirft keiner seine brennenden Stummel rein, die werden einfach auf den Boden geschmissen, der ganze Boden ist voller Brandflecken, nur so Sachen.

Du hast heute Besuch gehabt und hast von da Tabak mitgebracht?

Miguel: Ja. Im Besucherraum darf man nicht rauchen. Ich hab' vor dem Besuch erst mal eine Stunde gewartet, bis ich rein durfte. Danach musste ich wieder eine Stunde warten, bis ich hierher zurückgebracht wurde.

Den Tabak durfte deine Freundin aus dem Automaten ziehen?

Miguel: Ja, das musste meine Freundin zieh'n und das geht nur bis sieben Euro. Man kann Zigaretten, Schokolade, Süßigkeiten, Cola ziehen, aber die Cola muss man da drin trinken, die darf man nicht mit auf die Zelle nehmen.

Ihr habt nur dreimal im Monat eine halbe Stunde Besuch?

Christian: Es sei denn, man ist verheiratet, dann hat man viermal.

Thomas: Und wenn du ein Kind hast und nicht verheiratet bist, kriegst du auch viermal Besuch.

Christian: Wenn meine Frau im Knast wäre, würde ich mein Kind nicht mit in den Knast nehmen.

Miguel: Ich bin im kleinen Besucherraum, weil ich in U-Haft bin und wegen Verdunkelungsgefahr.

Wenn die Ermittlungen abgeschlossen sind, gibt's keine Verdunkelungsgefahr mehr. Wenn es für dich angenehmer ist, mit deiner Freundin im Einzelbesucherraum zu sein, dann musst du nicht den großen Besucherraum beantragen.

Miguel: Ich weiß, ich finde es auch nicht schön, wenn da neben dir jemand sitzt und Kaugummi kaut, schmatzt, mit der Zeitung raschelt und zwischendurch mal so ein blöder Blick.

Christian: Bei mir mischen sich die Beamten immer in die Gespräche ein. Zum Beispiel als mein Vater das zweite Mal hier war, da hab' ich gefragt, wie es den Hunden geht, ich hab' selber einen eigenen, da mischte sich der Beamte ein und erzählte etwas von seinen eigenen Hunden. Das Allerheftigste bei mir war, als meine Freundin Polaroidfotos mitgebracht hat. Der Beamte flirtet mit meiner Freundin und zum Schluss nimmt der ihr die Fotos ab, die die für mich gemacht hat, und sagt dann, die sind hier verboten, weil da irgend so 'ne Säure auf den Polaroidfotos ist, das wär' was für Junkies.

Das darf doch nicht sein, dass der die Fotos an sich nimmt.

Christian: Ist aber Tatsache, der sagte, irgendeine Säure ist auf den Fotos.

Hast du eine Beschwerde gemacht?

Christian: Ich mach' keine Beschwerden. Ich hab' so viel Dreck am Stecken, wenn ich jetzt noch was gegen die Beamten mache und die dann einen negativen Bericht schreiben, zack, kassiere ich ein Jahr mehr.

Thomas: Wenn ich zum Beispiel eine Beschwerde gegen Herrn M. schreibe, die kommt nie an. Die Beamten lassen das verschwinden, kein Beamter tut was gegen seinen Arbeitskollegen, und wenn doch mal eine durchkommt, dann sind alle Beamten gegen dich, du darfst nicht mal quer furzen oder du landest im Bunker.

Christian: Die Beamten müssen ja auch

Führungsberichte schreiben und einer der Beamten schreibt immer negativ, der hat noch nie einen positiven Bericht geschrieben. Und wenn dann die Richterin irgendwelche negativen Berichte liest, auch wenn sie nicht stimmen, bringt das Nachteile.

Besuchen euch auch Freunde von draußen?

Thomas: Nein, jeden Tag saßen zehn Freunde bei mir, die hab' ich alle ernährt, die brauchten kein Geld, denen hab' ich sogar die Zigaretten spendiert. Wenn jemand Hunger hatte, hab' ich Geld auf den Tisch gelegt und gesagt, geh' mal Döner holen. Keiner von denen hat mich besucht.

Christian: Und wer hat dir Briefe geschrieben?

Thomas: Briefe? Ich kriege Briefe von der Staatsanwaltschaft.

Wenn deine Freundin dir sagt, ich möchte, dass du mir treu bleibst, sagst du ihr dann, nein, ich kann das nicht?

Baschar: Nein.

Denkst du dir, ich sag' der lieber nichts, die verträgt die Wahrheit nicht?

Bruno: Einer Frau kann man doch nicht sagen, ich geh' in den Puff.

Es gibt Männer, die sagen ihren Frauen, ich geh' in den Puff.

Bruno: Vielleicht akzeptieren das manche Frauen, weil das kein richtiges Fremdgehen ist. Das ist was anderes, als wenn ich draußen eine Frau anspreche und die dann zu mir nach Hause mitnehme. Aber mit so 'ner Schlampe ist das was anderes als mit meiner Freundin. Ich hatte heute Besuch von meiner Freundin. Vor vier Monaten war die im Krankenhaus und heute sagt die zu mir, hör' mal, wie war das eigentlich am Baggerloch? Ich hab' einen guten Freund von dir geseh'n, als ich im Krankenhaus war. Hast du dir einen lutschen lassen von einem Mädchen am Baggerloch? Du brauchst dich gar nicht mehr rauszureden. Aber ich will mal das Thema wechseln, wie geht's deinem Kind? Ich hab' ein Kind von einer anderen Frau und das hat die jetzt erfahren. (Alle lachen.) Meine Freundin hat gesagt, du hättest eher eine Backpfeife verdient als einen Kuss. Egal, ich will mal nicht so sein. Aber das ist normal, wenn sie es erfährt, ist sie von mir enttäuscht und verletzt. Ich konnte ihr doch damals nicht die Wahrheit ins Gesicht sagen, in dem Moment ist Feierabend, dann gibt's nichts mehr zu reden, dann geht die einfach. Während sie im Krankenhaus lag, hab' ich was mit einem anderen Mädchen gehabt. Ich versuche jetzt, mich in ihre Lage zu versetzen, wie ich mich gefühlt hätte, was ich gemacht hätte.

Baschar: Ich hab' extra mit meiner Freundin Schluss gemacht, weil ich wusste, dass ich hier reinkomme. Ich hatte keinen Bock mehr nach drei Jahren.

Drei Jahre wart ihr zusammen? Warum habt ihr nicht geheiratet?

Baschar: Sie kam aus Eritrea, die war Christin, das war für mich und meine Familie nicht in Ordnung. Irgendwann fing die an, von Kindern zu reden, da hab' ich gesagt, kein Problem, aber vorher musst du noch was machen. Da meinte sie, was? In meinen Glauben eintreten. Das Problem war, ihr Vater kam aus Saudi-Arabien, war ein Moslem und die Mutter war Christin, die dann Moslema wurde. Als sie sich von dem Vater getrennt hat, ist sie wieder Christin geworden und hat die Kinder christlich erzogen. Sie hat zu meiner Freundin gesagt, wenn du Moslema wirst, bist du nicht mehr mein Kind. Und dann kam dieses Gespräch, ja wenn ich Moslema werde, bin ich für meine Mutter gestorben. Daraufhin hab' ich mich von der getrennt. Die hat mir Briefe geschrieben.

Carlos: Hast du zurückgeschrieben?

Baschar: Was heißt zurückgeschrieben?

Carlos: Warum denn nicht?

Baschar: Wie soll ich denn wissen, was die draußen macht, Alter.

Carlos: Man kann doch Freundschaft haben.

Es gibt Frauen, die sind ihren Männer zehn Jahre lang treu, während die in Haft sind.

Baschar: In diesem Jahrhundert gibt es

das nicht. Wie alt ist deine Freundin?

Andreas: 17.

Carlos: Die beste Zeit. (Gelächter)

Andreas: Wenn die nicht warten wollte, würde sie Schluss machen.

Baschar: Vielleicht will die dich nur nicht verlieren.

Carlos: Nicht enttäuschen.

Baschar, angenommen, deine Freundin kommt ins Gefängnis und ihr beide sitzt im Besucherraum und sie fragt dich, bist du mir treu?

Baschar: Ich würde der die Wahrheit sagen, ich kann nicht warten. (Alle lachen.) Was soll das heißen, die Freundin ist im Knast und du wartest zwei Jahre, bis die rauskommt?

Carlos: Warum ist das unmöglich für dich?

Baschar: Das ist nicht unmöglich, aber in diesem Jahrhundert geht das nicht. Warum wollt ihr mich nicht verstehen?

Carlos: Sind deine Eltern sich nicht treu? Du redest vom Jahrhundert, Baschar.

Baschar: Meinst du, ich geh' wegen der nicht feiern oder was, Alter. Die lernt jemanden kennen und dann denkt die einen Augenblick nicht an mich, dann denkt die nur an ihren Orgasmus, Alter, da kannst du mir nichts erzählen.

Carlos: Du bist schwanzgesteuert.

Baschar: Was hat das damit zu tun? Die ist draußen und bumst woanders rum.

Carlos: Ich kenne meine Freundin besser als du.

Baschar: Wie lange kennst du die denn?

Carlos: Ein halbes Jahr.

Baschar: Meinst du, dann wartet die zwei Jahre auf dich, bis du rauskommst? Glaubst du das im Ernst, sag' mal die Wahrheit.

Carlos: Soll ich dir was sagen, sie ist noch Jungfrau.

Baschar: Das hat doch damit nichts zu tun. Wenn mir draußen eine sagt, mein Freund ist im Knast, auch die würde ich kriegen. Du kannst mir nichts erzählen.

Wenn man eine Freundin hat, die auf einen wartet, ist das ein Glück.

Baschar: Die Frage ist, ob die überhaupt wartet. Stell' dir vor, irgendwann kommt ein Freund und erzählt dir, was deine Freundin draußen alles macht, und wenn die hier ist, erzählt die dir von Liebe, dann drehst du doch hier durch, dann machst du dir in deiner Zelle Kopfschmerzen und denkst dir, was macht die.

Bruno: Ich kenn' das von vielen Leuten, die hier saßen. Nach zwei, drei Monaten ist das nicht mehr so krass wie am Anfang.

Es gibt Leute, die besuchen sich zehn oder 15 Jahre, das gibt es.

Bruno: Das sind die seltenen Fälle.

Baschar: Das ist die Familie, sehr gute Freunde, aber die Freundin glaub' ich nicht.

Bruno: Es ist vielleicht auch besser, wenn man hier drinne Schluss macht mit seiner Freundin. Man fickt so seinen Kopf damit.

Baschar: Schluss, einfach nicht mehr melden.

Thomas: Wenn meine Verlobte kommen würde und ich wäre mit der im Besucherraum, ich würde direkt durchdrehen, die könnten mich nicht mit einem Beamten und nicht mit zwei Beamten halten. Ich würde sie nicht mehr loslassen, ich würde mit der rausgehen, da soll mal ein Beamter versuchen, mich aufzuhalten.

Baschar: Dann ist es besser, wenn sie nicht kommt.

In vielen Lebensgeschichten von jungen Männern kommt mit der Freundin der Punkt, wo sie sagen, so, jetzt darf ich keine Scheiße mehr bauen.

Bruno: Meine Freundin war nicht so. Wenn ich zum Beispiel Palaver mit einem Typ hatte, da war sie noch diejenige, die gesagt hat, he, lass' dir nichts gefallen, hau' den um, sie hat mich eher noch aufgehetzt.

Miguel: Dann ist das eine Hetzerin. Das ist nicht gut.

Thomas: Ich hätte meine Freundin in den Arsch getreten und dann ab nach Hause.

Bruno: Meine Freundin hat mal mit draufgehauen, als ich Krach hatte mit ein paar Jungs in einem Bus. Da hat mich einer von der Seite geboxt, ich bin in Deckung gegangen und dann haben die zu dritt auf mich draufgehauen. Ich hab' dann einem von denen, der vor mir in diesem Vierersitz saß, ins Gesicht getreten. Da hat der meine Freundin an den Haaren gezogen und die hat dem ein paarmal mit dem Knie ins Gesicht gehauen. Da waren noch ein paar Mädchen bei mir in der Klasse, die haben gesagt, also echt, für'n Mädchen ist das schon krass. Ich hab' der auch mal gesagt, die soll das nicht machen. In der Sache war die ein bisschen verrückt.

Wer hat dich denn heute besucht?

Ismail: Meine Mutter. Sie fragte, was hast du gemacht? (Drei Jungs hatten sich eine Glatze geschoren.)

Sie war nicht erschrocken?

Ismail: Nein, sie meinte nur, in zwei Monaten sind die Haare wieder gut, so wie jetzt zum Gericht zu gehen, wäre falsch. Sie steht auch nicht auf Glatze. Mein Vater hat immer gesagt, wenn du eine Glatze hast, provozierst du die Leute. Meine Mutter ist kaputt gegangen, seelisch so, wegen mir, das kann man ihr ansehen. Die kümmert sich echt, die fährt immer zum Anwalt, das ist ein weiter Weg.

Tamer: Es gibt Eltern, die kümmern sich gar nicht um ihre Kinder, die schieben die einfach ab.

Ismail: Was ich nicht verstehe, im großen Besucherraum sagen die deutschen Jungs den Namen ihrer Mutter und geben ihr die Hand. Bei uns ist das so: Man umarmt die Mutter, man küsst sich, die Wärme von der Mutter zu kriegen ist echt sehr wichtig. Das gibt einem Kraft, die man nirgendwo kriegen kann. Ich hab' schon gesehen, dass es manchen Leuten peinlich ist, wenn ihre Mutter sie auf der Straße anspricht, ich hab' das selbst schon erlebt. Ich hatte einen Freund, da kam seine Mutter mit dem Auto angefahren und sagte, komm' mal her. Da hat er gesagt, fahr' mal, ich komm' gleich nach Hause und als die weg war, hat er gesagt, da kommt die Frau und blamiert mich hier. Solche Sachen.

War dein Vater schon mal hier?

Bilal: Morgen kommt er zum ersten Mal. Meine Mutter und die ganzen Geschwister sind im Urlaub. Gestern hat der Bruder meiner Mutter geheiratet. Ich weiß nicht, ob mein Vater das denen schon erzählt hat, dass ich hier im Knast bin.

Was sagst du ihm denn, wenn er kommt?

Bilal: Ich weiß es nicht.

Da muss man sich doch vorbereiten.

Bilal: Eben, eben. Ach, wissen Sie, was ich dem sagen will. Ich will den anlügen, so sieht das aus.

Horst: Nein, das machst du nicht. Ich hab' auch gedacht, was sag' ich meiner Mutter, wenn sie zu Besuch kommt. Die kam rein, die hat zuerst mal gefragt, warum, warum, und ich hatte keine Antwort auf die Frage, ich wusste es selber nicht. Der Einbruch hat mir zwei Tage danach leid getan.

Christian: Mein Vater hat ´ne Metzgerei, der hat immer richtig viel Kohle gehabt. Ich hab' von meinem Vater alles gekriegt, von klein auf, mir hat's an nichts gefehlt. Zuerst hat mein Vater einen Finger verloren, dann ist er taub geworden, dann waren seine Kniescheiben kaputt und zum Schluss hat er etwas am Rücken gehabt. Und da hab' ich mir gesagt, so will ich nicht enden. Wofür soll ich mich ein ganzes Leben lang totschuften? Wofür tu' ich mir den ganzen Stress an, wenn ich sowieso mit 40, 45 körperlich kaputt bin, da mach' ich lieber was anderes. So hab' ich mit den kriminellen Sachen angefangen. Ich hab' mehr verdient als mein Vater mit seiner Metzgerei, ich hab' auch mehr verdient als der Chef meiner Firma, in der ich gearbeitet habe. Deswegen fängt man mit Straftaten an.

Haben deine Eltern mal überlegt, sich Hilfe beim Jugendamt zu holen, damit ihr Sohn nicht im Knast landet?

Selim: Meine Eltern haben nicht viel mitgekriegt, nur so ein paar Anzeigen von der Schule. Zu Hause war ich immer nett zu meinen Eltern, ich hab' die nie angeschrien. Meine Eltern mögen mich, wie ich bin. Meine Mutter hat immer gesagt, du hast zwar ein gutes Herz, aber du machst immer Scheiße, wenn du in die Stadt gehst.

Kommen deine Eltern aus einem kleinen Dorf?

Selim: Nein, meine Mutter kommt aus der Türkei. Mein Vater ist hier groß geworden, er ist in der Türkei geboren und mein Opa hat ihn dann hergeholt, er hat damals als Gastarbeiter hier gearbeitet.

Ich hab' gehört, dass die Mütter in türkischen Dörfern sich keine Sorgen um ihre Kinder machen, wenn sie draußen sind, weil die Mütter wissen, alle passen auf die Kinder auf.

Tamer: Ja, deshalb erkennen viele türkische Eltern das Problem erst dann, wenn es zu spät ist. Viele türkische Jugendliche sind kaum zu Hause. Und wenn, tun sie immer alles gutreden, ja, ich suche mir Arbeit. Die meisten Eltern würden auch einschreiten, aber die kennen gar nicht alle Möglichkeiten, die es in Deutschland gibt. Die wenigsten wissen zum Beispiel, dass es so ein Antiaggressionstraining gibt.

Selim: Meine Mutter hat manchmal gemeint, dass sie mit mir zum Psychologen will. Aber ich wusste, dass ich das nicht mache.

Haben deine Eltern gar nicht gemerkt, dass *du in der Schule immer schlechter wurdest?*

Selim: Doch schon, sie haben auch manchmal gesagt, mach' dies und das, aber ich hab' nicht auf meine Eltern gehört, ich hab' immer das gemacht, wozu ich Lust hatte. In unserer Familie durfte ich immer so lang draußen bleiben, wie ich wollte. Wenn ich jetzt rauskomme, will ich nicht mehr so dumme Sachen machen wie früher.

Carlos: Irgendwie hab' ich auch Verständnis für meine Mutter, die wollte ja was Besseres für mich, aber als kleines Kind versteht man das nicht, da ist man alleine.

Was meinst du mit alleine?

Carlos: Ich bin ja bei meinem Onkel und meinem Opa groß geworden. Diese Mutterliebe, diese Vaterliebe, die hat mir gefehlt, beim Muttertag, beim Vatertag oder Weihnachten. Wenn man in der Schule Geschenke macht für den Muttertag oder für den Vatertag, dann denkt man viel darüber nach. Es ist nicht das Gleiche, ob ich das persönlich geben kann oder ob ich es nach Deutschland schicke. Das ist ein komisches Gefühl.

Deine Mutter ist allein nach Deutschland gekommen?

Carlos: Sie hatte eine Freundin, die mit anderen Frauen hier schon ein paar Jahre als Hausmädchen gearbeitet haben, und die hat zu meiner Mutter gesagt, warum arbeitest du dich so kaputt in Peru, da erreichst du gar nichts.

Die Frauen waren illegal hier?

Carlos: Nein, ganz legal. Die gingen erst mal nach Spanien, damals brauchte man noch kein Visum.

Ist dein Bruder auch hier?

Carlos: Nein, mein Bruder ist in Peru bei meinen Großeltern geblieben. Meine Mutter ist 1995 nach Deutschland gegangen. Sie hatte die Vorstellung, hier ein paar Jahre zu bleiben, Geld zu sparen und dann wieder nach Peru zurückzukommen. Sie hat Geld gespart, vier, fünf Jahre oder so. Ich war neun, als sie gegangen ist und vierzehn, als sie wiederkam. Danach sind wir zusammen nach Deutschland gegangen.

Selim, du bist hier in der Runde der Einzige, dessen Eltern noch zusammen sind.

Selim: Ja, ich hab' noch beide Eltern. Die haben sich zwar auch manchmal gestritten und meine Mutter hat sogar mal gesagt, sie will sich scheiden lassen, aber sie ist dann immer wegen uns geblieben. Jetzt verstehen sie sich besser.

Haben sie dich hier schon besucht?

Selim: Ja, sie kommen bei jeder Gelegenheit. Beim letzten Mal hab' ich im Wartezimmer unten gewartet, aber die hatten sich verspätet. Da wurde mir gesagt, die Zeit ist um, und da musste ich wieder zurück.

Ismail: Das ist doch gut, wenn die Familie sich kümmert. Das ist die einzige Kraft, die man kriegt. Ich hab' heute meine Mutter gesehen, ich krieg' Kraft von der. Diese eine Woche, bis die wiederkommt, bin ich kräftig. Ich weiß, meine Mutter ist draußen, die braucht meine Hilfe, die wartet auf mich. Ich muss kräftig sein. Das ist sehr gut, echt. Das sehen Sie ja, geschieden, geschieden, geschieden, gestritten, das ist diese Sache. Wenn die Familien sich streiten, das beeinflusst einen immer. Hier im ganzen Jugendknast sitzen Kinder von Eltern, die sich streiten oder geschieden sind und von Eltern, die nicht zum Besuch kommen. Die Familienstreitereien baden immer die Kinder aus.

Selim: Bei mir war das immer das Umfeld. Meine Eltern haben mich so gut erzogen, wie sie konnten, aber das Umfeld war halt schlecht.

Ich hab' von ein paar Jugendlichen, die Drogen genommen haben, gehört, dass ihre Eltern zum Teil erst im Prozess davon erfahren haben und erschrocken sind, dass in der eigenen Familie Dinge passieren, von denen sie gar nichts wussten. Baschar, du hast erzählt, dass du ein Handy verloren hast, das aber nicht zugeben wolltest.

Baschar: Meine Brüder wussten, dass ich das Teil verloren habe. Meinen Eltern und meiner Schwester hab' ich gesagt, das Handy hätte mir die Polizei abgenommen, da sei hier irgendwas passiert in der Gegend und die wollten nachgucken, wer in dieser Zeit telefoniert hätte. Wenn ich denen gesagt hätte, das Handy hab' ich verloren, dann wären die auf dumme Gedanken gekommen, der braucht Geld und so, der hat das Handy bestimmt verkauft.

Es ist doch schade, dass sich so eine Situation entwickelt, in der man innerhalb der eigenen Familie nicht mehr offen reden kann.

Baschar: Das hab' ich mir selber eingebrockt. Wäre ich nicht mit diesen Leuten zusammen, wäre ich nicht kriminell geworden, hätte ich nicht angefangen zu kiffen, dann wäre alles anders gekommen.

Als du in der fünften Klasse warst, da waren die anderen, mit denen du immer zusammen warst, in der neunten.

Baschar: Ich war sozusagen der Kleine, der alles für die erledigt hat. Ich hab' gedacht, die sind älter, korrekt, hängst du mit denen ab, dann passiert dir nichts, keiner kann dir was. Kannst du machen, was du willst. Als ich mit denen angefangen hab' zu rauchen und zu kiffen, ist es immer schlimmer geworden. Die Lehrerin hat meinen Eltern Bescheid gesagt, der Junge hat angefangen zu rauchen, er schwänzt die Schule und zieht Kinder ab. Dann geht irgendwann das Vertrauen der Eltern in ihre Kinder verloren. Sie fragen sich, warum sagt er uns nichts, wir geben dem doch immer Geld. Wenn er noch mehr braucht, warum sagt er uns nicht Bescheid, anstatt das von anderen zu nehmen. Meine Eltern regen sich auf, die fragen sich, warum. Aber es nützt nichts. Du kommst hier rein, kommst wieder raus, sagst immer, ja, Mama, ich mach' nichts mehr und dann passiert wieder das Gleiche. Es ist dieser Teufelskreis, sobald man mit diesen Leuten rumläuft, dann kommt man immer wieder hier rein. Was willst du den Eltern sagen, du musst denen doch irgendwas sagen. Ich hab' meinen Eltern immer was ganz anderes erzählt. Ich hab' denen nie von Diebstahl erzählt, bis sie das schwarz auf weiß gelesen haben, danach wussten sie es.

Wenn jetzt einer Interesse an meiner Schwester hat, dann muss er erst mal bei mir ein Vorstellungsgespräch machen

Inhaftierte Frauen, die drogenabhängig wurden und das Heroin durch Prostitution finanzierten, sind fast alle in ihrer Kindheit missbraucht worden. Aber auch inhaftierte männliche Jugendliche sind von ihren eigenen Eltern sehr oft schwer misshandelt worden.

Horst: Ich hab' von meinem Vater auch Schläge gekriegt.

Thomas: Ich bin mit Gürtel, Eisennieten, Besenstiel geschlagen worden. Ich hab' mit dem Handfeger, den Schlappen, mit den Fäusten, ich hab' mit allem Schläge gekriegt.

Bilal: Mein Vater hat eine Fünf im Zeugnis gesehen und ist ausgerastet, auch mit Vierern kam der nicht klar. Mein kleiner Bruder wurde von einem Auto angefahren vor meinen Augen, da hab' ich Schläge von ihm bekommen, weil er meinte, ich hätte wenigstens den Autofahrer anhalten können. Mein Vater sagte, nimm doch einen Stein und wirf ihn gegen das Auto.

Ist das die Ausbildung zum Macho?

Bilal: Was heißt hier Macho? Ich bin der Älteste in der Familie und hab' die Verantwortung für die vier jüngeren Geschwister. Meine 18-jährige Schwester hat bis heute keinen Freund und sie wird auch in Zukunft keinen haben. Wenn die auch nur jemand anguckt, macht mich das krank, ich sage, hey, was guckst du meine Schwester an, ich bin doch neben der. Dann schreie ich, noch nie 'ne Frau gesehen oder wie sieht's hier aus?

Wie soll deine Schwester jemanden kennenlernen, wenn sie niemanden treffen darf?

Bilal: Ich bin auch gerade in so einer Situation, ich interessiere mich für eine 21-Jährige, aber sie hat drei ältere Brüder, der eine Bruder ist 22, der andere 24 und der dritte 28. Wie komme ich an die ran?

Hubertus: Hingehen.

Bilal: Natürlich, einfach hingehen. Bei uns ist das so, man geht direkt zu den Eltern hin und verlobt sich, Ende. Wenn jetzt einer Interesse an meiner Schwester hat, dann muss er erst mal bei mir ein Vorstellungsgespräch machen.

Hubertus: Aber jetzt bist du nicht draußen.

Bilal: Ja, die ist in Urlaub.

Horst: Da gibt's die Urlaubsliebe.

Bilal: Nein, die ist in unserem Dorf, du weißt, was ich meine.

Ismail: Heute sind zum ersten Mal seit vier Monaten mein Vater, mein Onkel und meine Tante gekommen. Es war super, echt. Mein Vater erwartet, dass ich Therapie mache. Er hat gesagt, bemüh' dich hier. Ich hab' meinen kleinen Bruder gesehen, ich hab' einen richtigen Schock bekommen, so hat der zugenommen an Masse, und ich bin wieder wie eine Fliege geworden.

Du bist doch keine Fliege.

Ismail: Doch, ich hab' schon sehr abgenommen, Sie hätten mich mal draußen sehen sollen, ich wog 83 Kilo, jetzt sind es nur noch 74 Kilo. Mein Vater hat gesagt, mein Sohn, das Beste, was du machen kannst, ist, den Knast so gut wie möglich in was Gutes zu verwandeln. Diesen Zeitraum nicht ungenutzt verstreichen zu lassen, lese viele Bücher. Ich kann den Koran auf Arabisch lesen, ich hab' ihn laut für mich vorgelesen, das hat mir sehr gut getan. Ich hab' mich ganz erleichtert gefühlt und danach bin direkt schlafen gegangen.

Erzähl' mal, was du an deinem Vater vermisst hast?

Ismail: Wenn du zehn, elf Jahre bist und dein Vater geht mit dir raus, Go-Cart fahren, Fußballspielen, solche Sachen. Wenn ein Vater mit seinem Sohn solche Sachen unternimmt, dann macht man auch automatisch das, was er sagt. Für mich wäre es das Schönste gewesen, wenn mein Vater gesagt hätte, komm' wir unternehmen was zusammen. Bei uns war das nicht so, bei vielen anderen Kindern auch nicht. Der Vater kümmert sich nicht, sagt nur, wenn ich nicht gehorche, gibt es Schläge. Er versucht, auf diese Weise klarzukommen.

Abdullah: Ich hab' einmal mit meinem Vater Fußball gespielt, das war das Schönste, was ich je hatte. Ich hab' auch mit anderen Freunden gespielt, aber mit dem Vater zu spielen ist etwas ganz anderes, weil du siehst, dein Vater interessiert sich für dich, mit dem kannst du auch Spaß haben.

Warum hat er das nur einmal gemacht?

Abdullah: Das kann ich nicht sagen, das war so. Ich hab' gelernt, ich muss das besser machen, wenn ich mal ein Kind habe.

Hat dein Vater zuviel gearbeitet?

Ismail: Mein Vater war schon immer viel unterwegs, aber jeder hat doch mal Zeit für seinen Sohn. Wenn man keine Zeit hat, warum setzt man dann ein Kind in die Welt? Nur arbeiten gehen, dem Sohn Fressen geben, Klamotten kaufen, aber sich nicht um ihn kümmern, sich nicht für den interessieren, das ist nicht richtig.

Mit dem Vater Fußball zu spielen, das ist das Schönste, was ich je hatte

Tamer: Meine Eltern haben sich scheiden lassen, als ich sechs Jahre alt war. Mein Vater hat angefangen, seine Firma aufzubauen und hat ziemlich viel Geld gemacht. Sie kennen das vielleicht, wenn die Eltern geschieden sind, dann gibt es so einen Tag, an dem der Vater zu Besuch kommt. Er hat mich immer sonntags abgeholt und wir haben etwas unternommen. Ich hab' immer gemerkt, das hat er nur getan, weil er sich eingeredet hat, das muss ich machen. Es gab nie so das Vater-Sohn-Verhältnis, darüber hätte ich mich sehr gefreut.

Ismail: Wir haben daraus gelernt, wie wir unsere Kinder erziehen wollen. Was uns nicht gefallen hat, das müssen wir ändern. Wenn ich ein Kind habe, will ich das anders machen. Ich bin hier drin gelandet. Wieso? Zu Hause gegessen, hallo Mama, hallo Papa gesagt, dann rausgegangen, abgehangen mit Kollegen und Scheiße gebaut, so ist das halt.

Andreas: Mein Vater war auch am Arbeiten, manchmal auch bis in die Nacht rein. Eigentlich hab' ich mehr mit meiner Mutter gemacht. Ich war auch im Fußballverein und so. Meine Mutter hat immer Zeit für mich gehabt, mein Vater nie. Ein-, zweimal ist er mitgegangen, aber sonst nie. Einmal, da sind wir alle zusammen Billard spielen gegangen, das hab' ich gut in Erinnerung. Als meine Eltern geschieden waren, hatte ich gar keinen Kontakt mehr zu meinem Vater. Erst seitdem ich hier im Knast bin, interessiert er sich für mich und kommt mich besuchen.

Wie alt warst du, als die Scheidung war?

Andreas: 14, 15.

Hast du verstanden, warum deine Eltern sich getrennt haben?

Andreas: Was heißt verstanden? Ich wollte das nicht. Was soll denn der Scheiß? Meine Schwester, die ist sieben Jahre älter als ich, bei der waren die doch auch zusammen, bis die erwachsen war. Die hätten doch noch solange warten können, bis auch ich erwachsen bin.

Carlos, sind deine Eltern noch verheiratet?

Carlos: Nein, die haben sich scheiden lassen, als ich sieben Jahre alt war. Meinen Vater hab' ich nach der Scheidung nur noch drei-, viermal gesehen. Das ist auch vorbei, der hat sich so gezwungen gefühlt, mich zu besuchen. Ich kenne ihn sozusagen gar nicht. Wenn wir Sachen unternommen haben mit der Familie, dann hab' ich das mit meinem Onkel gemacht, aber das ist nicht das gleiche Gefühl wie mit dem Vater.

Ismail: Der Grund, warum ich hier bin, hat mit meiner Familie angefangen. Meine Eltern haben ständig gestritten, das war richtig extrem, diese Streitereien und ich war der älteste Sohn und stand zwischen beiden. Ich hatte keinen Kopf mehr, ich konnte mich nicht mehr konzentrieren, dadurch hab' ich sehr viele Chancen verloren. Ich kam zur Schule, war aggressiv und konnte nicht lernen. Ich weiß ganz genau, wenn ich etwas lernen will, wenn ich mich konzentriere, dann schaffe ich das auch, ich hab' das ja bewiesen. Ich konnte kein Arabisch und jetzt kann ich viele Seiten vom Koran auswendig. Der Hodscha kam hierher und war erstaunt, dass ich soviel vom Koran kenne, normalerweise können das die Jungs in meinem Alter nicht. Immer haben mich meine Aggressionen in schlechte Situationen gebracht. Ich hab' keine Probleme mit Drogen. Mein Vater hat immer zu mir gesagt, ich bin stolz auf dich, und gegenüber älteren Leuten hab' ich immer Respekt.

Immer haben mich meine Aggressionen in schlechte Situationen gebracht

Aber nicht alle Älteren verdienen Respekt.

Ismail: Auf keinen Fall.

Tamer: Es geht um die Höflichkeit.

Ismail: Mein Vater war lange nicht hier, aber letzte Woche kam er und darüber hab' ich mich sehr gefreut. Mein Vater hat gesagt, er will mich jetzt unterstützen, und er hat gesagt, jeder Mensch kann einen Fehler machen, es gibt keinen Menschen, der ohne Fehler lebt. Mein Vater hat mir eine letzte Chance gegeben und ich denke, dass ich die auf jeden Fall wahrnehmen muss und daraus was machen will.

Viele Menschen sind ohne Körperkontakt zu ihren Eltern groß geworden, sie haben nicht gelernt, ihre Kinder zu umarmen.

Selim: Bei meinem Vater ist das auch so.

Ismail: Aus meiner Erfahrung kann ich sagen, dass der Vater seine Gefühle nicht so rüberbringen kann wie die Mutter, aber dass der Vater genauso viel von innen liebt wie die Mutter. Er kann das nicht so wie die Mutter, mein Sohn und so. (Gelächter) Zum Beispiel hat mein Vater zu mir gesagt, wenn du in den Knast gehst, werde ich dich niemals besuchen kommen, niemals hat er gesagt. Aber ich bin in den Knast gekommen und er war hier.

Er will sich immer mehr von mir distanzieren, obwohl ich doch das Produkt seiner Erziehung bin

Tamer: Bei mir war es richtig krass. Mein Vater hat zu meinem Anwalt gesagt, ich will, dass mein Sohn diesmal die volle Härte des Gesetzes spürt. Er soll nicht auf den Rasen gehen und für irgendwelche alten Leute mähen.

Er hat gemeint, dass Sozialstunden zu wenig sind?

Tamer: Ja, genau. Aber trotzdem hat er gefragt, kann ich eine Besuchserlaubnis haben? Er kam heute, aber er war schon sehr kühl. Er hat gesagt, wenn du rauskommst, kannst du bei mir eine Ausbildung anfangen. Das Problem ist, mein Vater hat jetzt eine neue Frau und hat auch ein Kind mit ihr. Er will sich immer mehr von mir distanzieren, obwohl ich doch das Produkt seiner Erziehung bin. Er hat seine Fehler vergessen und hat jetzt ein neues Kind und eine neue Familie und mit denen versucht er, das Alte zu verdrängen.

Ismail: Mein Vater hat das auch zu mir gesagt. Er wollte mich sogar von seiner Wohnung abmelden, und er wollte nicht mehr, dass ich weiter seinen Familiennamen trage. Komplett abstoßen wollte er mich, er hat gesagt, du bist nicht mehr mein Sohn, aber trotzdem ist er hierher gekommen. Der war irgendwie so innerlich, ich hab' seine Augen gesehen. Was ich gemacht habe, ist ja nicht nur ein kleiner Fehler, ich muss das zugeben. Wäre ich an seiner Stelle, würde ich genauso reagieren. Mein Vater war Vorsitzender von einem Verein und hat

JVA-Köln

sehr viel für die Leute getan und dann stellt sich raus, der Sohn hat Zuhälterei gemacht. Das ist echt hart für meinen Vater, was der sich von anderen Leuten anhören muss. Mein Anwalt hat erzählt, wie er sich mit meinem Onkel wegen der Besuchserlaubnis im Teehaus getroffen hat, all diese alten Männer mit weißem Bart waren am Zuhören und die sagen dann, dieser Zuhälter. Aber, wenn ich da wieder hinkomme, sagen die mir, ach mein Sohn, warst du im Knast? Aber wenn ich zu anderen Familien gehe, ich wette, das wird auch so sein, dann sagen sie direkt zu ihrer Tochter, geh' in den anderen Raum. Das wird so sein, das muss ich verkraften, dass die Leute ihre Töchter von mir fernhalten werden.

Kannst du erzählen, wie der Respekt zu deinem Vater verloren ging, so dass du gesagt hast, ich mach' was anderes, als das, was sich mein Vater wünscht?

Baschar: Als ich klein war, bin ich mit meinem Vater immer Fußballspielen gegangen, da war ich neun oder zehn Jahre alt. Ich bin auch mit dem in die Moschee gegangen, ich war immer am Beten bis zum 14. Lebensjahr. Irgendwann hab' ich diese anderen Leute kennengelernt, die ein bisschen älter als ich waren, und dann war ich immer nur mit denen unterwegs. Ich hab' meinem Vater nie gesagt, was ich gemacht habe. Erstens wäre er enttäuscht, zweitens bekäme ich Schläge und drittens vertraut er mir dann nicht mehr. Ich hab' das immer für mich behalten, bis jemand von der Schule kam und sagte, ihr Sohn macht das und das. Irgendwann hab' ich mal was gemacht und da kam die Polizei zu uns nach Hause. Mit der Zeit hat er gemerkt, dass ich nicht mehr in die Moschee gehe, ich hab' ihm gesagt, ich hab' was anderes zu tun, ich geh' zum Fußball.

Ich hab' meinem Vater nie gesagt, was ich gemacht habe

Ismail hat erzählt, dass sein Vater Vorsitzender eines Vereins war. Habt ihr in der Familie auch jemanden, der politisch aktiv ist?

Tamer: Ja, meine Mutter. Die hat sich immer für die Roma und Sinti eingesetzt. Da waren auch Leute dabei, die gefoltert worden sind. Meine Mutter hat sich für sie eingesetzt, bis sie dann krank geworden ist. Das hat meinen Charakter geprägt. Ich bin vielleicht schon ein Wichser, aber irgendwie bin ich ein menschlicher Wichser.

Wieso nennst du dich einen Wichser?

Tamer: Da sind so ein paar Sachen passiert, da frag' ich manchmal schon, was bist du für ein Typ? Ich kann mich halt mit einfachen Sachen nicht zufrieden geben, wenn ich draußen bin. Bisher hat's nicht funktioniert. Warum soll ich nicht ein cooles Auto und coole Klamotten haben? Ich bin dann halt diese krummen Wege gegangen, das war vielleicht nicht gut. Damit hab' ich meiner Mutter viel Kummer gemacht. Da waren viele falsche Sachen dabei.

Wenn deine Eltern kommen, redet deine Mutter mehr oder dein Vater?

Selim: Mein Vater redet eigentlich gar nicht, aber jetzt kam er manchmal alleine und da saßen wir da, zwei, drei Minuten und keiner hat was gesagt, das war voll komisch. Jeder hat gezwungen geredet, aber dann hat sich das geändert. Jetzt rede ich mit meinem Vater besser als vorher. Beim dritten Besuch hat er mich sogar umarmt zur Begrüßung und als er gegangen ist, das war was Neues für mich.

Hast du dir schon mal Gedanken gemacht, wie der Konflikt zwischen deinem Vater und dir entstanden ist?

Bruno: Heute Morgen hat mich der Gutachter gefragt, was ich von klein auf erlebt habe. Er hat zu mir gesagt, wenn man Aggressionen hat, dann hat man auch ein seelisches Problem. Ich weiß nicht, ich hab' mir sehr oft die Frage gestellt, warum ich die ganze Kacke überhaupt gemacht habe.

Du hast erzählt, dass dich dein Vater durch den ganzen Hausflur geprügelt hat. Ist dein Vater jähzornig?

Bruno: Auf jeden Fall, er hat mich sehr oft geschlagen. Irgendwann bin ich mit einem Freund abgehauen zu einer Jugendeinrichtung. Als mein Vater mich von da abgeholt hat, hab' ich ihm gesagt, wenn du mich noch einmal schlägst, komm' ich nicht mehr nach Hause, denn der hat richtig geprügelt. Da war ich ungefähr 12 oder 13 und von da an hat der aufgehört, mich zu schlagen. Heute denk' ich, es wäre vielleicht besser gewesen, er hätte mir weiter eine geknallt. Er hat auf jeden Fall aufgehört, sich in meine Probleme einzumischen, er hat gar nichts mehr gesagt.

Thomas: Ich hab' von meinem Vater Schläge gekriegt und von meiner Mutter, die hat mich mit Schlappen gehauen. Als ich die ausgelacht hab', weil die Schlappen nicht mehr wehtaten, kam die mit dem Handfeger, mit dem Besenstil. Kennst du diese Gürtel, wo alle fünf Zentimeter runde Eisenringe drin sind, damit hab' ich von ihr Schläge gekriegt, und dann kam mein Vater und hat mit der Faust geschlagen, da machst du gar nichts mehr. Da wurde ich aggressiv.

Baschar: Da lernt man ja auch was von. Einerseits war es gut, aber andererseits war es zuviel.

Miguel: Manchmal musste es sein, aber manchmal war es zuviel, Alter.

Selim: Was dich nicht umbringt, härtet dich ab.

Tamer: Im Leben zählt vor allem die Disziplin. Und um Disziplin einzuflößen, ist vielleicht mal eine Tracht Prügel nötig. Ich sag' nicht, dass man jeden Tag seine Kinder schlagen soll.

Mit Schlägen kannst du Disziplin nicht machen

Ismail: Mit Schlägen kannst du Disziplin nicht machen. Ich hab' auch Schläge kassiert. Hab' ich Disziplin? Nein.

Tamer: Ich will nicht sagen, dass man auf Kinder einschlagen muss. Ich hatte vielleicht keine Disziplin in der Schule, aber ich hab' für mich selbst Disziplin, ich bin trainieren gegangen, ich bin fast immer unter der Woche zur gleichen Zeit schlafen gegangen, obwohl ich keinen festen Beruf hatte. Also, dass man Kinder zu Tode prügelt, das kann man nicht gutheißen, aber mal so ein Ohrfeigchen find' ich nicht schlecht.

Carlos: Aber man gewöhnt sich an diese Schläge. Ich hab' auch Schläge bekommen, als ich in Südamerika gelebt habe. Wenn ich mit zehn Jahren nachts um zwölf nach Hause kam, dann hab' ich Schläge bekommen. Irgendwann hab' ich gesagt, scheiß' auf die Schläge, Hauptsache, ich hab' meinen Spaß. Wenn die mich schlagen, hab' ich danach trotzdem geschlafen und bin davon nicht gestorben.

Tamer: Ich hab' mal eine Zeitlang mein Zimmer nicht aufgeräumt und dann hat mir mein Vater Schläge gegeben. Danach bin ich immer ein sauberer Mensch gewesen. Mein Zimmer ist immer sauber, meine Zelle auch.

Selim: Schläge helfen doch.

Tamer: Wenn mein Vater mit mir gesprochen hat, als ich eine Zeitlang bei ihm gelebt habe, da hat er zu mir gesagt, dann und dann kommst du nach Hause. Aber ich hab' darauf nicht geachtet, das waren ja nur Wörter. Was soll mir schon passieren? Wenn ich das und das nicht mache, dann schreit er mich an, dann krieg' ich Ärger, okay. Was ist das schon, wenn er mich anschreit? Das ist kein körperlicher Schmerz, es gibt keinen Grund, sich zu fügen.

Wenn dein Vater mit dir redet, kannst du doch sagen, welche Vorstellungen du hast und dann trefft ihr beide eine Vereinbarung.

Tamer: Ich bin jetzt reif, zwanzig Jahre alt. Aber damals war ich 13 oder 14, da war mein Interesse nur rausgehen, abhängen. Jetzt kann man mit mir diskutieren.

Aber wenn du mit 13 Jahren gesagt hättest, Vater, ich möchte jetzt rausgeh'n zu meinen Freunden, da hätte er vielleicht gesagt, mach' noch eine Stunde Hausaufgaben und dann kannst du raus. Was ist dabei? Hast du da einfach gesagt, leck' mich am Arsch?

Tamer: Nein, nichts in der Hinsicht, da konnte ich mich in dem Moment auch nicht wehren. Wenn der gesagt hat, mach' das und das, dann hab' ich das gemacht,

Aber manchmal ein Ohrfeigchen find' ich nicht schlecht

da war er ja dabei. Aber wenn ich dann rausgegangen bin und er gesagt hat, ich soll pünktlich um zehn zu Hause sein, was will er denn da jetzt machen? Will er mich suchen? Dann bin ich halt bis zwölf draußen geblieben.

Es ging also um einen Machtkampf zwischen dir und deinem Vater.

Tamer: Das ist so. Kinder probieren doch immer ihre Grenzen aus, auch Frauen. (lacht)

Es gibt Jugendliche, die sagen, ich hab' noch nie die Hand gegen meinen Vater erhoben, und es gibt andere, die haben zu ihrem Vater gesagt, fass' mich noch einmal an und ich hau' dich um.

Tamer: Das kann auch passieren.

Ismail: Wenn man das Kind von Anfang an richtig erzieht, dann braucht man das Kind auch nicht zu schlagen.

Selim: Es kommt aber auch auf das Umfeld an. Die Eltern können so gut erziehen, wie sie wollen, wenn der rausgeht zu seinen Freunden, dann passt er sich denen an. Ich hab' auch Schläge bekommen von meinem Vater, so bis 15 Jahre. Das, was ich dann mit 17 und 18 gemacht habe, so Scheiße gebaut, da hat er gesagt, du bist jetzt groß geworden, du bist aus dem Alter raus, wo man dich schlägt. Da hat er zu mir gesagt, benimm dich.

Du bist aber nicht nur das Produkt deines Vaters, du bist auch für dich selbst verantwortlich.

Tamer: Na, klar, aber wollen Sie sagen, dass sich ein Kind mit sechs Jahren selbst erziehen kann? Da hat er uns verlassen. Meine Mutter hat neu geheiratet und der Typ schlägt mich kaputt mit Schuhen, nur weil ich meine Schnürsenkel nicht gebunden hatte. Mit 13 und 14 krieg' ich dann von der Realschule blaue Briefe. Und auf einmal kommt mein richtiger Vater und schlägt mich kaputt. Was sind das für Briefe? Auf einmal will er den Vater spielen, nachdem schon alles gelaufen ist. Meine Mutter hat sich inzwischen wieder von dem Typen getrennt, aber der hat mich richtig kaputtgeschlagen, wegen Kleinigkeiten. Der kam aus der Türkei, unglaublich.

Ismail: Ich hab' auch unnormale Schläge von meinem Vater bekommen. Aber hast du gemerkt, dein Vater hat hinterher deinen Anwalt gefragt, können Sie mir eine Besuchserlaubnis besorgen? Es gibt ein Sprichwort: Wenn dir was passiert, heule nicht. Wer heult, sind dein Vater und deine Mutter.

JVA-Köln

Carlos: Ich bin Jahrgang 86 und in Peru geboren. Seit vier Jahren lebe ich erst in Deutschland, in Leverkusen. Ich hab' einen Hauptschulabschluss in einer Gesamtschule gemacht und danach hab' ich eine Ausbildung als Friseur angefangen und jetzt sitz' ich hier. Ich hab' einen Bruder, Mutter, Vater, eine Stiefschwester und einen Stiefbruder.

Und was kannst du von dir sagen?

Abdullah: Ich bin Jahrgang 1988 und in Bonn geboren. Seitdem lebe ich auch in der Nähe von Bonn, bin dort in die Grundschule und in die Hauptschule gegangen und hab' da den Hauptschulabschluss bekommen. Dann fing's an und schließlich bin ich hier gelandet. Ich hab' zwei kleine und zwei ältere Brüder und zwei ältere Schwestern.

Abdullah, du hast mir gesagt, dass du zu über drei Jahren verurteilt worden bist mit deinen 17 Jahren. Ich hatte das gar nicht erwartet.

Abdullah: Die zwei Jahre Bewährung waren das Problem. Eigentlich kann ich mich zufriedengeben, weil ich nur ein Jahr und sechs Monate drauf bekommen habe.

Hast du einen deutschen Pass?

Abdullah: Nein.

Dann weißt du, dass man bei einer Strafe von über drei Jahren abgeschoben werden kann.

Abdullah: Kann.

Hattest du denn das Gefühl, gut verteidigt worden zu sein?

Abdullah: Nein, sie hat so gut wie nichts gesagt, erst am Ende hat sie ihren Senf dazugegeben, ein paar Sätze. Vorher hatte ich einen guten Eindruck von ihr gehabt und geglaubt, sie würde mich gut vertreten, aber der Schein trügt.

Weswegen bist du verurteilt worden?

Abdullah: Wegen schwerem Raub.

Hattest du eine Waffe?

Abdullah: Ja, es war eine Gaswaffe, aber für den Richter macht das keinen großen Unterschied.

Kannst du mal von einem Raub erzählen?

Abdullah: Also das war so, wir sind da reingegangen in den McDonald's mit Masken und ich hatte die Waffe in der Hand und mein Mittäter einen Hammer. Das war so vier Uhr morgens, da waren nur noch zwei Angestellte drin. Wir sind da reingestürmt, haben ein bisschen Druck gemacht und die zwei ins Büro gedrängt, damit die den Tresor aufmachen. Dann haben wir das Geld eingepackt, das Telefon zerstört und sind losgerannt.

Wie viel lag da drin?

Abdullah: Das war ein Reinfall, nur zweitausend Euro. Wir wussten nicht, wo genau die das Geld verwahren, das haben wir nicht gefunden. Deshalb haben wir nur das Wechselgeld, das am nächsten Tag in die Kasse kommt, mitgenommen.

Ich hätte fast die Waffe fallengelassen

Wie haben sich die beiden Angestellten verhalten?

Abdullah: Der eine lag auf dem Boden, das sollte er. Sonst haben sie sich ruhig verhalten, aber sie haben schon Angst gehabt. Wir haben denen aber nichts getan.

Und dein Partner, war der älter als du?

Abdullah: Nein, so alt wie ich, 17. Es war nicht mein erster Raub, ich konnte einfach nicht damit aufhören. Von heute auf morgen kam das in meine Gedanken und dann hab' ich das durchgezogen. Deshalb hab' ich ja auch die Bewährung bekommen.

Möchtest du von deinem ersten Raub erzählen?

Abdullah: Den ersten Raub hab' ich allein gemacht, das war in einem Edeka-Markt bei mir in der Stadt. Da war ich 16. Da hab' ich eine Knarre genommen von einem Kollegen und auch eine Maske und hab' mich vor den Edeka-Laden gestellt. Ich hab' ungefähr eine halbe Stunde vor dem Eingang gestanden und konnte nicht rein. Ich hab' gewartet und gewartet bis fünf Minuten vor Schluss. Aber dann hab' ich mir einen Ruck gegeben und bin reingegangen. Ich hätte fast die Waffe fallengelassen und wäre beinahe ohnmächtig umgefallen. Ich hab' die Tüte hingehalten und gesagt, tu' das Geld rein, aber ich kam nicht überzeugend rüber bei diesem ersten Mal. Die hat einfach nach dem Chef gerufen und der Chef hat zum Hörer gegriffen und ich bin losgelaufen ohne Beute. Das war das erste Mal.

Carlos: Stell' dir vor, du wärst wirklich ohnmächtig geworden.

Hast du an deine Eltern gedacht, als du da rein bist?

Abdullah: Nein, in dem Moment, wenn man drin ist, hat man erst mal Angst und denkt nur, was passiert, wenn ich erwischt werde. Da hab' ich nicht an meine Eltern gedacht. Daran denkt man später.

Als du erwischt worden bist, was haben deine Eltern gesagt?

Abdullah: Die waren enttäuscht von mir und die hoffen, dass ich nichts mehr mache. Die konnten nichts Großartiges machen, es liegt bei mir und nicht bei ihnen. Mein Wille ist da, ich versuche, es nicht mehr zu tun, aber ich weiß nicht, was passieren wird.

Was habt ihr mit dem Geld gemacht?

Abdullah: Das ist weg. Das haben wir unterwegs versteckt. Die Polizei stand schon vor meiner Haustür und ich hatte noch dieselbe Kleidung wie beim Überfall an. Dann wurde ich verhaftet.

Das stand bestimmt auch in der Zeitung.

Abdullah: Ja, ich hab' den Zeitungsausschnitt auch hier. Raubüberfall auf McDonald´s, Täter wurden geschnappt.

Wenn du Richter wärst und hättest so einen jungen Mann vor dir, wie du einer bist, was würdest du mit dem machen?

Abdullah: Am liebsten wäre mir natürlich gewesen, er hätte mich freigelassen, aber der Richter muss auch seine Arbeit tun, er kann ja nicht sagen komm, du kriegst noch mal Bewährung, ich hatte ja schon die höchste Bewährung. Sache ist eben, man muss bestraft werden, für das, was man getan hat.

Selim: Soll ich mal meine Geschichte erzählen?

Ja, wenn du möchtest.

Selim: Ich hab' noch drei andere Mittäter. Wir sind zusammen in einer Straße groß geworden, wo nur Türken leben. Das war in einem kleinen Ort außerhalb von Köln. Da ist ein ganzes Bürohochhaus leergeräumt worden. Die Firma, die vorher in dem Bürohaus war, ist in Konkurs gegangen. Ich bin in Köln geboren und vor drei Jahren sind wir da hingezogen und leben jetzt in diesen Hochhäusern. Unsere Straße ist bekannt wegen der Gewalt, da gab es immer Schlägereien. Wir vier haben so Aktionen gemacht, abziehen, um an Geld zu kommen. Und der Grund, warum ich jetzt hier bin, ist schwerer Raub. Wir haben eine Spielhalle überfallen.

Hattet ihr Waffen?

Selim: Es war eine Gaspistole, deswegen auch schwerer Raub. Wir sind mit dem Auto rumgefahren und haben überlegt, was wir so machen könnten, und dann ist mir diese Spielhalle aufgefallen. Am nächsten Tag haben wir uns so Sturmmasken genommen und sind vor diese Spielhalle gefahren. Einer war der Fahrer und drei von uns haben sich diese Sturmmasken aufgezogen, einer hatte eine Knarre, einer einen Elektroschocker und einer hatte die Tüte, wo wir das Geld reintun wollten. Dann sind wir da rein und ich hab' die Frau voll angeschrien, mach' die Kasse auf. Die hat die auch aufgemacht, wir haben das Geld in die Tüte getan und dann hab' ich gefragt, wo ist das Restgeld? Da gab's noch einen Tresor, ich hab' gesagt, sie soll den aufmachen, da hat die den aufgemacht. Da waren tausend Euro drin, das haben wir auch in die Tüte reingesteckt und dann, als wir rausgelaufen sind, hat einer der Mittäter den Elektroschocker auf einen Kunden gehalten.

Sache ist eben, man muss bestraft werden, für das, was man getan hat

Carlos: Nee, der hat den Elektroschocker gemacht?

Selim: Der hat dann ein bisschen gezittert.

Carlos: Der hat doch bestimmt geschrien?

Selim: Der ist in eine Ecke gelaufen. Und bevor wir rausgelaufen sind, hat einer der Mittäter den Namen des anderen Mittäters gerufen.

Carlos: Nein.

Selim: Der war halt ein bisschen aufgeregt. Das war das Krasseste, was mir in meinem Leben passiert ist. Dann sind wir zum Auto gelaufen und jemand hat das Kennzeichen gesehen, als wir weggefahren sind. Wir sind Richtung Autobahn gefahren und alle waren voll aufgeregt. Ich war der Einzige, der ruhig geblieben ist. Ich bin ganz ruhig bei solchen Aktionen. Dann sind wir nach Köln gefahren, waren so feiernmäßig drauf und haben sinnlos Geld ausgegeben, an Automaten und so. Später sind wir heimgefahren, ich hab' alle Sachen mitgenommen und bei mir zu Hause gelagert. Ich wollte die Sachen am nächsten Morgen wegtun. Aber dann hat mich der eine Mittäter angerufen, lass' uns ein bisschen rausgehen und so. Der wollte Koks dealen, da haben wir ein paar Telefonanrufe gemacht, das war dann schon so um drei, vier Uhr morgens. Dann sind wir zu dem nach Hause und haben bis fünf Uhr Koks gezogen, obwohl der am nächsten Morgen arbeiten musste. Ich war an diesem Tag so gegen sechs, sieben Uhr zu Hause, bin eingepennt und auf einmal, so zehn, elf Uhr tritt jemand unten die Tür ein. Ich bin aus meinem Bett gesprungen und hab' direkt gecheckt, die Polizei ist da. Auf einmal geht unsere Tür kaputt. Meine Mutter ist verschreckt und fängt an zu weinen, sie ruft, meine Kinder und so.

Hast du noch Geschwister?

Selim: Ja, ich hab' noch einen großen Bruder und eine kleine Schwester. Aber mein großer Bruder und mein Vater waren nicht zu Hause. Meine Mutter war am Weinen und ich war noch ein bisschen durcheinander vom Koks.

Carlos: Ist normal.

Selim: Ich hab' mich jetzt voll aufgeregt, das war nicht die normale Polizei, wie wir sie kennen, das waren SEK-Beamte, die standen in unserer Wohnung und haben rumgeschrien. Als ich die Tür von meinem Zimmer aufgemacht habe, standen da plötzlich zehn Leute vor meiner Nase, mit Maschinenpistolen, Helmen, kugelsicheren Westen, das ganze Haus wurde umstellt. Ich schrei' die an, wieso bringt ihr meine Mutter zum Weinen? Die haben gesagt, dreh' dich um und leg' dich auf den Boden, da hat mich einer am Nacken gepackt und auf den Boden gedrückt. Die haben halt diese Griffe drauf. Ich hab' immer geschrien, bringt meine Mutter nicht zum Weinen. Dann haben die gesagt, geh' in die Toilette und guck' gegen die Wand. Als ich mich einmal umdrehte, wurde ich sofort angeschrien, guck' gegen die Wand. Ich konnte denen gar nicht in die Augen sehen, die wollen ja anonym bleiben. Und dann haben die mein Zimmer durchsucht und ich war in der Toilette. Dann ging das SEK weg, dafür kam die Kriminalpolizei, die kannte ich. Mit einem hatte ich schon ein paar Mal Stress, der hat mich immer angehalten und ich hab' den mal doof angemacht. Der wollte wieder mal meinen Ausweis haben, da hab' ich gesagt, ihr haltet mich immer an, ich hab' keinen Bock mehr und bin einfach weitergegangen. Da hat der mir ein Bußgeld verpasst von 25 Euro, seitdem hat der mich auf dem Kieker. Jetzt sieht er mich in der Toilette und lacht über mich und freut sich richtig. Dann redet er auf meine Mutter ein, was haben Sie denn für einen Sohn? Ich würde den in die Türkei schicken. Meine Mutter hat gefragt, was das soll mit den Maschinenpistolen? Da hat der gesagt, Ihr Sohn hat ja auch jemandem eine Knarre an den Kopf gehalten. Dann haben die meine Mutter und meine Schwester ins Wohnzimmer gebracht und ich war immer noch auf der Toilette. Danach haben die mir so Plastikhandschellen angelegt und richtig festgezogen, ich hatte nachher einen Bluterguss. Als ich raus bin, weinte meine Mutter und hat auf türkisch gefragt, was hast du nur gemacht? Ich hab' gesagt, ich komm' wieder. Dann haben die mich zur Wache mitgenommen, aber ich hatte immer noch den Pyjama an, deshalb hab' ich gefragt, darf ich mir wenigstens was anziehen? Da fragte der, was willst du anziehen? Diese Hose da. Nimmt der die Hose und durchsucht die Taschen, als hätte ich in der Hose was versteckt.

Das war das Krasseste, was mir in meinem Leben passiert ist

Carlos: Die müssen auf Nummer sicher gehen.

Selim: Aber der hat mir die Hose gar nicht gegeben, im Pyjama und im Unterhemd musste ich raus. Zum Glück war da keiner und hat mich gesehen. Bei meinen Mittätern war das sogar noch viel krasser. Bei dem einen haben sie auch die Tür eingetreten und direkt dahinter war sein Vater in der Küche, der hat vor Schreck die Tür zugemacht. Da hat einer der SEK-Beamten die Tür eingetreten und den Vater angeschrien, sitzen bleiben. Mein Freund war immer noch in tiefem Schlaf. Die gingen dann in sein Zimmer und haben da rumgeschrien. Er wird wach und sieht die zehn SEK-Kämpfer, ist direkt geschockt und schreit. Dann geht der so in eine Ecke und die SEK-Leute sagen, der ist gewalttätig und schlagen auf den so drauf, dass seine Lippe platzt. Die haben den in der Unterhose abgeführt, auf der türkischen Straße haben Frauen im Kopftuch den so gesehen. Er kam blutüberströmt auf die Straße in der Unterhose. Das ist doch menschenunwürdig, so etwas zu machen.

Er kam blutüberströmt auf die Straße in der Unterhose

Andreas: Man darf doch einen nicht in der Unterhose auf die Straße zieh'n, oder? (Alle reden durcheinander.)

Carlos: Für die bist du der letzte Dreck, Alter.

Ismail: Die wissen doch nicht, dass das

eine Gasknarre war, die wissen nur, dass das eine Knarre war.

Carlos: Ja, die gehen vom Schlimmsten aus, da hast du recht.

Selim: Weil die anonym bleiben können, wissen die, dass keiner denen was anhaben kann. Den anderen haben die beleidigt, Hurensohn und so, und haben den auch in Shorts mitgenommen, einfach so.

Carlos: War das im Winter?

Selim: Ja, im Winter. Später haben wir dann erfahren, warum uns die Polizei nicht gleich angehalten hat, die dachten, es sei eine scharfe Knarre. Aber die Beamten, die uns später vernommen haben, die kannten uns und die wussten, dass wir nicht so gefährliche Jungs sind.

Aber wenn die euch kannten, dann wussten die doch, dass ihr keine scharfe Waffe hattet?

Ismail: Das kann man nie wissen.

Carlos: Jeder kann heutzutage an eine scharfe Waffe rankommen.

Ismail: Ich kann froh sein, dass ich keine Waffe hatte.

Selim: Bei der Hausdurchsuchung haben die alles gefunden. Deshalb hab' ich auch danach ein Geständnis abgelegt, aber Eigengeständnis, ich hab' die Namen meiner Mittäter nicht genannt. Ich hab' auch alles auf mich genommen, gegen die anderen hatten die ja gar keine Beweise gehabt. Ich dachte, dann kommen die davon. Aber einer von denen hat auch ein Geständnis abgelegt. Ich weiß nicht genau, was der gesagt hat, jedenfalls haben sie uns alle gekannt und wussten, wer dabei war. Der Beamte, der mich hier in Ossendorf ausgefragt hat, sagte, es wäre zu meinen Gunsten, wenn ich die Namen der anderen nennen würde. Aber ich hab' das nicht gemacht. Die Jugendgerichtshilfe war auch da und meinte, ich komme mit Bewährung weg, weil ich bisher nicht zu Bewährung verurteilt wurde. Ich hab' auch einen Brief an diese Spielhalle geschickt und darin geschrieben, dass es mir leid tut und ich es bereue. Vier Seiten hab' ich geschrieben, richtig gut auf Hochdeutsch.

Da denkt man sich, was hab' ich bloß gemacht?

Carlos: Ich hab' auch einen Brief geschrieben, aber meine Anwältin hat gesagt, so geht das nicht, das war keine richtige Entschuldigung, das war mehr eine Rechtfertigung.

Selim: Mir war schon klar, was ich schreiben musste. Mir tut's aber auch wirklich leid, was ich gemacht habe. Wenn ich halt sehe, wie meine Mutter hierher kommt und weint, das ist schon Scheiße. Da denkt man sich, was hab' ich bloß gemacht, die Familie und so, Scheiße.

Bist du zum ersten Mal in Haft?

Selim: Ja, ich bin zum ersten Mal in Haft.

Wenn einer hingeht und hält deiner Mutter eine Gaspistole an den Kopf, darüber wärst du ja nicht erfreut.

Selim: Deswegen hab' ich auch diesen Brief geschrieben, dass es mir leid tut.

Bist du spielsüchtig?

Selim: Ja, zum Teil.

Ismail: Egal, was für eine Straftat man macht, wenn man eine Waffe dabei hat, kriegt man die doppelte Strafe. Du hast ja auch erzählt, dass die Frau, der ihr die Waffe an den Kopf gehalten habt, jetzt in Therapie ist.

Selim: Meine Eltern sind auch geschockt. Meine Mutter ist von diesem SEK-Vorfall traumatisiert, meine Schwester auch. Die können das nicht verarbeiten. Meine Mutter dachte zuerst, das sind Terroristen.

Carlos: Meine Mutter wäre umgekippt.

Selim: Ich hab' vergessen zu erwähnen, als wir im Polizeipräsidium waren, kam der Anwalt von einem der Mittäter und hat uns alle rausgeholt, also bei uns allen wurde der Haftbefehl aufgehoben. Die Polizei hat sich schwer darüber geärgert. Als wir rausgegangen sind, haben wir uns voll gefreut. Wir haben vor dem Revier getanzt und rumgeschrien. (Gelächter) Die haben sich gefragt, wie können die Jungs rausgehen bei so einer schweren Tat? Wir sind dann zwei, drei Tage am Abhängen, wir haben auch gekifft abends, so chillmäßig und auf einmal kommt ein neuer Haftbefehl. Die haben recherchiert, was hat der Junge noch gemacht. Es gibt so viele bei uns em Veedel, die uns nicht leiden können, und davon haben bestimmt ein paar geredet. Vieles von dem, was die Polizei bei der Vernehmung gesagt hat, war aber gelogen. Tausend Leute haben Scheiße erzählt, ich versteh' die Welt nicht mehr.

Andreas: Ich bin auf die Realschule gegangen, 8. Klasse, und dort hab' ich mich mit einem Typen geprügelt, deswegen haben die mich runtergeschmissen. Dann bin ich auf die Hauptschule gekommen, aber da bin ich nicht oft hingegangen, das war mir zu langweilig. Und dann hab' ich immer mehr gekifft und irgendwann bin ich gar nicht mehr zur Schule gegangen. Da hab' ich nur das Abgangszeugnis bekommen. Danach hab' ich die Abendschule probiert, aber abends hatte ich was Besseres zu tun, als zur Schule zu gehen. Ich hab' das gemacht, was ich sonst auch immer gemacht habe, nämlich bis ein Uhr schlafen. Dann hab' ich mich mit Freunden getroffen, meistens haben wir Playstation gezockt und noch dabei einen geraucht. Irgendwann hatte ich kein Geld mehr, deshalb musste ich mir Geld verdienen. Das hab' ich dann auf illegalem Weg gemacht, Drogen verkauft. Deswegen bin ich jetzt hier.

Du hast eine Anklage wegen Drogenhandel?

Andreas: Ich hab' Bewährung bekommen, ein Jahr und acht Monate und dann hab' ich drei Monate später die gleiche Scheiße gemacht.

Was hast du denn gedealt?

Andreas: Nur Gras.

Baschar: Ich hab' noch nie Deutsche gesehen, die verkauft haben, jetzt höre ich von dem schon wieder, dass er verkauft hat.

Aber deswegen sitzt er doch hier.

Baschar: Fünfzig Gramm, was willst du mit fünfzig Gramm, das nennt man doch nicht verkaufen.

Andreas: Das war der Rest. Ich bin auch nicht rumgelaufen und hab' gesagt, hier, kauft das mal.

Hast du den Stoff, den du verkauft hast, mit irgendetwas gestreckt?

Andreas: (lacht) Nein.

Baschar: Was soll man denn da reintun? Bei einem Kilo tut man was rein, macht es schwerer.

Dann verkauft man es an Freunde und bescheißt die?

Andreas: Manche Leute, die sind so, die kaufen gut ein und verkaufen richtig viel, weil sie das strecken. Das sind Penner.

Habt ihr eine Vorstellung, wie die Richter damit umgehen, wenn sie einen Angeklagten vor sich haben, der fünfzig Gramm gedealt hat?

Andreas: Kommt auf den Richter an und ob man vorher schon mal erwischt worden ist. Ich bin zum zweiten Mal erwischt worden. Zwei Kollegen, die wollten bei mir zocken, aber ich war nicht in meinem Zimmer, ich saß im Nebenraum und hab' mit meiner Freundin telefoniert. In meinem Zimmer saßen die zwei Kollegen, aber die sind nicht drangegangen, als es an der Haustür klingelte, die waren zu sehr ins Zocken vertieft. Nach einer Stunde komm' ich wieder in mein Zimmer und da standen die Zivilbeamten, die geklingelt hatten, immer noch vor dem Haus, aber das wusste ich in dem Moment nicht. Auf einmal klingelt mein Handy schon wieder, ich geh' ran und dann sagt ein Kumpel, der unten vor dem Haus stand, haste 'n paar Blättchen. Ich guck' auf den Tisch, da sind noch ein paar Blättchen, ich hol' die, aber ich find' nichts, wo ich die reintun kann, sonst hätte ich die aus dem Fenster rausgeschmissen und dann hätte ich die Bullen gesehen. Deshalb bin ich raus, um dem die Blättchen zu bringen, da stehen schon die Beamten und ich steh' mitten drin, nur wegen Blättchen. Dann war Hausdurchsuchung, da haben sie das gefunden.

Dann muss man immer mehr rauchen

Vorhin hast du gesagt, abends hättest du eine Zeitlang versucht, die Abendschule zu besuchen und dann war es dir zu blöd geworden, weil du etwas Besseres vorhattest.

Andreas: Ja, ich hatte abends Training gehabt und dann kommen auch die meisten Leute abends vorbei, da wollte ich nicht weggehen zur Schule. Da hat es mir mehr Spaß gemacht, zu Hause zu bleiben, zu rauchen, Playstation zu spielen. Unter unserer Wohnung war eine Kneipe, die gehörte meiner Mutter. Meine Mutter war fast nie oben, man konnte einfach rein.

Ich denke, wenn man so eine Dealerei in der eigenen Wohnung aufzieht, dann kommen und gehen Leute und die Nachbarn fragen sich, was geht denn hier ab. Dann ist es nur eine Frage der Zeit, bis man geschnappt wird.

Andreas: Ich hab' das Zeug normalerweise nie bei mir im Zimmer gehabt, das war ein ganz dummer Zufall.

Wenn ihr abends losgezogen seid, was habt ihr da unternommen?

Andreas: Zu anderen Freunden gefahren und dort haben wir das Gleiche gemacht wie bei mir zu Hause.

Wenn du an deine Zukunft denkst, willst du einfach so weitermachen?

Andreas: Nein, mittlerweile nicht mehr. Ich will aufhören mit der Kacke, die Schule nachmachen. Bringt doch nichts, sieht man ja, was es gebracht hat.

In der Öffentlichkeit hört man, dass durch die Züchtung von Cannabis der Gehalt der Wirkstoffe immer stärker wird, so dass Leute schon Psychosen bekommen haben und ausgerastet sind, nur weil sie einen Joint geraucht haben. Hältst du das für eine Lüge oder hast du auch gemerkt, dass das immer stärker wird?

Fünf Jahre, das ist eine lange Zeit

Andreas: Ich hab' es irgendwann gar nicht mehr gemerkt. Vielleicht wirkt es aber bei manchen Leuten so. Wenn man jeden Tag kifft, dann bringt das nichts mehr, dann muss man immer mehr rauchen.

Wie viel Gramm hast du so am Tag geraucht?

Andreas: Das war ganz verschieden, ich hab' immer Köpfe geraucht.

Ist das eine Wasserpfeife oder mit Tabak?

Andreas: Mit Tabak.

Damit willst du jetzt aufhören und deinen Schulabschluss nachmachen. Gibt es einen Beruf, der dich interessiert?

Andreas: Nicht wirklich, ich brauche immer Abwechslung, ich kann mich nicht für irgendetwas interessieren. Ich komm' aber garantiert nicht noch mal hier rein.

Warum bist du hier?

Miguel: Ich wurde schon zu zwei Jahren auf Bewährung verurteilt und musste wieder vor Gericht. Es ging um schwere Körperverletzung. In dieser Gerichtsverhandlung hab' ich noch drei Jahre drauf gekriegt. Da hat die Richterin einen Haftbefehl geschrieben, wegen Fluchtgefahr und Wiederholungsgefahr. Dann wurde ich festgenommen und seitdem sitze ich hier drin. Fünf Jahre, das ist eine lange Zeit. (Gelächter)

Dann bin ich in den Einbruchberuf eingestiegen

Warst du arbeitslos?

Miguel: Ja, ich bin arbeitslos seit zirka 2002, aber ich hab' mein Geld immer irgendwie nebenbei verdient.

Hast du einen Schulabschluss?

Miguel: Ich hab' einen Abschluss aus der Klasse 9.

Das heißt, du hast dann keine Lehre gefunden, keine Arbeit und keine Ausbildung?

Miguel: Ja, dann bin ich in den Einbruchberuf eingestiegen. (Gelächter) Was lachst du, das ist so.

Könntest du mal erzählen, wie es zu der Schlägerei kam, wegen der du hier bist?

Miguel: Ich bin aus der Party rausgekommen und da haben wir uns mit einem Mädchen und einem Jungen unterhalten. Ich war ziemlich betrunken und auf Drogen. Dann gab's halt irgendwie Stress, ich weiß nicht, auch wenn ich versuche, mich daran zu erinnern. Ich konnte mich einen Tag später schon nicht mehr erinnern, warum das alles angefangen hat. Es kann sein, ich glaub' sogar, ich hab' provoziert, aber das hat sich dann alles so hochgeschaukelt. Ich hab' irgendwann die Grenze nicht mehr gesehen. Ich glaub', hätte ich mich normal mit dem geprügelt, dann wäre es gut gewesen, aber ich musste noch auf seinen Kopf eintreten. Das sehe ich auch ein, dass das falsch war, auf jeden Fall, ich bereue das hundertprozentig. Aber ich hab' es auch nie anders kennengelernt. Also wenn Leute sich so mit mir geprügelt haben, dann haben die auch ohne Gnade gekämpft und so kenne ich das auch, ins Gesicht treten, bis man sich nicht mehr bewegt, und selbst dann gibt's noch ein paar drauf.

Bruno: Sage mir, mit wem du umgehst und ich sage dir, wer du bist.

Bist du jähzornig gewesen als Kind?

Miguel: Ich bin manchmal sehr zornig.

Und dazu noch Alkohol. Ist das gar nicht berücksichtigt worden?

Miguel: Nein, gar nichts wurde berücksichtigt.

Es gibt Eltern, die schlagen so lange auf ihre Kinder ein, bis sie nicht mehr können.

Bruno: Ich wurde von meinem Vater schon den Gang runter in mein Zimmer getreten, weil ich die Zahnspange nicht drin hatte. Das werde ich nie in meinem Leben vergessen.

Hattest du im Gerichtssaal das Bedauern, das wir jetzt hier von dir gehört haben, auch ausgesprochen?

Miguel: Ich hab' gezittert vor Angst, richtige Angst und durch die Panik, die ich hatte, konnte ich nicht mehr reden. Ich hatte einen richtigen Blackout, mir war das zuviel, ich hab' Stimmen von allen Seiten gehört, ich bin damit gar nicht klargekommen, ich hab' das nicht verstanden, das war zuviel. Ich hab' mich vorher ein paar Tage lang so darauf vorbereitet, was ich sage, aber das war in dem Moment einfach alles weg, ich wusste nichts mehr. Ich hab' gedacht, ich geh' unter. Ich wusste ganz genau, da kommt mehr, als ich erwartet hatte, und so ist es auch gekommen. Mein Anwalt meinte, du kriegst so eineinhalb Jahre drauf, aber ich hab' die Höchststrafe gekriegt.

Ich hab' Diebstähle begangen und mich damit so durchgeschlagen

Das Opfer hat bleibende Schäden, hast du mal erwähnt.

Miguel: Ja, aber mittlerweile glaub' ich das nicht mehr. Ich glaub' schon, dass der Junge wieder in Ordnung ist.

War er so alt wie du?

Miguel: Nein, er war älter. Ich kannte diesen Jungen nicht, der war in der Discothek, da hat ein Wort das andere gejagt und es ging rund. Es war eine besonders schwere Körperverletzung. Ich hab' niemals gedacht, dass das so ausgeht.

Hast du in deiner Kindheit und Jugend boxen gelernt, dass du in der Lage warst, jemanden umzuhauen?

Miguel: Auf jeden Fall. Wenn man irgendwann mal zuviel gekriegt hat, dann teilt man richtig aus.

Baschar, bist du auch arbeitslos gewesen?

Baschar: Ich hab' auch nach der neunten Klasse meinen Abschluss gekriegt. Danach war ich erst mal arbeitslos und dann hab' ich ein Jahr in Koblenz gearbeitet, in einem Hotel als Reinigungsgehilfe. Der Chef ist Afghane, der hat normalerweise nur Afghaner eingestellt, aber ich hab' zwei, drei Freunde in Bonn, die haben mich da mitgezogen. Der Chef hat uns da eine Wohnung gemietet. Aber weil ich nur unter Afghaner war, bin ich nicht klargekommen. Diese Sprache, die gucken diese Filme und ich verstehe nichts. Dann hab' ich gekündigt und seitdem bin ich wieder arbeitslos.

So hat die ganze Geschichte angefangen

Bist du zum ersten Mal verhaftet worden?

Baschar: Nein, letztes Jahr war ich auch wegen Körperverletzung hier.

Kannst du erzählen, wie du hier beim ersten Mal reingekommen bist?

Baschar: Ja, ich kam von Koblenz und die Polizei hat mich gesucht. Deshalb bin ich um neun Uhr morgens nach Bonn zur Polizeiwache gegangen und fragte dort, was ist denn? Da haben die mir den Haftbefehl gezeigt und gesagt, Sie müssen vor den Richter. Ich bin dann zur Richterin gegangen und die sagte, ab nach Ossendorf, es besteht Fluchtgefahr. Dann wurde ich hierher gebracht. Nach drei Wochen war meine Gerichtsverhandlung und da haben die mich mit Bewährung wieder entlassen.

Fred, erzähl' uns mal ein bisschen von dir.

Fred: Ich bin mit 16 von zu Hause rausgeflogen, weil ich so viel Scheiße gebaut habe. Auf jeden Fall war mir dann alles so ziemlich scheißegal. Ich hab' Diebstähle begangen und bin dann hier drin gelandet. Wenn ich rauskomme, möchte ich auf jeden Fall einen Job finden und eine Ausbildung machen. Auch wenn ich einen Ein-Euro-Job machen muss, ist das für mich kein Problem. Hauptsache, ich komm' von der Straße weg, denn wenn ich rauskomme und ich hab' keine Perspektive, weiß ich, dass alles wieder von vorne anfängt.

Bist du jetzt zum ersten Mal in Haft?

Fred: Ja, ich war vorher nur mal im Jugendarrest, das war auch schon schlimm genug. Schlimm genug, dass ich daraus nichts gelernt hab'.

Wo warst du da?

Fred: In Remscheid. Das war schlimmer als hier auf jeden Fall, keine Zigaretten, kein Radio, keine Veranstaltungen.

Möchtest du darüber reden, warum du zu Hause rausgeflogen bist?

Fred: Ja, ich denk' mal wegen Lügen, ich hab' zu viel gelogen. Ich hab' mich an keinen gewendet, das war mein Fehler, ich bin nicht zum Jugendamt gegangen oder so. Ich hab' Diebstähle begangen und mich damit durchgeschlagen.

Abdullah: Wo hast du gewohnt?

Fred: Überall, bei Kollegen.

Abdullah: Zwei Jahre?

Fred: Fast drei Jahre. War schon ziemlich hart für mich. Wer nicht hören will, muss fühlen. Ich wollte diesen Weg gehen und jetzt sehe ich, was ich davon habe.

Tamer: Ich bin auch mal von zu Hause abgehauen und da hat man dann Angst zurückzugehen.

Wie alt warst du da?

Tamer: 14 oder 15. Der Vater von einem Kumpel, mit dem ich oft unterwegs war, war voll krass, der hat meinen Kumpel den ganzen Tag in die Toilette gesperrt, im Bad musste der schlafen. Ich hatte Stress mit meinen Eltern hauptsächlich wegen dem Kiffen und da sind wir beide abgehauen. Wir sind in Keller eingebrochen und haben dort geschlafen. Wir haben Fahrräder und Roller geklaut und völlige Scheiße gebaut. Wir sind zwar abgehauen, aber wir sind trotzdem immer in unserer Gegend geblieben. So hat die ganze Geschichte angefangen.

Ich hab' hier schon Jugendliche kennen gelernt, die sind in das eigene Jugendzentrum eingebrochen und haben dort geklaut.

Tamer: Normal, da ist man jeden Tag und kann abchecken, was zu holen ist.

Aber man macht sich doch damit selbst das Jugendzentrum kaputt.

Tamer: Aber in Deutschland wird doch zu achtzig Prozent eine Versicherung abgeschlossen. Also der einzige Schaden, zu dem es kommt, ist ein Schaden für die Versicherung, und denen macht das gar nichts aus, die haben genug Einnahmen von den Versicherten, bei denen nicht eingebrochen wird. Das muss eigentlich keinen kratzen.

Das größte Problem für Jugendliche ist diese Bürokratie

Aber es geht nicht nur um den materiellen Schaden, die Menschen, bei denen eingebrochen wird, fühlen sich in ihren eigenen vier Wänden nicht mehr wohl und bei einigen führt das zu richtig heftigen Angstzuständen.

Tamer: Ich bin noch nie in meinem Leben in eine Wohnung eingebrochen. Ich kann mir sehr gut vorstellen, dass Menschen Angst bekommen, in deren Wohnung eingebrochen worden ist.

Tamer, du lebst seit 20 Jahren hier in Köln, erzähl mal von dir.

Tamer: Zunächst waren meine Eltern zusammen, dann ließen sie sich scheiden. Ich bin in Zollstock aufgewachsen, bin zur Grundschule und später in die Realschule gegangen und nach der achten Klasse abgegangen, hab' also keinen richtigen Abschluss. Ich hatte angefangen zu kiffen, was ein großer Fehler war.

Aber einen Schulabschluss kannst du nachmachen, draußen oder hier drin.

Tamer: Das größte Problem für Jugendliche ist diese Bürokratie. Man muss zu allen Stellen hinlaufen, man muss sich von da einen Brief holen, dann muss man zu einem anderen Amt und deswegen haben die meisten Jugendlichen keine Lust, das nachzuholen. Es müsste viel simpler sein, dann würden viel mehr Leute ihren Abschluss nachholen.

Wann hast du angefangen zu kiffen?

Tamer: Schon mit 13 oder 14. Da war ich mit ein paar Freunden zusammen und ich fand das ziemlich cool. Wenn man in so einer Scheißgegend aufwächst wie ich und wenn man dann noch Probleme hat, dann kommt einem das schon sehr gut vor. Wenn es da in der Türkenstraße ein Jugendzentrum mit engagierten Sozialarbeitern gegeben hätte, wäre es vielleicht anders gelaufen. Wenn jemand da gewesen wäre, der sich mit den Jugendlichen auseinandersetzt, dann hätte das auf jeden Fall bei einigen eingeschlagen. Vielleicht wären nicht alle mit einem Heiligenschein rumgelaufen, aber irgendwo macht das doch was aus, wenn einer mit dir redet und sagt, es gibt auch andere Möglichkeiten.

Bruno, erzählst du mal von dir?

Bruno: Ich war in einer Hauptschule in einer Klasse mit etwa 22 Schülern, da waren ich und ein anderer Deutscher die einzigen Deutschen. Am Anfang hab' ich viel Schläge kassiert, aber dann bin ich boxen gegangen und hab' angefangen auszuteilen.

Du warst in einem Boxverein?

Bruno: Ja, aber jetzt denke ich, wäre ich doch lieber nicht dahin gegangen. Irgendwann kriegst du den Carl-Lewis-Fimmel, du fängst an, dich zu wehren. Die Leute, die dich geschlagen haben, packst du dir dann auf der Straße, auf jeden Fall.

Hast du den Hauptschulabschluss gemacht?

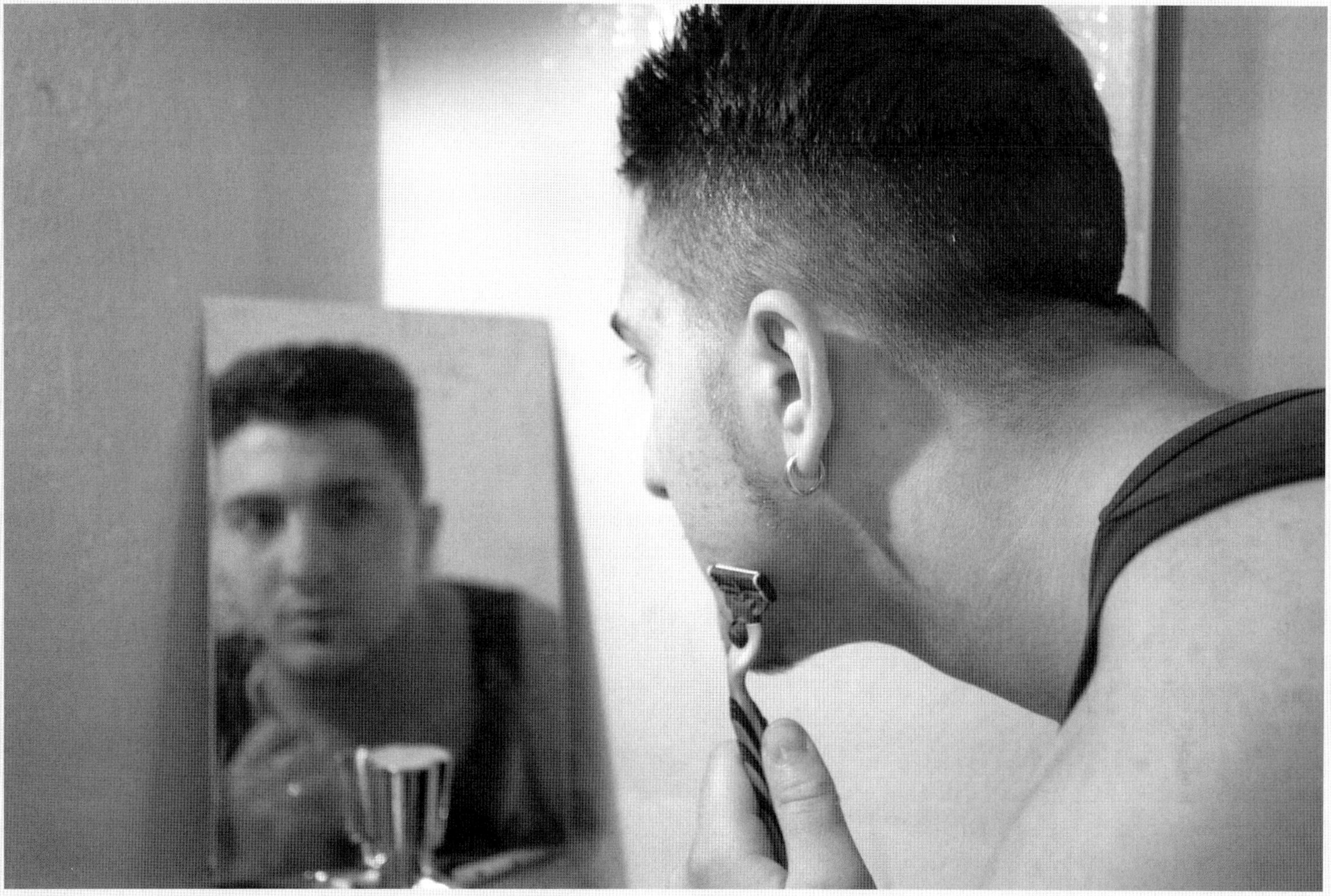

Bruno: Nein, ich bin normal auf die Grundschule gegangen, danach ein halbes Jahr auf die Realschule. Dann bin ich im ersten Halbjahr mit neun Fünfen und drei Sechsen runtergeflogen. Danach kam ich in die schlimmste Hauptschule der ganzen Stadt, da war ich bis zur neunten Klasse. Der Direktor hat dann gesagt, dass er mich nicht mehr haben will. Ich bin dann zur Volkshochschule gegangen und von dort ins Kolpinghaus und von da aus auf „Arbeit und Lernen". Das hat aber nie geklappt mit dem Abschluss, weil ich mich entweder geprügelt hab' oder sonst irgendwas gemacht habe.

Erklären sich die vielen Abbrüche aus den Schlägereien, die du hattest?

Bruno: Oder mit den Lehrern, ich hab' mir nie was gefallen lassen, hab' mir nichts sagen lassen oder bin erst gar nicht hingegangen. „Arbeit und Lernen" heißt ja, dass es Schule und Arbeit ist, aber ich bin nach der Schule meistens nach Hause gegangen. Mein älterer Bruder ist noch nie in seinem Leben straffällig geworden, der hat einen guten Abschluss. Meine Mutter ist Verkäuferin, mein Vater ist KfZ-Mechaniker. Mit 16 haben mich meine Eltern rausgeschmissen, da war ich sechseinhalb Monate auf der Straße und knapp drei Monate im Heim.

Kannst du mal den Tag schildern, als du rausgeworfen wurdest?

Bruno: Ich hatte Stress mit meiner Freundin. Meine Eltern wollten nicht mehr, dass wir jeden Tag bei mir waren bis abends und oft in der Wohnung gekifft haben. Ich hab' mich mit meinem Vater angelegt, da hat der mir meinen Schlüssel abgenommen, dann hab' ich gesagt, dann nehme ich auch meine Sachen mit. Ich hatte noch ein gutes Fahrrad im Keller stehen. Er hat mir ein paar geballert und ich bin rausgegangen.

Dein Vater war stärker als du?

Bruno: Ich hab' niemals die Hand gegen meinen Vater erhoben, das hab' ich niemals gemacht. Die ersten Tage bin ich bei dem Bruder von meinem besten Freund untergekommen. Der hatte aber mehr oder weniger einen an der Waffel. Nach einer Woche ging das schon nicht mehr gut, weil der gesehen hat, dass ich mich mit seinem Bruder besser verstanden hab' als er. Da hat er mich auch rausgeschmissen. Dann hieß es, die ganze Nacht rumlaufen, bis der erste Bus gefahren ist. Ich bin damit bis zum Bayerwerk gefahren und zurück, bis die ersten Geschäfte aufgemacht haben, dann hab' ich mir mein Frühstück geklaut. Wenn ich Geld hatte, bin ich ins Schwimmbad gegangen zum Duschen. Der große Kampf war, Geld zu kriegen vom Sozialamt. Meine Mutter musste denen drei Briefe schreiben, damit die ihr geglaubt haben, dass sie mich rausgeschmissen haben.

Für Obdachlose gibt es doch Notunterkünfte.

Bruno: Ja, der Treff von der Caritas, das ist so ein Raum, etwa so groß wie hier. Da sind fünf, sechs Junkies oder Alkoholiker drin und da riecht es auch dementsprechend. Das ist eine Notunterkunft für ein Euro fünfzig pro Tag. Da schlafe ich viel lieber draußen oder laufe die ganze Nacht rum. Ich trink' ein Bier und rauche eine. Ich hab' da nie eine Nacht geschlafen, hab' lieber draußen abgekackt in der Kälte. Das prägt. Ich gehe davon aus, dass ich fünf Jahre kriege.

Warum?

Bruno: Körperverletzung, gefährliche Körperverletzung, Körperverletzung und Raub.

Du kriegst also richtig viele Anklagen?

Bruno: Ich hab' zwei Jahre gekriegt und sollte mich in Hövelhof zum Haftantritt stellen, weil ein neuer Haftbefehl kam, haben sie mich festgenommen. Meine Anwältin war heute morgen zum ersten Mal hier und hat mir das so erklärt.

Fünf Jahre hat die gesagt?

Bruno: Ja, fünf Jahre und in zwei, drei Jahren könnte ich rauskommen.

Du hast also noch Bewährung offen?

Bruno: Nein, zwei Jahre und zwei Monate sollte ich im offenen Vollzug abmachen. Dazu ist es nicht mehr gekommen.

Dann bist du jetzt einigermaßen geschockt?

Bruno: Ja, auf jeden Fall, das ist echt Scheiße.

Wenn man fünf Jahre hat, kann man bei guter Führung nach zwei Dritteln rauskommen.

Bruno: Dann hab' ich immer noch zwei, drei Jahre. Wenn ich rauskomme, bin ich vielleicht 23 oder 24, diese schöne Zeit im Leben, ohne Freunde und Familie, voll die Kacke.

Diese ganzen Körperverletzungen, was machst du damit hier in Haft, das ist ja das Wichtigste.

Bruno: Mir wurde vom Gericht ein Anti

aggressionstraining empfohlen und ich will zuseh'n, dass ich in diese Antigewaltprogramme reinkomme.

Daniel, willst du mal deine Geschichte erzählen?

Daniel: Ich bin in Köln geboren, nach drei Jahren sind wir umgezogen und als ich 17 war noch mal und seitdem leben wir da.

Deine Sprache hört sich nicht so Kölsch an. Kommt deine Familie aus einer anderen Gegend in Deutschland?

Daniel: Nein, meine Mutter kommt aus Köln.

Miguel: Ja, erzähl' doch noch ein bisschen, du hast ja nur erzählt, wo du wohnst. Was hast du gemacht?

Daniel: Ich war erst mal in der Grundschule, dann bin ich in eine Schule für Schwererziehbare gekommen, da war ich ungefähr drei Jahre lang.

Kannst du dich noch daran erinnern, was die Erwachsenen, die Lehrer oder die Eltern dir gesagt haben, warum sie diesen Schulwechsel mit dir machen?

Bruno: Holzkopf. (Alle lachen.)

Daniel: Weil ich früher hyperaktiv war und nicht richtig mitkam in der Grundschule.

Wenn ihr hier lacht ...

Bruno: Ich sag' Ihnen mal, warum wir hier lachen, es ist berechtigt zu lachen, nichts gegen den, ich kann das erzählen, das soll keine Anmache sein. Wir haben ihm Hilfe angeboten, er kann halt nicht gut rechnen und schreiben. Ich hab' ihm angeboten zu helfen, aber er hat gesagt, er braucht keine Hilfe.

Miguel: Sein Traumberuf ist, als Autoscooter zu arbeiten. (wieder Gelächter)

Das ist doch okay, was ist denn da blöd dran?

Miguel: Ja, den ganzen Tag die Autos einparken, was ist denn das?

Bernd: Besser als hier drin zu sein.

Miguel: Das auf jeden Fall.

Bruno: Ich war insgesamt bei 35 Kinderpsychologen, weil ich hyperaktiv bin und das haben die auch vor Gericht gesagt.

Was bedeutet denn das?

Bruno: Man kann nicht ruhig sitzen, dann macht man die ganze Zeit mit dem Stift irgendwas, man soll schreiben, aber man macht irgendwas anderes, als das, was man machen soll. Ich musste auch Medikamente nehmen, so eine Vorstufe von Retalin, ein Psychopharmaka für kleine Kinder.

Jetzt bist du dran, Bernd.

Bernd: Ich bin in Bonn geboren, stamme

aber aus Tunesien und bin 19 Jahre alt. Ich bin bis zur 10. Klasse Realschule gegangen.

Deine Eltern kommen aus Tunesien. Sie sind nicht in Deutschland geboren?

Bernd: Nee, mein Vater kam mit 19 Jahren nach Deutschland, meine Mutter ein paar Jahre später.

Bist du das einzige Kind?

Bernd: Nein, ich hab' noch eine große und eine kleine Schwester. Mit zwölf Jahren bin ich ins Heim gekommen und 2001 wurde ich für eineinhalb Jahre nach Portugal geschickt.

Du hast erzählt, dass es Konflikte in deiner Familie gab.

Bernd: Ja, mit meinem Vater, der wollte mich schlagen und dann hab' ich zurückgeschlagen. Da war ich zwölf.

Wann bist du das erste Mal verhaftet worden?

Bernd: Das war recht früh, mit 14, aber auch vorher schon, aber da hat mich die Polizei immer nach Hause gebracht.

Wie war denn diese Verhaftung mit 14. Bist du von jemandem angezeigt worden?

Bernd: Ja, es ging da um einen Diebstahl. Wir waren im Globus und haben versucht, Gameboy-Spiele zu klauen. Dabei wurden wir erwischt und sind auf die Polizeiwache gekommen. Die haben eine Anzeige gemacht und meine Eltern mussten mich abholen. Das war nicht so schön. (Alle lachen und einer macht eine Handbewegung des Verhauens.)

Bernd: Ja, aber richtig. Das war meine erste Verhaftung. Das Verfahren wurde eingestellt, ohne Auflagen.

Und dann?

Bernd: Ging's halt weiter. Dann fing ich an, Drogen zu verkaufen. Man hat gekifft und sich gedacht, warum nicht Geld damit machen? Erst mal nur unter Kollegen und dann kam ich in einen sehr schlechten Freundeskreis, ab da ging's bergab.

Sitzen hier auch lauter schlechte Freunde? Das waren doch Jungs wie du, oder?

Bernd: Ja, aber es waren da halt schon auch ein paar sehr schräge Sachen dabei.

Ich glaube, dass es schon ein bisschen was mit dem Reinzieh'n zu tun hat. Von allein wäre ich vielleicht auch drauf gekommen, aber nicht so übertrieben.

Ihr habt erzählt, dass ihr mit acht oder neun Jahren in einer Clique mit Älteren zusammen wart, ihr habt die kennengelernt und durftet da mitlaufen. War das bei dir auch so?

Bernd: Ich war auch mit ein bisschen Älteren zusammen, aber nicht so übertrieben. Wenn man draußen mit älteren Leuten zusammen ist, dann wird man auch leicht verarscht. Ich hab' versucht, dem aus dem Weg zu gehen, das hat auch mal geklappt.

Würdest du sagen, dass du als kleiner Dealer erfolgreich warst?

Bernd: Ja, man hat dadurch ein anderes Leben geführt. Ich hab' das so gemacht, dass ich ein bisschen was davon gehabt habe und auch immer was zu rauchen hatte. Aber es gab auch andere Sachen, das war ja nicht das Einzige, was man gemacht hat. (allgemeines Gelächter)

Als du nach Portugal zu dieser Intensiverziehung gingst, haben das deine Eltern so gewollt?

Bernd: Ich hab' das selber so entschieden. Ich hab' da bei einer deutschen Familie gewohnt, die aus Frankfurt nach Portugal gezogen ist.

Bei was konkret sollten die dir helfen?

Bernd: Eigentlich bei nichts. Die hatten mich vom Gericht aus nach Portugal geschickt, damit ich hier keine Scheiße mehr bauen kann. Ich hatte Schlägereien und Diebstähle begangen.

Miguel: Und dann wird man nach Portugal geschickt? Mich hat man in den Knast geschickt.

Diese erlebnispädagogischen Projekte sollen ermöglichen, dass Jugendliche aus ihrer Szene rauskommen und neu nachdenken können. War es für dich in Portugal eine schöne Zeit?

Bernd: Ja, war gut, hat Spaß gemacht. Ich hab' gearbeitet und wir sind auch zum Strand gegangen.

Das war meine erste Verhaftung

Warum bist du nicht dort geblieben?

Bernd: Die wollten, dass ich wieder nach Deutschland komme.

Miguel: Du konntest nicht da bleiben, auch wenn es dir gefallen hat?

Bernd: Ich wollte das ja, aber das Gericht wollte mich nach Deutschland holen.

Wenn du zurückdenkst, was hast du da gelernt?

Bernd: Vieles, nicht an Scheiße bauen denken. Vorher bin ich nur mit Freunden abgehangen, um Scheiße zu bauen.

8
104
ROMANIA
105.

Ismail: Bei mir ist was Schlimmes passiert, ich war in der Türkei in einer Moschee, sechs Monate lang, und bin als psychisches Wrack von dort zurückgekommen.

Im Ernst?

Ismail: Ja, überlegen Sie sich mal, ich hab' am Tag vier-, fünfmal Schläge mit Eisen und allem Möglichen bekommen.

Wie alt warst du da?

Ismail: Da war ich 16. Diese Moschee war ein Internat für Arabisch. Deswegen hab' ich jetzt ein großes Problem, wenn mich einer doof angeguckt, bin ich direkt auf hundert.

Warum haben deine Eltern die Idee gehabt, dich in dieses Internat zu schicken?

Ismail: Mein Vater ist ein sehr gläubiger Mensch. Wir waren mal zusammen in der Türkei in Urlaub, was auch sehr schön war, und da waren wir auf einem Hafez-Fest. Hafez sind Leute, die den Koran komplett auswendig gelernt haben. Das sind über fünfhundert Seiten. Auf diesem Hafez-Fest waren neun oder zehn Jugendliche, so 16 und 17 Jahre alt, die das gelernt haben. Und dieses Fest wurde für diese Jugendlichen gemacht und wir sind mit unserer Familie dahin gefahren. Auswendig heißt nicht nur auswendig, du musst auch den Inhalt verstehen. Das ist Hafez. Das haben diese Jungen da gelernt. Und mein Vater hat mich gefragt, möchtest du nicht hier bleiben und Hodscha werden? Der Lehrer hat gesagt, jedes Wochenende wirst du nach Hause gehen zu deiner Oma. Schläge gibt's hier nicht, auf keinen Fall, hat er gesagt. Ich war noch jung und naiv, mein Vater hat gesagt, komm' mein Sohn und ich wollte einmal, dass mein Vater stolz auf mich ist. Da hab' ich gesagt, okay, Vater, ich mach' das. Und danach war ich in diesem Internat. Mein Vater ist direkt nach Deutschland zurückgefahren. Am Wochenende hab' ich gesagt, Lehrer, kann ich nach Hause? Was nach Hause? Hier ist nicht Deutschland, hat der gesagt. Dann fing es an mit den Schlägen. Ich hab' mich schon gewundert, da war immer so ein Stock neben dem. Ich sollte

Das war für mich die Hölle

zehn Seiten auswendig lernen auf Arabisch, das war sehr schwer, das ging bis abends elf Uhr, das war die Zeit, wo der uns gerufen hat. Wenn man's nicht geschafft hat, hat der Hodscha mit Stöcken auf deine Füße geschlagen. So hat es angefangen. Da dachte ich, boh ey, bin ich in einer Irrenanstalt? Einmal, das war das Schlimmste, ich hab' Holz getragen, es war Winter und kalt, danach bin ich duschen gegangen im Bad. Und da kam er, hast du gefragt, ob du duschen darfst? Ich hab' Holz geholt und war schmutzig. Dann hat er diese Pferdepeitsche genommen und hat auf meinen ganzen Rücken damit geschlagen. Ich konnte zwei Wochen nicht auf meinem Rücken liegen. Ich hatte keine Freunde da. Die dachten, ich komme aus Deutschland, die haben mir meine Sachen geklaut. Ich bin immer gegangen und hab' denen Zigaretten geholt, damit ich mit denen in Freundschaft komme. Aber ich saß immer alleine da, war am Heulen. Nach drei Monaten hat einer zu mir gesagt, deutscher Bastard, und hat mir dabei auf den Kopf geschlagen. Da bin ich ausgerastet. Seit diesem Tag hab' ich diesen Blackout. Dann hab' ich den so bis auf's Blut geschlagen, dass er ins Krankenhaus musste. Die Jugendlichen haben immer über mich gelästert und ich bin dann ausgeflippt. Seitdem hab' ich nicht mehr geheult. Mit dem Heizungsrohr hat der mich geschlagen, aber ich hab' nicht mehr geheult, mir kamen nicht mehr die Tränen raus. Ich dachte, die nehmen mir mein Leben. Wenn ich mit meiner Mutter geredet habe, war der Hodscha immer neben dran. Hätte ich was gesagt, der hätte mich kaputtgemacht. Schließlich hab' ich es geschafft, von da abzuhauen. Meine Verwandten haben mir geholfen, dass ich wieder zurück nach Deutschland fahren konnte.

Deine Leute haben doch an deinem Körper die Spuren der Misshandlungen sehen können?

Ismail: Alles. Meine Oma hat das gesehen, die wollte das nicht, aber mein Onkel hat gesagt, durch Schläge wird man ein Mann, Schläge müssen sein. Ich hab' ihm meinen Rücken mit diesen Streifen gezeigt, da hat mein Onkel gesagt, egal, da wirst du hart davon. Die haben mich immer wieder da hingeschickt. Und abhauen konntest du da nicht so leicht, weil es eben in den Bergen liegt, du weißt gar nicht, was da abgeht, abends hörst du die Wölfe.

Wie viele Jugendliche waren da?

Ismail: Da waren 20, 22 Jugendliche. Da war einer, der kam aus Kasachstan. Der wurde so zusammengeschlagen, der hatte in der Türkei keine Familie, gar nichts. Der war schon länger da, der hat es geschafft, den ganzen Koran auswendig zu lernen.

Hast du in dieser Zeit auch den ganzen Koran auswendig gelernt?

Ismail: Nein, nur 250 Seiten hab' ich auswendig gelernt. Ich bin irgendwie auch stolz, dass ich meinen Glauben gelernt habe, aber ich hätte das lieber auf eine andere Weise gelernt. Einmal hat er mich mit einem glühenden Eisen geschlagen, hier, davon sind diese Narben. Ich kam nach Deutschland, nach zwei Tagen guckt mich einer dumm an, ich bin direkt ausgerastet und hab' ihn zusammengeschlagen. Das war auch zu Hause so, ich hab' sogar meine Brüder geschlagen.

Hast du eine Anzeige gegen dieses Internat in der Türkei gemacht?

Ismail: Da können Sie nichts machen, keiner kümmert sich darum. Meinen Sie, die Bullen gehen zu denen hin und sagen, Hodscha, schlag' nicht? Bei Türken kriegt man Schläge, die denken, das ist normal, mit Schlägen kommt man weiter. Es ist so lange her und trotzdem werde ich jetzt aggressiv, wenn ich nur daran denke.

Wie alt war der denn?

Ismail: Der war 32. Wie ein Tier war der.

Dein Vater dachte, das ist eine normale Schule?

Ismail: Mein Vater konnte nicht wissen, dass es so ist. Morgens um fünf, wenn der Gebetsruf war, musste ich immer raufgehen auf das Minarett. Ich musste hochklettern und von da aus mein Gebet machen. Die anderen waren im Warmen.

War da keine Treppe innen?

Ismail: Doch, die Treppe gehst du hoch, aber dann bist du draußen im Freien, da ist so ein rundes Teil, die Tür geht auf und danach machst du dein Gebet. Das war für mich die Hölle.

In der Zeit vor diesem Internat, hast du da schon mal eine Anzeige gekriegt?

Ismail: Nein, meine erste Anzeige kam direkt nach der Rückkehr aus der Türkei. Davor gab es nur so Kinderstreitereien, aber nicht so gewalttätig, mit Nase brechen und so.

Dein Vater hat dich also nicht in die Türkei in dieses Internat geschickt, weil er Angst bekam, du könntest hier drogenabhängig oder kriminell werden?

Ismail: Nein. Meine Familie wusste ganz genau, mit Drogen hatte ich nie was zu tun. Nur in der Schule war ich nicht gut. Ich konnte nicht gut lernen. Daher dachten die, vielleicht kann der Hafez und Hodscha werden. Das hat mein ganzes Leben verändert. Ich konnte nicht mehr klar denken. Ich war nicht mehr normal im Kopf. Mich konnte man in zwei Sekunden auf 180 bringen, jetzt auch noch.

Meine Kindheit ist ein Totalschaden

Wenn du weißt, wie das funktioniert, dann ist das doch schon ein kleiner Schutz vor dem Ausrasten, oder?

Ismail: Ja, aber wenn mich jetzt einer anmacht, dann halte ich mich schon zurück. Aber ich hab' immer abends im Bauch so einen Krampf, auf einmal werde ich wütend und dann überleg' ich, weshalb wirst du jetzt wütend? Dann mach' den Fernseher an, aber die Krämpfe kommen immer wieder. Deshalb hab' ich auch mit dem Psychologen geredet, der hat mir Tabletten gegeben. Aber die Tabletten haben mich nur müde gemacht, da hab' ich dann nur noch geschlafen. Mein Leben hat sich dadurch sehr verändert. Was man mit einem Menschen in vier, fünf Monaten machen kann.

Dann weißt du ja, was du mit deinen Kindern nie machen darfst.

Ismail: Auf keinen Fall. Mein Richter hat das mit dem Internat auch rausgekriegt. Meine Jugendgerichtshilfe hat das dem erklärt. Die Frau hat mich zum Antiaggressionskurs geschickt. Bevor ich hier reinkam, hab' ich einen Selbstmordversuch gemacht, ich hab' mir meine Pulsadern aufgeschlitzt. Hätten die Bullen mich nicht gefunden, wäre ich soundso tot. Ich hab' keinen Ausweg mehr gesehen in meinem Leben. Ich hab' einen Schritt gemacht, jeder Schritt war falsch, jeder Schritt hat mich noch weiter in die Scheiße reingebracht. Ich hab' mir gesagt, du lebst umsonst, du machst gar nichts richtig. Dann haben die mit meiner Mutter einen Termin in der Klinik gemacht, damit ich da drei Monate Therapie mache. Aber bevor ich dort war, bin ich hier reingekommen. Jetzt denke ich, ich hätte lieber dort abgekackt, dann wäre ich jetzt nicht hier, dann hätte ich keine Probleme mehr.

Ein Leben ohne Probleme gibt es nicht.

Ismail: Ich hatte diese Chance, hätten die mir nur noch zehn Tage gegeben, bevor ich hier reinkam, wäre ich jetzt in Therapie. Ich weiß nicht, ob mir das was bringt, aber ich glaube, dass ich das verarbeiten kann. Wenn einer mich fragen würde, erzähl' mal, was du in deinem Leben gemacht hast. Was soll ich erzählen?

Meine Kindheit ist ein Totalschaden. Mich kann einer schlagen, ich spüre keinen Schmerz mehr wegen dieser Wut. Sogar meinem schlimmsten Feind wünsch' ich nicht, dass ihm so was passiert. Auf jeden Fall möchte ich erst mal Therapie machen und nicht mit so einem Kopf rauskommen. Ich weiß ganz genau, mit diesen Aggressionen hab' ich in einem Monat wieder einen umgeschlagen.

Hast du in den vier Monaten, die du jetzt hier bist, schon mal einen geschlagen?

Ismail: Einmal wurde ich angegriffen, den hab' ich nur auf den Boden geworfen. Da hab' ich mich schon gewundert, draußen hätte ich dem die Zähne eingeschlagen.

Das ist doch schon ein Riesenerfolg, wenn du jetzt diese vier Monate ruhig geblieben bist.

Ismail: Auf jeden Fall.

Bei diesen Schlägereien, wie hast du das erlebt?

Ismail: Ich hab' keinen Menschen mehr gesehen, ich bin dann wie ein Tier, das nicht aufhören kann. Ich hab' schon zweimal jemanden lebensgefährlich verletzt. Das dritte Mal möchte ich das echt nicht mehr.

Du bist vor dir selbst erschrocken?

Ismail: Auf jeden Fall. Einmal hab' ich einen geschlagen, übel, dann bin ich nach Hause gegangen, ich konnte nicht einschlafen, ich hab' mich gefragt, warum hast du den geschlagen. Abends gegen zehn Uhr bin ich zu dem nach Hause gefahren, hab' geklingelt und hab' mich bei dem entschuldigt. Ich hab' ihm gesagt, du kannst mich anzeigen, kein Problem, aber nimm' meine Entschuldigung an. Danach konnte ich schlafen. Ich möchte das nicht, aber wenn es kommt, dann kann ich es nicht kontrollieren.

Das ist schön, dass du da hingegangen bist.

Ismail: Auf jeden Fall. Ich hab' auch meine besten Freunde richtig geschlagen. Wenn einer mich gereizt hat, bin ich richtig drauf gegangen.

Aber wenn man Kampfsport trainiert, lernt man doch auch, sich zu beherrschen.

Ismail: Im Kampf hab' ich planvoll zugeschlagen. Diese Schläge, nach oben kick, nach unten kick, hab' ich mit meiner ganzen Kraft durchgezogen. Einmal hab' ich einen Kampf verloren, da bin ich ausgeflippt und dann hat mir mein Gegner eine gedonnert, da bin ich k.o. gegangen.

Hast du nicht gelernt, die Nerven zu kontrollieren?

Ismail: Das ist wahnsinnig schwer. Im Kampf bin ich immer auf k.o. gegangen. Wenn ich so einen gefährlichen Tritt gemacht habe, wenn der Gegner den abblockt, geht er sofort in dich rein, aber ich bin dieses Risiko immer eingegangen. Ein hoher Tritt mit dem Schienbein auf den Kopf, wenn du ihn richtig triffst, ist er sofort k.o. Ein Sandsack hilft einem auch viel, du schlägst da deine Wut raus. Danach bist du viel ruhiger.

War Muhammad Ali ein Vorbild für dich?

Ismail: Mike Tyson.

Carlos: Ali hat vorher schon gesagt, wie der Kampf ausgeht.

Ismail: Ein Kickboxer, zum Beispiel ein Neunzig-Kilo-Mann, da kann man sich nicht vorstellen, dass so einer auf einen Schlag k.o. geht.

Du hast also bei deinen Schlägereien Techniken angewandt, die du im Training gelernt hast?

Ismail: Nur. Ich hab' dem einen Schlag gegeben, dann lag der.

Hast du denn schon Prozesse gehabt wegen Körperverletzung?

Ismail: Als ich von der Türkei zurückkam, bekam ich direkt nach einer Woche meine erste Anzeige. Nach vier Monaten die zweite und nach fünf Monaten die dritte. Innerhalb von einem Jahr hatte ich drei Anzeigen.

Warst du schon in U-Haft?

Ismail: Nein noch nie, ich bin jetzt das erste Mal hier.

Carlos: Warst du vor Gericht?

Ismail: Ja, vor Gericht war ich insgesamt fünfmal.

Seit wann wissen die bei Gericht, dass du diese Erlebnisse im Internat in der Türkei hattest?

Ismail: Seit meinem dritten Prozess. Ich bin auch immer ausgebrochen im Gericht, ich kam nicht mehr klar. Als die vorgelesen haben, hab' ich immer gedacht, das kann ich nicht gewesen sein. Ich hab' die Richterin angebettelt, dass sie mir helfen soll, ich möchte, dass jemand mir hilft. So kam es zu dem Antiaggressionskurs. Und ein Wunder war, nach diesem Antiaggressionskurs hab' ich ein Jahr nichts gemacht, aber danach hat's wieder angefangen. Zu Hause gab's Stress, dann ging's wieder los. Hätten die mich doch nur nach meiner zweiten Anklage hier reingesteckt, dann hätte ich geseh'n, wohin man kommt, wenn man so was macht. Ich wusste nicht, was Knast ist, ich dachte, die Knasttür ist immer auf. Als ich hier reinkam, war ich geschockt. Mir hat das nicht gefallen, so kriminell zu leben. Ich war nicht froh, dass ich andere Leute geschlagen habe. Ich kam mir nicht gut dabei vor. Viele denken, der schlägt Leute, weil ihm das Spaß macht. Ich hatte sehr viele Schuldgefühle. Wenn ich an der Stelle meines Richters wäre, würde ich auch so denken, der Junge muss rein, der hat schon so viele Leute geschlagen. Aber ob es so sein muss, wie es hier ist, die Türen zu und wenige Gespräche, das ist doch die Frage.

Carlos: Du warst schon mal im Prozess, du warst schon mal vor Richtern, ich noch nie.

Ismail: Ob das erste Mal, das zweite oder dritte Mal, das ist fast das Gleiche. Du bist der Angeklagte, du sitzt da. Beim zehnten Mal sitzt du auch da wie beim ersten Mal.

Carlos: Aber ich hab' Angst, kann ich ganz offen sagen.

Ismail: Ich war bis jetzt fünfmal vor Gericht. Ich hab' genau so viel Angst wie du. Ich hab' nicht Angst, dass ich verurteilt werde, ich hab' Angst, dass mein Leben noch schlimmer wird. Tag für Tag werden die Krämpfe in meinem Bauch schlimmer. Auch wenn ich einen schönen Film im Fernsehen gucke, mitten im Film, ich steh' auf, schwitze und krieg' einen Wutanfall. Ich frage mich, warum, dir tut doch keiner was.

Carlos: Manchmal kriege ich keine Luft, dann muss ich tief durchatmen, das Fenster aufmachen, dann gerate ich in Panik, krieg' Platzangst. Das ist meistens, wenn ich in der Zelle alleine bin und viel nachdenke, was mit mir passiert, mit meiner Mutter, dann krieg' ich keine Luft mehr. Das kommt von einem Moment auf den anderen. Auch manchmal, wenn ich einschlafen will, krieg' ich keine Luft mehr.

Ismail: Als ich hierher kam, hab' ich viel von diesen Erlebnissen in der Türkei geträumt, zwei, drei Wochen lang. Ich bin schwitzend aufgestanden. Ich kann mich

Ich möchte, dass mir jemand hilft

noch genau an alles erinnern. Diese Treppen zum Beispiel, wo sie mich immer runtergeschickt haben, um Zigaretten zu holen, diese 150 Stufen gingen richtig steil runter. Ich bin runter und wieder hoch gekommen, hab' denen die Zigaretten gegeben. Die haben Fußball gespielt, aber nicht einer hat mal mit mir gespielt oder mit mir geredet. Kein einziges Mal, die wollten keinen Kontakt mit mir haben. Diese Träume, wenn die manchmal kommen, das ist echt sehr hart. Ich hab' dann mit meinem Freund auf der Zelle geredet, das ist supergut, wenn man einen Freund hat, mit dem man reden kann. Egal, woran ich denke, auf einmal kommt das wieder. Ich kann nicht vor diesen Gedanken abhauen, ich muss echt dafür was tun, damit ich davon wegkomme. Ich hab' Antiaggressionstraining gemacht in Bonn, bin da sechs Monate jeden Tag hingegangen. Ich hab' das durchgezogen für mich, aber der Leiter hat zu mir gesagt, das ist das unterste Level, du brauchst auf jeden Fall eine richtige Therapie. Mein Anwalt hat gesagt, dass es jetzt besser für mich aussieht. Er hat eine Therapiestelle für mich klargemacht in Siegburg und nächste Woche kommt der Gutachter, aber ich hab' noch nie mit einem Gutachter gesprochen, ich weiß nicht, was der macht.

Dem erzählst du alles von dem Internat in der Türkei, was die dort mit dir gemacht haben, aber auch, was du in den Jahren davor erlebt hast.

Ismail: Meinen Sie nicht, dass die mich dann wie einen behinderten Typ hinstellen?

Du bist ein kluger Typ und nicht behindert.

Ismail: Wenn man tagtäglich Schläge bekommt, geht man psychisch kaputt. Und deswegen will ich auf jeden Fall eine Therapie machen.

Abdullah: Gegen was?

Ismail: Wegen diesen Gedanken, was ich in der Vergangenheit in der Türkei erlebt habe.

Baschar: Das geht aber nicht weg. (Alle reden durcheinander.) Das in deinem Kopf bleibt in deinem Kopf. Denkst du, Ärzte können das, was in deinem Kopf ist, löschen oder was?

Ismail: Aber du kannst das bearbeiten, du kannst mit diesen Sachen klarkommen.

Baschar: Das kannst du nicht vergessen, da hilft dir auch keine ärztliche Betreuung. Zum Beispiel nach zwanzig, dreißig Jahren hat die Kleine immer noch in ihrem Kopf, wie sie vergewaltigt worden ist. Da hilft auch kein Psychiater, das geht nicht aus deinem Kopf, Alter.

Baschar, du musst wissen, dass du etwas verändern kannst.

Ismail: Wenn einer zu mir sagt, erzähl' mal, was hast du Gutes erlebt? Was soll ich dem erzählen? Ich hab' nichts zu erzählen.

Carlos: Ich weiß, was er meint.

Ismail, du bist so jung, du kannst ein ganz neues Leben anfangen.

Ismail: Man kann ein neues Leben anfangen, aber wenn man ein neues Leben will, wieso muss man dann zwei Jahre in den Knast? Wieso muss man dann später seinen Kindern sagen, eh, ich war zwei Jahre im Knast? Wieso eigentlich muss ich zwei Jahre sitzen? Ich weiß es doch jetzt.

Baschar, kannst du mal erzählen, wie das Antiaggressionstraining war?

Baschar: Ich musste beim ersten Mal an einem Samstag um zehn Uhr morgens da sein, bis um 19 Uhr. Da sitzen dann so zehn Leute in einer Runde. Dann musst du erzählen, was du gemacht hast. Nach einer Weile denken die sich was aus und fangen einfach an, dich zu beleidigen, zum Beispiel, du Hurensohn. Darauf sagst du, wie du Hurensohn? Damit wollen die sehen, wie schnell du dich aufregst. Da wirst du auch direkt aggressiv, ich lass' mich doch nicht Hurensohn nennen. Und so sieht man, dass du aggressiv bist. War schon komisch, dieser Kurs. Nach der zweiten Woche bin ich ein paar Minuten zu spät gekommen, da haben die mich erst mal angeschrieen. Da hab' ich mich entschuldigt und die haben mich noch im Kurs gelassen. Beim übernächsten Mal bin ich gar nicht hingegangen und in der vierten Woche bin ich wieder hingegangen. Da meinte der Trainer, du kannst gleich wieder nach Hause gehen. Ich hab' dem so eine Story erzählt, jemand in der Verwandtschaft ist in Holland verstorben, da konnte ich nicht kommen. Da sagte er zu mir, bring' mir das schriftlich. Wie schriftlich? Ich kann doch nicht nach Holland fahren und irgendwelche Papiere bringen. Der sagte, wenn du das nicht bringst, bist du draußen. Scheiße, da bin ich nicht mehr hingegangen. Und ungefähr nach einem Monat hab' ich den Gerichtstermin gekriegt, da musste ich vier Wochen nach Remscheid in Arrest gehen.

Da wäre es doch bequemer gewesen, da immer hinzugehen, oder?

Baschar: Der Kurs dauert sechs Monate.

Miguel: Mein Kurs dauerte ein Jahr.

Baschar: Das ist ein anderer Kurs bei euch. Ich musste mich auf den Boden legen, mit Klebebandstreifen zeichnen die an, wo du hinzuhauen hast. Dann stehen die vor dir und sagen, du Hurensohn. Da wirst du verrückt, Alter, ich hatte keine Lust mehr. Die vier Wochen Arrest waren besser, statt da sechs Monate abzuhängen. Da waren viele dabei, die ich aus Bonn kenne, die schreien du Hurensohn und hetzen noch auf, da musst du was sagen, aber wenn du irgendwas zurücksagst, dann schreiben die das auf.

Was kannst du denen vorschlagen, was soll man mit zwölf- bis 14-jährigen Jugendlichen machen, die ständig andere Kinder und Jugendliche vermöbeln, wie will man denen beibringen, dass sie nicht mehr schlagen?

Miguel: Ein halbes Jahr Knast.

Baschar: Wie willst du dem das beibringen, wenn nicht mal seine Eltern es ihm beibringen können? Was willst du denn dem sagen? Der denkt doch, komm' du nicht mit deinen Predigten, meine Eltern haben das schon versucht, was willst du mir da noch sagen?

Miguel: Meistens kommt doch diese Aggressivität von irgendwoher. Ich denke, jeder hat schon mal so was erlebt, wo er aggressiv reagiert hat. Bei mir war das auch so, ich hab' erst mal Schläge kassiert und daraus hab' ich irgendwann gelernt, dass ich mir das nicht gefallen lassen muss. Da fing ich an zurückzuschlagen und dadurch bin ich auch aggressiver geworden.

Konntet ihr nach der Verhaftung einen Anwalt oder die Eltern anrufen?

Bilal: Ich durfte meinen Vater anrufen, aber erst nach der Vernehmung vor dem Haftrichter, das war erst abends gegen sieben, acht Uhr.

Hast du bei der Vernehmung gesagt, du möchtest deinen Anwalt sprechen?

Bilal: Ich hab' das öfter gesagt.

Sie haben dich nicht anrufen lassen?

Bilal: Nein. Mein Anwalt war auch sauer auf mich. Als der mich hier besucht hat, hab' ich ihm gesagt, dass ich eine Aussage gemacht habe. Da hat er gemeint, wie oft er mir schon gesagt hat, dass ich bei den Polizeibeamten keine Aussage machen muss, die können mir, so gesagt, am Arsch vorbeigehen.

Ja, das ist etwas, was man leider bei uns in der Schule nicht lernt, dass man nicht aussagen muss. Aber wenn man jung ist und die Polizei kommt und sagt, wir wissen sowieso alles, man vielleicht auch noch ein bisschen verängstigt ist durch die Festnahme, dann denkt man nur noch, ich will heute Abend zu Hause sein, deshalb sagen die auch manchmal, wenn du redest, kannst du gehen.

Bilal: Ich hab' ja einen Raub gemacht, den hatten sie auf Video.

Hast du anrufen dürfen von der Polizei aus?

Sedinam: Ja, ich konnte zu Hause anrufen, aber auch erst nach der Vernehmung.

Christian: Ich hab' gefragt, ob ich meine Eltern anrufen dürfte, aber die Polizei hat gesagt, nein. Zu dem Zeitpunkt war schon eine Hausdurchsuchung bei mir zu Hause, dadurch haben meine Eltern auch schon gewusst, dass ich bei der Polizei bin. Ich kam dann von der Polizei nach Siegen in den Knast, dort durfte ich auch nicht telefonieren, und als ich nach Ossendorf gekommen bin, durfte ich auch nicht selbst telefonieren. Ein Beamter hat meine Eltern und den Anwalt angerufen.

Die haben dich nicht selbst ans Telefon gelassen?

Christian: Rein von der Theorie her hätte ich bestimmte Stichwörter durchgeben können, die wir vorher abgemacht haben. Wenn ich dich anrufe, musst du das und das machen, musst alles wegschaffen oder jemanden auf's Maul hauen.

Sedinam: Der legt sofort auf, wenn du Stichwörter durchsagst. Das ist ja Verdunklungsgefahr.

Horst: Bei der ersten Verhandlung durfte ich gar nix. Die haben zu mir gesagt, meinst du, dein Anwalt arbeitet bis neun Uhr abends? Die haben mich erst mal in die PG-Zelle gebracht und am nächsten Morgen, als ich gesagt habe, ich will meinen Anwalt anrufen, hat der mir gesagt, pack' deine Sachen, du kannst nach Hause geh'n, und dann bin ich direkt zu meinem Anwalt gegangen. Beim zweiten Mal ging das direkt von der Gerichtsverhandlung runter in die Haft, da konnte ich erst nach fünf Tagen telefonieren.

Das ist ein interessantes Problem, was ist, wenn man nachts festgenommen wird, und die meisten von euch sind ja spät oder nachts festgenommen worden, dann ist der Anwalt in der Regel im Büro nicht mehr zu erreichen?

Horst: Ich kenne meinen auch privat. Ich hab' gesagt, ich will den privat anrufen, da haben die gesagt, nein, gibt's nicht. Normal hat man immer einen Anruf frei. Es ist egal, ob Anwalt oder Eltern. Wenn man das erst nach der Vernehmung erlaubt, dann wird damit Druck ausgeübt.

Man hört auch von Polizeibeamten, die gleich ihre unaufgeklärten Fälle erledigen, wenn die einen geständnisfreudigen Jugendlichen vor sich haben.

Thomas: Ja, der hat zum Beispiel drei Einbrüche vorgelegt, die vor zwei Wochen begangen worden waren, und die hab' ich zugegeben und dann hat er gesagt, wenn du die gemacht hast, dann hast du auch noch zwei andere gemacht. Der hat den ganzen Stapel von Anfang bis Ende durchgeblättert und hat mir jeden Einbruch vorgelesen. Dann wollte er von mir jedesmal wissen, um wieviel Uhr das war, was ich gemacht habe, wie ich das transportiert habe. Ich hab' gesagt, keine Ahnung, irgendwie hab' ich das schon gemacht.

Bist du schon mal von Polizisten geschlagen worden?

Tamer: Nein, nur schon mal grob angefasst. So extrem nicht, aber ich hab' das schon von vielen mitgekriegt. Das liegt vielleicht auch an mir, ich hab' nicht so eine aggressive Aura. Deswegen halten sie es bei mir nicht für nötig.

Was man manchmal in Filmen sieht, wenn jemand festgenommen wird und er soll ins Polizeiauto einsteigen, dann lässt man den meistens hinten einsteigen und der Polizeibeamte, der hinter ihm ist, drückt seinen Kopf runter, als könnte der nicht von allein einsteigen. Wieso macht der das?

Christian: Da steht ja immer nur ein Polizist und wenn du dich bückst, kannst du dich mit deinem Fuß schnell abstoßen und ihm mit dem Kopf in den Magen hauen, um ihn so außer Gefecht zu setzen. Wenn er aber die Hand bei dir auf dem Kopf hat, geht das nicht.

Du hast das Gefühl, das ist zur Eigensicherung?

Sedinam: Ja. Obwohl ich hab' mal gesehen, wo die Polizei einen richtig krass geschlagen hat. Das war hier in Bergheim im Polizeipräsidium, da war ich auch. Da war ein Geschrei, ich dachte, der wär' gestorben. Die haben den richtig geschlagen.

Thomas: Widerstand gegen die Staatsgewalt.

Sedinam: Nee, der hat sich doch nicht gewehrt. Ich hab's ja gesehen. Zwei Beamte haben den richtig kaputtgeschlagen.

Hat einer von euch schon mal eine Anzeige bei der Polizei gemacht?

Bruno: Bei mir war das automatisch, weil ich ins Krankenhaus gekommen bin, und da kam direkt eine Polizistin und hat eine Anzeige gemacht.

Baschar: Ich wollte mal eine Anzeige machen gegen einen Polizisten, aber das ging nicht. Ich war mit meinem ältesten Bruder und einem Freund bei einem Typen, wir wollten da Geld holen, wir waren aber alle drei voll besoffen. Wir wollten die Bahn nicht verpassen und ich bin mit dem Freund zu dem hoch gegangen und plötzlich ruft mein Bruder von unten, die Bahn kommt. Auf einmal kommt da ein Nachbar, ein Iraner, und fragt meinem Bruder, was schreist du so laut? Als wir runterkamen, hat sich mein Bruder mit dem geschlagen, die liegen da beide auf dem Boden. Ich denke, was geht da ab? Ich seh' meinen Bruder und hab' direkt rot gesehen, ich lauf' zu dem und tret' dem Iraner auf den Kopf. Mein Bruder steht auf und haut den, der andere steht auch wieder auf und haut meinem Bruder mit einem dickeren Ast auf den Kopf. Ich spring' hoch wie Jacky Chan und will dem einen Tritt geben, ich verfehle den und fall' auf den Boden. Ich will dem wieder eine geben und lande wieder auf dem Boden. Auf einmal kam da noch ein Mauretanier und hat gesagt, haut ab, die Polizei kommt. Wir haben das gar nicht gemerkt. Die Polizei hat uns dann festgenommen, direkt Handschellen angelegt und ins Polizeiauto rein. Ein Polizist fragt uns, was habt ihr gemacht? Ich sag', halts Maul, da hat der mir eine Ohrfeige gegeben. Da hab' ich dem ins Gesicht gespuckt, dann bekam ich von der anderen Seite einen Stoß, das sieht mein Bruder und ist ausgerastet. Dann seh' ich nur noch, wie er und unser Freund richtig Schläge kriegen. Danach hab' ich mich mit unserem Anwalt unterhalten und gesagt, ich will eine Anzeige stellen, die haben mich gestern geschlagen. Er meinte, wie wollt ihr das beweisen, ihr wart alle drei besoffen, man glaubt euch nicht, und deshalb wurde das fallengelassen.

Ich wurde einmal schlimm von der Polizei behandelt

Ihr habt teilweise Dinge erlebt, die waren so hart wie das, weswegen ihr angezeigt worden seid.

Bruno: Meine Mutter hatte damals so einen Spruch drauf: Gottes Mühlen mahlen langsam, aber gerecht.

Ich glaub' nicht, dass die gerecht mahlen.

Thomas: Anzeigen bringen soundso nichts. (Alle reden durcheinander.)

Aber wenn einem das Auto geklaut wird, kriegst du von keiner Versicherung etwas, wenn du keine Anzeige vorweisen kannst.

Thomas: Ja, dann mach' ich eine Anzeige wegen der Versicherung.

Baschar: Ich musste auch eine Anzeige machen für meinen Ausweis, den ich damals verloren habe. Ich bin zur Ausländerbehörde und hab' gesagt, ich hab' meinen Ausweis verloren, da haben die gesagt, du musst erst eine Anzeige bei der Polizei machen. Sie bräuchten eine Bescheinigung, dass der Ausweis geklaut wäre. Da musste ich zur Polizei laufen und die haben mir erst mal dämliche Fragen gestellt: Kann das nicht sein, dass du am Schlafen warst und dir das locker rausgezogen wurde? Ich hab' gesagt, sind Sie behindert, ich merk' doch, wenn mich jemand beklaut. Mit Mühe haben die mir eine Bescheinigung gegeben.

Hat dich die Polizei im Großen und Ganzen korrekt behandelt? Bist du geschlagen worden?

Bruno: Ich wurde einmal schlimm von der Polizei behandelt. Ich hab' zweieinhalb Monate in einem Heim gewohnt. Dann bin ich zu meinen Eltern gegangen, weil ich mein Kindergeld haben wollte, das mir auch zusteht, deshalb gab es Streit. Da hat ein Nachbar die Polizei gerufen, weil ich die ganze Zeit vor der geschlossenen Tür stand und geschrien habe.

Dann kam die Polizei und hat mich zum zweiten Mal festgenommen. Der Polizist hat mich an den Handschellen das Treppenhaus runtergezogen, ich bin hingefallen, da war das eine Bein oben und das andere unten. Ich hatte keine Chance aufzustehen. Da hab' ich nach meiner Mutter geschrien, da meinte der noch, ja, Mama, Mama. Die Handschellen waren so fest, dass ich heute noch am Handgelenk einen roten Punkt davon habe, wie abgeschnürt hat sich meine Hand angefühlt. Da hab' ich geschrien, er soll bitte die Handschellen lockerer machen und da hat er mir sein Funkgerät vor den Kopf gehauen, wo ich doch so eine schwere Kopfoperation hatte.

Es war ein sehr netter Haftrichter

Carlos: Mein Problem ist, dass ich von der Tat gar nichts weiß. Ich weiß nicht, wer mir ein Messer zugesteckt hat, ich weiß nicht, warum ich mit diesen Jungen in Streit geraten bin, ich weiß nicht, warum ich mit dem Messer auf den los bin. Ich denk' mal und ich geh' auch davon aus, dass der Richter mich auslachen wird. Das hab' ich auch bei der Polizei gesagt, als die mich vernommen haben. Die haben gemeint, das kann nicht sein. Die haben mich angeschrien, ein Polizist ist ausgerastet, da hab' ich denen gesagt, reden Sie doch mal vernünftig mit mir, ich rede doch auch vernünftig mit Ihnen. Ja, aber erzähl' uns keinen Scheiß hier, das kann nicht sein, du musst das auf jeden Fall wissen. Das kam so rüber, als ob ich lügen würde. Ich hab' denen gesagt, ich war das nicht, wie oft soll ich das noch sagen. Ich hatte richtig krasse Kopfschmerzen. Die hatten mich direkt aus der Ausnüchterungszelle geholt und ich denke, dass das noch die Wirkung vom Alkohol war. Aber es ging immer so weiter, wie hast du gestochen? Die haben so einen Druck auf mich ausgeübt, dass ich gesagt habe, ja, es muss so gewesen sein. Aber die meinten dann, nein, du musst es wissen, du hast es getan. Nein, hab' ich dann wieder gesagt, ich kann mich nicht erinnern. Ich wurde an einem Sonntag dem Haftrichter vorgeführt, der kam extra wegen mir und ich war nervös, ich wusste nicht, was ich sagen soll. Ich war total in Not, ich hab' nur die ganze Zeit darüber nachgedacht, wie konntest du sowas machen, warum? Der Richter - es war ein sehr netter Haftrichter, der hat mir alles erklärt, meine Situation, du kannst hier aussagen oder du kannst dir eine Anwältin nehmen. Als der so ganz normal mit mir geredet hat, da hab' ich gesagt, ja, ich hätte lieber Hilfe von meiner Anwältin, bevor ich hier etwas sage, wo ich doch gar nicht weiß, was passiert ist. Da hat der Haftrichter gesagt, du gehst jetzt erst mal in den Knast und hat mir das rote Papier gezeigt, hier, das ist dein Haftbefehl. Dann kam direkt dieser Kriminalpolizist und hat das Papier genommen und gefaltet und gesagt, ich behalte das, bis dein Transport kommt. Da sagte ich, ich würde mir das aber gerne durchlesen, da hat er geantwortet, das kriegst du später. Ich hab' ihm dann noch mal gesagt, geben Sie mir das doch, wo liegt das Problem. Da hat der Haftrichter zu dem Beamten gesagt, geben Sie ihm das doch.

Mama, mach' dir keine Sorgen

Ismail: Die Beamten, die mich verhaftet haben, haben meine Mutter beim Autofahren angehalten und sie so angelacht, wie geht es Ihrem Sohn, fühlt er sich jetzt wohl? Ich hab' zu meiner Mutter gesagt, ich schwöre, wenn ich rauskomme, ich fick' diese Bullen. Meine Mutter quält sich schon genug wegen mir, dann wird sie noch auf der Straße von diesen Polizisten angehalten und die machen einen auf so lachend, wie geht's denn Ihrem Sohn, fühlt er sich wohl?

Sag' das deinem Anwalt, er soll sich beim Polizeipräsidenten darüber beschweren.

Ismail: Der eine hat zu meiner Mutter gesagt, Sie haben Glück, dass man Ihnen den Wagen nicht abgenommen hat. Meine Mutter hat gesagt, was wollen Sie, ich arbeite seit 15 Jahren hier in Deutschland. Als ich meine Mutter sah, ich geh' kaputt wegen der, ich hab' geseh'n, wie die am Ende ist. Irgendwie ist die anders geworden, so als ob die nicht mehr schlafen würde, Ränder um die Augen, so voll kaputt. Wenn ich jetzt mit diesem Kopf rauskommen würde, innerhalb einer Woche wäre ich wieder drin.

Dann bist du ja ein Vollidiot, wenn du das weißt. Du musst dann deinen Bruder bitten, dich im Keller anzuketten.

Ismail: Nein, wenn ich diese Sachen von meiner Mutter höre, sag' ich, Mama, mach' dir keine Sorgen. Mir geht's hier drin gut, Hauptsache, du machst dir keinen Kopf, Mama, du brauchst dich nicht wegen mir hängen zu lassen. Wenn du kaputt hierherkommst, dann werd' ich verletzt, dann krieg' ich automatisch Wutanfälle.

Carlos: Meine Mutter kommt auch immer voll kaputt zu Besuch. Das ist zu wenig zu sagen, mach' dir keine Sorgen. Wie soll ihr das helfen?

Ismail: Die Behörden erwarten von uns, dass wir gegen die Polizei keinen Hass haben, aber durch solche Sachen entsteht der Hass und wird größer.

Hast du schon Türken bei der Polizei kennengelernt?

Ismail: Das gibt es bei uns nicht. Polizeibeamte, die strafversetzt werden, kommen zu uns und das sind die asozialsten. Immer, wenn die mich anhalten, sagen die zu den Neuen, das ist der Herr S., der ist der kriminellste hier, den muss man im Auge behalten.

Wie alt warst du bei der ersten ED-Behandlung?

Thomas: Zwölf Jahre.

Darf man als Kind schon ED-behandelt werden?

Thomas: Ja, zur Identifikation, drei Lichtbilder, Größe, Gewicht, Tattoo, Namen, Adresse.

Waren deine Eltern dabei?

Thomas: Nein, ich war allein. Es hätte einer kommen können, aber das war jedesmal so, wenn ich bei der Polizei war.

Danach durftest du nach Hause gehen, weil du strafunmündig warst.

Thomas: Ja, dann hab' ich nach vier Monaten immer Anhörung bei der Polizei gehabt. Ich bin da hingegangen, wurde angehört und nach vier, fünf Monaten kam der Gerichtstermin. Auch da bin ich hingegangen, dann hab' ich immer Arbeitsstunden bekommen.

Kannst du dich erinnern, wie die ED-Behandlung für dich beim ersten Mal war?

Thomas: Ganz normal. Ich hab' die ausgelacht.

Als Kind mit zwölf Jahren, da hast du gelacht?

Thomas: Ja, der hat gesagt, ich mach' ein Foto, da hab' ich angefangen zu lachen. Bei den Fingerabdrücken, da hab' ich Faxen mit den Fingern gemacht. Ich wusste von meinem Bruder, wie das geht.

Horst: Bei mir war das mit 19 Jahren zum ersten Mal. Sie wollten mir einen Einbruch nachweisen, da musste ich Fingerabdrücke abgeben. Das war in einem extra Raum, da waren Zellen. Da musste man sich auf einen Drehstuhl setzen, dann wurden drei Fotos gemacht, von einer Seite, von vorn und von der anderen Seite. Wenn man Tätowierungen oder Narben hat, werden die extra fotografiert und notiert. Dann wird das alles aufgeschrieben, ob man einen Bart hat, die Haarfarbe, ob die Haare kurz oder lang sind, die Augenfarbe und für alles haben die spezielle Nummern. Danach durfte ich wieder gehen.

Mit 19 hat man ein anderes Gefühl dabei als ein Zwölfjähriger. Hast du auch gelacht?

Horst: Also ich hab' innerlich gelacht, weil ich das nicht war. Ich wusste ganz genau, dass sie nichts gegen mich in der Hand hatten. Also ich hab' das auch in diesem Sinn locker genommen. So, dann hab' ich mich trotzdem hingesetzt, ich hab' mich auch nicht geweigert, als sie die Hand festgehalten haben für die Fingerabdrücke, dabei werden die Finger einzeln abgerollt.

Die Handballen auch?

Horst: Das weiß ich jetzt nicht. Ich weiß nur Daumen und Finger.

Christian: Ich war 16 und wurde beim Ladendiebstahl erwischt. Dann haben sie mich direkt zur Polizei mitgenommen, auf's Revier und haben da Fingerabdrücke und Fotos gemacht.

War der Diebstahl in einem großen Warenhaus?

Christian: Das war der Saturn-Markt.

Haben die dort kein Angebot gemacht, wir wollen mal mit den Eltern sprechen, sondern direkt die Polizei geholt?

Christian: Die haben direkt die Polizei gerufen und die haben Fingerabdrücke genommen. Da hab' ich mich ziemlich Scheiße gefühlt, weil man weiß genau, jetzt werden die Eltern benachrichtigt. Man hat geklaut und jetzt kriegen das die Eltern raus, obwohl man zu Hause alles hatte, und dann werden noch Fingerabdrücke genommen wie bei einem Schwerverbrecher, und das alles mit 16 Jahren. Das war schon ein schlimmes Gefühl.

Sedinam: Ich war 17 bei der ersten ED-Behandlung, danach wurde ich wieder entlassen.

War das in einer normalen Atmosphäre?

Sedinam: Ja, das war in einer normalen Atmosphäre. Das ist auch klar, dass die Polizisten wütend sind.

Wurden deine Eltern benachrichtigt?

Sedinam: Nein.

Die Polizei macht eine ED-Behandlung und es wird niemand benachrichtigt?

Sedinam: Nein. Es kommt immer drauf an, wie alt man ist. Ich war ja schon siebzehneinhalb, da brauchen die nicht mehr zu benachrichtigen, trotzdem tun die das meistens, damit die Eltern Bescheid wissen.

Bilal: Bei mir war das witzig. Da war so eine Gruppe, die hat sich geschlagen, geboxt, und ich hab' zugeguckt. Und so wie ich da gestanden habe, musste ich lachen. Einige von denen waren auf Bewährung und einige hatten einen Dachschaden, die hatten es voll abbekommen. Ich wurde als Beschuldigter, als Mittäter aufgefordert zur ED-Behandlung zu kommen, damit man mich identifizieren kann. Meine Fotos sollten den Opfern gezeigt werden.

Die haben dir direkt gesagt, wir möchten Fotos machen, um den Opfern von Schlägereien die Fotos zu zeigen?

Bilal: Ich hab' einen Brief bekommen von der Polizei, da stand das so inhaltlich drin. Ich hab' meinen Anwalt gefragt und der meinte, ja, das müsste ich machen. Ich sollte auch so eine Speichelprobe geben, aber da meinte er, das müsste ich nicht, wenn ich das nicht will, das wollte ich auch nicht. Ich bin da hingegangen und die haben das so witzig gemacht. Der hat mir so einen Ohrringabdruck genommen, da haben wir alle gelacht im Präsidium. Die Fotos wurden auch den Leuten gezeigt und die konnten mich nicht identifizieren, das Verfahren wurde eingestellt. Das war vor einem Monat und jetzt, als ich erwischt wurde, haben die das wiederholt, aber halt auf die grobe Art. Das waren so ältere Leute und die sagten, sie hätten die Schnauze voll.

Was war da grob?

Bilal: Ich hab' versucht, ihm zu helfen, meinen Finger immer so hin und her zu rollen, und er sagte immer, lass' die Hand locker, gib' sie mir, so als würde er damit rumspielen. Ich hab' versucht, den Ärmel hochzukrempeln, damit ich nicht kleckere, und er dann wieder, hör' auf damit.

Bruno, kannst du dich noch an die ED-Behandlung erinnern?

Es ist ein unbeschreibliches Gefühl, wenn man rauskommt aus der Zelle

Bruno: Ja, sehr gut. Das war bei meiner ersten Verhaftung, da war ich unten in Polizeigewahrsam und nachts um zwei ging die Tür auf und die sagten, jetzt kommst du hoch, es wird ED gemacht.

Nachts um zwei?

Bruno: Ja, nachts um zwei. Da war ich 14 Jahre alt. Auf jeden Fall hatte ich tierische Angst vor Fotos und Fingerabdrücken, weil ich mir da wie ein Schwerverbrecher vorkam. Dann haben sie mich wieder runtergefahren und irgendwann morgens wieder zur Vernehmung hochgeholt. Das war schrecklich für mich. Aber als ich später wieder nach Hause ging, hab' ich mich unglaublich gut gefühlt. Es ist ein unbeschreibliches Gefühl, wenn man rauskommt aus der Zelle.

Wie ein Schwerverbrecher behandelt zu werden, was bedeutet das für dich?

Bruno: Irgendwo bedeutet es für mich, abgestempelt zu sein, von der Außenwelt so ein Siegel bekommen zu haben. Irgendwie ist es für mich wie ein Tier im Tierheim. Ein Behinderter geht ins Behindertenheim, ein Kranker geht ins Krankenhaus und einer, der eine Straftat macht, der muss halt ins Gefängnis. Für mich war das auf jeden Fall was ganz Schreckliches, also was Schlimmes, weil auch meine Familie sehr darunter gelitten hat.

980 Sozialstunden. Gibt's das?

Thomas: Das gibt's. Ich hatte schon 780.

Miguel: Mein Kollege hatte meinen Rekord noch getoppt, der hatte 1080.

1080, das hab' ich noch nie gehört.

Miguel: Haben Sie noch nie gehört, bei uns gibt's da so ein paar krasse Fälle. Ich hab' davon 270 geschafft.

Was hast du machen müssen?

Miguel: Ich war in einem Jugendzentrum, da hab' ich viele Sozialstunden gemacht, dann war ich in der Landesklinik, da musste ich in der Küche arbeiten. Da hab' ich einmal morgens gekotzt und dann konnte ich einfach nicht mehr diese Teller einräumen, der Geruch, mir war richtig schlecht. Dann hab' ich mir einen neuen Platz gesucht, dann ging es einigermaßen, bis ich mal wieder die Nase gestrichen voll hatte, weil ich auch keine Arbeit gefunden habe. Hätte ich Arbeit gefunden, hätte ich keine einzige Sozialstunde machen müssen. Aber ich hatte keine gefunden. Weil ich so viele Absagen gekriegt habe, hab' ich auf alles geschissen.

Hätte ich Arbeit gefunden, hätte ich keine einzige Sozialstunde machen müssen

Was musstest du da machen, Thomas?

Thomas: Schulhof saubermachen und im Altersheim musste ich Wände und Böden mit dem Hochdruckreiniger abspritzen. Ich hab' einen Vorteil gehabt, weil ich einen Verwandten habe, der für die Stadt arbeitet, da hab' ich ab und zu schwarz mitgearbeitet und dadurch kenne ich die ganzen Hausmeister. Wenn ich fünfzig Sozialstunden hatte, dann brauchte ich davon nur die Hälfte zu arbeiten, weil das Doppelte aufgeschrieben wurde.

Du hattest einen Anwalt, bevor du angezeigt wurdest?

Bilal: Ja.

Er fragt mich immer vorher, darf ich das deinem Vater erzählen?

Wie bist du an den Anwalt gekommen?

Bilal: Das ist unser Familienanwalt. Also, ich hab' die Anzeige bekommen und dann hab' ich ihn eben drauf angesprochen. Da war klar, er will erst mal Akteneinsicht haben.

Wenn das euer Familienanwalt ist, dann bedeutet das, dass dein Vater den beauftragt hat.

Bilal: Ja, also wenn wir Probleme haben, dann gehen wir immer zu ihm. Der fragt mich immer vorher, darf ich das deinem Vater erzählen? Wenn ich dem sage, nein, dann erzählt der auch nichts.

Wie war das bei dir?

Sedinam: Auch Familienanwalt.

Das heißt, ihr hattet schon einen Anwalt durch andere Probleme.

Sedinam: Ja, dann bleibt der einfach.

Wie war das bei dir?

Christian: Meinen ersten Anwalt hatte ich mit 14. Das war aber mein Anwalt. Meine Eltern hatten zwar einen Familienanwalt, wegen der Metzgerei, aber der ist nicht für Strafrecht, sondern Zivilrecht und Wirtschaftsrecht zuständig.

Wie hast du mit 14 einen Anwalt bekommen? Über deinen Vater?

Christian: Mein Vater hat mir den geholt, weil der bei uns aus dem Dorf kommt. Mein Vater züchtet Rottweiler. Und bei uns im Dorf gibt es noch einen, der Rottweiler züchtet, und der Sohn von ihm ist Anwalt und deswegen hat er mir den hergeholt, weil er ihn kannte.

Hast du auch auf diese Weise einen Anwalt bekommen?

Horst: Ja, auch über die Familie. Mit 15 hatte ich einen Rollerunfall, da hat meine Mutter gesagt, den nehmen wir.

Ich bin jetzt überrascht, dass ihr alle mit Hilfe der Familie einen Anwalt bekommen habt. Ich hab' oft gehört, dass Jugendliche hier reinkommen und erst hier rumfragen, wer ist denn gut als Anwalt, dann bekommen die von Kumpels oder Landsmännern einen Anwalt empfohlen. Und dann gibt's Anwälte, hab' ich gehört, die sagen zu den Jugendlichen, ich verteidige dich kostenlos, wenn du mir einen Mandanten besorgst hier drin. Habt ihr auch so was gehört?

Bilal: Ja, es gibt so was, dass so untereinander beraten wird. Ich bin jetzt nicht so ein großer Fisch für die, ich komm' wahrscheinlich in einer Woche raus.

Horst: Hoffentlich.

Bilal: Hier sitzt einer, der hat ein Jahr

und vier Monate bekommen wegen einem Einbruch.

Thomas: Und einer, der hat zwei Jahre und zwei Monate gekriegt auch wegen einem Einbruch.

Bilal: Wegen einem Einbruch, der hatte keine Vorstrafen und nichts. Da muss ein Anwalt tätig gewesen sein, der nicht gut ist.

Ich hab' auch schon von Jugendlichen gehört, die haben auf der Hauptverhandlung ihren Anwalt zum ersten Mal gesehen, den Pflichtverteidiger.

Horst: Aber der beste Anwalt kann nichts machen, wenn der Richter dich auf dem Kieker hat.

Christian: Ja, da kann auch der Anwalt nichts mehr tun. Hier war einer, der ist jetzt entlassen worden, der hatte zwei Kaffeemaschinen geklaut. Der hat mich gefragt, ob ich nicht seinen Anwalt nehmen möchte, damit er dann umsonst verteidigt wird.

Das gibt's also immer noch.

Aber der beste Anwalt kann nichts machen, wenn der Richter dich auf dem Kieker hat

Horst: Also ich hab' ihn ausgelacht, für zwei Kaffeemaschinen saß der hier dreieinhalb Monate in U-Haft. Das soll ein guter Anwalt sein? Mein Anwalt versucht es schon beim Oberlandesgericht, der wartet jetzt auf die nächste Ablehnung und dann macht der direkt Haftprüfung. Das geht ganz automatisch. Jetzt kann der Anwalt nichts machen, erst wenn die Antwort auf die Haftbeschwerde kommt, dann kann er die nächste einlegen.

Ihr seid auch alle besucht worden vom Anwalt?

Sedinam: Ja.

Dann seid ihr also zufrieden, ihr habt das Gefühl, er bereitet sich gut vor.

Christian: Ich hab' meinem Anwalt so ein paar Gegenfragen gestellt, um zu gucken, ob der gut ist. Der hat mir beim ersten Besuch immer so Sachen gesagt und dann hab' ich den beim zweiten Besuch so ein bisschen geprüft und hab' dann festgestellt, der ist ein totaler Idiot. Jetzt hab' ich einen Neuen. Deswegen haben mir die Besuche von dem gar nichts gebracht. Die haben mich eher noch mehr down gemacht.

Sind das ältere oder eher jüngere Anwälte?

Christian: Meiner ist sechzig.

Sedinam: Meiner vierzig.

Wer ist besser, die Jüngeren oder eher die Älteren?

Horst: Es ist schwer zu sagen.

Sedinam: Du brauchst einen, der Einfluss hat, der sich gut bewährt hat als Strafrechtler.

Naja, wenn er den Richter gut kennt und die Möglichkeit hat, mit ihm zu reden und zu fragen, können wir uns einigen?

Horst: Aber die alten Rechtsanwälte, die reden doch komplett anders, also die haben doch eine viel größere Schnauze als die jüngeren, die setzen sich da hin, hören sich das an, dann stehen die am Ende auf und sagen, das ist aber übertrieben gefordert, Strafmilderung, ein bisschen weniger und dann sagen die yes. Die alten Anwälte sagen, mit mir nicht, der Jung' kriegt Bewährung, Feierabend. Die legen es direkt drauf an, die Älteren, die reißen auch ihr Maul auf, die nehmen kein Blatt vor den Mund. Das ist das Gleiche, wenn man total schüchtern ist, man sitzt auf der Anklagebank und sagt nichts. Das ist genauso bei den Jüngeren, nicht bei allen, aber bei manchen. Die besten Anwälte sind die, die vorher mal Staatsanwälte gewesen sind und dann die Seite gewechselt haben. Die kennen alle Kniffs und Tricks, die wissen, wie die Staatsanwälte vorgehen und können dementsprechend reagieren.

Bilal: Die kosten auch.

Christian: Ja, keiner ist umsonst.

Wenn man den Anwalt von der Familie vermittelt bekommt, hat man von Anfang an einen eigenen Verteidiger, der beantragt dann, Pflichtverteidiger zu werden oder nicht?

Horst: Ja.

Dann wird er vom Staat bezahlt.

Christian: Wenn man schuldig ist, kommt irgendwann im späteren Leben die Rechnung. Wer verurteilt wird, muss fast immer auch die Prozesskosten bezahlen, und da sind die Kosten für den Pflichtverteidiger mit drin. Zahlen muss man so oder so.

Bist du mit deinem Anwalt zufrieden?

Andreas: Wie man's nimmt, anfangs schon. In der letzten Woche war ich ja nicht da und da hat mein Anwalt einfach Haftprüfung beantragt, obwohl ich schon

einen Termin dafür hatte. Ich musste fünf Tage in Gladbach ohne alles abkacken und hier war ja Einkauf am Wochenende und jetzt hab' ich keinen Einkauf für zwei Wochen. Und am Dienstag hätte ich Besuch gehabt, da ich aber erst am Dienstag wiedergekommen bin, ging das nicht. Mein Anwalt kam auch noch zu spät zur Haftprüfung.

Hast du ihn gefragt, warum er dich nicht informiert hat?

Andreas: Er hat gemeint, ich käme raus, aber dann sagten die was von Verdunklungsgefahr und noch irgendwas, aber es besteht eigentlich Wiederholungsgefahr, das hat der gar nicht beachtet. Da meinte der Richter, nein, der bleibt drin.

Er hat es gut gemeint, aber schlecht gemacht.

Andreas: Ja, schlecht.

Baschar, wie ist das bei dir?

Baschar: Mein Bruder hat mich besucht und mich gefragt, was mit der Anwältin los ist, die ist geldgierig.

Miguel: Hat die überhaupt schon was getan?

Baschar: Die hat noch gar nichts getan.

War die überhaupt schon mal hier?

Baschar: Ja, die war schon zum zehnten Mal hier. Mein Bruder sagt, vor drei Wochen hab' ich der 1500 gegeben und letzte Woche war die bei mir und meinte, ich hab' später noch einen Termin mit deinem Bruder. Letzte Woche war meine Mutter hier und sagt, mein Bruder hat ihr wieder 1500 gegeben und sie selber hat auch noch fünfhundert dazugegeben.

Miguel: Wie viel hat die jetzt schon?

Baschar: Insgesamt 3500 Euro.

Miguel: Was will die, Alter?

Ist sie auch Pflichtverteidigerin?

Baschar: Nein, keine Pflichtverteidigerin.

Miguel: Die soll mal was tun für das Geld, Alter, die hat 3500 Euro gekriegt, das sind fast achttausend Mark, die soll mal ihren Arsch bewegen.

Baschar: Ich kannte die gar nicht, nur mein Bruder hat von älteren Freunden gehört, dass die gut ist.

Miguel: Die wollte nur Euros von dir haben und es ist nichts passiert bis jetzt.

Baschar: Die hat mit meinem Bruder und meiner Mutter gesprochen und gesagt, hundert Prozent, ich hol' den raus.

Wenn du keinen Anwalt hast, dann kannst du ihre Beiordnung als Pflichtverteidigerin beantragen oder sie beantragt das mit deiner Vollmacht. Dann bekommt sie Geld vom Staat und kann von deiner Familie etwas zusätzlich bekommen.

Baschar: Aber einen Anwalt vom Staat?

Miguel: Das hat nichts damit zu tun. Die Frau kann sich auch als Pflichtverteidigerin eintragen. Dann gibst du der auf der Seite noch so ein bisschen was. Ich hab' das auch immer so gemacht.

Baschar: Ich hab' mit der gesprochen, beantragen Sie mal den großen Besucherraum.

Miguel: Ich hab' das selber beantragt, das hat geklappt.

Baschar: Ich hab' auch einen Brief an den Richter geschrieben, wegen dem großen Besucherraum, ich hab' gehört, dass das bis zu einem Monat dauern soll.

Für alles, was die schreiben, möchten die bezahlt werden. Du bist doch hier und hast Zeit, warum machst du das nicht selbst?

Baschar: Weil man mir nicht antwortet.

Dann schreibst du eben zehnmal.

Miguel: Ich kann es dir erklären. Ich hab' auch geschrieben und es kam auch keine Antwort.

Dann gehst du zu Herrn B. und sagst ihm, dass du jetzt drei Anträge rausgegeben hast, und bittest ihn rauszufinden, warum du keine Antwort bekommst.

Selim: Ich hab' dem Richter am Montag geschrieben und am Freitag Bescheid bekommen, dass ich den großen Besucherraum bekomme.

Das kannst du doch sofort machen.

Baschar: Das mach' ich auch heute. Wenn die Anwältin jetzt diese Woche kommt, frag' ich, was ist los? Was soll das? Sie kriegen Geld und haben sich bisher um gar nichts gekümmert. Mein Problem ist nur, der Pflichtverteidiger, den ich vorher hatte, der sitzt jetzt auch als zweiter Anwalt dabei und die will den nicht, sie sagt, der ist nicht gut, der ist beschissen, ich will das alleine machen. Wenn ich das Geld bezahlen kann, will sie den rausschmeißen.

Hast du den Anwalt gesehen, den Pflichtverteidiger?

Baschar: Ja, der war am Anfang öfter hier.

Was ist denn dein Eindruck?

Baschar: Den kenn' ich schon seit drei Jahren. Es ist ein Anwalt, der nicht viel redet, er fragt die Zeugen nichts, so was kann ich nicht gebrauchen. Meine letzte Verhandlung, die ich im September 2003 hatte, da hatte ich zehn Monate auf Bewährung. Das war ein Diebstahl, den ich noch nicht mal begangen hatte, nur wollte ich den anderen nicht verzinken. Ich hab' dem gesagt, ich war das nicht und da hat er auch nicht großartig geredet. Was hab' ich gekriegt? Vier Monate ohne Bewährung hab' ich draufgekriegt und der hat nichts gesagt.

Pflichtverteidiger kannst du in den Müll schmeißen, die nützen gar nichts

Wenn die Hauptbelastungszeugin eine Lügnerin ist, dann muss deine Anwältin etwas unternehmen, um andere Zeugen zu finden, die beweisen, dass die lügt. Hat sie von dir Leute genannt bekommen, die das tun könnten?

Baschar: Ich hab' der vor zwei Wochen gesagt, es gibt die und die Zeugen. Kein Problem, hat die Anwältin gesagt, ich setz' mich mit deinem Bruder in Verbindung, weil mein Bruder diese Zeugen auch kennt. Dann meinte sie noch, ich werde mit den Zeugen reden, ich sag' dir danach Bescheid und komme dich in 14 Tagen wieder besuchen. Die Anwältin kommt mich jetzt diese Woche wieder besuchen. Pflichtverteidiger kannst du in den Müll schmeißen, die nützen gar nichts. Der Staat bezahlt die ja.

Es gibt Pflichtverteidiger, die sind schlecht, es gibt auch gute Pflichtverteidiger. Für euch ist es schwer, das festzustellen, wenn ihr keine eigene Erfahrung damit habt. Aber man merkt ja gleich, wenn ein Anwalt etwas verspricht und es nicht hält. Wenn er zusagt, dass er dann und dann kommt und dann einfach wegbleibt, ohne eine Benachrichtigung und sich nicht entschuldigt, dann muss man den wegschicken.

Baschar: Das hab' ich doch gemacht. Der schreibt mir, ich komm' dich nächste Woche besuchen. Alles klar, ich warte und warte. Einen ganzen Monat hat er sich nicht gemeldet, bis dann diese Anwältin kam. Ich wusste noch nicht mal was davon. Mein Bruder hat ein paar Freunde, die auch mal im Knast waren, die die schon mal rausgeholt hat. Die meinten, die ist ein bisschen teuer, aber mein Bruder arbeitet und er hat das bezahlt. Dann kam die zu mir und hat mich eine Stunde warten lassen. Da kommen neue Leute rein und ich frag' die Leute, welche Anwältin habt ihr? Die sagten alle ihren Namen. Ich frag' den Beamten, was ist los, wann komm' ich dran? Da sagt der, das kann ich Ihnen nicht sagen, aber Sie stehen auf der Liste, es sind noch drei andere vor Ihnen. Da bin ich direkt wieder runtergegangen, ich hatte keine Lust mehr auf die. Mein Bruder kam mich nächsten Tag besuchen und fragt, wieso schickst du die Anwältin weg, du wolltest sie nicht sehn, willst du mich verarschen? Dann sagt er noch, die kommt in den nächsten Tagen wieder, geh' hin. Das nächste Mal bin ich hingegangen und nach zehn Minuten kam mein Name. Sie fragt mich, warum wollten Sie mich nicht sehn? Ich sag' ihr, ich warte und warte, da kommen immer neue Leute. Da hat sie sich entschuldigt und meinte, ich kannte dich noch nicht. Jetzt hat sie mir gesagt, nächste Woche kommt sie wieder, so ist es gut. Die hat auch schon sehr viel für mich getan. Die hat mir jetzt diesen anderen Anwalt vom Hals geschafft. Ich kann mich gar nicht beklagen. Für 3500 Euro hat die sich schon viel Arbeit gemacht und das Schlimmste, also die Vergewaltigung, ist weg. Aber das andere, sagt sie, da können wir nichts machen, der Raub bleibt. Dann hat die mir auch versprochen, nach zwei, drei Monaten kommt dein Termin, dann haben die dich schon drei, vier Monate hier und dann red' ich mit der Richterin, ob du nicht Halbstrafe kriegen kannst, ich will mal sehn, ob du dann nicht direkt gehen kannst. So hat die mir sehr gut gefallen, nicht so wie dieser Idiot, dieser Pflichtverteidiger.

Hast du das Gefühl, dass deine Anwältin den Prozess mit dir gut vorbereitet?

Carlos: Ja, die Anwältin, die ich jetzt habe, gibt mir ein gutes Gefühl. Sie redet viel mit mir, sie hat bis jetzt auch viel getan. Es ist schon krass, wenn man wegen versuchtem Totschlag angeklagt ist und sie versucht das jetzt mit schwerer Körperverletzung.

Neben dem Anwalt gibt's noch jemand, der euch beisteht.

Christian: Die Jugendgerichtshilfe.

Genau. Welche Erfahrungen hast du damit gemacht?

Thomas: Da war ich bestimmt in meinem Leben schon dreißigmal. Jedesmal, wenn ich Scheiße gebaut habe, konnte ich zu der Jugendgerichtshelferin hingehen. Die hat immer geguckt, ob ich klarkomme, dass ich Drogenberatung mache, dass ich mit der Familie klarkomme. Aber jetzt bei der Haftprüfung saß sie dabei und hat gesagt, es ist am besten für den Jungen, wenn der in den Knast geht.

Bilal: Das hat die Jugendgerichtshilfe gesagt?

Christian: Ja, das sagen die, wenn du dich schlecht benimmst.

Thomas: Die Bewährungshelferin wollte mich rausholen. Aber die Jugendgerichtshilfe hat gesagt, es ist besser, wenn der Junge inhaftiert wird.

Christian: Also der glauben sie mehr als dem Bewährungshelfer?

Thomas: Ja.

Deine Jugendgerichtshelferin, die kennst du jetzt schon acht Jahre lang.

Thomas: Mit zehn hab' ich angefangen zu kiffen, deshalb war ich zum ersten Mal mit meinem Vater auf dem Jugendamt, er hat dort gefragt, was könnte man mit dem Jungen machen? Da haben die gesagt, da können wir nichts machen, Hausarrest geben, gucken, dass der vernünftig wird. Ich hab' dann später deswegen Hausarrest gekriegt, weil ich ein Baugeschäft abgebrannt hab' und in fünf Geschäfte eingebrochen bin. Da hab' ich von meinen Eltern Hausarrest gekriegt.

Das heißt, dass du abends nicht mehr weg durftest?

Thomas: Ich wurde zur Schule gebracht und von der Schule abgeholt.

Von wem?

Thomas: Von meiner Mutter. Dann wurde ich zu Hause in mein Zimmer eingesperrt.

Das heißt, du warst vollkommen kontrolliert in der Zeit?

Thomas: Ja, außer den Drogen, die hab' ich trotzdem reingekriegt. Schlösser hatte ich an meinem Fenster, da konnte ich nicht abhauen. Nach sieben Monaten bin ich durch die Scheibe gesprungen.

Was fällt dir denn zur Jugendgerichtshilfe in dieser Zeit ein?

Thomas: Die haben versucht, mich wieder hinzukriegen, mit Therapiestellen und so, damit ich richtig klarkomme. Da haben die gesagt, am besten wär' für mich eine eigene Wohnung, damit ich keinen Stress mache. Deshalb bin ich mit sechszehneinhalb Jahren in eine eigene Wohnung gezogen.

Wenn ich Scheiße gebaut habe, konnte ich jedesmal zu der Jugendgerichtshelferin

Diese Bemühungen der Jugendgerichtshelferin, eine Drogentherapie zu vermitteln, ist die erfolgreich gewesen?

Thomas: Ich war draußen Drogenhändler, da mach' ich doch so was nicht, da hab' ich keine Lust zu.

Du hast unter den Drogen, die du genommen hast, nicht gelitten?

Thomas: Gar nicht, ich bin damit klargekommen, auch mit dem Geld bin ich klargekommen, da wo ich gearbeitet habe. Aber als ich im Oktober 2004 arbeitslos geworden bin, da hab' ich wieder angefangen einbrechen zu gehen, mich selbstständig gemacht.

Wenn man 18 wird, ist dann die Jugendgerichtshilfe noch zuständig?

Thomas: Bis 21 Jahre. Mit 18 bist du noch Jugendlicher, aber du bist volljährig. Volljährig bedeutet nicht viel, du darfst Pornos gucken oder so 'ne Kacke. Für das Gericht ist das so, als ob du 16 bist.

Bei 18-Jährigen wird gefragt, ob sie nach Erwachsenenstrafrecht zu verurteilen sind oder ob man noch das Jugendgerichtsgesetz anwenden soll.

Thomas: Wenn du 18 bist und zum Beispiel eine Wohnung hast, richtig gute Arbeit, ein gutes Auto hast, richtig gut klarkommst wie eine erwachsene Person, hast vielleicht 'ne Frau schon und vielleicht ein Kind, dann wird meistens das Erwachsenenstrafrecht angewandt.

Besucht dich die Gerichtshelferin heute noch?

Thomas: Die wollte einmal kommen, aber ich hab' geschrieben, sie braucht nicht zu kommen.

Warum nicht?

Thomas: Die hat gesagt, es wär' besser, wenn ich drin bin. Was will ich denn mit der?

Wie war es bei dir mit der Jugendgerichtshilfe?

Horst: Im Prozess wegen meinem Autounfall hat die Jugendgerichtshilfe mehr Sozialstunden und mehr Geldstrafe gefordert als der Staatsanwalt. Da hab' ich auch einen Aufstand gemacht, ihr sollt mir helfen und nicht noch mehr in die Scheiße hauen. Und jetzt beim zweiten Mal hat der Richter gesagt, der geht in U-Haft, und da hat der Jugendgerichtshelfer gesagt, nein, der hätte eigentlich noch eine Chance mit Bewährung verdient.

Als der Jugendgerichtshelfer mehr gefordert hat als der Staatsanwalt, da muss doch der Anwalt protestiert haben?

Horst: Das war eine Frau und die wollte mir statt zwanzig Sozialstunden sechzig Sozialstunden geben und statt zweihundert Euro Geldstrafe wollte sie vierhundert Euro. Das hat keiner verstanden.

Sedinam: Die gucken immer auf die Persönlichkeit, wie einer aufgewachsen ist. Wenn man da hinkommt, sagt man am besten, man kommt aus einem Elternhaus, das voll katastrophal ist, hatte 'ne Scheißkindheit, am besten erzählt man so was. Wenn man sagt, man hatte es zu Haus gut, hat Arbeit, kommt mit den Eltern gut klar und man baut dann Scheiße, dann kriegt man richtig Kelle.

Christian: Meine erste Jugendgerichtshilfe hatte ich mit 14 wegen Ladendiebstahl. Damals haben sie mir gut geholfen. Da hab' ich ein paar Sozialstunden gekriegt und die hat einen sehr guten Bericht geschrieben. Die jetzige Jugendgerichtshilfe ist mich voll am Verarschen, die will mir jetzt richtig einen reindrücken. Das ist ein Mann, bei dem bin ich jetzt zum dritten Mal. Das zweite Mal war jetzt im Februar, da hatte er schon einen Scheißbericht gemacht, aber da wurde ich trotzdem freigesprochen. Ich werde 21, normalerweise muss ich vor ein Amtsgericht kommen, aber dank der Jugendgerichtshilfe komm' ich jetzt vor's Landgericht, weil die in ihrem Bericht geschrieben hat, ich hätte keine Reifeverzögerung und sei deshalb mit einem Erwachsenen gleichzusetzen. Das heißt, ich werde nach Erwachsenenstrafrecht bestraft und nicht mehr nach Jugendstrafrecht.

Wenn man nach dem Jugendstrafrecht verurteilt worden ist und will nach 21 als Jugendlicher gelten, dann geht das.

Christian: Das Jugendamt ist in Ausnahmefällen bis zu deinem 27. Lebensjahr für dich verantwortlich. Du kannst auch bis zu deinem 27. Lebensjahr Kindergeld bekommen, wenn du keine eigenen Mittel hast.

Du sagst, der macht schlimme Berichte über mich. Was meinst du damit?

Christian: Da sind viele negative Sachen drin, zum Beispiel stellt der Sachen so dar, wie die gar nicht waren. Vielleicht hat er das nur falsch verstanden und hat daraus geschlossen, dass der mich als Erwachsenen behandeln will, obwohl ich nach dem Gesetz noch Jugendlicher bin. Hätte ich mich auf dumm gestellt und mich so dargestellt, dass ich etwas zurückgeblieben bin, dann wäre ich nach Jugendstrafrecht behandelt worden.

Du hast gesagt, ich verdiente mehr als mein Chef, mehr als mein Vater.

Christian: Aber so was sag' ich doch nicht bei der Jugendgerichtshilfe, damit würd' ich mich ja selber in die Scheiße reinreiten.

Aber wenn durch die Beweisaufnahme herausgekommen ist, dass du so einen Lebensstil hast und über entsprechende Geldsummen verfügst, dann sagen die ja nicht, der gehört in den Kindergarten.

Christian: Das können die mir gar nicht nachweisen, die können mir nur Einfuhr und Besitz nachweisen, Handel können die mir nicht nachweisen, dafür müssten die Zeugen finden und die können sie nicht finden, unmöglich.

Du hast eine Hose getragen, die hat sechshundert Euro gekostet. Kein Kind geht in ein Geschäft und sagt, ich will eine Hose für sechshundert Euro.

Christian: Aber das weiß der Richter doch nicht.

Aber vielleicht die Jugendgerichtshelferin.

Christian: Dann kann ich immer noch sagen, die Sachen hab' ich für zwanzig Euro gekauft.

Du meinst, dass die Berichte deiner Gerichtshelferin negativ sind, weil sie was missverstanden hat?

Christian: Ja, mein Anwalt will, dass ich nach Jugendstrafrecht verurteilt werde. Nach Erwachsenenstrafrecht hab' ich vielleicht vier Jahre zu erwarten, die Maximalstrafe wären fünf Jahre und da werden sie ein bisschen drunterbleiben, und nach Jugendstrafrecht bekäme ich zweieinhalb Jahre.

Horst: Das sind Leute, die haben eine Ausbildung, die müssen dich innerhalb von zwei, drei Gesprächen checken, dann gehen die zum Richter und sagen, der ist soundso, die haben einfach die Menschenkenntnis. So, wenn du da jetzt hin-

Der Richter legte großen Wert auf ihre Meinung

gehst und sagst, ich hab' genug Kohle, was willst du denn von mir, dann ist klar, dass die dich als Erwachsenen behandeln. Man erlebt ja auch, wie der sich gibt, was der für ein Auto fährt. Dann hast du echt die Arschkarte gezogen. Wenn du jetzt ankommst und hast einen rappeligen Kadett, dann wirst du automatisch als Heranwachsender behandelt.

Bilal: Also vor dem Richter sich ein bisschen verstellen und dann den hilflosen Jungen mimen, ist nicht falsch.

Ich hab' von Jugendanwälten gehört, dass Jugendliche strenger bestraft werden als Erwachsene bei dem gleichen Sachverhalt, weil die Richter denken, man muss da erzieherisch einwirken. Wenn ich dem nur zwei Jahre gebe, kann er keine Ausbildung machen, also geb' ich ihm drei Jahre, dann kann er eine Lehre abschließen, so denken die.

Christian: Aber der Sinn vom Jugendstrafrecht ist doch nicht, die Jugendlichen zu inhaftieren, sondern zu erziehen. Die stecken die Jugendlichen nicht so gern in den Knast, die geben lieber Bewährungsstrafe und damit eine neue Chance. So sehen halt die die Resozialisierung. Aber Erwachsenen geben die direkt Kelle.

Es gibt unterschiedliche Auffassungen. (Alle reden durcheinander.)

Sedinam: Mit 17 Jahren war ich zum ersten Mal bei der Jugendgerichtshilfe. Ich hab' ihnen erzählt, wie ich so bin, das war's auch. Das hat der auch am Amtsgericht vorgebracht.

Und in der Hauptverhandlung, hast du schon eine gehabt?

Sedinam: Ja, mit 17 Jahren. Da hat der Jungendgerichtshelfer meinen Lebenslauf erzählt. Ich war damit zufrieden, weil ich weniger Strafe bekommen habe.

Besuchen euch die Jugendgerichtshelfer hier?

Sedinam: Das fällt nicht in ihren Aufgabenbereich.

Bilal: Das wird vom Gericht angeordnet. Ich hab' den Termin für die Jugendgerichtshilfe eine Woche vor dem Gerichtstermin bekommen. Ich hab' da angerufen und gesagt, dass ich nicht kommen kann, weil ich den Brief jetzt erst bekommen habe. Der Gerichtstermin war am Freitag, da hat sie gesagt, dann kommst du eben am Donnerstag. Da hab' ich meinen Anwalt angerufen und ihn gefragt, ob ich da hingehen muss, und der sagte, nein, musst du nicht. Rufst du an, rufst aber höflich an, und sagst, dass dir etwas dazwischen gekommen ist, auf nette Art und Weise, und dass es dir leid tut. Ich hab' da angerufen und gesagt, dass ich das nicht schaffe. Das hat sie bedauert und dann gesagt, okay, dann seh'n wir uns morgen bei Gericht. Am nächsten Tag bei Gericht wusste keiner, dass ich nicht bei ihr war. Dann haben die mir vierzig Sozialstunden gegeben.

War das erst jetzt?

Bilal: Ja, das war vor Kurzem. Der Staatsanwalt hat gemeint, dass das Jugendstrafrecht gilt, und mein Anwalt hat auch Jugendstrafrecht bevorzugt. Und dann hat sich die Jugendgerichtshilfe selber gemeldet (lacht) und meinte, ich mache auf sie einen guten Eindruck, ich sei vernünftig und soll nach dem Jugendstrafrecht verurteilt werden. Der Richter legte großen Wert auf ihre Meinung. Nach dem Urteil kam sie zu mir, hat mir die Hand geschüttelt und hat mir alles Gute gewünscht und ich soll keinen Scheiß mehr bauen. Sie war eine ältere Türkin, nicht so 'ne junge. Ich hab' auch türkisch mit ihr geredet. Einen Supereindruck hab' ich von ihr. Ja, sie hat gesagt, hoffentlich sehen wir uns auf eine andere Art. (Alle lachen.)

Horst: Hast du die vierzig Sozialstunden abgeleistet?

Bilal: Nein, nur dreißig Stunden und jetzt bin ich hier.

Das heißt, du hast deinen Prozess erst noch vor dir.

Bilal: Ja.

Kommt sie dich besuchen?

Bilal: Wenn sie mich besuchen kommt, dann ist das toll.

Sie muss ja im Prozess für dich sprechen.

Bilal: Dann kommt sie wahrscheinlich vor dem Prozess. Aber ich hab' mit ihr keinen Kontakt mehr.

Das kann dein Anwalt rausfinden oder der Sozialarbeiter.

Bilal: Mein erster Eindruck von ihr war positiv. Sie hat für mich gesprochen, sie war wirklich für mich da, als wär' sie einer von meinen Eltern.

Tamer: Beim ersten Mal war bei mir ein Typ da, der wirkte ziemlich verständnisvoll. Die letzten zwei Monate war der aber krank. Als der da war, hat er mir gesagt, er würde dafür sprechen, dass ich auf Bewährung rauskomme. Der war ziemlich korrekt. Aber letztes Mal kam eine Vertretung, eine ältere Frau, die war voll der Drachen, die sah ziemlich alt und streng aus. Auf jeden Fall hab' ich mit der geredet und ihr meine Geschichte erzählt und auch dass meine Freundin schwanger ist.

Ich will, dass mein Kind ein anderes Leben hat als ich

Aber die Frau war total unverständnisvoll. Ich hab' ihr gesagt, das Kind ist für mich ein Grund, mein Leben von Grund auf zu ändern. Da hat die gemeint, das kann ja jeder sagen. Aber das ist doch selbstverständlich, wenn ein Mensch ein Kind bekommt, der sieht die Welt ganz anders. Als Jugendgerichtshilfe muss man doch dem Jugendlichen beistehen, aber die Frau war total negativ. Jetzt befürchte ich, dass der andere Typ noch krank ist und dass diese Frau bei meiner Haftprüfung dabei ist. Ich hab' der gesagt, ich werde mich auf jeden Fall ändern, ich will, dass mein Kind ein anderes Leben hat als ich.

Horst: Der Richter will dich abkacken sehn, der will sehn, dass du lernst und du lernst.

Bilal: Man redet ja mit dem Richter selber, da ist ja kein anderer da, nur der Richter, ich und diese Schreibkraft. Der fragt, was stellst du dir vor. Da sagst du zu ihm, ich hab' einen Fehler gemacht, ich weiß das, es tut mir leid. Du tust so, als ob es dir leid tut, aber dann sagt er zu dir, das war zuviel, du gehst in den Knast.

Kennt der Richter den Knast?

Horst: Der weiß gar nicht, was hier abgeht. Die sagen zwar, sie wüssten das, aber was hier wirklich abgeht, wissen die nicht. Ich gönne dem Richter mal zwei Jahre Knast, damit er mal sieht, wie das ist.

Bilal: Wenigstens ein paar Wochen.

Wer von euch dreien hat schon mal eine Verhandlung gehabt?

Sedinam: Morgen kommt meine zweite Verhandlung.

Kannst du mal erzählen, wie deine erste Verhandlung war?

Sedinam: Die war nicht ganz normal. Ich hab' die Tat mit siebzehneinhalb gemacht und die Gerichtsverhandlung war ungefähr ein halbes Jahr später.

Warst du in Freiheit?

Sedinam: Ja, ich war in Freiheit. Ich hab' einen Brief bekommen und bin allein da hingegangen.

Deine Eltern sind nicht mit?

Sedinam: Nee, ich wollte nicht, dass das meine Eltern erfahren, weil das so ein krasser Fall war. Ich bin zu zwei Jahren mit Bewährung und sechshundert Euro Geldstrafe verurteilt worden. Der Prozess hat drei Stunden gedauert.

Saßen da auch fremde Leute im Gericht?

Sedinam: Nein, da war ich ja noch Jugendlicher, da darf keiner rein, da saßen nur Gutachter.

Bei Jugendlichen unter 18 ist prinzipiell die Öffentlichkeit ausgeschlossen.

Sedinam: Meistens.

Christian: Öffentlichkeit bedeutet auch, dass man mit einer Videokamera reingehen darf und den Prozess filmen und vorführen darf.

Sedinam: Nein, die dürfen das nicht filmen.

Jugendliche nicht. In Deutschland möchten die privaten Fernsehsender gerne wie in Amerika, die Kamera dabei haben, aber das läuft noch nicht.

Der weiß gar nicht, was hier abgeht

Thomas: Aber Schulklassen dürfen rein.

Sedinam: Das ist schon peinlich genug. Ich bete zu Gott, dass morgen gar keine Schulklasse da ist.

Christian: Das hab' ich mir auch schon gesagt, nachher breche ich vor Gericht zusammen. Da ist eine ganze Klasse und hört, was ich gemacht habe. Vorher der harte Junge und dann heule ich vor Gericht. Was die sich dann denken müssen?

Thomas, dein erster Prozess war mit 14, als du strafmündig geworden bist. Kannst du dich an deinen Anwalt erinnern?

Thomas: Ich hatte keinen Anwalt, nur meine Mama.

Im Ernst?

Thomas: Ja, nur meine Mama. Ich hatte keinen Anwalt.

Christian: Bei meinem ersten Fall hatte ich auch keinen Anwalt, erst beim zweiten.

Also deine Mutter und du sind da reingegangen und dann war ein Staatsanwalt da und ein Richter.

Thomas: Ja, und die Frau, die auf dem Computer schreibt, dann war die Jugendgerichtshilfe da und von den Zeugen waren die Eltern da.

Worum ging es da?

Thomas: Ich hab' illegal BtM verkauft und ein Zeuge hat gesagt, dass er von mir siebzig Gramm gekauft hätte. Er hätte ja auch was anderes sagen können, gefunden oder so was.

Wenn ich vor Gericht sitze, sag' ich sofort die Wahrheit

Was für ein BtM war das?

Thomas: Marihuana, ich hab' dem die siebzig Gramm verkauft. Im Gericht musste ich erst mal meinen Namen sagen und dann hat der Richter mich gefragt, wie das abgelaufen ist. Wenn ich vor Gericht sitze, sag' ich sofort die Wahrheit. Ich hab' zugegeben, dass ich das dem verkauft habe, dafür hab' ich Dauerarrest gekriegt. Das war meine erste Dauerarreststrafe, zwei Wochen lang.

Sedinam: Wenn du die anlügst, dann werden die noch mehr sauer.

Thomas: Ich hab' direkt die Wahrheit gesagt. Auch bei der Polizei sag' ich alles, was ich weiß. Ich geb' jeden einzelnen Einbruch zu.

Sedinam: Bei der Polizei darfst du keinen Ton sagen, du musst keinen Ton sagen.

Thomas: Ja, du musst nicht, aber ich sag' es. Das hört sich doch vor Gericht besser an.

Christian: Mein erster Prozess war mit 14 in Bremen. Wir waren eine Clique, haben gekifft wie die Irren und Graffiti gemalt. Da war so ein Außenseiter, mit dem hatte ich telefoniert, und da hat er zu mir gesagt, ich würd' im Dreck wohnen, weil wir als Süddeutsche nach Norddeutschland gezogen sind. Das ist genauso wie mit den Ossis in Westdeutschland, diskriminiert von vorne bis hinten. Ich hab' den am Telefon dumm angemacht und dann hab' ich den am Nachmittag gesehen, da hat einer dem anderen eine Backpfeife gegeben und deswegen sind wir vor Gericht gekommen. Das Verfahren wurde eingestellt. Aber ich hab' noch eine Verhandlung gekriegt, weil ich bei Saturn geklaut habe. Da hab' ich hundert Sozialstunden gekriegt. Dann hab' ich noch eine Verhandlung gekriegt, weil ich im Schwimmpraktikum ein Portemonnaie geklaut habe, da waren 2300 Mark drin. Das gehörte einem Kosovoalbaner, der wollte das Geld noch am selben Tag seiner Familie im Kosovo schicken. Dafür hab' ich vierzig Sozialstunden und zwei Wochenendarreste gekriegt. Dann hab' ich hier im Februar eine Verhandlung gehabt wegen Verkauf von BtM, da wurde ich freigesprochen, und jetzt hab' ich das nächste Verfahren.

Der Beamte nimmt dich an den Öhrchen und zieht dich quer durch den Gerichtssaal, und irgendwo ist da schon eine Zelle

Sedinam: Das ist nicht gut so. Ehrlich, ich fühl' mich schon schlecht beim zweiten Mal morgen.

Wenn ihr diese Gerichtssendungen im Fernsehen seht, was ist denn der Unterschied zwischen diesen Gerichtssendungen und dem wirklichen Gericht?

Christian: Da geht es auf jeden Fall härter ab. Wenn einer in der Gerichtssendung so einen richtig dicken Aufstand macht, der würde das vor einem normalen Gericht gar nicht machen, der würde direkt aus dem Gerichtssaal verwiesen werden. Das lässt sich kein Richter gefallen.

Thomas: Das geht gar nicht, der Beamte nimmt dich an den Öhrchen und zieht dich quer durch den Gerichtssaal, und irgendwo ist da schon eine Zelle.

Die Fernsehzuschauer haben den Eindruck, die Jugendlichen erlauben sich alles.

Christian: Ja. Dabei ist jeder so klein mit Hut.

Sedinam: Die wollen Show machen.

Christian: Die Kleidung, die die immer tragen. Also jeder vor Gericht zieht sich bestmöglich an. Da sind teilweise Angeklagte mit einem Jogginganzug oder so. Und die Mädchen, die haben oben alles offen und unten ganz kurz. So was gibt es echt gar nicht.

So wie sich die Verteidiger und Staatsanwälte manchmal fetzen, habt ihr das schon mal erlebt?

Christian: Ja, das hab' ich schon erlebt. Ich hatte im Februar Verhandlung wegen BtM. Ich hab' mir den besten Anwalt geholt und der hat bei Gericht die Staatsanwältin so zur Sau gemacht, der hat die richtig angebrüllt, die hat dann nachher in ihrem Schlusswort gar nicht mehr viel gesagt. Die haben falsch ermittelt, weil ich zu vielen Tatzeitpunkten, wo ich angeblich Drogen verkauft haben soll, da war ich auf einem Lehrgang, der ist achtzig Kilometer weit weg, mit Übernachtung und so.

Als du 14 warst und da reinmarschiert bist mit deiner Mutter, konntest du mit dem Urteil etwas anfangen?

Thomas: Innerlich hab' ich eigentlich gelacht, aber äußerlich war ich eiskalt. Mir war die Hauptsache, ich komm' nicht in Knast. Mit Dauerarrest konnte ich leben, da geh' ich lachend rein und lachend raus. Da kackst du zwar mehr ab als hier, aber du weißt, du kommst wieder raus. Das war mein kindisches Alter, ich war ein Schlägertyp. Jetzt steh' ich auf meinen eigenen Beinen, damals hab' ich bei meinen Eltern gewohnt. Wenn ich jetzt rauskomme, muss ich alles neu anfangen, den Papierkram regeln. Und früher war das nicht wichtig, da war meine Mutter dafür zuständig.

Egal, was du machst, du denkst, du wirst dabei nicht erwischt

Hast du da nicht gedacht, jetzt bring' ich meine Mutter in so eine Situation.

Thomas: Das hab' ich öfters gedacht, aber was willst du machen? Egal, was du machst, du denkst, du wirst nicht dabei erwischt.

Hältst du diese Einrichtung Gericht für vernünftig oder hast du gedacht, die hätten was anderes mit dir machen sollen?

Thomas: Das halte ich schon für vernünftig. Was hätte man mit mir machen sollen? Ich bin in den Gerichtssaal reingekommen und hab' mich hingesetzt. Da waren zwei Schulklassen, zwei Schöffen, ein Richter, die Jugendgerichtshilfe, die Bewährungshelferin und Leute von der Justizvollzugsanstalt, die mich da hingebracht haben.

War von deiner Familie jemand da?

Thomas: Nein, gar keiner. Der Staatsanwalt hat alle meine Vorstrafen vorgelesen. Dann haben die mich gefragt, ob ich aussagen will. Das hab' ich gemacht und auch gesagt, wer dabei war. Der Staatsanwalt hat dreieinhalb Jahre gefordert und der Richter hat gesagt, angemessen wären zwei Jahre auf Bewährung. Die Jugendgerichtshilfe und die Bewährungshelferin haben gesagt, dass ich in Haft bleiben soll für mein Benehmen, bis ich Therapieantritt habe. Danach war die Urteilsverkündung, zwei Jahre ohne Bewährung und Therapie.

Also zwei Jahre, das ist doch okay. Hier hatten wir gedacht, du kriegst viel mehr.

Thomas: Ich hab' mich gefreut im Gerichtsaal und die Schulklassen haben mich verwundert angeguckt.

Will die Staatsanwaltschaft Berufung einlegen?

Thomas: Nein, keiner. Ich hab' das Urteil angenommen. Aber ich hab' heute schon wieder eine Anklageschrift bekommen wegen zwei Einbrüchen und illegalen Betäubungsmitteln.

Miguel: Dann wollen die dir richtig was geben.

Thomas: Im Haftbefehl steht zweimal illegale Betäubungsmitteleinfuhr.

Baschar: Nicht wegen Fahrraddiebstahl mit Geiselnahme? (Alle lachen.)

Miguel: Meine Richterin war völlig verkrampft, egal, was man ihr sagt, sie will gar nicht verstehen, warum das alles so ist. Für sie ist das ein Blatt Papier, du hast was gemacht und alles andere zählt nicht, was die anderen gemacht haben oder was die gesagt haben. Sie sieht geradeaus und lässt nichts an sich rankommen. Ich hab' mich immer bemüht und hab' denen auch gezeigt, dass ich richtig Arbeit suche, aber im Endeffekt wurde das bei Gericht nur am Rande abgehandelt. Die Richterin, nur kurz Brille hoch, Brille runter, das war's. Und dann die Jugendgerichtshilfe, die eigentlich helfen soll, die hat mir dann den restlichen Tritt in den Arsch verpasst. Die

Sie sieht geradeaus und lässt nichts an sich rankommen

hat nur Scheiße erzählt und einen alten Bericht von vor drei Jahren, als ich 15, 16 war, vorgelesen, er lebt planlos in den Tag, er tut nichts, er macht nichts. Das hat alles wirklich nicht gestimmt, jedenfalls nicht für heute. Damals war es vielleicht so, aber danach hat sich vieles geändert. Wie oft hab' ich da angerufen und immer lief nur der Anrufbeantworter.

Hast du mit Hilfe deines Anwalts nicht die Möglichkeit gehabt, das zu widerlegen?

Miguel: Mein Anwalt hat's versucht, aber das hat im Großen und Ganzen nichts genutzt. Die Richterin war so auf die Sache konzentriert, die musste mich endlich mal in den Knast kriegen. Diese Frau ist so was von verkrampft, Sie können sich das gar nicht vorstellen. Die hat gar nichts gehört, das hat die gar nicht interessiert. Die hat nichts von der Situation verstanden, warum ich das gemacht habe, das hat die gar nicht interessiert.

Aber normalerweise wird so etwas gefragt.

Miguel: Ich hab' ausgesagt, gestanden, ich hab' auch gesagt, wie ich es gemacht hab' und warum und im Endeffekt wurde mir trotzdem nicht geglaubt. Es wurde sogar noch als Teilgeständnis hingestellt, aber es war ein vollkommenes Geständnis. Das ist eine Riesenschweinerei, was die da mit mir abgezogen haben. Ich war schon viermal bei dieser Richterin, die hat immer versucht, mir einen reinzudrücken. Aber die hat's nicht hingekriegt und jetzt ist es ihr gelungen. Ich bin zum ersten Mal richtig im Knast, ich war früher nur im Jugendarrest, drei Wochen. Das ist doch nicht zu verstehen. Wenn ich manchmal so nachdenke, dann würde ich der am liebsten den Hals zudreh'n. Jugendstrafe soll den Jugendlichen helfen, dass sie ihren Weg irgendwann mal geradeausgehen können. Aber ich glaube, damit hat sie mir den Weg nach weiter hinten gebaut, dass ich noch durchgeknallter bin, wenn ich rauskomme.

Baschar: Wenn du rauskommst, bist du soundso kein normaler Mensch mehr.

Miguel: Das hat mit dem Menschen, der ich vor drei Jahren war, nichts mehr zu tun.

Du bist doch noch ein normaler Mensch, wenn du rauskommst?

Miguel: Aber das hat nichts mehr mit Lebensfreude zu tun, ich hab' gar nichts mehr, ich bin doch weggeklatscht dann. Ich bin jetzt schon weggeklatscht. (Gelächter) Ja, das ist so, ich sag' das, wie es ist. Ich komm' nicht mehr klar mit der Welt, alles hat sich geändert, ich glaub', dass ich da mit vielen Sachen einfach nicht mehr klarkomme.

Dass du bei der Vorstellung entsetzt bist, ein paar Jahre hier drin zu sein, ist ja logisch. Aber du bist doch kein Vollidiot, du kannst doch nicht glauben, wenn du rauskommst, ist alles anders. Was soll denn anders sein in drei Jahren?

Miguel: Die Welt hat sich ein paarmal gedreht, nur ich nicht. Die Leute draußen entwickeln sich weiter, hier drin bleibt man stehen.

Es kommen laufend Leute von draußen rein, dadurch kriegst du doch mit, was läuft.

Miguel: Aber es interessiert mich nicht, was bei anderen läuft, ich will wissen, was mit meiner Familie läuft. Stellen Sie sich mal vor, meine Mutter stirbt oder der passiert irgendetwas. Wissen Sie, was dann passiert, dann drehe ich komplett durch. Danach gibt's bestimmt keine Bremse mehr. Wenn die mich in den geschlossenen Vollzug stecken, da dreht man ja voll durch. Da können die Leute doch nicht erwarten, dass man ein vernünftiger Mensch wird.

Wenn ich an deiner Stelle wäre, würd' ich mir erst mal klarmachen: Wann kann ich entlassen werden und ab wann kann ich in Freigang.

Miguel: Nach sechs Monaten.

Ja, darauf würde ich hinarbeiten. Die früheste Chance ergreifen.

Miguel: ... abzuhauen.

Da zahlst du nur drauf. Du lebst in ständiger Angst, entdeckt zu werden, und das wird auch irgendwann der Fall sein und dann machst du eventuell Endstrafe.

Miguel: Trotzdem, fünf Jahre sind zuviel, drei hätten doch auch gereicht.

Wie kannst du denken, du kommst in drei Jahren als Zombie raus?

Baschar: Wenn ich drei Jahre eingesperrt war, bin ich doch ein ganz anderer Mensch.

Wenn du nach drei Jahren rauskommst und siehst deine alten Kumpel, kann es dir passieren, dass du auf Leute triffst, die völlig fertig sind, ohne dass die auch nur einen Tag in Haft gewesen wären.

Miguel: Aber man soll sich doch nicht am Schlechteren messen.

Ist doch klar, hier drin gehen auch Menschen kaputt, andere schaffen es, sich körperlich und geistig fit zu halten und kommen gesund raus.

Thomas: Du musst das Beste draus machen.

Miguel: Aufgeben will ich nicht, aber ich denke, im Kopf hat's irgendwann mal klick gemacht und dann steht man wie ein Vollidiot da.

Thomas: Wenn du rauskommst, bist du voll happy und du siehst die anderen und du setzt dich hin und guckst die an. Langeweile interessiert dich nicht mehr und du siehst einen, wie der voll abkackt. Der war zwar die ganze Zeit draußen, aber der kackt voll ab, das machst du nicht mehr. Hier drin kannst du deine Bildung machen, dein Überbrückungsgeld ist zwar wenig, aber du hast es und kannst erst mal wieder leben draußen. Dann kannst du überlegen, was mache ich jetzt? Wenn du rauskommst, gibt's Playstation 4 oder 5, sagst du geil, das kostet dann vielleicht nur noch hundert Euro, die anderen mussten dreihundert Euro dafür zahlen. Das Einzige, was Scheiße ist, dass die dich zwischen 20 und 25 einsperren oder zwischen 18 und 23. In der Zeit fängst du normalerweise als Jugendlicher an zu leben, kannst wegfahren, du kannst weit wegfahren, du hast ein Auto.

Man kann nicht parallel draußen und hier drin leben. Lebe jetzt dieses Leben und bereite dich auf das Leben nach dem Knast vor.

Thomas: Du denkst bestimmt ständig an draußen, ich denk' überhaupt nicht an draußen. Wenn du denkst, was machen die jetzt draußen, denk' ich, was gibt's morgen zu essen.

Miguel: Aber ich hab' Freundin und Mutter draußen.

Thomas: Ich hab' auch eine Verlobte, meine Mutter ist gestorben an dem Tag, als ich verhaftet wurde. Daran flippst du zwar aus, aber du musst es ankommen lassen, bis die Tage da sind, du sollst dich nicht ein Jahr lang vorher ficken.

Ismail: Nächste Woche geh' ich zum Gericht und mach' ein Geständnis. Ich werd' alles sagen, wer alles was gemacht hat. Ich hab' lange genug überlegt, was richtig ist, was nicht richtig ist. Der Anwalt sagt, du musst alles erzählen, dann kriegst du eine mildere Strafe.

Carlos: Hundertprozentig.

Ismail: Normal, du sagst die Wahrheit. Ich sag', ich war dabei. Ich muss unter die drei Jahre kommen. Wenn ich drei Jahre kriege, Halbstrafe, dann bin ich in der Türkei.

Der Europäische Gerichtshof hat beschlossen, dass türkische Staatsbürger wie EU-Bürger behandelt werden müssen, wenn es um Abschiebung geht. Jetzt gilt, dass individuell geprüft werden muss, ob der Betroffene nach der Haftstrafe noch eine Gefahr ist.

Ismail: Aber ich will die Abschiebung selbst beantragen. Wenn ich Abschiebung kriege, dann muss ich erst mal in der Türkei 15 Monate zur Armee. Mein Onkel hat in Istanbul einen Laden, einen Obst- und Gemüseladen, da kann ich arbeiten. Meine Mutter hat auch gesagt, wenn du rauskommst und nichts auf die Reihe kriegst und wieder Straftaten machst, ist es besser, du gehst in die Türkei zur Armee. Das war auch so bei meinem Onkel. Er ist vor sieben Jahren in die Türkei, er hatte Drogen genommen und Heroin verkauft. Und jetzt hat er ein Kind, einen Laden, keinen Stress, gar nichts mehr.

Carlos: Darf ich dazu was sagen? Dass dein Onkel es geschafft hat, ist gut, aber du hast nicht den gleichen Gedanken wie dein Onkel. Er ist ein schönes Vorbild für dich, okay, find' ich gut.

Ismail: Guck' mal, wenn du einmal hier drin bist und du kommst raus, bist auf Bewährung, du steigst in eine Bahn ein und hast vergessen ein Ticket zu kaufen, du wirst kontrolliert und schon bist du wieder drin. Zum Beispiel Carlos, er ist nur wegen Schwarzfahren hier drin. Wenn ich ein Geständnis mache, wird auch mein Termin schneller kommen. Ich hab' meine Akte, das sind 99 Seiten, ich hab' die alle durchgelesen, ich hab' mir ein Blatt genommen

Ich geh' zum Gericht und mach' ein Geständnis

und alles angekreuzt, was stimmt und was nicht stimmt. Jetzt hab' ich so ein paar Sachen im Kopf, zu denen ich dem Richter meine Meinung sagen werde. Ich meine, das ist sehr wichtig, das zu sagen.

Du musst dir dabei in aller Ruhe klarmachen, dass es bei einer Aussage nicht nur um dich gehen kann, sondern auch um andere. Wenn du über deine Taten sprichst, wird der Richter auf jeden Fall fragen, wer noch dabei war.

Ismail: Das werde ich alles sagen. Kein einziger von meinen Freunden hat mir einen einzigen Brief geschrieben. Mein Vater war hier und hat gesagt, keiner hat nach dir gefragt, keiner. Und ich soll meinen Arsch für die hinhalten? Das sehe ich nicht ein.

Du musst für dich entscheiden, wie du damit umgehst. Aber du musst dir auch über die Folgen im Klaren sein. Wenn andere durch deine Aussagen bestraft werden, dann musst du hinterher damit leben können. Darüber musst du vorher nachdenken.

Ismail: Ich will nicht über Leute reden, die gar nicht in der Anklageschrift stehen. So dumm bin ich nicht.

Das hat nichts mit Dummheit zu tun. Dogan hat gar nichts im Prozess gesagt und nicht mal protestiert, als er beschuldigt wurde, etwas getan zu haben, was er gar nicht getan hat.

Ismail: Ja und der, der das über ihn gesagt hat, meinen Sie, wenn der in vier Jahren rauskommt, dass er sich noch Gedanken darüber macht, dass Dogan nur noch sitzt, weil er falsch ausgesagt hat? Meinen Sie, den juckt das? Der wird in die Discothek gehen, dem wird das egal sein.

Carlos: Ich hab' meine Anklageschrift bekommen, sie ist 18 Seiten lang. Zum ersten Mal erlebe ich so was. Ich saß noch nie vor einem Gericht, auch nicht vor einem Richter. Es wird mir schwerfallen, wenn ich da sitzen werde. Schon bei dem Gedanken, dass ich so was gemacht habe, wird mir schlecht. Als ich die Anklageschrift bekommen habe, war ich total am Ende.

Mit einem guten Verteidiger hast du gute Chancen, nach Hause zu gehen.

Baschar: Er hat eine Pflichtverteidigerin. Ein guter Anwalt kann vielleicht was machen, aber keine Pflichtverteidigerin.

Wie ist dein Eindruck von deiner Anwältin?

Carlos: Ich hab' einen sehr guten Eindruck von ihr.

Ismail: Aber eine Pflichtverteidigerin, die ist vom Gericht bestellt.

Jede Anwältin und jeder Anwalt muss auch Pflichtverteidigungen übernehmen, reihum. Es ist einfach falsch zu sagen, dass jeder Pflichtverteidiger schlecht ist.

Carlos: Ich hab' mit einem Gutachter gesprochen, vier Stunden lang. Da steht, dass der Gutachter meint, ich sei vermindert zurechnungsfähig gewesen.

Hast du schon einen Termin?

Carlos: Nein, ich hab' nur die Anklageschrift.

Baschar: Bei mir war das auch mal so. Ich hatte auch eine dicke Anklageschrift, zwei Raubfälle mit sehr schwerer Körperverletzung. Da hab' ich acht Monate gekriegt auf zwei Jahre Bewährung. Aber als sie mir das alles vorgeworfen haben, da konnte ich gar nicht reden. Ich wollte irgendwas sagen, auf einmal war ich nur am Stottern, ich kriegte dieses Wort nicht raus. Da bleib' ich doch lieber ruhig und guck' nach unten.

Schon bei dem Gedanken, dass ich so was gemacht habe, wird mir schlecht

Es gibt Anwälte, die verlangen von ihren Mandanten, dass sie gar nichts sagen und alles ihnen überlassen sollen, weil sie schon erlebt haben, wie die in der Aufregung falsche Antworten geben.

Baschar: Die Anwältin hat gesagt, wir lassen die erst mal reden, dann schlagen wir mit unseren Waffen zurück, du sagst nichts, ich rede.

Du kannst deiner Anwältin auch sagen, dass es dir schlecht geht und sie eine kleine Pause machen soll. Dann bittet sie um eine Unterbrechung.

Carlos: Hier in der Anklageschrift wird der Gutachter zitiert: „Es ist nach Einschätzung des Sachverständigen nicht auszuschließen, dass der Angeschuldigte zum Tatzeitpunkt in Folge einer Mischintoxication im Zustand erheblich verminderter Schuldfähigkeit handelte." Was heißt das?

Dass man für die Tat nicht voll verantwortlich ist.

Ismail: Wenn ich meine Eltern im Gerichtssaal sehe, breche ich in Tränen aus. Jetzt hab' ich den schlimmsten Richter, den es gibt. Mein Anwalt sagt auch, das ist ein harter Brocken. Ich hab' drei Richter, aber Herr W. ist der Vorsitzende. Ich hab' ja ein bisschen lange Haare und in drei Monaten sind die noch ein bisschen länger und da hat mein Spannmann gesagt, ich soll mir die Haare schneiden lassen. Es macht einen schlechten Eindruck, wenn du mit langen Haaren da hingehst.

Tamer: Es kommt auf den ersten optischen Eindruck an. Eine Frisur sagt schon etwas aus, lange Haare sieht man hauptsächlich in der Zuhälterei. Zum Beispiel wenn man einen Türken im Auto sitzen sieht mit langen Haaren, denkt man nicht, dass der in einer Dönerbude arbeitet, sondern an einen Zuhälter. Erst recht, wenn die Haare hinten zum Zopf gebunden sind. Von zehn Langhaarigen ist vielleicht einer kein Zuhälter. Das ist ja anormal, dass ein Mann lange Haare hat, das ist ja nichts Normales.

Da müsste die Polizei ja nur durch Köln geh'n und alle Langhaarigen beobachten.

Tamer: Das ist auch so, lange Haare und ein dickes Auto, das ist ein Zuhälter.

Wie war dein Prozess für dich?

Andreas: War ziemlich krass. Ich kam da rein und durfte mich nicht mal neben meinen Anwalt setzen, ich musste hinter dem sitzen, voll der Schwachsinn. Im Zuschauerraum waren meine Familie und meine Freundin, die hat geheult, das hat mich die ganze Zeit voll abgefuckt. Auf meinem Transportschein steht gewalttätig und darf nicht allein auf eine Zelle, weil ich die grüne Karte hatte. Dann sagte der Staatsanwalt vor Gericht, ich sei ja schon wegen Gewalttätigkeit aufgefallen, aber ich bin noch nie gewalttätig aufgefallen. Ein Zeuge, ein Polizist, hat auch viel Müll gelabert, darüber hab' ich mich auch aufgeregt. Der Staatsanwalt hatte mich voll auf dem Kieker und hat ein Jahr und zehn Monate gefordert und der Richter hat die dann auch gegeben. Aber die Jugendgerichtshilfe und alle anderen meinten, ich könnte noch einmal Bewährung bekommen. Ich bin jetzt in Berufung gegangen.

Hat dich dein Anwalt gut verteidigt?

Andreas: Wie man's nimmt. Ich fand den unvorbereitet, eigentlich wollte der mich auch noch einen Tag vorher besuchen, aber er ist nicht gekommen. Der kam da rein, ohne irgendetwas zu wissen, der hat nur ein bisschen was geredet, was nötig war.

Ismail: Ich hab' vor dem Richter ein Geständnis abgelegt und darum gebeten, dass ich wenigstens mit meinem Vater und meiner Mutter in den großen Besucherraum kann, aber er hat nichts gemacht. Der Richter ist sehr schlimm, der hat meine Füße angekettet bei der Vernehmung. Als der was über meine Familie sagte, bin ich ausgeflippt. Da hab' ich gesagt, was verstehst du denn von Familienproblemen? Du hast keine Ahnung.

Hast du tatsächlich den Richter geduzt?

Ismail: Ja, ich hab' mich da nicht mehr kontrolliert. Ich war kurz davor, auf den draufzuspringen, nur mein Anwalt hat mich zurückgehalten. Da kamen sofort die zwei Klötze und da haben sie unter der Bank meine Füße drangemacht. Und als ich mich wieder beruhigt hatte, hab' ich gesagt, Herr W., es tut mir leid, dass ich wütend geworden bin. Das hat er angenommen.

Es ist richtig, dass ich hier sitze

Wie ging die Verhandlung dann weiter?

Ismail: Ich hab' gesagt, Herr Richter, ich hab' das fünf Tage gemacht und ich bereue das so. Ich hab' einen Fehler gemacht, dazu stehe ich. Ich bin auch dafür, dass ich meine Strafe kriege und will die absitzen. Der Richter hat zu mir gesagt, Sie haben das aus Liebe getan, aber wir wissen, dass der D. die Frau angestiftet hat und du nur ein Mitläufer bist. Ich hab' gesagt, ich war dabei, ich bin überall mitgegangen und das war ein Fehler von mir. Ich hab' einfach die Wahrheit gesagt, ich wollte diese Last loswerden. Mein Vater hat gesagt, sag' die Wahrheit, egal, was kommt.

Hast du mit deiner Aussage andere belastet?

Ismail: Ich hab' gesagt, der E. war nur ein paarmal mit im Auto, aber er hat mit der Sache nichts zu tun, genau wie bei den anderen. Ich hab' bei allen gesagt, die haben damit nichts zu tun, nur dieser D.

Carlos, was meinst du, wird dir im Prozess passieren?

Carlos: Nichts Schlimmes. Ich hab' Angst, weil ich nicht weiß, wie meine Mutter reagieren wird, davor hab' ich Angst. Meine Mutter ist Diabetikerin, da hab' ich Angst, dass ihr Blutdruck hochgeht und sie vielleicht einen Herzinfarkt kriegt.

Kannst du sie nicht bitten, draußen zu warten, bis alles vorbei ist?

Carlos: Sie ist auch als Zeugin geladen. Ich würde es lieber vermeiden, dass meine Mutter kommt. Aber ich weiß nicht, wie der Richter reagieren wird, wenn meine Mutter nicht dabei ist. Dann werden sie bestimmt denken, die Mutter hat kein Interesse an ihrem Kind.

Wenn sie als Zeugin geladen ist, dann muss sie auch kommen.

Carlos: Davor hab' ich am meisten Angst. Aber auch, was mit mir passiert, ich hab' schon Angst um meine Zukunft, dass sie mir zum Beispiel eine hohe Strafe geben.

Es ist richtig, dass ich hier sitze. Manchmal denk' ich, du hast es verbockt, du hast es vergeigt. Ich hab' auch Angst, als Enttäuschung dazustehen, wenn ich abgeschoben werde, weil meine Mutter so vieles getan hat, um mich hier rüberzuholen. Das macht mir den Kopf kaputt, dass der Staatsanwalt mich so darstellt, als ob ich ein Mörder wäre. Der macht einem das Leben zur Hölle. Der ist für mich ein Typ, der dich so behandelt, als ob du der letzte Mist wärst. Bei der Polizei kam der rein, schon da hat der keinen guten Eindruck auf mich gemacht, sein Gesichtsausdruck war nicht aggressiv, aber so starr, er hat mich angeguckt, als ob er mir gleich eine geben will oder als ob er mich vom Stuhl runtertreten will, also ein heftiger Typ.

Carlos ist mitten im Prozess. Wie war er bisher für dich?

Carlos: Schrecklich, so was hab' ich noch nie erlebt. Am ersten Tag wollte ich mich voll übergeben, das war voll heftig, viele Leute waren drin gewesen.

Wie bist du da hingekommen?

Carlos: In einem großen Transporter. Zuerst hab' ich meine Aussage gemacht, das hat lange gedauert. Dann war der Geschädigte dran, ein sehr sehr netter Typ, voll sympathisch. Er hat gesagt, hätte ich den Carlos doch nur unter anderen Umständen kennengelernt. Ich hab' mich bei ihm entschuldigt, er hat die Entschuldigung angenommen und da hab' ich mich ein bisschen entlastet gefühlt. Ich weiß ja nicht, was an diesem Abend passiert ist, deswegen will ich das selbst rausfinden.

Ist deine Mutter die ganze Zeit im Prozess?

Carlos: Ja, meine Mutter, mein Stiefvater und Freunde von mir waren auch da. Im Prozess sind es drei Richter und zwei Schöffen. Die Richterin ist nett, aber der Staatsanwalt ist heftig, sein Blick ist echt heftig. Also wenn der mich mit Blicken schlagen könnte, wäre ich auf den Boden gefallen. Ich weiß nicht, wie ich das beschreiben soll, aber das ist halt seine Arbeit, der kann auch nichts dafür. Aber das hat mich schon sehr mitgenommen. Heute waren viele Zeugen da. Was mich ein bisschen gewundert hat, warum dieser Junge nicht ausgesagt hat, der war mit seinem Anwalt da. Ich geh' davon aus, dass von ihm das Messer kam. Aber ich kann nicht sagen, der war das, trotzdem ist es schon ein bisschen verdächtig, wenn jemand nicht aussagt, wenn er nichts zu verbergen hat.

Abdullah: Ihm wird vorgeworfen, dass er ihm das Messer gegeben hat. Einer unserer Mitgefangenen hat solche Gerüchte gehört.

Carlos: Ein paar Zeugen sagen auch, dass der das war.

Selim: Wieviel Zeugen waren da?

Carlos: Zwanzig. Heute wurde auch gesagt, dass ich mit einem - nicht mit dem Geschädigten - angeblich Streit hatte. Zeugen sagen, dass der, der mich geschlagen hat, dass der mir einen Faustschlag auf den Kopf gegeben hat und der, der gestochen worden ist, irgendwie schlichten wollte. Aber der eine, der zwei Meter groß ist, der ist der wichtigste Zeuge, der ist nicht gekommen.

Der wird vorgeladen und wenn der nicht kommt, holt die Polizei den ab, wenn er wichtig ist.

Carlos: Auch ein anderer Zeuge ist nicht gekommen.

Ich wünsche dir nur, dass deine Anwältin gut ist.

Carlos: Ich hab' einen guten Eindruck.

Habt ihr was von Carlos' Entlassung gehört?

Abdullah: Er wurde spät entlassen, so um 17 Uhr.

Kam er vom Prozess?

Abdullah: Nein, es kam ein Anruf, dass er entlassen wurde und dann mussten wir seine Sachen packen. Am nächsten Tag hat er dann vorne seine Sachen abholen müssen.

Das heißt, er durfte nicht noch mal reinkommen und auf Wiedersehen sagen?

Abdullah: Nein.

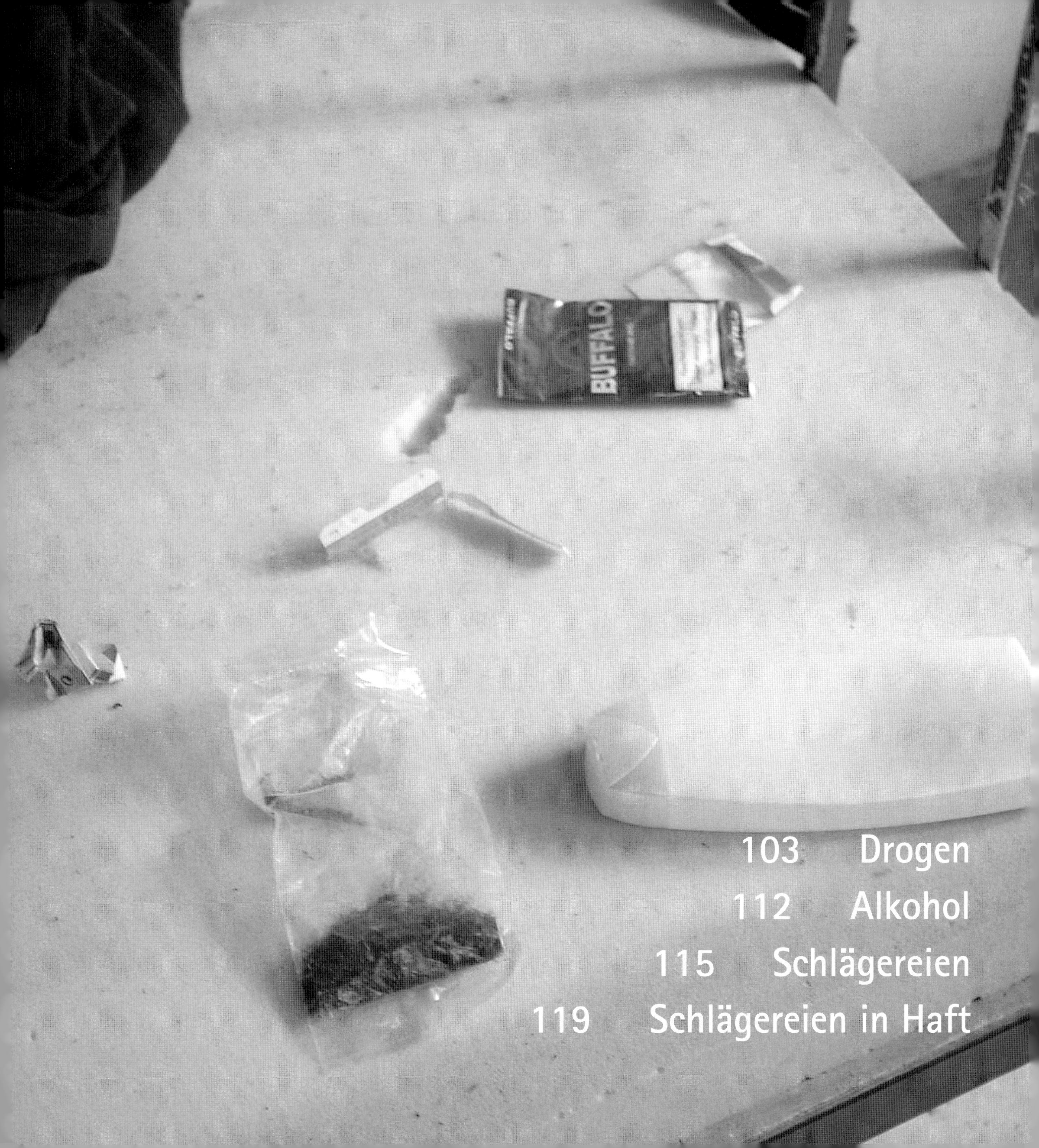
BUFFALO

Sedinam: Wenn man Drogen genommen hat, dann gibt's keine Grenzen mehr und dann kommt der Alkohol noch dazu.

Horst: Wenn man dann hier drin ist und darüber nachdenkt, erkennt man sich gar nicht wieder. Man fragt sich den ganzen Tag wieso, weshalb, warum?

Wer von euch hat Drogen genommen?

Sedinam: Ich. Als wir unsere Einbrüche gemacht haben, da waren wir immer voll auf Kokain. Da hat man dann fast gar keine Angst mehr.

Horst: Man macht Sachen, die man sonst nicht machen würde.

Thomas: Ich hab' seit dem achten Lebensjahr Marihuana genommen und mit zehn Jahren hab' ich angefangen mit Speed, Koka, mit 15 hab' ich Shore geraucht.

Horst: Die fangen immer früher an, hier sind auch welche mit 14 Jahren im Knast.

Als du Drogen gedealt hast, hast du da auch selbst welche genommen?

Christian: Naja, ich hab' viele verschiedene Drogen verkauft, aber diese Drogen hab' ich nicht angepackt. Ein guter Dealer packt sein eigenes Zeug nicht an. Ich hab' nur gekifft, dann aber auch immer anderes Zeug, als das, was ich verkauft habe. Und ich hab' mir ab und zu mal ein bisschen Koks gezogen, dann aber auch nur richtig gutes Zeug, und das, was nicht so richtig rein war, das hab' ich abgegeben. Mit Drogen wollt ich auch nicht so viel am Hut haben. Ich hab' gekifft, damit ich ruhig bin und mich ein bisschen erholen kann, ein bisschen runterkomme.

Bilal: Ich hab' auch gedealt mit Drogen. Deswegen auch dieser Einbruch, ich brauchte Geld, um wieder Drogen zu kaufen und zu dealen.

Christian: Dann kommt noch dazu, wenn du einmal Geld gemacht hast, bist du mit deinem kleinen Kopf nie zufrieden, du willst immer mehr Geld.

Bilal: Ich hab' überhaupt nichts genommen, weder geraucht noch getrunken oder gekifft. Ich hab' sehr viel Wert auf gutes Essen gelegt und bin auch ins Fitnessstudio gegangen.

Sedinam: In der Clique lernt man die Drogen kennen.

Christian: Es gibt ja immer größere Jungs, von denen man denkt, das sind richtig böse Jungs. Man hört viele Sachen von denen, man wird ein bisschen älter

Man macht Sachen, die man sonst nicht machen würde

und dann weiß man, ja, so ungefähr will ich auch mal sein. Dann wird man auch schlimm und baut in der Schule Scheiße, verprügelt noch zwei, drei Mitschüler, macht in der Schule alles kaputt und so hat man dann auch einen gewissen Ruf. Ich musste gar nicht irgendwelche Leute suchen, damit ich mit dem Scheiß anfangen kann, die Leute sind auf mich zugekommen. Der eine hat mir ein bisschen was zum Rauchen gegeben und gesagt, verkauf' zehn Gramm, dann kriegst du fünf Gramm geschenkt. Da war ich 14 und hab' damit angefangen. Dann bin ich von Bremen hier runtergezogen und hab' aufgehört. Danach hab' ich hier unten wieder einen kennengelernt, der ist auf mich zugekommen und meinte, hör' mal, wir können das Zeug verkaufen. Und dann hab' ich innerhalb von einem Jahr mein Kapital von fünfhundert Euro auf zwanzigtausend Euro hochgearbeitet.

Dass man damit soviel Geld machen kann, kommt von unseren BtM-Gesetzen. In Holland ist derselbe Vorgang legal, daher diese Coffeeshops. Deshalb könnte ein Angeklagter hier sagen, ich finde die Drogenpolitik hier falsch, ich hab' keinem geschadet.

Christian: Ich finde die Drogenpolitik hier eigentlich richtig. Man muss es auch mal so sehen, wenn ich einem 14-Jährigen etwas zu rauchen verkaufe und das immer wieder, dann hat der irgendwann kein Geld mehr, klaut bei seinen Eltern und dann fängt der mit Einbrüchen an. Und weswegen? Nur weil ich dem was zu rauchen gegeben habe. Hätte der nicht angefangen zu kiffen, hätte der keine Einbrüche gemacht.

Aber wenn die Drogen freigegeben werden wie in Holland, dann hätte es dich gar nicht gegeben, den kleinen Straßendealer.

Christian: Doch, dann würden ja Steuern drauf genommen werden und damit wäre es gleich wieder teurer als auf der Straße. Ich hab' mir meine Sachen in Holland nur bei Straßendealern geholt. Ich geh' doch nicht in den Coffeeshop, da kriegt man ja nur maximal fünf Gramm. In Holland ist die Kriminalität viel schlimmer als hier. Da fahren die kleinen Kinder mit dem Roller rum und suchen Kunden für ihre großen Brüder.

Horst: Als älterer Mann werden Sie dort laufend angesprochen: Heroin, Kokain, Shore, Peace, Gras?

Sedinam: Wenn man da ankommt, fragen die dich direkt, ob du Drogen kaufen willst.

Horst: Ja, wenn die ein deutsches Kennzeichen sehen, dann stehen die schon an der Ampel und fragen, brauchst du Gras, brauchst du Kokain?

Wie kommen die ganzen Drogen nach Deutschland?

Bilal: Es gibt Leute, die geben dir drei Kilo Gras, notieren sich dein Kennzeichen und rufen dann die Bullen. Die kriegen dann ihre drei Kilo wieder und können das Geld behalten.

Horst: Ich hab' jetzt in der Zeitung gelesen, dass die holländische Polizei die deutsche Polizei in Aachen bezahlt, damit die an der Grenze mehr kontrollieren.

Christian: Deutschland, Holland und Belgien haben ein Dreiländerabkommen seit April 2005. Da dürfen die Holländer und Belgier jetzt in Deutschland verhaften und die Deutschen in Holland und Belgien.

Sediman: Ja, die dürfen 25 Kilometer über die Grenze reinfahren.

Christian: Und an der Grenze steh'n die Hundertschaften der Polizei und kontrollieren.

Thomas: Opas, Omas.

Ja, inzwischen fallen auch schon Rentner auf, die zu wenig Rente haben.

Thomas: Ja, die Oma sitzt im Zug über die Grenze neben dir und die Polizei guckt die nur kurz an und mich nehmen die auseinander. Aber die Oma hat hundert Gramm und ich nur fünf, das ist krass.

Horst: Manche nehmen auch ihre Kinder zum Schmuggeln oder schlucken den Scheiß.

Thomas: Oder sie stecken das in ihre Haare oder bei den eigenen Babys zwischen die Windeln.

Der ehemalige Anstaltsleiter von hier, Jörn Foegen, hat bei einer öffentlichen Veranstaltung gesagt, wenn es eine andere Drogenpolitik gäbe, dann könnte man ein Drittel aller Zellen dichtmachen.

Christian: Die Leute, die in Afghanistan das Heroin anbauen, das sind nur die kleinen Bauern, und über mehreren kleinen Bauern ist ein großer und dieser große hat seinen Abnehmer. Und da muss man sich doch fragen, wie kommen die ganzen Drogen nach Deutschland, die werden auch geschmuggelt, aber ich will nicht wissen, wer von ganz oben Bescheid weiß, wer geschmiert wird und seine Unterschrift gibt, dass das Schiff ohne Kontrolle durchgelassen wird. Das sind ja Tonnen, mit denen Deutschland jährlich versorgt wird.

Horst: Das ist wie mit den Zigaretten. Die Kleinen werden an der Grenze angehalten wegen fünf Stangen Zigaretten und gleichzeitig fahren die Trucks durch mit einem ganzen Container voll.

Bilal: Ja, da wurden neulich Zigaretten im Wert von 33 Millionen Euro entdeckt.

Christian: Die russische Mafia, die macht allein an Heroin 350 Milliarden Euro im Jahr, jeden Tag eine Milliarde.

Bilal: Einmal ist ein Schiff erwischt worden mit 270 Tonnen Kokain.

Du hast mit neun Jahren angefangen zu kiffen?

Thomas: Mit acht. (Alle lachen.)

Miguel: Erst gekifft und dann geraucht?

Thomas: Erst geraucht, dann gekifft.

War es dein älterer Bruder, der dir das gegeben hat?

Ich kann zu allem Nein sagen außer zu Marihuana

Thomas: Ja, Bruder und Freunde. Ich bin ja in einem anderen Viertel aufgewachsen, bei uns gab es richtige Schläger, da wurden Leute vom Balkon geschmissen, da wurden Leute abgestochen.

Miguel: Na, so was gab's bei uns auch, aber mit acht Jahren anfangen zu kiffen.

Jeder von euch wird doch sagen, ich gebe einem Achtjährigen niemals Haschisch, oder?

Baschar: Einem 14-Jährigen würde ich das nicht geben.

Thomas: Wenn ein 14-Jähriger von mir Haschisch will, kriegt er eine Schelle.

Was ist Drogentherapie für dich?

Thomas: In der Drogentherapie bringen die dir bei, dass du keine Drogen mehr anpackst, wenn du rauskommst. Wenn

ducal
200g
CIGARETTE
TOBACCO

dir einer Drogen anbietet, dass du die ablehnen kannst.

Kannst du das?

Thomas: Nein. Deshalb geh' ich ja in Drogentherapie.

Du bist der Meinung, dass du Neinsagen lernen musst beim Umgang mit Drogen? Das kannst du jetzt nicht?

Thomas: Kommt drauf an, was für Drogen. Ich kann zu allem Nein sagen außer zu Marihuana.

Vielleicht kommt ja auch die Zeit, wo das legal ist wie in Holland.

Thomas: Was meinst du, wie viel Geld ein Coffeeshop am Tag verdient?

Miguel: Das ist wie eine Bank.

Thomas: Das ist geiler als eine Bank.

Vielleicht wäre das die Lösung, statt Arrest und Sozialstunden wird Arbeit in einem Coffeeshop verpasst. (Alle lachen.)

Thomas: Die Leute, die dort arbeiten, rauchen ganz selten mal einen Joint. Manchmal rauchen die eine Woche gar nicht und manchmal sitzen die hinter der Theke und stopfen sich acht Gramm rein.

Es ist immer sinnvoll, wenn man eine Pause macht.

Thomas: Dann knallt das auch wieder.

Miguel: Morgens, wenn du die Augen aufmachst, drehst du dir schon einen Joint.

Thomas: Ich hab' abends vor dem Einschlafen noch ein Köpfchen geraucht, weil ich sonst nicht schlafen konnte, und morgens, wenn ich die Augen aufmache, sofort wieder ein Köpfchen. Das erste Köpfchen ist wie ein Heroinschuss.

Was kostet das pro Tag?

Thomas: Für mich waren das pro Tag fünfzig Euro.

Du hast dann im Monat 1500 Euro nur für das Rauchen gebraucht, da hast du noch gar nicht gegessen? (Alle lachen.)

Miguel: Es gibt Leute, die ernähren sich davon, die nennt man Fresskeks.

Carlos, wie hast du das Heroin genommen?

Carlos: Gespritzt.

Baschar: Ich hab' von all diesen Dingen nichts genommen, ich hab' nur Gras geraucht.

Wenn man Heroin nimmt, kann man leicht die Kontrolle über das eigene Leben verlieren.

Miguel: Das ist schon die Zerstörungsphase. Heroin ist echt das Dreckigste.

Bei Haschisch habt ihr gesagt, da wird man eher ruhig und gemütlich. Ist das bei Heroin auch so?

Christian: Normalerweise wird man da auch ruhig, da liegt man in der Ecke und hat einfach keinen Bock mehr.

Ich hab' gehört, dass die Gewalttätigkeiten in Amerika durch Crack unter Jugendlichen so groß wurden, dass die sich gegenseitig mit Maschinenpistolen beschossen haben.

Christian: In Amerika ist sowieso alles viel unreiner als hier. Wenn man dort einmal Crack oder Shit raucht, ist man sofort abhängig, dann ist es vorbei, sofortige Abhängigkeit. Da werden Suchtmacher reingetan.

Ich glaub' nicht, dass es eine Droge gibt, die sofort süchtig macht.

Christian: Doch, es kommt drauf an, was für Suchtstoffe drin sind. Zum Beispiel Marlboro, da sind auch Suchtstoffe drin.

Ja, das stimmt.

Heroin ist echt das Dreckigste

Christian: Es gibt so viele chemische Zusätze, die machen deinen Körper und deinen Kopf kaputt.

Ihr habt alle regelmäßig Drogen genommen?

Christian: Die größten Drogen sind die Zigaretten, ohne Zigaretten würden die wenigsten anfangen zu kiffen. Die wenigsten Leute kommen auf die Idee zu kiffen, wenn sie noch keine Zigarette geraucht haben.

Ich finde, die größte Droge ist das schnelle Geld.

Sedinam: Das Geld ist eine Verlockung.

Christian: Als ich zwanzigtausend auf der Hand hatte, wollte ich vierzigtausend auf der Hand haben und wenn ich die hatte, wollte ich achtzigtausend haben.

Miguel: Geld macht süchtig.

Christian: Ich hatte so viel Geld, ich konnte mir alle zwei Wochen ein neues Auto kaufen, ich hab' tagelang im Hyatt-Hotel genächtigt, im Hilton war ich auch schon. Ohne einmal Drogen genommen zu haben, kommt man nicht auf die Idee zu dealen.

Miguel: Jeder Kiffer wird straffällig, er kommt dann automatisch in die Drogenkreise und das sind nicht gerade die besten Kreise.

Aber wenn die Drogen legal wären, dann wäre es doch anders.

Christian: In Holland kiffen nur sieben Prozent der Bevölkerung. In Deutschland ist der Reiz, weil es verboten ist. Es ist verboten, also mach' ich es. Warum saufen die Jugendlichen schon so früh? Weil es verboten ist.

Alkohol ist genauso schlimm wie Heroin

Horst: In Holland darfst du auf der Straße nicht kiffen.

Thomas: Im Coffeeshop darfst du kaufen, aber du darfst auf der Straße keine Drogen in der Tasche haben. In deinen eigenen vier Wänden darfst du dann wieder Gras rauchen.

Christian: Es ist keine richtige Legalisierung, es ist nur geduldet. In der Schweiz ist es legal, da darf man rauchen und kaufen.

Es müssten keine Menschen mehr durch verunreinigtes Heroin sterben, wenn sie das einwandfrei untersucht ausgehändigt bekämen.

Christian: Die sterben, weil sie nicht wissen, wie groß der Reinheitsgehalt ist.

Miguel: Heroin ist der letzte Dreck, das muss verboten bleiben.

Christian: Alkohol ist genauso schlimm wie Heroin. Die meisten Todesopfer gibt es durch die Droge Alkohol, über vierzigtausend Todesopfer im Jahr in Deutschland.

In Köln wird seit über zwei Jahren an über hundert Junkies Heroin abgegeben.

Sedinam: Das ist das Methadonprojekt.

Nein, die kriegen richtiges Heroin. Das sind Junkies, die jahrelang gedrückt haben und die schon mehrere Therapieversuche hinter sich haben. Die stabilisieren sich durch dieses Modellprojekt, die können wieder arbeiten gehen und für sich selbst sorgen.

Thomas: Die setzen sich einen Schuss, setzen sich in die Ecke und chillen ab.

Miguel: Es ist eine Scheißdroge.

Gibt es auch Tote durch Ecstasy?

Christian: Ja, das wird aber vollkommen unterm Tisch gehalten. Wir haben draußen immer den Polizeifunk abgehört. Bei uns in der Siedlung wurden viele abgestochen, tagtäglich, da stand nicht ein einziger Fall davon in der Zeitung.

Wie abgestochen?

Christian: Ja, erstochen. Da wurden irgendwelche Geschäfte gemacht, dann gab's Streit und dann wurden die abgestochen. Wenn der deutsche Staat diese Probleme öffentlich machen würde, da würde meine Mutter ...

Sedinam: Panik.

Christian: Mein Vater, der würde das erst mal mitkriegen, oh, was ist denn hier in Deutschland los, so viele Drogen, ich kann meine Jungen nicht mehr in die Schule schicken. Wenn die einen ganzen Ring zerschlagen, dann machen die riesig groß Propaganda, oh, wir haben einen Drogenring hochgenommen, ausführlich wird berichtet. Aber bei einzelnen Personen, wenn die mit richtig viel erwischt werden, dann wird das meistens unter den Tepich gekehrt.

Thomas, du hast unglaublich viele Schlägereien gehabt und du hast auch oft nur Schläge ausgeteilt. Wann fing das an?

Thomas: Zwischen 12 und 14 war ich ein Schläger. Egal, wer vor dir steht und guckt dich doof an, da trittst du direkt drauf. Ich war ja meistens mit 16- und 17-Jährigen unterwegs. Danach hab' ich intensiv angefangen zu kiffen, da hab' ich mich gar nicht mehr geschlagen, und jetzt, wo ich hier drin bin, schlag' ich mich auch nicht. Aber manche Leute hier müssen anfangen zu beleidigen, die sitzen in der Zelle und sind richtig am Schreien und so Faxen, da wirst du aggressiv. Du hast hier keine Drogen und dann steht so einer vor dir am Fenster und schreit, ich scheiße und pisse auf das Grab deiner Mutter. Dann nimmst du die Zelle auseinander.

Könnt ihr das bestätigen, dass diejenigen, die regelmäßig kiffen, friedlich sind?

Miguel: Wenn die was zu rauchen haben, dann sind die friedlich, aber wenn kein Stoff mehr da ist, dann drehen manche durch, dann werden die aggressiv.

Sedinam: Aber nicht so aggressiv wie bei anderen Drogen.

Miguel: Wenn dann noch was Kriminelles dazukommt, dann werden die meisten sehr aggressiv.

Aber wenn man draußen rauchen möchte, findet man doch immer etwas, oder?

Thomas: Ich weiß, wo ich das kaufen kann, aber du musst Geld haben, um das Zeug zu kaufen. Ich musste dafür viele Einbrüche machen.

Christian: Ich kann nur sagen, als ich noch richtig dick im Geschäft war, die Kiffer sind immer die Friedlichsten gewesen. Wenn ich Grasgeschäfte gemacht habe, brauchte ich nichts mitzunehmen. Wenn ich aber mit Ecstasy losgezogen bin, musste ich eine Knarre dabeihaben, da werden Leute erschossen. Wenn du mit fünf Kilo Koks handeln willst, dann hast du schnell 'ne Knarre am Kopf, und wenn du das nicht freiwillig abgibst, dann hast du eine Kugel im Kopf.

Vor ein paar Jahren gab es die Angst, dass Crack nach Deutschland kommt und es dann soviel Gewalt gibt wie in den USA, aber dazu ist es nicht gekommen, oder?

Sedinam: Auf der Straße rauchen die alle ihre Crackpfeifchen.

Christian: Du musst ja mal sehen, was Crack ist, das ist kristallisiertes Koks.

Miguel: Nein, das ist eine Mischung mit was anderem.

Backpulver.

Christian: Da werden spezielle Säuren beigemischt.

Sedinam: Aminosäuren.

Thomas: Scheiße, Scheiße, Scheiße, ich hänge mich gleich weg.

Erzähl' mal, wie das für dich im holländischen Gefängnis war.

Baschar: Das war auf hochdeutsch gesagt abgekackt. Das war so wie PG, aber im PG darf man nur drei Tage bleiben, ich war da sechs Tage drin. Die haben mich morgens rausgeholt, so gegen neun Uhr, für eine halbe Stunde. Da hatte ich noch ein bisschen Tabak, aber die hatten mir das Feuer weggenommen. Wenn ich mir dann eine gedreht habe, dann haben die mir Feuer gebracht, aber danach nicht mehr. Sobald die eine zu Ende war, musste ich schnell wieder eine dreh'n, dann rauchst du so drei, vier Zigaretten hintereinander. Den ganzen Tag war ich nur in der Zelle. Die haben mir Brot mit Butter gegeben, aber ich bin allergisch gegen Butter, das hab' ich auch gleich gesagt. Aber jeden Morgen kam das Gleiche, sechs Tage lang hab' ich fast nichts gegessen.

Kannst du holländisch?

Baschar: Nein, die konnten etwas Deutsch, die konnten mich verstehen, aber nicht mit mir sprechen.

Christian: In Holland sind die meisten Plantagen illegal, aber es gibt auch legale Anbaugebiete. Das meiste Gras, das in Holland verkauft wird, kommt aus Deutschland, Belgien und Frankreich. Das wird hier angebaut und nach Holland geschafft und dann wieder nach Deutschland verkauft.

Dann bist du hier reingekommen und es war vorbei

Das kommt nicht mehr aus der Türkei oder dem Libanon?

Christian: Nein, das ist ja Scheißgras, die züchten das ja an der Sonne. Die Deutschen wollen gutes, genmanipuliertes, hochgezüchtetes Gras haben.

Das Drogenmilieu ist doch durchsetzt von Verrat.

Christian: Sonst wäre ich ja nicht hier.

Hast du das Gefühl gehabt beim Jointrauchen, dass du irgendwann die Kontrolle verloren hast, und dann nur noch am Kiffen warst?

Bruno: Ich hab' gedacht, ich würd' es brauchen, aber es ist nur seelisch, die Abhängigkeit ist nicht körperlich. Jetzt bin ich ein paar Monate hier und brauche das gar nicht, ich freu' mich, dass ich davon los bin. Jetzt weiß ich, dass ich das nicht mehr brauche, und jetzt hab' ich auch keinen Bock mehr drauf.

Wann hast du denn angefangen zu kiffen?

Bernd: Ziemlich früh, mit 13.

Warum hat dir das nicht mehr genügt?

Bernd: Das hat nicht mehr geknallt.

Baschar: Bei denen, die zu viele Joints rauchen, da knallt das nicht mehr. Die meisten nehmen sich statt Joints eine Pfeife oder holen sich eine Bong, und ziehen sich das auf diese Weise rein.

Und was kam dann als Nächstes?

Bernd: Ich hab' dann Heroin genommen, gespritzt. Ich hab' das schon öfter bei einem Kollegen gesehen. Ich war damals nicht so süchtig, ich hab' das nur einmal am Tag gemacht, von Februar bis Mai, bis ich eingefahren bin.

Baschar: Dann bist du hier reingekommen und es war vorbei.

Ist es nicht ein Glück für Leute, die sich Heroin spritzen, wenn sie verhaftet werden?

Baschar: Das ist gut, auch für die Obdachlosen. Die haben keine Familie, kein zuhause, sind immer auf der Straße. Da würd' ich lieber ein großes Ding drehen, damit ich zwei, drei Jahre hier im Knast bin. Und wenn ich rauskomme, kann ich mir wenigstens eine Wohnung vom Sozialamt leisten, hab' mein Arbeitslosengeld. Da würd' ich wieder von Neuem anfangen, statt auf der Straße zu schlafen, mit einem kleinen Becher vorne dran.

Diejenigen, die auf der Straße leben, sind oft Alkoholiker.

Baschar: Schon hart, Alkoholiker zu sein.

Ismail: Ich hatte noch nie was mit Alkohol oder Kiffen zu tun, gar nichts. Weißt du, was die Polizei zu mir sagt? Herr S., an Ihrer Stelle würde ich ab und zu mal kiffen.

Damit du ruhiger wirst, meinten die wohl.

Ismail: Trotzdem, eine blöde Bemerkung ist das. Die denken, dass viele Leute kiffen oder zu Drogen greifen, wenn die Probleme haben. Bei sehr vielen ist das auch so. Bei mir war das nicht der Fall. Ich hab' meine Wut an anderen ausgelassen, Drogen waren nichts für mich.

Wenn einer dir Heroin angeboten hat, dann hast du gesagt, nein, das will ich nicht? (Gelächter)

Baschar: Heroin ist schon eine krasse Nummer. Wer diese Droge nimmt, der braucht immer mehr. Da gibt's kein Rauchen mehr, dann kommt schon die Spritze dran, bis zu den Eiern hoch suchen die die Adern, Alter, zuerst versuchst du es an den Armen und die sind auch irgendwann weg, dann das Bein hoch, das ist auch irgendwann weg, zuletzt spritzt du dir noch in den Schwanz, Alter.

Hast du auch Drogen genommen?

Carlos: Ja, gekifft. Ich hab' auch Amphetamine genommen, die ich von Freunden in der Disco bekommen habe.

Meinst du damit Ecstasy?

Carlos: Ecstasy hab' ich auch einmal probiert, da hab' ich fast eine Überdosis genommen. Ich hab' das erste Teil geschmissen und nichts gespürt. Davor hatte ich mir schon die Nase mit Koks vollgezogen, nichts gespürt, danach Alkohol getrunken, immer noch nichts gespürt. Nach einer Stunde hab' ich das zweite Teil geschmissen, eine halbe Stunde ging rum und ich hab' wieder nichts gespürt. Ich sag' zu meinem Freund, gib mir noch eine, die wirkt nicht. Er hat mir noch eine gegeben, ich bin zur Toilette gegangen, hab' die geschmissen und ging zurück. Da war ich am Tanzen und nach einer viertel Stunde war ich voll am Schweben und danach war ich richtig weg. Da ging es mir total dreckig. Ich bin wieder auf die Toilette, ich wollte unbedingt kotzen, damit's mir besser wird, aber das ging nicht. Ich hab' mich in der Toilette an den vier Wänden festgehalten, es hat sich alles gedreht um mich.

Wie lange hat das gedauert?

Carlos: Also ich war am Samstag feiern, ich hab' die letzte so um zwölf Uhr geschmissen, am Sonntag um sieben oder acht Uhr abends bin ich runtergekommen.

Hattest du da Angstzustände?

Carlos: Ich war total weggetreten. Ich war zu Hause, saß im Bett, ich konnte nicht einschlafen, ich hab' die ganze Zeit die Wände angeguckt, ich kam nicht klar, ich hab' extra die Tür abgeschlossen. Meine Mutter dachte, ich wäre am Schlafen, aber ich war die ganze Zeit wach und konnte kein Auge zumachen. Ich musste die ganze Zeit Wasser trinken, ich hatte keinen Appetit.

Dann hast du gesagt, einmal und nie wieder.

Carlos: Ja, einmal und nie wieder, aber am nächsten Tag hab' ich trotzdem wieder Koks gezogen.

Wie hast du das bezahlt?

Carlos: Ich häng' mit älteren Leuten zusammen ab. Manche dealen damit und da krieg' ich das umsonst. Man lernt Leute kennen, die das haben, man sitzt halt da und hängt so rum.

Sind Junkies in der Regel so eingestellt, dass sie andere verführen wollen, auch Heroin zu nehmen?

Bernd: Manche schon.

Baschar: Das ist genau wie beim Rauchen. Wenn ich einen Joint rauchen würde und der nicht kiffen will, würde ich sagen, komm' ey, zieh' mal. Was ist los? Ich würd' den gleich verführen.

Warum?

Baschar: Einfach so, um zu gucken, wie der reagiert.

Carlos: Manche Leute denken, wenn ich dem was gebe, hol' ich mir einen Lachkick.

Baschar: Auch um zu gucken, wie der das verträgt.

Carlos: Was der macht, was hat das für

eine Wirkung? Da kommt immer Spaß auf. Aber das ist kein guter Freundeskreis.

Baschar: Die guten Freunde wissen hundertprozentig, der nimmt das noch mal. Die Leute kennen den und wenn er jetzt nein sagt, wenn die ihm was anbieten, dann sagen die, was ist los mit dem, was haben die mit dem im Knast gemacht? Komm', lass' uns wieder gute Laune haben, lass' uns feiern.

Carlos: Bei manchen Sachen muss man stark sein. Das ist das Gleiche wie beim Rauchen. Wenn man draußen jemand rauchen sieht, will man auch eine rauchen. Und schon fragt man, hast du mal für mich 'ne Drehung? Obwohl man sich schämt zu fragen. Aber die Sucht ist so heftig, es ist ein Grenzübertritt. Wenn wir zusammen abhängen und da kommt so ein Neuling und der weiß, dass wir Scheiß bauen, und der findet das cool, da wird der sich anstrengen und heftige Scheiße bauen, damit er zu uns gehört. Sonst wäre er ein Außenseiter, ein Idiot, wie manche Leute das nennen, ein Otto, ein Pisser, ein Spasti, so was.

Ich hab' Leute erlebt, die haben die eigene Familie beklaut

Baschar: Heroin ist kein Spaß, da musst du schon sehr verzweifelt sein, da bist du kurz davor, alles wegzugeben.

Carlos: Ich hab' Leute erlebt, die haben die eigene Familie beklaut. Ich hab' aus Neugier mit 14 angefangen Kokain zu ziehen. Es hat mich total weggehauen. Es war das erste Mal, dass ich pures Kokain hatte, ich rede jetzt von hundertprozentigem Kokain. Mit der Zeit hab' ich es noch mal gemacht, dann am Wochenende feiern, dann steigert sich das. Man merkt das nicht selbst. Da war ich in der Disco, da wurde mir Speed angeboten, das hält einen wach, man kann so richtig durchmachen. Man findet das cool. Dann hat sich das gesteigert, mitten in der Woche hab' ich dann das Zeug genommen, obwohl ich eigentlich am nächsten Tag arbeiten sollte. Da bin ich eben feiern gegangen und hab' was genommen. Das erste Mal war das nur eine Nase, dann

Bei manchen Sachen muss man stark sein

kam noch eine Nase dazu, bis ich bei der letzten Party zehn Nasen gezogen habe. Es stimmt nicht, wenn man sagt, ich nehme Drogen und kann sie kontrollieren.

Was kostet denn ein Gramm Haschisch in der JVA?

Selim: 28 Euro.

Haben Jugendliche so viel Geld, um sich das kaufen zu können?

Selim: Das machen die mit dem Einkauf.

Abdullah: Für sieben Pack Tabak bekommt man ein Gramm Haschsich.

Das ist ja richtig teuer.

Abdullah: Die meisten Leute tun das aber dafür, denen ist das egal, Hauptsache, sie haben was zu rauchen.

Bei den männlichen Jugendlichen gehen die Sozialarbeiter davon aus, dass jeder Zweite ein Drogenproblem hat. Mein Eindruck ist, dass diejenigen, die draußen Haschisch geraucht haben, hier drinnen nicht unter einem Drogenproblem leiden. Du hast doch draußen oft geraucht, hast du hier drin einen klaren Kopf?

Andreas: Ich denke doch.

Gibt es so ein Turkey-Gefühl, wenn man kein Haschisch mehr zu rauchen hat?

Bruno: Ich hab' zwar jeden Tag draußen gekifft, aber wenn man hier reinkommt, hat man deswegen keine großen Probleme. Die ersten drei Wochen konnte ich nur nicht richtig schlafen. Aber ich hatte keine harten Drogen genommen. Bei denen, die sich draußen Heroin gespritzt haben, ist das anders.

Tamer: Ich war mit einem auf der Zelle, der war draußen heroinabhängig. Alle paar Minuten hat der auf dem Bett mit dem Arm um sich geschlagen. Wenn mir warm war, war dem kalt.

Ich lese jetzt gerade auf der Tabakpackung: Kann zu langsamem schmerzhaftem Tod führen. Das darf ich hier reinbringen.

Für sieben Pack Tabak bekommt man ein Gramm Haschisch

Selim: Auch Alkohol ist ja viel schlimmer als Gras.

Tamer: Wenn man Gras raucht, ist kein Teer drin wie bei den Zigaretten.

In der Diskussion um die Freigabe der sogenannten weichen Drogen wird heute behauptet, dass Haschisch und Marihuana genauso süchtig machen wie Heroin, und deswegen sei es falsch, es zu legalisieren.

Ismail: Die können soundso nichts mehr dagegen machen. Gar nichts mehr. Das ist schon so weit verbreitet. Jeder Zweite ist am Kiffen.

Selim: Wer was will, kriegt das auch, egal ob legal oder illegal.

Werden bei euch hier regelmäßig Urinkontrollen durchgeführt?

Andreas: Wenn die Verdacht haben, ja.

Wie geht das vor sich?

Selim: Da kriegt man einen Becher, wo man reinpissen muss, und das muss man direkt abgeben.

Habt ihr schon mal erlebt, dass bei einem Mitgefangenen die Urinprobe positiv war?

Abdullah: Nicht die Urinkontrolle, bei der Zellenkontrolle haben die mal bei einem Gras gefunden.

Andreas: Genau, wollte ich auch gerade sagen. Da lag ein Italiener neben mir, der war auf jeden Fall abends immer am Rauchen. Wir riechen das und fragen den, ob er was abgibt, und er sagt dann, ich schwör' auf meine Mutter, ich rauche nichts.

Selim: Aber wenn er keinem was abgibt, dann verzinkt den bestimmt einer.

Andreas: Ich weiß nicht, ob den einer verzinkt hat, jedenfalls ein Beamter geht rein, das haben die Hausarbeiter gesehen, der Beamte kam raus mit einer Hand voll Gras. Ich glaube, Geld hat er auch noch gefunden.

Abdullah: Das hat er von seinem Vater beim Besuch bekommen.

Selim: Toller Vater.

Andreas: Aber der schwört noch, ich rauche nicht.

Hat der wirklich zugegeben, dass er das Zeug von seinem Vater hatte?

Abdullah: Nein, das glaub' ich nicht, so blöd ist der nicht.

Wie kommst du dann drauf?

Abdullah: Das hat er uns erzählt.

Wenn der positiv ist beim Urintest, was passiert ihm dann?

Andreas: Der kriegt C-Gruppe, der darf nicht mehr mit anderen zusammen raus in die Freistunde, der hat dann alles einzeln. Ich weiß nicht, ob die das rausbekommen haben, ob der das beim Besuch von seinem Vater bekommen hat. Aber wenn das so war, dann hat er auf jeden Fall Trennscheibe bekommen.

Selim: Das kommt auch in den Bericht für den Richter rein.

Wer C-Gruppe hat, der hat doch auch normalerweise Hofgang mit anderen, oder?

Abdullah: Es kommt drauf an, warum er C-Gruppe hat. Wenn er wegen Schlägerei C-Gruppe hat, dann hat er Einzelhofgang, bei anderen Sachen kann er mit den anderen in den Hof.

Wie oft kommt das vor bei euch im Haus, dass Urinproben gemacht werden?

Abdullah: Im letzten Monat war es häufiger, aber das sind Ausnahmen, sonst ist das eher selten. Die machen das nur, wenn die Verdacht haben.

Andreas: Wenn du dich auffällig verhältst.

Sind schon mal Jugendliche entdeckt worden, weil sie Alkohol hergestellt haben?

Abdullah: Das weiß ich nicht, nicht seitdem ich hier bin.

Selim: Alkohol ist schwer reinzubringen.

Ismail: Die machen das selber hier mit Apfelsaft.

Wurde hier schon mal etwas anderes als Gras gefunden?

Ismail: Nein, nur Gras. Aber bei den Erwachsenen gibt's alles. Im Fernsehen hab' ich mal einen Knast gesehen, da hatten die sogar einen Spritzenautomaten.

In Vechta?

Ismail: Ja, genau, da war ein Spritzenautomat im Frauenhaus.

Das ist ein Modellprojekt. Wenn man schon nicht verhindern kann, dass es Heroin im Knast gibt, dann sollen sich wenigstens Aids und Hepatitis nicht verbreiten.

Wann hast du zum ersten Mal Alkohol getrunken?

Baschar: Mit 14.

Wie war das?

Baschar: Wenn man Alkohol trinkt, wird man aggressiv, man baut nur Scheiße. Dann läßt man sich dadurch auch manchmal erwischen, weil du denkst dir, die Bullen kommen nicht so schnell.

Hast du den Alkohol zu Hause mit deinen Eltern getrunken?

Baschar: Nein, immer nur draußen. Meine Eltern wissen nicht, dass ich Alkohol trinke.

Aber wir haben immer weiter getrunken

Wie bist du an den Alkohol gekommen?

Baschar: Ältere Freundinnen und Freunde haben den gekauft. Ich bin auf Partys gegangen, weil ich mit ihren Ausweisen reinkommen konnte. Da waren wir am Trinken. Aber dann kamen diese Sachen mit den Schlägereien. Das Schlimmste war, dass die Polizei immer bei meinen Eltern angerufen hat, weil ich noch minderjährig war, und die mussten mich dann abholen. Die haben zum Glück nicht bemerkt, dass ich besoffen war. Von den sieben Prozessen, die ich hatte, waren vier-, fünfmal Gutachter da. Die hatten bei der Verhaftung Blut abgenommen, 2,8 Promille, und meinten, ich sei unzurechnungsfähig, das sei nicht normal. Die wollten mich in eine Alkoholtherapie schicken. Aber dann sagten sie, erst wenn noch mal so was passiert, erst dann schicken die mich in eine Therapie. Und dann hatte ich wieder eine Verhandlung, wieder war ich bei der Tat stark besoffen, da hab' ich dann Arrest bekommen.

Wie oft warst du betrunken in deinem Leben?

Baschar: Sehr oft, ich hab' immer getrunken, bis ich gekotzt habe, bis mir richtig schlecht wurde und ich nicht mehr richtig gehen konnte.

Du hast nie aufgehört?

Baschar: Wenn ich nicht mehr gehen konnte, hab' ich aufgehört, oder wenn es mir richtig schlecht war. Aber wir haben immer weiter getrunken. Man merkt das nicht, man trinkt und trinkt. Ich hab' nur Whisky getrunken.

Als du in Haft gekommen bist, hast du Entzugserscheinungen gehabt?

Baschar: Nein.

Christian: Ich hab' jedes Wochenende getrunken, manchmal auch jeden Tag. Ich hab' hier mit Dr. S. und mit Dr. K. geredet und die haben gesagt, wenn jemand nicht gerade heroinabhängig ist oder Kokain oder Amphetamine genommen hat, im Knast zeigen sich viele Entzugserscheinungen gar nicht. Hier drinnen ist das alles total anders als draußen. Also wenn ich draußen nichts gehabt hätte, wäre ich bestimmt Amok gelaufen, aber hier drin war mir das alles scheißegal.

Thomas: Hier drin kannst du nicht Amok laufen, du hast die Zellentür vor dir, vier Wände, Gitter. Du weißt, wenn du Amok läufst, hast du nichts davon. Dann bleibst du einfach ruhig im Bett liegen, guckst, dass du dir die Zeit vertreibst.

Thomas, wann hast du Alkohol getrunken?

Thomas: Mit elf Jahren, da hab' ich Korn gesoffen. Freunde haben mich nach Hause getragen, geschellt und mich vor die Haustür gelegt. Meine Eltern haben mich reingeholt und dann hab' ich erst mal Dresche gekriegt.

Baschar: Das ist ja klar.

Und du, Christian?

Christian: Ich war vielleicht zwei-, dreimal besoffen. Das liegt auch am Kokain, da kann man nicht richtig besoffen werden. Auf Kokain, da sind fünf Flaschen Jack Daniels kein Problem.

Da stirbst du ja.

Christian: Nein, das macht überhaupt nichts. Wenn man einen ganzen Abend über fünf Flaschen trinkt, also wenn ich von einem Abend rede, dann meine ich von abends acht bis morgens acht. Das ist ja für mich ein Abend.

Aber ein normaler Mensch stirbt dabei.

Christian: Ja, bei einem normalen Menschen liegt die toxische Grenze bei Kokain bei zwei Gramm. Ich hab' drei, vier Gramm am Tag gezogen und bin nicht deswegen tot. Im Internet hab' ich gelesen, die höchste Promillezahl, die ein Mensch an Alkohol im Blut hatte, war über elf Promille, obwohl die toxische Grenze bei drei, vier Promille liegt. Es gibt die Penner, die haben sechs, sieben Promille.

Wie war das bei dir mit dem ersten Alkohol?

Sedinam: Mit 15 Jahren. Aber der Alkohol war nie was für mich. Ich habe selten getrunken, nur auf Partys.

Gab es in deiner Familie Alkohol?

Sedinam: Nein.

Bei dir?

Baschar: Meine Eltern sind sehr religiös, die trinken keinen Alkohol.

Thomas: Mein Vater geht abends Bier trinken, jeden Abend so zwei, drei Flaschen. Er war von acht Jahren bis 18 Jahren Alkoholiker und jetzt trinkt er nur jedes Wochenende.

Hier drinnen ist das alles total anders als draußen

Da hat er es geschafft.

Thomas: Er saß auch 15 Jahre im Knast.

Wenn man dir jetzt eine Alkoholtherapie anbieten würde, was würdest du dazu sagen?

Baschar: Hier drinnen würde ich das machen, aber draußen, freiwillig, nein. Wenn ich jetzt rauskomme, hole ich mir auf jeden Fall zwei, drei Kölsch und trinke die unterwegs nach Bonn, das ist gut für den Kopf, und dann geh' ich erst mal nach Hause.

Aber dann hast du eine Fahne, da freuen sich deine Eltern.

Baschar: Nein, das merken die nicht. Als ich in Remscheid vier Wochen Jugendarrest hatte, bin ich von Remscheid aus nach Bonn gefahren. Hab' ich mir zwei Flaschen Bier geholt und die unterwegs getrunken. In Köln hab' ich bei meinem Bruder ein bisschen Gras geraucht und gegen Abend bin ich nach Hause gefahren. Es ist keine Sucht, aber es macht Spaß, man lacht wieder, vergisst diese vier Wochen Arrest. Aber auch ohne Alkohol könnte ich gut klarkommen.

Sediman: Nicht jeden Tag, am Wochenende ja. Jeden Tag, das ist nicht gut.

Baschar: Da wird man automatisch zu einem Alkoholiker, wenn du jeden Tag trinkst.

Wenn ich in ein ehemaliges Zuchthaus gehe, wo die Lebenslänglichen sitzen, dann sagen die alten Alkoholiker, die Junkies haben uns den Knast kaputtgemacht. Wir sind Alkoholiker, aber wir sind nicht verrückt wie die. Ihr habt Alkohol getrunken und gleichzeitig Drogen genommen.

Baschar: Gras ist doch keine Droge.

Christian: Ich finde, Alkohol ist die schlimmste Droge. Wenn einer gesoffen hat, schlägt er vielleicht seine Frau und seine Kinder. Ich meine, das würde ein Heroinjunkie auch machen, aber nicht ohne Grund, nur weil er jetzt mal drauf ist.

Sedinam: Heroin ist noch schlimmer.

Wie war das bei dir?

Gras ist doch keine Droge

Miguel: Als ich 13, 14 war, hab' ich mal ein bisschen getrunken, aber mir hat es nicht geschmeckt. Später auf Partys haben wir viel getrunken und das ist bis heute so geblieben.

Also warst du auch schon betrunken?

Miguel: Oh ja. Also jetzt bei der Tat war ich auch betrunken, das heißt nicht bei Sinnen, aber es wurde bei mir nicht anerkannt.

Wurde keine Blutprobe genommen?

Miguel: Doch, aber es hat nicht gereicht, ich hatte nur 1,8 Promille.

Hast du das Gefühl gehabt, du wirst aggressiver, wenn du Alkohol getrunken hast?

Miguel: Es kommt auf die Atmosphäre an, und mit welchen Leuten man zusammen ist und auch der Ort spielt 'ne Rolle.

Bruno: Ich hab' aufgehört zu rauchen.

Miguel: Okay, aber im Knast hör' ich nicht auf.

Wo ist es schwerer aufzuhören, drinnen oder draußen?

Miguel: Draußen ist es schwerer, aber wenn man wirklich aufhören will, geht es drinnen und draußen.

Thomas: Ich hab' mal zwei Wochen keinen Einkauf gehabt, deshalb hatte ich nichts zu rauchen. Da suchst du dann in der Zelle überall rum, ob du 'ne Kippe findest. Aber nach vier, fünf Tagen interessiert mich das gar nicht mehr, dann legst du dich aufs Bett und liest ein Buch. Sobald du aber wieder eine Rauchmöglichkeit hast, rauchst du wieder.

Bruno: Ich lag letztes Jahr vier Wochen im Krankenhaus, da hab' ich nicht geraucht. Dann kam ich raus und hab' mir eine Packung gekauft und die erste Zigarette wieder angemacht, die hat so ekelhaft geschmeckt, dass ich die Zigarette weggeschmissen hab' und die Packung verschenkt habe. Seitdem hab' ich nie wieder geraucht.

Was hat dich denn daran gereizt, einen Skater umzuhauen?

Thomas: Wir saßen am Skaterplatz und haben gekifft, getrunken, abgehangen

Ich hab' mal einem Skater die Hose hinten hochgezogen

und da kamen die, es wurden immer mehr, und dann haben die Älteren von uns die angepöbelt und sich mit denen geboxt und seitdem haben wir die, wenn welche kamen, direkt umgeklatscht. Manchmal hatten die ihre Getto-Blaster dabei gehabt, CDs von Tupac, das haben wir denen alles abgenommen.

Haben die euch angegriffen?

Thomas: Nein, die waren eigentlich immer ruhig. Wir saßen da mit vielen Leuten zwischen zwölf und 25 Jahren. Da haben die Größeren gesagt, komm', pöbel' den mal an. Da hab' ich mir so eine kleine Blechtonne über den Kopf gehalten, bin bis auf zwei Meter auf den Skater zugelaufen und hab' die Mülltonne nach dem geschmissen. Aber der kam hinter mir hergelaufen und klatscht mich voll weg. Da kamen alle - einige hatten CS-Gas dabei - und sind auf den drauf. Der Skater hatte danach ein gebrochenes Nasenbein.

Ich dachte, vom Kiffen wird man friedlich. (Alle lachen.)

Bruno: Wenn man anfängt zu kiffen auf jeden Fall.

Miguel: Manche Leute vertragen den Stoff nicht.

Thomas: Der Skater hat uns wegen dem CS-Gas sein Sprudelwasser gegeben, damit wir uns das Gesicht abwaschen können, das hat voll gebrannt.

Miguel: Ihr habt den Skater geschlagen und der hat euch sein Sprudelwasser gegeben. Warum seid ihr denn so krass drauf? Irgendwann reicht es mal, Alter.

Hast du auch schon so was gemacht?

Miguel: Nein, das ist nicht meine Art, so ein paar Leuten auf die Schnauze zu hauen, außer wenn die was gesagt oder mich angemacht haben.

Sedinam: Es muss doch ein Grund dafür da sein.

Also einen Wildfremden hast du noch nicht geschlagen?

Miguel: Doch.

Sedinam: Besoffen im Kopf.

Miguel: Also er muss schon irgendwie provozieren, ob es jetzt ein dumpfer Blick ist oder eine doofe Geste oder ein blöder Kommentar. Das ist schon ein Grund, aber einfach so, weil er ein Skater ist, weil die Hose hängt, da hau' ich dem doch nicht in die Fresse. Das Einzige, was ich mal gemacht hab', ich hab' mal einem Skater die Hose hinten hochgezogen.

Diese Hosen, wo der Schlitz so am Knie hängt.

Miguel: Genau, dem hab' ich mal die Hose von hinten hochgezogen.

Wißt ihr, woher diese Mode kommt?

Sedinam: Von Amerika bestimmt, denk' ich.

Ja, das waren die Gefängnishosen, die haben diese Gefängnisfilme gesehen.

Miguel: Die hatten keine Gürtel.

Ja, da hängen die Hosen so runter und dann haben die Jugendlichen draußen die Mode nachgemacht.

Miguel: Da wissen Sie mehr als wir.

Ab und zu mal. Ihr wisst ja auch in mancher Hinsicht mehr als ich. Wenn jemand sagt, ich mag keine Schlägereien, ich hab' noch nie eine Schlägerei gehabt, ich möchte auch keine haben. Was sagst du dazu?

Thomas: Das ist super.

Miguel: Aber ich kann mir nicht vorstellen, dass man nie angemacht wurde, auch wenn man den Schlägereien aus dem Weg geht. Überall gibt es Durchgeknallte.

Baschar: Man muss sich schon schlagen.

Ich halt' mich immer raus, wenn Schlägereien sind

Miguel: Ja, man muss sich verteidigen, auf jeden Fall. Es gibt Leute, die ruhig sind, und es gibt Leute, die irgendwas zurücksagen, und es gibt die Totalausflipper.

Aber es gibt auch Orte, sagen wir mal den Kölner Dom, dort gibt es relativ wenig Schlägereien.

Miguel: Drin, ja natürlich.

Dann gibt es Kneipen, wo die Leute saufen, die schlagen sich gegenseitig wegen Nichtigkeiten. Wenn du in so eine Kneipe gehst, da könnte es sein, dass es eine Schlägerei gibt.

Miguel: Ja, im Urlaub in Spanien hab' ich öfters erlebt, dass da die Deutschen sich so total zukippen, dann werden die übermütig und dann geht's halt los. Das ist schon Scheiße.

Daniel: Ich halt' mich immer raus, wenn Schlägereien sind.

Miguel: Aber stell' dir vor, dich greift einer an, wehrst du dich dann nicht? Das musst du lernen, du musst dich wehren.

Bruno: Das hab' ich auch versucht ihm beizubringen.

Hast auch du schon Prügeleien gehabt?

Baschar: Viele.

Kannst du mal an einem Beispiel schildern, wie so etwas anfängt?

Baschar: Da kommt einer, den du gar nicht kennst, und redet hart rum, das lässt du dir nicht gefallen.

Du fängst an, Leute zu beleidigen, und dann kommt es zur Schlägerei

Was heißt, er redet hart rum?

Baschar: Die meisten sagen Pisser.

Miguel: Oder Hurensohn.

Baschar: Oder sei ruhig, sonst hau' ich dir eine rein, so sind viele. Naja und dann fängt das an.

Passiert das in der Straßenbahn oder wo?

Baschar: Das kann überall passieren, wenn die das sagen, dann musst du dich schlagen, da kannst du nicht ruhig bleiben. So kommen die Schlägereien. Wenn drei kommen, gehst du weiter.

Bist du selbst schon vermöbelt worden?

Bruno: Ja, öfters, das waren dann aber immer Ältere, da kannst du nichts sagen, aber ich hab' trotzdem immer zurückgeschlagen, wenigstens einmal. Manche lassen sich Ohrfeigen geben und fangen dann an zu heulen.

Hast du schon mal andere angemacht, weil du Lust auf eine Schlägerei hattest?

Baschar: Ja, wenn du besoffen bist, dann kommt das von alleine, du fängst an, Leute zu beleidigen, und dann kommt es zur Schlägerei.

Bist du schon in der Schule in Schlägereien verwickelt gewesen?

Baschar: Ich war schon in der Schule voll schlimm, weil ich nur mit Älteren unterwegs war und voll nach Gras stank. Da hab' ich kleine Kinder abgezogen. (Alle lachen.)

Bruno: Das kommt mir bekannt vor.

Baschar: Die Schule war nichts für mich. Einmal hab' ich Schläge gekriegt und mehrmals hab' ich mich geschlagen, dabei hab' ich auch Schläge gekriegt, aber ich hab' auch richtig zurückgehauen.

Du denkst nur, mein Kopf hängt noch

Warum ist das so gekommen, dass du dich Älteren angeschlossen hast?

Baschar: Das waren ältere Mauretanier, die mit meinem Bruder zu tun hatten. Da war ich im Pausenhof mit denen zusammen. Die haben gesagt, geh' doch mal hin zu den Mädchen und sag' denen, die sollen zu uns kommen. Ich geh' zu den Mädchen, krieg' hier einen Kuss, krieg' da einen Kuss. Ich geh' zurück und sage, die hat mich geküsst, was soll ich machen? (Alle lachen.) Du kennst doch ältere Mädchen, ach du kleiner Süßer, das hab' ich voll ausgenutzt. Irgendwann bin ich zur Falschen gegangen, da kam ihr Freund und meinte, bist du doof und hat mir einen Ohrklatscher gegeben. Da konnte ich nichts machen, ich war ja noch klein, da bin ich heulen gegangen. (Alle lachen.)

Thomas, du hast eine ganze Reihe von Schlägereien gehabt.

Thomas: Ja viele. Die schlimmste Schlägerei war an meinem 15. Geburtstag. Da waren wir im Jugendtreff, da war eine Russendisco. Ich war mit meinem Bruder und Freunden vom Jugendtreff zusammen und dann gab's da Palaver. Mein Bruder hat eine russische Freundin gehabt und deren Bruder wollte das nicht und hat Stress gemacht. Ich und noch zwei Leute waren auf Koks. Mein Bruder ist mit dem Russen rausgegangen und die beiden haben sich geboxt. Der Russe hat verloren. Mein Bruder ist wieder reingekommen und als der Russe wieder reinkam, fing das Palaver richtig groß an. Mehrere Russen sind auf meinen Bruder draufgegangen und danach sind sie rausgeschmissen worden. Mein Bruder war am Boxen und ich stand daneben. Dann sind zwei Russen auf meinen Bruder drauf und der war richtig besoffen, der ist umgefallen, aufgestanden, umgefallen. Drei Mann haben den getreten, bis er sich nicht mehr bewegte. Da bin ich ausgerastet und hab' geschrien, ihr Scheiß-

Russen. Dann kam ein Typ, der war ein Meter neunzig, doppelt so breit wie ich, der kam auf mich zugelaufen, ich guck' den nur an, da hat der die Faust ausgestreckt im Laufen und hat mich umgehauen. (Alle lachen.) Ich hab' mir das Gesicht festgehalten, wegen dem Koks. Dann bin ich aufgestanden und wollte hinter dem her, den hauen, und bin auf den drauf gesprungen. Da kamen Russen en masse, die waren am Treten, in die Rippen, überall hin.

Baschar: Russen, das ist kein Spaß. Bei uns in der Gegend sind zwei russische Wohnheime. Sobald du mit einem Palaver hast, läuft der zu den anderen hin, die sind immer in der Überzahl, da kannst du nichts machen. Wir sind mit denen befreundet, wenn wir woanders Probleme haben, dann helfen die uns, aber sonst haben wir auch nichts mit denen zu tun.

Thomas: Ja, Russen sind brutal. Wir sind wieder reingegangen, und mein Bruder hat so einen Edelstahlbarhocker genommen und wollte damit rauslaufen. Ich lauf' genau hinter ihm, aber er hatte kein Gleichgewicht mehr, da fällt ihm der Edelstahlhocker von hinten runter und mir auf den Kopf. Ich bin direkt hingefallen und war k.o. Er ist wieder zurückgegangen und die Besitzerin hat die Tür abgeschlossen, damit die Russen nicht reinkommen konnten. Später hat mein Vater uns mit dem Auto ins Krankenhaus gefahren.

Warst du dann länger im Krankenhaus?

Thomas: Ich war drei Tage im Krankenhaus, mein Bruder über zwei Wochen.

Bernd: Herzlichen Glückwunsch zu so einem Geburtstag.

Hast du dich schon mal bei einem, den du geschlagen hast, hinterher entschuldigt?

Baschar: Das ging nicht. Ich kam von einer Party und war voll besoffen. Es war fünf oder sechs Uhr morgens und da war so ein Laden, da haben Leute gearbeitet. Ich bin da hingegangen, ich weiß auch nicht, was ich da wollte, ich wollte irgendwas klauen. Der Laden war von vorne zu und hinten war er offen, aber da waren die Arbeiter. Ich wusste nicht, wie viele Leute das waren. Ich war neugierig, was da so ist, und auf einmal schreit da einer, was machst du hier, willst du was klauen? Dann kamen zwei Männer raus, haben mich festgehalten. Die wollten die Polizei holen. Ich sagte, meine Katze ist weggelaufen, irgend so eine Scheiße hab' ich erzählt. Einer war vor mir, der hat mich in den Magen gehauen, der andere stand hinter mir. Einen hab' ich irgendwo hingetreten, der ist zur Seite gefallen. Dann stand nur noch der eine da, der hat mir eine gehauen. Da sind wir beide zusammen auf den Boden gefallen. Ich hatte den festgehalten, voll besoffen, da hab' ich dem voll ins Gesicht getreten, dass ich selbst eine Woche lang richtige Schmerzen im Fuß hatte. Ich bin auf einem Bein nach Hause gelaufen.

Der lag auf dem Boden, da hab' ich dem auf den Kopf getreten

Du hast dem ins Gesicht gekickt?

Baschar: Der lag auf dem Boden, da hab' ich dem auf den Kopf getreten, dass erst mal mein Bein so dick wurde, dass ich eine Woche lang nicht gehen konnte.

Hast du dem die Nase gebrochen?

Baschar: Ich hab' den am Kopf getroffen und versucht zu laufen. Auf einmal konnte ich mit dem Bein gar nicht mehr geh'n. Ich hab' es irgendwie geschafft, auf einem Bein zu laufen. Ich hatte auch Glück, dass der andere mir nicht hinterhergelaufen ist. Wäre er das, dann hätte ich eine dicke Anzeige wegen schwerer Körperverletzung gekriegt. Auf jeden Fall bin ich irgendwie nach Hause gelaufen. Ich hab' aufgemacht und bin die Treppe hoch. Die Eltern haben mich nicht gehört. Am nächsten Tag steh' ich auf, will in die Küche gehen, mir einen Kaffee machen, aber ich konnte nicht gehen. Da fragt meine Mutter, was hast du gemacht, was ist mit deinem Bein? Das ist beim Fußballspielen gestern passiert, hab' ich gesagt. Eine ganze Woche bin ich mit einem dicken Bein rumgelaufen. Zu diesem Laden bin ich erst nach vier Wochen wieder hin, da hab' ich den Mann gesehen, der hatte immer noch einen Verband um den Kopf. Seitdem hab' ich nie mehr jemanden auf den Kopf getreten.

Du redest von deinen Schmerzen, was soll dann erst der sagen, den du getreten hast?

Baschar: Da haben Sie recht.

Warum bist du da nicht einfach hin und hast gesagt, tut mit leid?

Baschar: Weil das Deutsche waren, die hätten hundertprozentig eine Anzeige gemacht.

Du hast viele Jahre Taekwondo trainiert. Hast du schon mal jemanden verletzt?

Dogan: Ja, durch Boxen und mit Gegenständen.

Baschar: Er meint Totschläger.

Mit so was bist du rumgelaufen?

Baschar: Früher sind wir ohne Schlagring gar nicht aus dem Haus gegangen.

Aber mit einer Taekwondoausbildung musst du doch nichts in die Hand nehmen.

Dogan: Das war die Straße, ich wollte den Typen unbedingt auf den Boden legen.

Baschar: Straßenkämpfe sind ganz anders, da geht es nicht um Sport, da schlägst du richtig zu. Bei einer Schlägerei zeigst du, was du kannst. Deshalb denkt er sich, lieber nehme ich den Totschläger mit, damit geh' ich auf Nummer sicher. Die meisten, die ich kenne, haben immer einen Totschläger dabei.

Aber dann kann es doch schnell passieren, dass einer tot umfällt.

Baschar: Die meisten sind dumm und hauen auf den Kopf, das ist gefährlich. Auf das Bein, auf die Hände oder auf den Körper ist nicht schlimm.

Hast du in deiner Kindheit auch erlebt, dass Kinder auf der Straße abgezogen wurden?

Ismail: Bei uns war das nicht so. Ich hatte mit Abzieherei, Raub und so nichts zu tun. Bei mir war es immer nur Boxerei. Durch die zwei Zigeuner, die ich geschlagen habe, hab' ich jetzt eine neue Anzeige bekommen. Ich hatte mal eine Auseinandersetzung mit zwei Männern, der eine hat mir eine Kopfnuß gegeben, da hab' ich dem auch eine gegeben, die hat direkt seinen Kiefer gebrochen. Danach kam mein Bruder, aber der konnte ja nicht wissen, dass der Kiefer gebrochen ist. Er hat auf den eingeschlagen, da kam der andere und den hab' ich mit dem Schienbein getroffen und dadurch ist auch dessen Kiefer gebrochen. An dem Ort lief eine Überwachungskamera und auf der Kamera kann man deutlich sehen, dass der mir zuerst eine Kopfnuß gegeben hat, mit seinem Kopf. Der hat mich als Erster geschlagen. Ich hab' zu dem Anwalt gesagt, bei mir machen die alles zu schwerer Körperverletzung.

Früher sind wir ohne Schlagring gar nicht aus dem Haus gegangen

Kieferbruch ist eine schwere Körperverletzung.

Selim: Wenn du Kampfsport machst, ist das automatisch schwere Körperverletzung.

Ismail: Das Schlimmste ist Türken gegen Türken. Wir hatten mal eine Schlägerei, das ist sehr selten, und ich schwöre, zum ersten Mal in meinem Leben hatte ich mich nicht eingemischt. Das war auf der Kirmes, da war ein 17-jähriger Türke und da sind meine Kollegen mit zehn Mann auf den drauf. Der kam nach Bonn in die Klinik. Der hatte einen Schädelbasisbruch und innere Blutungen. Mein Vater hat gesagt, diejenigen, die den geschlagen haben, haben jetzt alle vor der Polizei ausgesagt - und das sind auch meine Freunde gewesen -, die haben die Wahrheit gesagt, dass sie geschlagen haben und nicht ich. Und darüber hab' ich mich sehr gefreut. Das wäre echt schlimm gewesen.

Andreas: Einmal hab' ich jemand einen Stuhl über den Kopf gezogen, weil der meinen Kollegen angemacht hat. Die waren zu zweit und wir waren auch zwei. Zu zweit gingen die auf meinen Kollegen los und schubsten den so rum. Da stand ein Stuhl, den hab' ich genommen und dem übergezogen.

Wurde er verletzt?

Andreas: Ja, Platzwunden, die mussten genäht werden. Die zweite Körperverletzung war nach der Kirmes, da war ich voll betrunken. Ich bin mit zwei Kollegen nach Hause gegangen, da kam uns eine Gruppe entgegen, die waren auch zu dritt, aber die hatten noch zwei Mädchen dabei, die gingen an uns vorbei und einer schreit, ihr Hurensöhne. Mein Kollege dreht sich um, läuft hin und gibt ihm direkt eine Bombe. Wir haben uns dann alle geprügelt. Die Mädchen standen neben dran und haben geschrien.

Hubertus: Über uns sind Somalier, die schmeißen immer ihr Pendel gegen unser Fliegengitter, und da hab' ich mich mal beschwert. Gegen das Pendeln hab' ich eigentlich nichts, aber die haben das so richtig mit Absicht dagegengeschmissen. Da haben die gesagt, morgen können wir boxen, aber ich hab' gesagt, dass sie bei mir an der falschen Adresse sind, dass ich mich nicht damit einschüchtern lasse. Dann war direkt wieder alles okay. Ich hab' einen Spannmann auf der Zelle, das ist so ein kleines Hämeken, der bleibt immer auf und sitzt in der Ecke und fragt laut, wann komm' ich hier raus? Der macht sich und mich damit so richtig psychisch fertig. Dem hab' ich auch schon oft gesagt, wenn du nicht endlich mal die Klappe hältst, dann verteile ich dich in der Zelle. Dann wird er erst mal ruhig, setzt sich auf sein Bett, aber dann fängt er wieder damit an.

Christian: Bis jetzt gab es bei mir nur einen Konflikt mit einem, der hat mir vor den Beamten eine Ohrfeige gegeben.

Ein Gefangener hat dich geschlagen?

Christian: Ja, ich hab' eine schöne Uhr und in der Freistunde wollte der mal die Uhr angucken. Da hab' ich gesagt, kein Problem und hab' dem die Uhr gegeben. Aber dann wollte der mir die wegnehmen, und als ich die mir wieder geholt habe, hat er mich gehauen. Sonst hatte ich keine großartigen Konflikte hier.

Was hat denn der Beamte gesagt, als er dich geschlagen hat?

Christian: Der hat weggeguckt, ist doch klar. Wir hatten Freistunde und wenn ich mich gewehrt hätte, wäre noch ein Kollege von dem gekommen und auch auf mich draufgegangen und dann wären noch andere mittendrin gewesen. Deshalb machen die Beamten lieber nichts.

Wie war es bei dir?

Horst: Ich hab' gesagt, wenn einer Probleme hat, soll er kommen, soll direkt in die Freistunde kommen und mir in die Fresse hauen, ich warte nur drauf. Ich hab' mit keinem hier ein Problem, wenn einer mit mir ein Problem hat, dann tut er mir leid, also ich hau' direkt drauf.

Bilal: Ich bin seit drei Wochen hier und komm' mit allen klar. Ich werd' auch nicht angemacht wie jetzt bei ihm, dass mir einer die Uhr wegnehmen will oder so.

Was ist denn der Unterschied zwischen ihm und dir?

Bilal: Ich weiß nicht, vielleicht seh' ich aggressiver aus, vielleicht bin ich größer und besser gebaut als er oder vielleicht kommt es auch daher, dass ich ein Ausländer bin.

Horst: Ja, das gibt's, wenn hier Leute reinkommen, die schmal sind und klein, da gehen die hin mit der großen Fresse. Wie soll der sich wehren?

Thomas: Ich hatte mal einen Konflikt mit einem Marokkaner. Der hat zu mir gesagt, du Hurensohn, das war am Tag nach der Beerdigung meiner Mutter. Den wollte ich plattmachen. Aber nachher kam der zu mir und hat sich entschuldigt und mir die Hand gegeben, da hab' ich gesagt, ist okay. Dann war hier ein kleiner Türke, der hat mich drei Tage am Fenster beleidigt, da hab' ich zunächst nichts gemacht.

Wie hat er dich beleidigt?

Thomas: Hurensohn, Wichser, ich fick' dich.

Warum, denkst du, hat er das gemacht?

Thomas: Der wollte provozieren. Später hab' ich den auf dem Flur gesehen und gesagt, wir wollen uns in der Freistunde boxen. Ich hab' extra gesagt, am Ende der Freistunde, denn wenn alle noch in der Freistunde sind und wir uns boxen, müssen alle rein. Aber der hat sich nicht blicken lassen. Wir sind nach der Freistunde alle reingegangen und im Flur bin ich an dem vorbeigegangen, da hat er mich nur doof angeguckt und gegrinst. Dann hab' ich mich umgedreht und bin zu dem hingegangen, hab' den ein paarmal gegen die Tür geschmissen, damit er zuerst hauen muss, denn wenn ich zuerst haue, krieg' ich C-Gruppe. Ich war am Warten, hab' den nur auf den Eisenknopf an der Tür geschubst. Dann kam ein Beamter und hat mich rückwärts zu meiner Zelle gezogen, die Tür aufgeschlossen und mich reingeschubst. In der nächsten Freistunde hat der am Fenster geschrien, ich scheiß' und pisse auf das Grab deiner Mutter. Da hab' ich erst mal die Zelle auseinandergenommen. Später ist der in ein anderes Haus verlegt worden.

Man darf sich nichts gefallen lassen

Bruno: Man darf sich nichts gefallen lassen, ich kenne das von der Schule. Wenn man sich was gefallen lässt, hacken die erst recht auf einem rum, weil sie wissen, dass man es mit dem machen kann. Wenn der Größte kommt, dann wehrt man sich erst mal, da kriegt man vielleicht richtig auf die Backen, aber dann wissen die beim nächsten Mal gleich, dass man sich wehrt. Wenn ich weiß, ich verlier' gegen den, dann versuch' ich wenigstens, dem eine zu ballern.

Miguel: Zwei, drei müssen sitzen.

Woher kommt dein blaues Auge, Thomas?

Thomas: Ich komm' in die Freistunde, da stand der Errol, der hat sich mit einem Schwarzen angelegt. Als der Errol noch zwei Meter von dem weg war, hab' ich gesehen, dass der Schwarze eine Teekanne hatte und Errol die Kanne über den Kopf ziehen wollte. Da hab' ich mich eingemischt, hab' groß die Schnauze aufgerissen, damit der die Kanne wegschmeißt. Dann war da noch ein Schwarzer, der war hinter mir, aber ich hab' den gar nicht gesehen. Ich war am Rumschreien, ihr Scheiß-Nigger.

Das hat mich auch aufgeregt, als der rumgeschrien hat, Nigger, Nigger, Nigger

Im Ernst?

Thomas: Ja, damit die herkommen.

Baschar: Dafür hat er es dann auch gekriegt.

Thomas: Ich hab' weiter provoziert und hab' dann von dem, der hinter mir stand, von der Seite her auf's Auge gehauen bekommen.

Baschar: Wenn sich zwei Leute streiten, da hat ein anderer nichts verloren.

Thomas: Ich hatte vorher mit dem auch schon Stress.

Baschar: Hat sich ja geregelt, ich war ja dabei, ich war mit euch duschen. Hast ja gesehen, es ist nichts passiert. Wenn sie Probleme hätten, hätten sie euch in der Dusche geschlagen. Die hatten auf jeden Fall auch Stress hinterher. War schon Scheiße von ihm, dass er eine Kanne mitgenommen hat. Aber dann, als dieses Palaver zu Ende war, haben sie Thomas mit reingenommen und da hat er rumgeschrien. Das hat mich selber auch aufgeregt, als der rumgeschrien hat, Nigger, Nigger, Nigger. Ich wollte auf den zugeh'n und ich wollte fragen, was das soll?

Thomas: Wie willste du die denn anders provozieren?

Diese Worte müssen tabu sein.

Thomas: Ja.

Genauso wie keiner sagen soll, ich ficke deine Mutter oder ähnlichen Mist. Man muss denen beibringen, dass das nicht geht, und du kannst nicht hingehen und Nigger brüllen.

Thomas: Das sag' ich eigentlich auch nicht.

Aber du hast es doch gemacht.

Thomas: Die Familie von anderen beleidigen, tu' ich schon gar nicht. Das ist für mich tabu. Was anderes fiel mir nicht ein, was sollte ich denn anderes sagen?

Bruno: In dem Moment war es vielleicht die Wut, man sagt auch manchmal Sachen, das weiß ich aus eigener Erfahrung, die man gar nicht so meint.

Thomas: Über meine Familie soll auch keiner was sagen, deshalb sag' ich über die Familie von anderen auch nichts. Ich wusste nicht, was ich sagen sollte.

Bruno: Ich hab' mal eine Frage: Wie ist es denn, wenn zum Beispiel ein Farbiger oder ein Schwarzer sagt, Scheiß-Weißer? Ich finde, das ist auch eine rassistische Äußerung.

Selbstverständlich.

Bruno: Das war ja nur mal 'ne Frage.

Du denkst, du darfst keine Deutschlandfahne aus dem Fenster hängen, weil du dann gleich als Rassist angesehen wirst.

Einen Dieb kann man nicht beklauen

Nach einem Länderspiel ist ganz Köln voller Deutschlandfahnen.

Bruno: Aber da gibt es einen Unterschied, wenn bei uns zum Beispiel die Türken ihre Türkeifahne aus dem Fenster hängen, ist das ganz normal. Aber wenn die Türken zu mir ins Haus kommen und sehen eine Deutschlandfahne, dann heißt es gleich, du bist ein Nazi.

Hast du deswegen Pop Shop bekommen?

Thomas: Nein, gar nichts.

Bruno: Er war selber schuld, es ist so.

Thomas: Von ihm kam der erste Schlag.

Baschar: Aber das erste Wort ist aus deinem Mund gefallen.

Thomas: Ja, ist ja egal.

Miguel: Und dadurch ist es erst zur Schlägerei gekommen.

Baschar: Trotzdem kam von ihm der erste Schlag.

Miguel: Ist mir egal, aber ich sag' es dir trotzdem, wenn ich ein Schwarzer wäre und du würdest zu mir Scheiß-Nigger sagen, mir wäre das scheißegal.

Ich will schon eine Klärung, ein Mitglied unserer Gruppe hat das nicht zu sagen, und es wäre gut, wenn ihr dafür sorgt, dass auch die anderen das nicht mehr sagen.

Miguel: Hier wird er das bestimmt nicht mehr sagen. Das ist schon hier oben eingeprägt.

Manchmal kommt es unter den Gefangenen sehr schnell zu Beleidigungen und dann ist man gleich aufgebaut.

Miguel: Hände weg, Alter, mich kannst du nicht beklauen, ich hab' dir das schon mal gesagt.

Wollte er dich eben beklauen?

Miguel: Der wollte mich eben beklauen. (Alle lachen schallend.) Einen Dieb kann man nicht beklauen, jedenfalls nicht so einfach. Aber noch mal zum Thema zurück, also ich find' das nicht korrekt. Ich meine, hier bist du mit Ausländern zusammen und du musst mit denen klarkommen.

Thomas: Wie hätte ich den provozieren können? Ich hab' nicht damit gerechnet, dass einer von der Seite kommt und mich von da boxt. Ich hab' gedacht, der kommt von vorne.

Miguel: Du hast Nigger gesagt.

Thomas: Ja, was hätte ich denn sonst sagen sollen?

Baschar: Es war nicht deine Sache.

Miguel: Du hättest dich gar nicht einmischen brauchen, weil es gar nicht deine Sache war.

Ist es jetzt richtig beendet?

Miguel: Ich glaub' schon, wenn die Leute noch mal aufeinander treffen, würde es nicht noch mal zum Streit kommen.

Auch der Jugendliche, der die Teekanne mitgenommen hat, hat eingesehen, dass das ein Fehler war?

Miguel: Der wurde zwangsverlegt ins Haus 2 und der andere bekam C-Gruppe.

Bruno: Damit es hier kein weiteres Palaver gibt.

Passiert es öfter, dass jemand zwangsverlegt wird?

Miguel: Es kommt ab und zu mal vor.

Hast du hier schon eine Schlägerei erlebt oder eine von diesen wüsten Brüllereien?

Abdullah: Es gab schon einige Schlägereien hier, aber nicht viele. Die Brüllereien sind meistens an den Fenstern, da beleidigen die sich gegenseitig und am nächsten Tag ist der dann halt in der Zelle und kommt nicht raus.

Was sind das für Beleidigungen?

Abdullah: Die Mutter wird gerne beleidigt.

Was ist der Grund, einen anderen mit seiner Mutter zu beleidigen?

Abdullah: Das kann ich nicht sagen, das ist halt so.

Miguel: Der Grund ist, weil man denjenigen treffen will. Also ich sag' so was nur, wenn ich richtig gereizt bin und jemand richtig treffen will, aber sonst nicht.

Man kann doch einfach sagen, du Arschloch.

Miguel: Ja, bei einem normalen Streit, der nicht ausarten soll.

Und weshalb hört man hier ständig du Hurensohn oder ich fick' deine Mutter?

Selim: Das sagt man nicht zu jedem. Ich hab' bisher zu keinem Hurensohn gesagt. Ich mag das auch nicht, wenn man es zu mir sagt, also sag' ich es auch nicht zu anderen.

Andreas: Wenn man so was sagt, kommt es direkt zu einer Boxerei.

Carlos: Was hat denn die Mutter bei unseren Streitigkeiten zu suchen? Nicht mal, wenn ich Palaver gehabt habe, hab' ich das benutzt.

Ismail: Man sagt das auch, um die anderen zu provozieren.

Carlos: Es gibt schon ein paar Leute, denen kann ich sagen, bleib' mal auf dem Teppich. Aber dann gibt's auch welche, die sagen dann erst recht, hier sind alle nur Pisser, ich ficke die alle.

Selim: Ja, da ist so ein junger Marokkaner, der hat hinter seinem Gitter eine große Klappe, aber in die Freistunde kommt er nicht. Er beleidigt alle hinter seinem Gitter und keiner kann in seine Zelle rein.

Dogan, wissen denn alle hier im Haus, dass du Taekwondo gemacht hast? Dann greift dich ja keiner an. Oder gibt es Leute, die dich beleidigen?

Dogan: Beleidigen nicht. Es gibt ein paar, die wollen Eier zeigen, aber hinter Gittern und so.

Baschar: Fensterrambos. (Gelächter)

Hattest du hier in Haft schon eine Schlägerei?

Dogan: Nein, noch nicht.

Ismail: Der R. hat ein Messer geklaut, damit dieser Schwarze mich absticht.

Carlos: Das war anders. Der R. hat dem M. beim Toilettendrücken geholfen. Die waren in dem leeren Hafthaus und mussten alle Toiletten drücken, damit das Wasser durchfließt. Als der R. zurückkam, hat er mir dieses Messer gezeigt. Ich hab' ihn direkt gefragt, woher hast du das, wo hast du das geklaut? Das hab' ich mir klargemacht, hat er geantwortet. Ich hab' ihm gesagt, da kriegst du auf jeden Fall Ärger. Er meinte, ich will das nur zum Brote schmieren. Beim Abendbrot haben wir normal das Brot verteilt und da hat er mit diesem Farbigen geredet und da hör' ich, wie er zu dem sagt, ich hab' das klargemacht. Da kam direkt das Messer in meine Gedanken. Wir haben dann zu Ende verteilt und ich hab' zu ihm gesagt, mach' bloß keine Dummheiten. Willst du dem Schwarzen das Messer geben? Ich hab' das dann unserem anderen Kollegen gesagt, der ist zu dem hingegangen und der R. ist dann sofort ausgetickt, hat gegen die Tür getreten und die Ampel gedrückt. Da sind die Beamten hochgekommen und haben ihn in den Hobbyraum gesperrt. Er hat noch behauptet, er hätte kein Messer, man könnte seine Zelle ruhig durchsuchen. Dabei hat sich aber herausgestellt, dass er das Messer hat.

Der denkt, er lebt im Getto

Ismail: Hätten die das nicht gesagt, hätte ich ein Messer im Rücken gehabt.

Carlos: Wenn da was passiert wäre, wäre er wegen Beihilfe zum Mord drangewesen.

Ismail: Dieser Schwarze hätte das auch gemacht, der denkt, er lebt im Getto.

Carlos: Der R. war auf einer besonderen Schule und hat nicht mal die zu Ende gemacht, der ist echt behindert. Man konnte mit dem kein richtiges Gespräch führen.

Abdullah: Der hatte C-Gruppe, dann war er einen Tag wieder draußen, bekam sofort wieder Streit und ging direkt wieder in die C-Gruppe.

Ismail: Der hatte mich angesprungen, ich schwöre, hätte mich ein anderer Junge nicht weggezogen, ich hätte sein Genick gebrochen.

Jetzt redest du von Genick brechen.

Carlos: Aber das ist so, sein Schienbein ist wie Stahl. Er hat mich einmal aus Spaß getreten.

Ismail: Ich geh' so und da springt der mich wie ein Affe an und haut auf mich.

Der Junge kriegt seitdem kein Wort mehr raus

Habt ihr mitbekommen, dass in Haus 10 ein Junge vergewaltigt worden ist?

Fred: Ich war sogar in Haus 10 eine Woche lang. Das war ein ziemlich kräftiger Typ, der den vergewaltigt hat. Der ist nach Düsseldorf verlegt worden. Der ist 1,95 Meter groß und richtig breit. Ich hätte nicht gedacht, dass es hier so etwas gibt. Da waren sogar noch zwei Leute mit dabei, mit drei Leuten waren die mit dem auf Umschluss. Und die zwei Leute meinten, dass sie nichts gegen den machen konnten. Da sind eigentlich auch die Beamten schuld, denn der Junge hat gesagt, ich will mit denen keinen Umschluss machen. Die Beamten haben gesagt, doch, die kommen jetzt zu dir zum Umschluss. So hab' ich das gehört. Der Junge kriegt seitdem kein Wort mehr raus.

Selim: Hier ist auch einer neu aus Düsseldorf gekommen, der hat auch jemanden vergewaltigt.

Ich hab' gehört, dass der Haupttäter gesagt haben soll, ihr guckt jetzt raus aus dem Fenster, und dann hat er den Jungen vergewaltigt. Und die beiden haben nicht um Hilfe gerufen.

Tamer: Das ist einfach unmenschlich, wer so was macht, ist einfach unter aller Sau.

Ismail: Ist der angezeigt worden?

Der ist wegen Vergewaltigung anzeigt worden und die beiden anderen wegen unterlassener Hilfeleistung.

Ismail: Wo ist der Junge hingekommen?

Er ist zuerst nach Haus 2 verlegt worden, dann hat er gesagt, er möchte lieber nach Haus 10 zurück, weil er dort mehr Leute kennt. Jugendliche aus Haus 10 haben gesagt, wir passen auf den auf, den rührt keiner mehr an. Herr W. hat mit dem Haftrichter telefoniert, ob er nicht entlassen werden kann, und ihn gebeten, dass man ihn entlässt. Ich weiß nicht, warum er sitzt.

Fred: Wegen Autodiebstahl.

Ismail: Haben die das gestattet, dass er freikommt?

Ich weiß es nicht. Aber man muss sich

auch fragen, wieso niemand von den Mitgefangenen etwas unternommen hat. Der Junge kam 14 Tage nicht aus der Zelle. Wenn du als Hausarbeiter merkst, da kommt jemand nicht aus der Zelle, weil er Angst hat, da muss man doch was machen.

Ismail: Ich hab' das gemacht bei einem jungen Deutschen. Der ist nie rausgekommen. Ich hab' ihn gefragt, warum kommst du nicht raus? Du brauchst keine Angst haben. Jetzt kommt er jede Freistunde raus und macht auch Aufschluss.

Warum hat er Angst gehabt?

Ismail: Er hat gesagt, ich bin schwach, und die Leute seh'n das und deswegen setzen die mich immer unter Druck. Nur weil einer schwach ist, darf man nicht auf dem rumhacken. Das wär' hier im Haus nie passiert. Wenn hier Leute schlagen wollen, bin ich immer der Erste, der hingeht und sagt, hier wird keine Schlägerei gemacht. Wenn ihr dem was antut, dann kriegt ihr es mit mir zu tun. Viele schmeißen auch Sachen runter in den Hof und darunter leiden andere und kriegen Pop Shop. Irgendwo müssen wir als Hausarbeiter auch gucken, dass es friedlich läuft und dass nicht Leute unter Druck gesetzt werden, die schwach sind.

45
46
45
46
43·275
44·280

Bruno: Hier gibt's einen, der ruft ständig, ihr Scheiß-Deutschen, ich hau' euch alle weg. Ich sag' dem, komm' in die Freistunde und erzähl' es mir dort noch mal oder wir seh'n uns morgen in der Dusche. Aber der kommt nicht in die Dusche und auch nicht mehr in die Freistunde. Der sagt, ich wär' Kanake, ich wär' Türke, obwohl er selber halb Spanier und halb Franzose ist.

Der wird Angst haben.

Bruno: Der sagt, du Scheiß-Weißhaut. Das ist doch genauso eine Beleidigung, als wenn ich sagen würde Nigger. Er fühlt sich braun und sagt, ihr Scheiß-Weißhäute, alle die Holländer, die Belgier, die Dänen, Schweizer, Deutsche, sind alles Scheißer. Irgendwann kriegst du so einen Hals. (Alle lachen.)

Habt ihr in den Nachrichten gehört, dass in Berlin ein Italiener von zwei Neonazis mit dem Baseballschläger zusammengeschlagen worden ist?

Carlos: Ja, und in Belgien hat ein 18-Jähriger auf der Straße einen Ausländer erschossen.

Tamer: Dass das jetzt alles so publik gemacht wird in den Zeitungen und im Fernsehen, ich glaub', das ist für diese Nazis zum Vorteil.

Ja, man hört immer wieder, dass Deutsche Ausländer überfallen und angreifen, aber umgekehrt hört man nicht, dass Ausländer Deutsche angreifen, weil sie Deutsche sind. Und trotzdem ist es dann die sogenannte Ausländerkriminalität, die die Öffentlichkeit erregt. In den letzten zehn Jahren sind über hundert Menschen aus rassistischen Gründen ermordet worden. Ausländer, Flüchtlinge und Obdachlose waren die Opfer.

Selim: Die Obdachlosen sind ja oft so Linke, so Punker gegen Nazis.

Aber die meisten Obdachlosen sind keine Punks.

Andreas: Das sind Alkoholiker.

Ja, in der Regel arme Leute, die abgestürzt sind.

Man kann ja nicht schon an der Glatze erkennen, ob einer ein Nazi ist

Carlos: Gestern kam auf Phoenix ein Film über einen 17-jährigen Neonazi, der war so extrem, dass nicht mal sein Bruder mit dem zusammen auf die Straße wollte. Man hat voll gehört, was er für einen Unsinn geredet hat, über die Juden, über Farbige. Er wurde nach dem Unterschied gefragt zwischen farbigen Leuten und weißen Leuten, da hat er gesagt, die Weißen sind besser.

Habt ihr Jugendliche mit solchen Gedanken auch schon hier drinnen erlebt?

Tamer: Als ich vor ein paar Jahren in Haft war, da war ich auf Transport in Heimsheim und mit einem Rechtsradikalen in der Zelle. Der war schon älter, so 27, 28. Mit dem hab' ich mich unterhalten, hab' den provoziert, sind Sie ein Nazi? Der hatte so ein Eisernes Kreuz tätowiert. Der hat mir gesagt, er würde niemals auf die Straße gehen und irgendwelche Ausländer verprügeln. Er würde politisch vorgehen, an den Bundeskanzler Briefe schreiben, direkt zum Staat hingehen und da die Fehler suchen. Die Ausländer im Einzelnen können nichts dafür, dass es hier so viele gibt. Wenn ich Ausländer wäre und Arbeit suche und höre, dass man da Arbeit kriegen kann, würde ich auch hingehen, dafür können die Ausländer nichts. Das hab' ich mit dem diskutiert. So hat halt jeder seine Meinung, vielleicht darf er seine auch vertreten, solange er nicht zur Gewalt greift.

Hast du schon mal solche Leute erlebt?

Selim: Nazis? Eigentlich nicht, nein. Man sieht die manchmal vereinzelt, aber die provozieren nicht.

Hast du schon mal Nazis erlebt?

Carlos: Hier war mal einer.

Tamer: Aber der hat sich zurückgehalten.

Carlos: Jedesmal, wenn Bücherausgabe war, hat er sich Bücher über Hitler und das Dritte Reich geholt. Ich les' auch gerne Bücher über die Geschichte von Deutschland, aber der hat schon echt übertrieben. Als der entlassen wurde, haben wir seine Zelle saubergemacht und da fanden wir in seinem Bett ein Hakenkreuz, das hat er gezeichnet, und da stand auch Scheiß-Türken drauf.

Tamer: Meiner Meinung nach sind das keine Nazis, das sind so Jugendliche, die irgendwie perspektivlos sind und vielleicht vom Elternhaus nicht besonders viel Liebe erfahren haben, und da sind sie dann zufällig gerade in solche Gruppen reingeraten.

Nazijugendliche gehen auch gar nicht in die Discos, in die ihr geht. Die werden da gar nicht reingelassen.

Tamer: Wenn die sich mit Springerstiefeln blicken lassen, dann nicht, aber wenn einer nur eine Glatze hat, dann denke ich mal, dass man den reinlässt. Man kann ja nicht schon an der Glatze erkennen, ob einer ein Nazi ist.

Hat es das schon mal hier in Köln auf den Ringen gegeben, dass so eine Gruppe von Nazis aufgetreten ist und provoziert hat?

Tamer: Die Nazis genießen hier keine besonders große Popularität. Hier können die gar nicht genug Mann zusammenkriegen.

Rassisten gibt es auch in der Türkei

Carlos: Die haben auch eine andere Musik, die hören keinen Hiphop. Ich hab' mal einen richtigen Nazi im Bus geseh'n. Der war da mit seinen Springerstiefeln, weißen Schnürsenkeln, Natohose und einer Bomberjacke. Er hat richtig laut Musik gemacht, man hat's richtig gehört. Als der Bus angehalten hat, hat er sich seine Kippe angemacht, ist rausgegangen und hat allen den Mittelfinger gezeigt. Mir war das völlig egal.

Tamer: Es gibt auch welche, die machen schon mal Demonstrationen, und überall, wo es Nazidemonstrationen gibt, gibt es auch gleich Gegendemonstrationen, dazwischen sind auch ein paar Ausländer, aber hauptsächlich und was mich wundert und auch freut, dass viele Deutsche daran teilnehmen.

Carlos: Punks meistens.

Tamer: Nicht nur Punks, auch normale Typen, die auch zeigen wollen, wir Deutschen sind nicht so. Wenn hier so ein paar Gestörte rumhampeln, heißt das noch lange nicht, dass alle Deutschen Nazis sind. Rassisten gibt es auch in der Türkei. Die grauen Wölfe sind genauso.

Was würde passieren, wenn hier ein Jugendlicher Ausländer beleidigen würde?

Carlos: Der würde seine Zelle gar nicht mehr verlassen.

Was wäre denn, wenn wir keine Grenzen hätten. Jetzt hat die EU neue Länder aufgenommen, demnächst kommen noch Rumänien und Bulgarien dazu, dann auch noch die Türkei.

Miguel: Das ist der Untergang.

Bruno: Deutschland ist jetzt schon überbevölkert mit Ausländern, wenn immer mehr reinkommen, dann hauen immer mehr Deutsche ab, die gehen nach Norwegen, nach Schweden.

Thomas: Die Rechtsradikalen hier in Deutschland, was meinst du, wie die hochkommen, wenn hier noch mehr reinkommen.

Miguel: Dann werden alle Deutschen rechtsradikal, die kriegen so einen Hass auf die Ausländer. (Alle schreien durcheinander.) Ich war mal in einer Döner-Bude in Stuttgart, da hat der türkische Mann voll nett den Döner gemacht. Dann kommt ein Deutscher rein mit seiner Freundin und sagt zu dem, du Kanacke, mach' mir mal zwei Döner. Ich hab' den angeguckt und gesagt, du kleiner Hurensohn, wie redest du mit dem Mann, der Mann ist voll freundlich. Hör' mal zu, wer korrekt ist, den soll man auch korrekt behandeln. Ich war kurz davor, dem zu sagen, komm' mal mit raus, ich hau' dir die Zähne ein. Dann soll der da auch nicht essen gehen.

Ich war schon in vielen Ländern unterwegs und überall trifft man auf Deutsche.

Miguel: Was die Deutschen bei uns in Spanien abziehen, die Schnapsnasen, total besoffen, da müsste man den Knüppel rausholen. Und wie viele Spanier gibt's hier in Deutschland, die Scheiße bauen? Ich glaube, ich bin einer von Abertausenden oder nicht?

Ist der Wohlstand in Deutschland denkbar ohne die Ausländer?

Thomas: So, wie das jetzt ist, so soll man es lassen, und nicht mehr reinlassen. Wir haben fünf Millionen Arbeitslose.

Mit so vielen Arbeitslosen kann man die Löhne drücken und die Menschen einschüchtern.

Thomas: In Spanien und in Frankreich, da werden die Flüchtlingsheime abgefackelt, egal, ob da welche drin sind oder nicht. Meistens sind es Schwarze.

Miguel: Was meint ihr, wie viele Abertausende nach Spanien kommen, so viele habt ihr hier in Deutschland nicht. Tausende sind es, die jeden Tag kommen.

Thomas: Bei uns sind die schon alle da.

Miguel: Das geht doch nicht, Alter. Spanien ist auch kein superreiches Land wie Deutschland.

Wie viele Ausländer leben denn in Spanien?

Miguel: Ich weiß es nicht.

Es sind nicht mal zwei Prozent der Bevölkerung. Bei uns sind sieben Millionen

Menschen ohne deutschen Pass registriert, also fast zehn Prozent.

Miguel: Aber die, die den deutschen Pass haben, sind für mich auch Ausländer. In Spanien werden die, die einen spanischen Pass kriegen, als Spanier gezählt.

Jetzt sind auch viele Marokkaner Spanier geworden.

Miguel: Weiß ich doch. Ist gut, aber es wird auch mal zuviel. Und die Marokkaner hier sind nicht wie die Marokkaner bei uns in Spanien, die können Sie nicht vergleichen.

Aber wo die Armut ist, ist es noch schlimmer

Wieso nicht?

Miguel: Hier sind die Leute auf der Sonnenseite, dort vergewaltigen sie die Frauen, machen nur Scheiße.

Gute und Schlechte gibt es überall auf der Welt.

Miguel: Aber wo die Armut ist, ist es noch schlimmer.

Ja?

Miguel: Ja, und das sind richtig arme Leute. Es reicht jetzt, so viele, wie jetzt drin sind, die sollen drinbleiben, aber nicht noch mehr reinlassen.

Woher kommt bei euch das Gefühl, es gibt zu viele Ausländer?

Miguel: Hier in Nordrhein-Westfalen auf jeden Fall.

Bruno: Ich hab' das auch schon gehört, dass sie die Ausländer hauptsächlich nach Nordrhein-Westfalen reinstecken.

Die Leute sind doch angeworben worden, BMW hat sie nach München geholt, Ford nach Köln, Opel nach Frankfurt.

Bruno: Die Deutschen können nicht Nein sagen wegen dieser Kriegszeit. Wenn Deutschland keine Ausländer mehr reinlässt, dann kommt sofort diese Kriegszeit ins Spiel. Ein Türke darf seine Fahne aus dem Fenster hängen, kein Problem, aber wenn ich als Deutscher meine Fahne ans Fenster hänge, heißt es gleich, du bist ein Nazi.

Jetzt war doch ein Fußballländerspiel. Was wäre denn gewesen, wenn Deutschland gewonnen hätte? Was wäre da in Köln auf den Ringen passiert?

Thomas: Mord und Totschlag.

Bruno: Die anderen hätten gerufen: Ihr Scheiß-Deutschen.

Miguel: Die Türken machen echt alles kaputt. Von den Türken, die ich kenne, gibt's nur zwei, drei vernünftige.

Bruno: In jedem Land gibt's Vernünftige und Gute.

Wie viele Türken habt ihr denn hier im Knast?

Thomas: Hier bei uns gibt es nicht viele, aber andere Ausländer.

Bruno: Vorgestern hat Deutschland beim Fußball verloren. Wissen Sie, was da los war? Ihr Scheiß-Deutschen, ihr könnt gar nichts.

Es gibt auch Menschen, die mit Deutschland wirklich schlechte Erfahrungen gemacht haben.

Bruno: Aber ich fühle mich als Deutscher angegriffen. Oder würdest du es gut finden, wenn einer brüllt Scheiß-Somalier?

Baschar: Der würde was auf die Fresse kriegen.

Bruno: Wenn ich sage Scheiß-Türken, werd' ich von allen Türken angegriffen, dann stehen direkt zehn vor dir. Wenn die sagen Scheiß-Deutscher, steh' ich allein. Die Deutschen sind Angsthasen.

Miguel: Nicht alle.

Baschar: Auf jeden Fall siebzig Prozent.

Bruno: Das sage ich auch.

Da kommt die deutsche Nationalhymne und da steht ein Neger

Thomas: Aber warum sind die Deutschen so?

Miguel: Weil sie sich einschüchtern lassen von irgendwelchen Holzköpfen. (Alle reden durcheinander.) Ich als Spanier werde hier auch nicht akzeptiert.

Baschar: Die Deutschen gucken nach den schwarzen Haaren.

Thomas: Ich hab' auch schwarze Haare.

In der deutschen Mannschaft hab' ich einen Schwarzen gesehen.

Thomas: Das ist für mich kein Deutscher, der hat nur einen deutschen Pass. Seit Deutschland einen schwarzen Spieler hat, guck' ich kein Fußball mehr.

Miguel: Ehrlich, wie muss der sich selber fühlen?

Bruno: Da kommt die deutsche Nationalhymne und da steht ein Neger.

Baschar: Warum sagst du so ein Wort? (Baschar ist ein Schwarzer.)

Bruno: Ich bin mit Negern aufgewachsen und ich kenn' das nicht anders, ich hab' immer zu denen Neger gesagt.

Baschar: Du kannst vielleicht zu Leuten, die du kennst, Neger sagen, aber nicht einfach so. Neger zu sagen ist eine Beleidigung.

Thomas: Ist auch Schwarzer zu sagen eine Beleidigung?

Baschar: Nein, Schwarzer ist keine Beleidigung.

Bruno: Weißt du, was ein Nigger ist? Soll ich dir das mal erklären? Ein Nigger ist einer, der auf der Straße lebt und für seinen Lebensunterhalt Geld klarmachen muss.

Baschar: Ein Nigger oder ein Neger?

Bruno: Ein Nigger, das ist nicht dasselbe. Und die Schwarzen untereinander, die sagen selbst zueinander Nigger.

Baschar: Aber untereinander. Wenn ich dich nicht kennen würde und du würdest draußen zu mir Neger sagen, würdest du auf die Schnauze kriegen, aber richtig, ich sag' dir die Wahrheit, noch nie hat einer zu mir Neger gesagt.

Bruno: Ich akzeptiere das. Aber die Leute, die ich kenne, die sagen nichts dagegen.

Es gibt Leute in Bayern, die sagen zu Norddeutschen Sau-Preußen.

Miguel: München, das sind voll die Affen.

Bruno: Die Berliner sind auch stolz, Berliner zu sein, es gibt sogar Türken, die haben Berlin auf dem Arm tätowiert mit Deutschland-Fahne und sind stolz, Berliner zu sein.

Ist doch in Ordnung.

Bruno: Ja, aber die Berliner und die Münchner, die führen sich auf, als wären sie ein eigenes Land, als würden sie nicht zu Deutschland gehören.

Wenn ihr solche Aussagen trefft wie DIE Türken, DIE Marokkaner ...

Miguel: Nur DIE Türken, der Rest ist okay.

Baschar: Die Kurden kannst du auch noch mit vergleichen.

Es gibt große Unterschiede bei allen Gruppen, deshalb gibt es nicht DIE Türken.

Miguel: Haben Sie schon mal einen Spanier erlebt, der sich nicht benehmen kann?

Selbstverständlich, geh' doch mal nach Spanien, auch dort gibt es Gefängnisse, die voll von Leuten sind, die sich nicht zu benehmen wussten.

Bruno: Es gibt immer gute und schlechte Leute, in jedem Land.

Ich hab' aber den Eindruck, dass es für dich Länder gibt, wo alle schlecht sind.

Miguel: Die meisten Türken, die benehmen sich nicht. Die älteren Generationen, zum Beispiel mein Großvater, meine Oma, die können sich benehmen, aber die Kinder von denen können sich nicht benehmen.

Bruno: Die sagen, du Wichser, ich hol' meinen Bruder, ich zieh' gleich ein Messer.

Was habt ihr denn gegen Türken?

Miguel: Ich hab' Kollegen, die sind einfach Dreck, überleg' doch selbst, Alter. Die meisten sind dreckig.

Wie viele Menschen aus der Türkei sind denn hier in Deutschland?

Miguel: Genug.

Bruno: Von den Ausländern sind die meisten Türken.

Klar, aber wie viele sind es denn?

Thomas: Keine Ahnung.

In ganz Deutschland leben zweieinhalb Millionen Türken und in Köln 72 000.

Bruno: Aber die haben nicht nur zwei, drei Brüder, die haben gleich fünf, sechs, sieben Brüder und 'ne große Familie. Ich kenne auch viele, die sind superkorrekt, aber die meisten sind nicht so.

Wer sind denn für euch Ausländer?

Thomas: Der da. (Alle lachen.)

Der kommt doch aus Ehrenfeld.

Thomas: Ehrenfeld und spanisches Blut, das ist für mich ein Ausländer. Der hat vielleicht die deutsche Staatsangehörigkeit, ist aber trotzdem ein Spanier, ein Ausländer.

Angenommen, du würdest jetzt operiert und bräuchtest eine Bluttransfusion, würdest du eine Blutspende von ihm nehmen?

Thomas: Damit werd' ich doch kein Ausländer, ich hab' dann noch mehr Prozent eigenes Blut im Körper.

Angenommen, es ist ein ganzer Blutaustausch erforderlich. (Alle lachen.)

Bruno: Also wenn man hilfsbedürftig ist,

nimmt man das an. Man kann viel sagen und viel machen, aber in dem Moment, wo es auf das Leben ankommt, wird man hundert Prozent das Blut annehmen, dann ist der Stolz Nebensache.

Ich wollte wissen, ob du denkst, in seinem Blut wäre was anderes drin als bei dir?

Thomas: Nein, da ist nichts anderes drin, aber der ist ein Afrikaner.

Aber wenn er hier großgeworden ist, ist er doch kein Afrikaner mehr.

Thomas: Er ist Afrikaner, weil seine Eltern Afrikaner sind.

Aber gleichzeitig ist er doch hier großgeworden.

Thomas: Wenn ich nach Afrika komme, bin ich ein Deutscher.

Baschar: Wenn mein Vater Äthiopier wäre und meine Mutter Deutsche, dann wäre ich kein halber Äthiopier und kein halber Deutscher, dann wäre ich ein ganzer Äthiopier, weil es immer auf den Vater ankommt.

Die meisten Deutschen lassen sich im Großen und Ganzen alles gefallen

Bruno: Ich bin auch hier geboren, mein Vater ist Bulgare, aber ich seh' aus wie ein Deutscher und ich fühl' mich wie ein Deutscher. Weil mein Vater Bulgare ist, deshalb fühl' ich mich doch nicht bulgarisch, ich spreche ja noch nicht mal Bulgarisch.

Bernd: Ich bin auch Ausländer, halb Italiener, halb deutsch.

Bruno: Also was ich an Ausländern respektiere, die halten zusammen. Zum Beispiel die Türken bei uns in Mülheim, wenn da ein Deutscher mit einem Türken Palaver hat, da holt er seine türkischen Freunde und die helfen ihm. Die Deutschen haben irgendwie einen an der Waffel, eigentlich müssten sie genauso zusammenhalten, aber das kriegen sie nie auf die Reihe. Die meisten Deutschen lassen sich im Großen und Ganzen alles gefallen. Die werden einfach abgestempelt als blöde Kartoffeln, als Lutscher.

Thomas: Als ich hier reinkam, haben mir welche gesagt, geh' nicht zu den Deutschen, das sind Pfeifen.

Bruno: Ich bin meistens der einzige Deutsche, der bei den Ausländern rumsteht.

Baschar: Ich hab' meinen Landsmann, der jetzt entlassen wurde, in der Freistunde bei den Deutschen sitzen sehen.

Bruno: Bei mir ist es gerade umgekehrt, ich bin ein Deutscher und unterhalte mich lieber mit Ausländern.

Warum ist es für dich ein Problem, wenn du den mit den Deutschen sitzen siehst?

Baschar: Da ist eine Gruppe von acht, neun Schwarzen und er kennt die, er kennt auch uns, er ist selbst schwarz. Warum geht er ausgerechnet zu den Deutschen?

Miguel: Ich kann dir sagen, warum das so ist, weil ihn das Gespräch mehr anregt. Ja, so ist das. Er möchte sich über andere Themen unterhalten, das hat er mir so gesagt.

Tamer: In Köln gibt es dieses eine Zigeunerhaus, das ist ein richtiges Hochhaus, da wohnen nur Asylbewerber und zu achtzig Prozent sind das Zigeuner. Die sind alle da reingepackt worden. Was soll denn aus denen werden? Die machen fünf, sechs Kinder und schicken alle Kinder klauen, und am Ende des Tages kommen die nach Hause und geben die Beute ab.

Selim: Ich hab' auch mal ein Zigeunermädchen gekannt, die hab' ich mal am Dom beim Betteln gesehen. Als die mich sah, wollte sie sich verstecken. Die hat in unserer Straße gewohnt. Ihr Bruder fährt einen Porsche und da steht die mit ihrer Mutter am Dom und bettelt.

Tamer: Die haben zehn Leute am Betteln, und am Ende vom Tag kommt schon einiges zusammen. Der Typ, der das kassiert, der hat was davon.

Ist es schlimm, wenn jemand bettelt?

Ismail: Nein, es ist nicht schlimm.

Tamer: Ich bin schon ein großzügiger Typ, immer wenn ich an Bettlern vorbeikomme, geb' ich etwas. Aber Zigeunern, denen hab' ich nichts gegeben, ganz ehrlich. Alten Frauen oder Männern geb' ich immer. Aber das ist nicht organisiert bei den Zigeunern. Ich hab' zum Beispiel eine Familie kennengelernt, da waren beide Eltern so krank geworden, dass sie die Kontrolle über ihre Töchter verloren hatten, und zwei von denen wurden Klaukids, die haben nur für sich geklaut, für Essen und Klamotten.

Bruno, warum trägst du so ein großes Kreuz?

Bruno: Weil ich gläubig bin.

Trägst du das heute, um uns damit was zu sagen?

Bruno: Ich trag' das schon die ganze Zeit.

Baschar: Was willst du sagen?

Bruno: Dass das besser ist als Moslem, will ich dir sagen.

Kennst du Nathan der Weise?

Bruno: Ich les' im Moment die Bibel.

Nathan der Weise ist von Lessing, das musst du mal lesen. Der Jude Nathan wird gefragt, welche der drei Religionen, das Judentum, der Islam und das Christentum, die wahre sei, und er antwortet mit einem Gleichnis: Ein Mann besitzt einen Ring, der die Eigenschaft hat, seinen Träger vor Gott und den Menschen angenehm zu machen. Nun hat dieser Mann drei Söhne, die er alle gleich liebt, deshalb ließ er von einem

Es gibt nur einen Gott

Goldschmied zwei Ringe nachmachen, damit jeder einen Ring erben kann. Der Vater sagt zu jedem Sohn, dass er den echten Ring geerbt hat. Der Ring steht also für die Religionen. Nach dem Tod des Vaters wollen die Söhne durch ein Gericht feststellen lassen, wer den echten Ring bekommen hat. Der Richter aber kann das nicht entscheiden und deshalb erinnerte er die Söhne daran, welche Eigenschaft der echte Ring besitzt. Wenn aber diese Eigenschaft bei keinem der Söhne eingetreten sei, dann müsse der echte Ring verloren gegangen sein. Jedenfalls soll jeder von ihnen danach trachten, die Liebe aller Mitmenschen zu verdienen. Wenn das einem von ihnen gelinge, so sei er der Träger des echten Ringes. Das will sagen, dass Gott die drei Religionen gleichermaßen liebt.

Bruno: Es gibt nur einen Gott. Wenn du als Moslem in eine christliche Kirche gehst, das ist die größte Sünde, die es gibt.

Das ist doch keine Sünde.

Miguel: Wissen Sie, warum wir so sauber sind? Wenn wir auf die Toilette gehen, nehmen wir eine Flasche und waschen uns mit der Hand.

Baschar: Was ist denn hygienischer, wenn man sich die Scheiße mit Papier wischt oder wenn man sich mit Wasser wäscht?

In einer Umfrage bei Prostituierten sagten die, die Moslems seien sauberer als die anderen, weil sie sich häufiger waschen.

Miguel: Das hat nichts mit Moslem zu tun, das hat damit zu tun, ob man ein sauberer Mensch ist und sich jeden Tag wäscht. Wenn ich zu Hause bin, dusche ich jeden Tag. (Alle schreien durcheinander.)

Wenn es eine Religion gibt, die Waschungen vorschreibt, dann kannst du dir denken, dass diejenigen, die sich daran halten, sauber sind. Deswegen müssen die einen keine besseren Menschen sein. Man muss sich doch nur in der Welt umsehen, da kommt keine Religion besser weg als die andere.

Miguel: Ja, so sieht's aus. Aber wir jagen keine Menschen in die Luft.

Was macht denn der amerikanische Präsident im Irak?

Miguel: Das ist ein Schwein. (Alle schreien durcheinander.) Gott will auch nicht, dass Menschen umgebracht werden, hundertprozentig, das kann nicht richtig sein.

Für dich ist vielleicht interessant, dass man in Spanien einen Versuch unternimmt, sich mit der spanischen Geschichte unter Franco auseinanderzusetzen.

Miguel: Das war ein Schwein.

Als die Europäer Amerika entdeckt haben, haben sie alle Menschen, auf die sie gestoßen sind, als Heiden bezeichnet. Und wer nicht zum christlichen Glauben übertreten wollte, wurde massakriert.

Miguel: Ja, aber das waren damals andere Zeiten. Wenn man Kälber anbetet, das sind Götzen, das steht in der Bibel.

Wenn du sagst, Christen machen dies und das nicht, dann findest du in der Geschichte genügend Beispiele, die etwas anderes sagen.

Miguel: Ja, das waren damals nicht so zivilisierte Menschen wie heute. Diese Leute jagen ja heute Menschen hoch.

Bruno: Die werden dazu erzogen.

Baschar: Das kann nicht richtig sein.

Miguel: Dass sich Leute hochjagen, stell' dir mal vor, deine Mutter ist da drin, sagst du dann, das ist richtig?

Aber die meisten Religionslehrer der muslimischen Welt sagen auch, dass das nicht richtig ist, sie verurteilen das.

Baschar: Warum sagt ihr, unser Glaube lässt zu, dass andere Leute hochgejagt werden?

Miguel: Hundertprozentig, was machen sie denn anderes? Du bist vielleicht nicht so, aber viele andere sagen, das ist richtig so.

Baschar: Leute, die so denken, werden untergehen, keiner wird gewinnen.

Diejenigen, die diese Attentate begehen, denen geht es nicht um die Religion, da geht es um politische Ziele.

Miguel: Ich sag' ganz ehrlich, wenn die sich nicht mit anderen Leuten verstehen, dann sollen die da bleiben, wo die herkommen, Ende. Dann gibt's keine Probleme, jeder bleibt in seiner Ecke.

Ihr müsst doch hier drinnen gucken, wie können wir zusammenhalten.

Bruno: Von uns kommt das ja gar nicht, meistens kommt es von Baschar. Er sagt, wir sind was Besseres.

Baschar: Hör doch erst mal zu. (Alle reden durcheinander.)

Erzähl' mal, was du für Erfahrungen mit den Pfarrern hier im Haus gemacht hast.

Bruno: Der Pfarrer macht auf jeden Fall einen netten Eindruck, ist hilfsbereit. Er hat meine Eltern angerufen. Aber ich glaube, dass er schwul ist.

Miguel: Der evangelische Pfarrer ist schwul.

Jeder zwanzigste Mann in Deutschland ist schwul, also fünf Prozent aller Männer.

Bruno: Der Pfarrer ist auf jeden Fall in Ordnung. Er ist korrekt.

Thomas: Mit dem hab' ich mich schon geboxt zum Spaß.

Bist du vor deiner Inhaftierung in die Kirche gegangen?

Bruno: Ja, als ich draußen auf der Straße war, bin ich öfter in die Kirche gegangen

Aber es ist schon länger her, dass ich in die Kirche gegangen bin

zum Beten, damit es mir vielleicht besser geht. Und an Heiligabend geh' ich immer in die Kirche, von klein auf schon. Das haben mir meine Eltern beigebracht, dass man für die Leute, die an Weihnachten nichts haben, betet. Ich hab' für meinen besten Kollegen, der zu der Zeit im Knast saß, auch gebetet, damit es für den besser wird, damit er nicht ganz abkackt.

Hast du eine Kerze für einen Freund gespendet?

Miguel: Ich hab' nicht nur für meinen Freund ein paar Kerzen angezündet, auch für die Familie. Aber es ist schon länger her, dass ich in die Kirche gegangen bin.

Seid ihr als kleine Kinder mit den Eltern in die Kirche gegangen?

Miguel: Ja, mit meiner Großmutter oft, in Spanien und hier auch.

Bist du christlich erzogen oder islamisch?

Baschar: Islamisch.

Gibt es hier in Haft Nachteile für Muslime?

Baschar: Nein, ich war aber, seit ich hier bin, noch nie in einer Gruppe mit dem türkischen Hodscha.

Bist du als Kind mit deinen Eltern in die Moschee gegangen?

Baschar: Ja, ich bin öfter in die Moschee gegangen. Aber ab dem Alter von 14, 15 hab' ich aufgehört zu beten, da hab' ich mit Scheiße angefangen.

Miguel, du hast dir aus der Knastbücherei den Koran ausgeliehen. Hast du ihn jetzt gelesen?

Miguel: Nicht ganz, die Hälfte hab' ich ungefähr gelesen.

Hast du Ähnlichkeiten mit der Bibel festgestellt?

Miguel: Ja, da sind die Namen der Jünger aus der Bibel auch drin und da steh'n auch viele Sachen, die ähnlich sind wie in der Bibel. Jesus kommt auch vor, aber da heißt er Mohammed. Das ist der Prophet.

Würdest du eine Frau ablehnen, die Christin ist?

Baschar: Nein, ich würde sie überreden, zu meiner Religion zu kommen.

Also du würdest keine Christin heiraten?

Baschar: Nein, das ist verboten.

Miguel: Das geht nicht, das passt nicht.

Ich kenne Leute aus der Türkei, die sind mit einer deutschen Christin verheiratet.

Baschar: Die Türken sind nicht so stark religiös wie wir.

Miguel: Die sind nur auf dem Papier religiös.

Bruno: Bei mir in der Klasse gab es viele Mohammedaner. Wenn ich da ein Pausenbrot gehabt hab' und einer von denen hatte Hunger, da hat der reingebissen, egal was drauf war. Der fastet richtig wie ein Mohammedaner, isst aber das Schweinebrot von mir.

Seid ihr als Kinder in die Kirche gegangen?

Bernd: Meine Eltern sind immer in die Kirche gegangen, aber ich nicht.

Warst du schon hier in der Kirche beim Gottesdienst?

Bernd: Ja, ich geh' da jeden zweiten Samstag hin.

Wie findest du das?

Bernd: Naja, ist eigentlich gut, du bist aus der Zelle draußen, kackst nicht ab.

Meine Eltern sind immer in die Kirche gegangen, aber ich nicht

Was ist für dich an diesem Gottesdienst gut, außer aus der Zelle herauszukommen?

Miguel: Also hier ist der Gottesdienst nicht so besonders. Für mich hat es nicht viel mit der Kirche von draußen zu tun. Aber okay, man geht halt in die Kirche, um sich ein bisschen von den Sünden zu erleichtern.

Ismail: Der Hodscha von der Moschee war hier, das ist unsere Religion. Wir haben uns für das Treffen mit ihm angemeldet, aber die haben uns erst eine halbe Stunde, nachdem er hier war, dahin gebracht, und die anderen eine ganze Stunde später. Da hatten wir nur noch eine halbe Stunde zu reden, und das erlauben die auch nur einmal im Monat.

Ist der Hodscha von DITIB?

Ismail: Ja, der ist von DITIB und kommt einmal im Monat für zwei Stunden, da können wir mit dem über unseren Glauben reden.

Selim: Ich darf da gar nicht hin wegen Tätertrennung.

Ismail: Der wollte uns Tabak mitbringen, das haben die nicht erlaubt. Der hat gefragt, warum das nicht geht, aber der Hodscha kann nicht so gut deutsch, er ist aus der Türkei, deshalb hat er die Antwort nicht verstanden.

Würde er denn einmal die Woche kommen, wenn es erlaubt wäre?

Ismail: Ja, einmal die Woche würde er kommen. Einmal im Monat ist zu wenig.

Wie war das für dich, als du zum ersten Mal bei einer Prostituierten warst? Kannst du darüber reden?

Baschar: Warum nicht. Es ist ja nicht so, dass ich jede Woche da hingehe. Du bist in der Discothek und dann hörst du von deinen Freunden, komm' lass' uns mal in den Puff gehen. Da kann ich doch nicht sagen, nee, ich hab' eine Freundin, ich fick' nicht, ist doch lächerlich. Wir sind dann öfter hingegangen, hier ins Pascha oder in Bonn.

Wie alt warst du beim ersten Mal?

Baschar: Beim ersten Mal war ich 14.

Sind wir hier ein Frauenverein?

Bruno: Ich war 13, das war komisch.

Hast du sie angesprochen? Sagte sie nicht, du bist zu jung?

Bruno: Nein, die interessiert das nicht. Die kam da an, hey Süßer, komm' doch mal mit. Die wollte achtzig Mark haben für ein Mal. Da hab' ich gesagt, ich such' eine andere, darauf sie, ja geh' zu den anderen, die sind billiger. Da hab' ich ihr achtzig Mark gegeben und dafür hat sie mir einen gemacht. (Alle lachen.)

Baschar: Sind wir hier ein Frauenverein?

Bruno: Okay, sie hat einen geblasen, einen gelutscht.

Hast du einen Eindruck von ihrem Alter gehabt?

Bruno: Die war älter, so dreißig.

Thomas: Hattest du Angst?

Bruno: Das erste Mal war voll komisch, du denkst, was geht denn hier ab, voll der Puffgeruch in dem Haus, alles riecht nach Sex, auf jeden Fall.

Klar ist doch, dass die meisten Jugendlichen mit 13 das nicht machen, oder?

Bruno: Bei den Jugendlichen ist das immer früher. Früher war es ja auch nicht üblich, dass man mit zehn oder elf anfängt zu kiffen.

Baschar: Bei mir ist das schon selbstverständlich. Manchmal geht man auch nicht zum Bumsen hin, man guckt nur so ein bisschen. Aber wenn einem eine gefällt, dann kann man sich nicht zurückhalten, dann muss man da rein.

Du bist 14 und zahlst fünfzig Euro?

Baschar: Nein, dreißig Euro.

Kriegst du Rabatt, weil du so jung bist?

Baschar: Die meisten interessiert das nicht, wie alt man ist, Hauptsache das Geld stimmt.

Das heißt, in einem offiziellen Puff wirst du nicht rausgeschmissen, wenn die seh'n, dass du noch keine 18 bist?

Baschar: Da gibt's zwei Türen, den Haupteingang, und zwanzig Meter weiter ist ein weiterer Eingang, da geht man direkt zu den Treppen und weiter, die kümmern sich gar nicht da drum. Es gibt ein paar Frauen, wenn die dich sehen, die fragen, was machst du hier, geh' raus. Es gibt auch Kameras, aber das Geld muss einfach kommen.

Diejenigen, die sagen, geh' raus, schämen die sich, weil ihr so jung seid?

Baschar: Das hab' ich noch nie gefragt, kann gut sein.

Jeder von euch hat gesagt, dass es keine Rechtfertigung für die Vergewaltigung einer Frau gibt. Jeder sagt das und trotzdem geschieht es.

Baschar: Es ist auch nicht okay.

Du bist wegen Vergewaltigung verurteilt worden. Zu Unrecht?

Dogan: Ja, ein Mittäter von mir war es und die Frau sagte, ich sei es gewesen. Ich hab' dann gesagt, okay, ich war das.

Der Baschar lacht, weil er weiß, er geht bald. Bernd der Stille sagt, ich bin in 14 Tagen in Therapie und seh' auch das Ende. Auch der Carlos ist froh, dass seine Anwältin die Anklage von versuchtem Totschlag auf Körperverletzung runtergesetzt bekommt. Und du bist wegen Vergewaltigung und Raub zu über acht Jahre verurteilt worden. Bist du allein angeklagt gewesen?

Dogan: Wir waren drei.

Bekamen die auch so hohe Strafen?

Dogan: Einer bekam 7,3 und der andere 4,6 Jahre.

Wo seid ihr verurteilt worden?

Dogan: Das war in Wuppertal.

Ist die Frau verletzt worden?

Dogan: Das war eine Hure, die kam da rein und war am Lachen.

Meinst du, bei eine Vergewaltigung macht es einen Unterschied, wenn das Opfer eine Prostituierte ist?

Baschar: Es macht keinen Unterschied. Vergewaltigung ist Vergewaltigung. Aber wenn du so etwas mit einer Hure machst, dann ruft die den Türsteher.

Carlos: Aber gegen ihren Willen, deswegen heißt das auch Vergewaltigung.

Baschar: Das ist doch nicht gegen ihren Willen bei einer Hure.

Das ist doch auch eine Frau.

Baschar: Das ist auch eine Frau, aber wer geht denn in den Puff, um eine Frau zu vergewaltigen? Erklär' mir das mal.

Es ist nicht schwer Frauen zu finden, die für dich arbeiten

Warst du dabei Dogan, als das passiert ist?

Dogan: Ich war dabei.

Und der andere hat das gemacht? Warum hast du ihn nicht gepackt und gesagt, lass' das?

Dogan: Mir war das egal.

Baschar, wenn du hörst, dass deine Schwester von jemandem vergewaltigt wird, was machst du dann?

Baschar: Ich bring' den um.

Das heißt, für dich ist das nicht akzeptabel.

Baschar: Auf jeden Fall.

Wieso kannst du dann sagen, wenn einer eine Hure vergewaltigt, ist es okay.

Baschar: Das ist auch nicht okay.

Sie hat vielleicht auch einen Bruder.

Baschar: Hätte die Brüder, wäre sie garnicht zu so einem Job gekommen.

Wie wird denn ein Mädchen eine Hure?

Baschar: Indem die zuviel rumfickt. Das fängt schon früh an, die interessiert sich für diesen Job. Dann gibt's da bestimmt noch ein paar Leute, die der ein paar Angebote machen. Die machen sie süchtig, geben ihr Koks und irgendwann kann sie sich das nicht mehr leisten. So und dann kommt von ihrem Mann, jetzt mach' doch mal was für mich, und dann geht die für den arbeiten. So einfach ist das. Es ist nicht schwer Frauen zu finden, die für dich arbeiten.

Selim: Der falsche Umgang, es geht schnell, auf diese Weise Geld zu machen, man muss sich nicht viel anstrengen. Wenn man sich die Prostituierten ansieht, dann haben die keinen Schulabschluss, die können nicht viel verdienen.

Aber in den teuersten Hotels gibt es auch Frauen, die sich prostituieren und sehr gebildet sind.

Selim: Ja, das sind die, wie man so sagt, die Edelnutten. Bei den meisten ist es das schnelle Geld und der falsche Umgang.

Meint ihr, die meisten machen das freiwillig, oder gibt es auch Frauen, die dazu gezwungen werden?

Baschar: Die meisten Frauen werden gezwungen. Die, die das freiwillig machen, mieten sich ein Zimmer, die müssen anderen kein Geld abgeben und werden auch nicht kontrolliert. Aber viele arbeiten für andere Leute. Die meisten, die anschaffen, nehmen Koks oder Heroin oder irgendeinen anderen Scheiß. Es gibt nicht eine, die damit klarkommt, ständig gefickt zu werden, das geht nicht. Die muss irgendwas nehmen, um einen ganz anderen Kopf zu haben.

Woher kommt es, dass Frauen vergewaltigt werden?

Baschar: Huren sind selber schuld. Warum arbeiten die denn in so einem Job? Da kommen die Leute voll besoffen an. Die denken, die Hure, die arbeitet für Geld, da kann ich es auch für umsonst haben. So denken viele.

Carlos: Vergewaltigung heißt, das mit Gewalt zu machen, verstehst du? Oder würde es dir gefallen, wenn dich eine Frau voll kaputthaut?

Baschar: Denkst du, eine Frau kann mich zwingen, mit ihr zu schlafen oder was? Das ist kein Vergleich, Alter.

Carlos: Sagen wir mal, ein Mann will das mit dir machen.

Baschar: Dann kämpfst du.

Baschar hat gesagt, mit 14 war das für ihn Standard, zu den Prostituierten zu gehen. Was hat man zu denen gesagt, die keine Lust dazu hatten?

Carlos: Schwuchtel.

Baschar: Wir sind da öfter hingegangen, haben getrunken, waren besoffen. Da hatten wir das Geld und sagten, komm', lass' uns mal da hingehen. Warum nicht? Wir hatten nichts Großartiges zu tun.

Wenn ich stockbesoffen bin, kriege ich keinen hoch. Bei dir funktioniert das, wenn du stockbesoffen bist? (Gelächter)

Baschar: Ja, immer so um drei, vier Uhr morgens sind wir da hingegangen.

Carlos: Mit 14?

Baschar: Ich war immer öfter weg von zu Hause. Ich hab' mir da nur meine Klamotten abgeholt, das war's dann.

Über Nacht warst du dann von zu Hause weg?

Baschar: Ja, und morgens bin ich gekommen. Ich hatte 'ne Zeitlang Schlüssel, deshalb kam ich unbemerkt rein. Irgendwann haben meine Eltern gesagt, gib den Schlüssel her. Da musste ich ihn abgeben. So, und dann war das erste Problem um vier Uhr morgens, weckst du deine Eltern auf? Dann werden auch noch die kleinen Geschwister wach wegen diesem Klingeln. Dann regt das den Vater auf und du holst dir deine paar Backpfeifen ab. Wenn du mit 14, 15 morgens um sieben nach Hause kommst, das ist ja auch nicht normal.

Ich war immer öfter weg von zu Hause

Die Prostituierte, die du beklaut hast, warst du bei ihr zuvor schon öfter, hat die dir gefallen?

Baschar: Das hat nichts mit gefallen zu tun.

Carlos: Der hat sich verliebt.

Baschar: Nein, das war die nächste Möglichkeit. Die hat in einem Haus gearbeitet, wo nur Somalier wohnten. Das war so ein Asylheim mit zwölf Zimmer.

War sie ein Flüchtling?

Baschar: In der Akte steht, ihr Mann ist ein Deutscher, der hat sie von Thailand hierhin geholt. Sie hat nicht gesagt, dass sie als Nutte arbeitet. Sie hat erzählt, dass sie als Masseuse arbeitet, später hat die dann doch noch gesagt, manchmal hab' ich auch mehr gemacht.

Wenn du zu so einer Frau gehst, kannst du dann nicht akzeptieren, dass sie ein gleichwertiger Mensch ist?

Baschar: Doch, ich hab' mich mit der auch gut verstanden. Das Problem war nur, ich hab' ihren ganzen Lohn genommen, was die von morgens bis abends verdient hat. Wenn ich eine Frau wäre, hätte ich auch das Gleiche gemacht wie sie und die Polizei gerufen. Hätte ich eine Chance gehabt, mit der zu reden, hätte ich ihr das Geld zurückgegeben, dann hätte die auch die Anzeige zurückgezogen. Ich war am Rumlaufen, zwei, drei Monate, und bin danach in Ferien gefahren. Dann hab' ich von einem Verwandten gehört, dass die Frau gesagt hat, ich hätte sie vergewaltigt. Ich hab' gedacht, scheiß' drauf, ich mach' meine Ferien zu Ende und dann geh' ich zurück. Aber bevor ich irgendwas klären konnte, bin ich hier gelandet.

Carlos: Du bist in Holland verhaftet worden?

Baschar: Ja, der Prozess ist jetzt unterbrochen worden, weil sie nicht da war.

Wenn du jetzt nicht hingeh'n kannst, dann kannst du ihr doch schreiben.

Baschar: Ich hatte die Adresse nicht.

Die besorgt dir dein Bruder.

Baschar: Von dieser Frau?

Ja.

Baschar: Ich hätte nie gedacht, dass die sagt, der hat mich vergewaltigt. Ich weiß selber, dass ich die beklaut habe.

Warum entschuldigst du dich nicht bei ihr?

Baschar: Dazu hatte ich ja nicht die Zeit.

Wie lang bist du jetzt hier?

Baschar: Ich sitze hier schon sechs Monate.

Da hast du schon sechs Monate Zeit gehabt, ihr einen Brief zu schreiben.

Baschar: Ein Brief, was soll ich da jetzt sagen? Die Anzeige, die zieht sie nicht mehr zurück.

Du kannst das auch für dich selbst tun. Ist es eine Schande zu sagen, es tut mir leid?

Baschar: Es ist keine Schande.

Carlos: Ich hab' gestern einen Brief geschrieben und darin hab' ich mich entschuldigt.

Baschar: Du hast das doch schon mal geschrieben, warum schreibst du das noch einmal?

Carlos: Es war nicht so, wie ich es haben wollte. Du weißt ja nicht, wie das ankommt und ob die den Brief überhaupt annehmen.

Was bedeutet Mädchenhandel?

Bernd: Handel mit Mädchen.

Carlos: Handel mit Menschen.

Bernd: Dass er sie auf den Strich schickt oder verkauft.

Carlos: Als ob du ein Blättchen verkaufen würdest, du betrachtest Menschen wie ein Ding.

In deiner Anklage steht Mädchenhandel.

Ismail: In meinem Dorf haben alle vor

mir Respekt und dieses Mädchen hat das gehört. Sie kommt zu mir, damit sie auch respektiert wird, denn jeder hat die dumm angesprochen. Und wenn die mit mir zusammen war, hat jeder auch sie respektiert, weil das meine Freundin war. Sie war eine Philippinerin. Und die hat das bei mir ausgenutzt. Und jetzt bin ich hier drin, und sie geht für andere Leute anschaffen.

Sie war eine Prostituierte?

Ismail: Ja.

Hat sie dir Geld gegeben?

Ismail: Das ging ja nur fünf Tage, dann hab' ich Schluss gemacht, weil ich keinen Kontakt mehr haben wollte. Danach ist die mit meinem besten Freund ins Bett gestiegen, und die beiden haben mich bei der Polizei angezeigt.

Hat sie behauptet, du hättest sie in diesen fünf Tagen zur Prostitution gezwungen?

Ismail: Nicht gezwungen, gezwungen sagt sie nicht. Ausgebeutet hätte ich sie. Ihr Vermögen hätte ich ausgenutzt.

Ich hab' Schande über meine Familie gebracht

Das nennt man Mädchenhandel?

Ismail: Mädchenhandel ist so: Diese Frau S. ist eine Puffbesitzerin. Wir sind da hingefahren und haben dummerweise gesagt, für zweitausend Euro ist die Frau zu haben. Das ist das Einzige, was mich kaputtmacht. Okay, ich dachte, ich komm' mir cool vor. Danach hab' ich verstanden, das war voll falsch. Ich hab' Schande über meine Familie gebracht. Bei den Türken, Sie wissen ja, wenn ich rauskomme ...

Was denkst du, was meine Mutter gesagt hätte, wenn ich damals mit 19 gekommen wäre und hätte gesagt, ich habe mir eine Philippinerin gekauft? (Gelächter) *Dass sich Eltern darüber aufregen, ist doch nichts Türkisches, alle Eltern wären entsetzt.*

Ismail: Die Jugendgerichtshilfe hier sagt, ich muss ein Antiaggressionstraining und eine Psychotherapie in einer geschlossenen Anstalt machen. Das überlege ich mir jetzt. Baschar hat mir Angst gemacht, er hat gesagt, du kommst da behindert wieder raus.

Baschar: Kommst du auch. In der Psychiatrie, das ist eine geschlossene Klapsmühle, da wirst du noch verrückter. Er ist nur von Verrückten umgeben, dann kriegt er immer diese Tabletten, keiner weiß, was für Tabletten das sind, die sagen Beruhigungstabletten. Ich hatte auch mal einen Freund, der war im Landeskrankenhaus, das ist harmloser. Da war der vier, fünf Monate drinnen, der sabbert jetzt rum und redet mit keinem mehr. Der hat Spritzen und Tabletten gekriegt.

Ismail: Wenn ich über drei Jahre kriege, dann werd' ich sehr wahrscheinlich Abschiebung kriegen, und dann ist es soundso vorbei.

Hier am Tisch saß noch niemand mit einer Anklage wegen Mädchenhandel. Deswegen würd' ich das gerne genau wissen. Es gibt zum Beispiel Freier, die verlieben sich in eine Prostituierte oder wollen ihr einfach so helfen und die kaufen die dann von ihrem Zuhälter frei. So etwas war es bei euch nicht, weil ihr wolltet, dass sie in Zukunft für euch arbeitet. Ist das so gewesen?

Ismail: Hätte ich dieses Mädchen dazu gebracht, wäre das was ganz anderes. Aber die ist mit diesem D. zu mir gekommen, und die haben das vorgeschlagen mit dieser Arbeit. Ich bin normalerweise sehr aggressiv, die hat vor mir Angst gehabt, weil ich erfahren habe, dass sie mit meinem besten Freund in der Kiste war. Ich bin ausgerastet, ich hab' gesagt, wenn ich die in die Finger kriege, passiert was Schlimmes. Daraufhin sind die zusammen zur Polizei gegangen und haben erst mal keine Anzeige wegen Menschenhandel gemacht, sondern weil ich die bedrohe. Da haben die Polizisten gesagt, erzähl' mal von Anfang an, wie das alles war. Da hat die von Anfang bis Ende alles erzählt.

So seh'n das die Richter nicht

Aber eine Frau, die Prostituierte ist, die verdient doch ihr Geld damit, dass sie jeden Tag mit mehreren Männern ins Bett geht. Hat dir das nichts ausgemacht? (Gelächter)

Ismail: Ich hab' mir das so überlegt, hey Junge, bist du dumm? Die Sache ist so, du bist mit der zusammen, die Leute wissen, das ist deine Freundin, und du hast eine Ehre. Aber die Leute sagen, die Frau schläft mit jedem Zweiten und danach hab' ich noch was mit der. Deshalb hab' ich mich dann nach fünf Tagen zurückgezogen. Ich schwöre, hätte ich weitergemacht, wäre ich nicht hier drin, ich wäre draußen und die wäre immer noch am Arbeiten und es gäbe keine Anzeige. Aber ich wollte das nicht. Auf jeden Fall haben die mein Leben ruiniert. Wegen Körperverletzung, okay, das hab' ich gemacht, dafür muss

ich meine Strafe verbüßen, ich hab' den geschlagen. Aber für dieses Mädchen. Okay, das war auch ein Fehler, diese fünf Tage, ein sehr, sehr großer Fehler.

Aber wenn das nur fünf Tage waren und du hast gemerkt, was für ein Fehler das war, dann wird vielleicht auch der Richter sagen ...

Baschar: So seh'n das die Richter nicht.

Ismail: Ich hab' den Richter H., das ist der schlimmste Richter, den es überhaupt gibt. Das ist keine Jugendkammer, das ist die zweite große Strafkammer. Es sind acht Angeklagte. Der D. ist der Haupttäter, danach komme ich. Da werden schon insgesamt zwanzig Jahre verteilt.

Ist das ein Bandendelikt, wenn es acht Angeklagte sind?

Baschar: Es sind acht Angeklagte, aber fünf reden sich raus.

Ich überlege, ich hab' das Richtige getan und bin deswegen hier

Ismail: Das Problem ist, ich bin nicht da und die fahren dieses Mädchen zum Bonner Straßenstrich, und hinterher heißt es, sie ist für Ismail gegangen. Ich komm' da mit meinem Gehirn nicht raus.

Ist es so, dass eine Gruppe sagt, die gehört jetzt uns und geht für uns anschaffen?

Ismail: Ja, und das sind alles Leute, die rennen rum und sagen, ich hab' Ehre. Ich hab' es eingesehen, weil ich wusste, dass das eine Katastrophe wird. Dann hab' ich überlegt, dein Vater kriegt gesagt, dein Sohn ist ein Zuhälter. Jetzt bin ich hier drin und die alten Leute reden so.

Dein Vater muss sich jetzt schämen.

Ismail: Normal. Ich schäme mich auch. Alles ist wegen mir passiert.

Aber vor diesen fünf Tagen hast du nicht als Zuhälter gearbeitet?

Ismail: Nein, niemals. Das alles kam auch, weil meine Mutter sechs Wochen in Kur war. Ich wohne nicht bei meinem Vater, ich wohne bei meiner Mutter, und da gab's Geldprobleme und da kam ein Kollege und sagte, komm' doch, wir haben Geld. Da hab' ich es gemacht. Und wissen Sie, ich hab' das Richtige getan, ich hab' aufgehört. Ich hab' die auch da rausgeholt, ich hab' mich mit dem D. geschlagen. Ich überlege, ich hab' das Richtige getan und bin deswegen hier.

Das kannst du dem Richter doch erklären.

Ismail: Ich war schon fünfmal straffällig, aber nur wegen Körperverletzung. Bin ich da glaubwürdig?

Baschar: Der Spanier ist wegen schwerer Körperverletzung mit bleibenden Schäden verurteilt, der hat drei Jahre kassiert, nur für diese Körperverletzung.

Was hälst du davon, dass ein Zuhälter von dem Geld lebt, das diese Frauen durch Prostitution verdienen?

Baschar: Die hatte einen Zuhälter, aber in dem Moment hat mich das gar nicht interessiert. Ich bin da auch nicht mit der Absicht hingegangen, irgendetwas zu klauen. Ich wollte da nur meinen Spaß haben. Und da hab' ich das Portemonnaie gesehen und gedacht, das nimmst du dir einfach. Meine Hand war schon am Zittern, aber ich hab' einfach zugepackt. Dann hab' ich noch ein Handy gesehen und auch noch zugepackt. Da kam die plötzlich und hat mich dabei so von hinten gesehen und sofort geschrien, gib mein Geld her, was machst du da? Da hab' ich mir gedacht, die holt jetzt Leute. Sie hat sich vor die Tür gestellt und wollte mich nicht rauslassen. So, dann hab' ich die gepackt, irgendwohin gedonnert und bin rausgegangen.

Jeder geht mal in den Puff

Wenn du jetzt rauskommst und da kommt so eine Frau und sagt zu dir, ich arbeite für dich, was würdest du machen?

Baschar: Wie kommst du dazu zu sagen, ich arbeite für dich? Na los, fang' an.

Im Ernst?

Baschar: Warum nicht.

Ismail: Aber genau dann, nach einem Jahr spätestens, bist du wieder hier. Ich dachte auch so, geh' arbeiten. Das ist genau der Punkt. Sie geht arbeiten, dann machst du Schluss und sie geht zur Polizei und sagt, ich hab' für den gearbeitet.

Baschar: Wenn jemand zu dir kommt und dir Geld gibt, nimmst du das nicht *an?*

Ismail: Du verstehst das nicht.

Baschar: Was, Alter, ich versteh' das nicht. Die hat noch nie von mir gehört, geh' für mich anschaffen. Die hat zu mir gesagt, ich geh' für dich arbeiten, und ich hab' gedacht, die geht ganz normal arbeiten.

Ismail: Du gehst sie aber am Puff abholen und kassierst ihr Geld.

Wenn eine Frau zu dir kommt und sagt, ich arbeite für dich, dann ist das doch keine Putzfrau oder Kassiererin. Diese Frauen haben kein Geld übrig, um es dir zu geben.

Baschar: Aber das ist nicht meine Sache.

Ismail: Doch du bist verantwortlich. Warum gehst du nicht arbeiten für dein Geld? (Alle lachen.)

Was wird denn aus diesen Frauen, wenn sie älter werden?

Ismail: Diese Puffbesitzerin ist Türkin, sie macht das schon seit 28 Jahren, keiner respektiert sie, kein einziger Mensch. Für jeden ist sie auch eine Hure, und so bleibt es ihr ganzes Leben, bis sie stirbt.

Aber die Männer, die zu ihr gehen, werden respektiert.

Ismail: Jeder geht mal in den Puff.

Baschar: Herr Jünschke war auch schon mal.

Nein, ich war da noch nie.

Ismail: Noch nie?

Baschar: Auch nicht in ihrer Jugend?

Nein.

Ismail: Mittlerweile geht aber auf jeden Fall jeder Zweite in den Puff.

Baschar: Wissen Sie, was uns einmal passiert ist. Ich war mit einem Freund zusammen und wir gingen da hin, da sehen wir seinen Vater rauskommen. Die gucken sich beide an und der Vater hat ihn direkt mitgenommen.

Die Freunde, mit denen du da zusammen warst, waren das Zuhälter?

Ismail: Nein, außer dieser D., der war auch schon einmal im Knast. Der hat die Puffs klargemacht, ich bin nur mitgefahren.

Die haben dich benutzt, weil du so gut boxen kannst.

Ismail: Genau und weil das Mädchen was von mir wollte. Die haben das ausgenutzt, woher sollte ich das wissen?

Baschar: Aber sag' mal, tagsüber ist die arbeiten gegangen und abends ist die zu dir gekommen. (lacht)

Ismail: Vielleicht glauben Sie mir nicht, ich hatte mit dieser Frau nur einmal was. (Gelächter) Geld kauft eben alles, sogar meinen besten Freund hat dieses Geld rumgekriegt.

Baschar: Ohne Geld gibt's kein Leben, Mann.

Ismail: Die würden für Geld ihre Mutter verkaufen.

Baschar: Das machen auch manche.

Ismail: In den fünf Tagen hab' ich dort keine Frau gesehen, die das machen will. Die seh'n das als letzte Lösung. Ich hab' zum Beispiel mit einer rumänischen Frau geredet, die hat gesagt, ich hab' zwei Kinder, der Mann hat sie verlassen, sie hat kein Geld, sie hat mit Drogen angefangen und dann diesen Weg eingeschlagen. Die Männer gehen nach Thailand, bringen eine Frau für den Puff mit und kassieren am Wochenende 1600 Euro.

Für Türken ist Zuhälterei das Schlimmste

Baschar: So war das auch bei dieser Frau.

Ismail: Zum ersten Mal in meinem Leben hab' ich so eine Angst, unglaublich, ich kann nicht mehr schlafen.

Selim: Für Türken ist Zuhälterei das Schlimmste.

In jedem Land der Welt gibt es Prostitution und Zuhälterei, und überall ist das schlimm. Und was die Türkei betrifft, wenn ich jetzt nach Istanbul fahre, kann ich doch jeden Taxifahrer fragen, wo ist denn hier der nächste Puff.

Ismail: (Lacht) Stimmt.

Also wenn du sagst, die Türken kennen das nicht.

Ismail: Nein, nein, ich wollte damit was ganz anderes sagen. Wenn ich so was gemacht habe, spricht sich das bei allen Türken rum, in der Moschee, da sitzen die Leute und reden über dich.

Ich finde es nicht okay, Frauen auf den Strich zu schicken.

Ismail: Auf keinen Fall.

Selim: Manche machen das freiwillig.

Würdest du das freiwillig machen?

Selim: Nein.

Ismail: Guck' mal, eine hat ein Kind, der Mann hat sie verlassen, sie hat nicht das Geld, um sich richtig um das Kind zu kümmern. Die Freunde von dem Mann zeigen ihr diesen Weg, sie sagen, auf diesem Weg kannst du richtig Geld verdienen. Es ist nicht so, dass die zu Hause sitzen und plötzlich sagen, ich geh' anschaffen.

Vielleicht gibt es eine, die sagt, warum soll ich eine ganze Woche bei Aldi an der Kasse sitzen, wenn ich das in ein paar Stunden verdienen kann. Aber das ist auch nicht freiwillig.

Ismail: Ich hab' in einer Bar die Mädchen gesehen, die anschaffen geh'n. Da war eine bildhübsche Türkin, ich hab' die gefragt, wieso machst du das? Sie sagte, ich war mit einem Türken verheiratet, ich hab' den über alles geliebt, aber der hat mich mit Drogen vollgepumpt. Ich hatte keine andere Möglichkeit mehr, den Stoff zu bezahlen. Ich sagte der, du kannst jetzt doch gehen. Da meinte sie, glaub' mal, ich bin so tief gesunken, ich kann gar nichts mehr.

Selim: Wenn Sie sich das überlegen, dreißigmal, da geht man komplett kaputt.

Daneben gibt es Frauen, die machen weniger und verdienen mehr.

Carlos: Edelnutten.

Ismail: Was ist das, wenn ein 19-Jähriger mit fetten Ketten und einem SL vor die Disco fährt? Das geht nicht durch normale Arbeit.

Warum gibt es keine Bewegung gegen Prostitution?

Tamer: Wer sollte das denn verhindern, das ist das älteste Gewerbe der Menschheit. Da, wo Prostitution verboten ist, gibt's viel mehr Vergewaltigungen. Wenn es das nicht geben würde, wären die Frauen auf den Straßen viel unsicherer.

Warum werden Prostituierte dann verachtet, wenn die so eine schöne gesellschaftliche Aufgabe haben?

Tamer: Die Leute wollen nicht so weit denken. Prostitution ist immer ekelhaft, die wollen halt nicht wahrhaben, dass es solche Frauen geben muss.

Warum ist schwul so ein Schimpfwort?

Christian: Schwul sein ist abnormal. Die sagen, schwul wär' angeboren, aber das glaub' ich nicht.

Die Unfähigkeit jemanden zu akzeptieren, der homosexuell ist, ist ein Vorurteil wie Rassismus.

Bilal: Ja, ich will auch selber damit klarkommen, wenn ich mit einer Schwuchtel auf der Zelle liege.

Horst: Hier war ein Schwuler mit roten Haaren.

Thomas: Die haben den zum ersten Mal im Knast gefickt und als der rauskam, ging er auf den Schwulenstrich. Der kam zu mir auf Umschluss.

Du kannst dir nicht aussuchen, mit wem du auf Umschluss gehst?

Thomas: Ein Beamter kam zu mir auf die Zelle und sagte, jetzt kommt einer auf Umschluss, weil der die grüne Karte hat, also selbstmordgefährdet ist. Da kann ich nichts machen. Da steht plötzlich so ein roter Pinguin vor mir, der stockschwul ist, geht bei mir in die Zelle rein und die Tür geht zu. Der war viereinhalb Stunden bei mir auf Umschluss.

Hier war ein Schwuler mit roten Haaren

Was heißt denn roter Pinguin?

Thomas: Weil der rote Haare hatte. Ich hab' ihn ausgefragt, wie kann man schwul sein? Da hat er mir so ein paar doofe Begriffe gesagt.

Bilal: Ich kenn' keinen hier, der mit einer Schwuchtel zurechtkommt. Ich frag' mich, ob der mich von hinten so anguckt, wie ich eine Frau von hinten angucke.

Thomas: Ja, das machen die. Aber das sind nicht nur Schwule, Junkies machen das auch. Mein Spannmann war ein Junkie.

Hast du nicht selbst auch Heroin genommen?

Thomas: Zwischen 14 und 15 hab' ich mal einen Monat lang Bleche geraucht und danach hab' ich das Zeug weggelegt, weil ich gesehen habe, wie mein Bruder abgekackt ist. Jedenfalls Heroinleute, das sind welche, die haben eine große Fresse, aber nichts dahinter, die lügen und klauen. Die klauen auch hier bei dir und sagen, ich war das nicht. Jeder Junkie macht das, die sind das von draußen gewöhnt, die klauen sogar bei ihren Eltern. Das ist mir niemals eingefallen, bei meiner Mutter zu klauen. Kein normaler Mensch klaut bei seinen Eltern, aber die machen das.

Dann sind in jedem Fall hier ein paar Schwuchteln im Haus

Christian: Ich bin jetzt in der Quer-Beet-Gruppe, aber ich halte von dem Pfarrer hier nichts. Das ist eine andere Welt für mich, mit dem will ich gar nicht reden.

Miguel: Das ist so was Schwules.

Christian: Genau, deswegen. Da komme ich nicht klar mit.

Sedinam: Darf man als Pfarrer überhaupt schwul sein?

Christian: Der ist evangelisch, der darf alles, der darf auch Kinder haben.

Miguel: Komisch. Das höre ich zum ersten Mal, ein schwuler Pfarrer. (lautes Gelächter)

Die Schätzungen, wie viele schwul sind, liegen zwischen drei und zehn Prozent.

Sedinam: Das ist doch wenig.

Miguel: Das ist eigentlich genug, wenn du mal rechnest.

Christian: Dann sind in jedem Fall hier ein paar Schwuchteln im Haus.

Miguel: Ja, das könnte sein. Vielleicht ein paar Schwule, die es nicht zeigen.

Sedinam: Ja, die schämen sich.

Thomas: Wenn du schwul wärst und du würdest das hier sagen, würde keiner mehr mit dir reden. Das von dem schwulen Stricher kam auch nur raus, weil sein Spannmann den Haftbefehl gelesen hat. Der Schwule hat am ganzen Körper gezittert, als er in die Freistunde kam. Der dachte, sie machen den alle.

Christian: Ich hatte mal in meinem Freundeskreis einen, der war schwul. Der hat von mir immer Drogen bekommen. Normalerweise sagt man ja, Schwule sind von Geburt an schwul, das liegt an den xy-Chromosomen. Weil er bei den Frauen nicht landen konnte, hat er angefangen, Drogen zu nehmen, und ist schwul geworden. Vorher hat der gar nichts mit Männern gehabt. Wir haben sogar in einem Bett gepennt und auf einmal wird der schwul.

Thomas: Boah.

Wenn jetzt eine junge Frau sagt, sie ist lesbisch, ist das für euch genauso?

Thomas: Nein, für uns ist das schön, aber für die Frauen ist das Scheiße.

Christian: Lesben-Pornos sind besser als die Schwulen-Pornos.

Miguel: Was?

Christian: Ja, die sind besser gedreht, weil die nicht so weinerlich sind.

Miguel: Ja, es gibt Schwule, die sind total so, bei denen merkt man es sofort, und dann gibt's welche, bei denen merkt man nicht, dass sie schwul sind.

Es gibt im Gefängnis einige Leute, die werden knastschwul, das heißt, innerhalb der Haftzeit haben die Sex mit Männern und danach wieder mit Frauen.

Christian: Das sind meistens die Leute, die 15 Jahre gekriegt haben und Sicherungsverwahrung, die nie mehr im Leben eine Frau kriegen können. Da werd' ich doch lieber schwul, als dass ich gar nichts mache.

Im Gefängnis ist man zwangsweise in einer Männerwelt, also ohne Frauen, und man möchte das gar nicht sein. Deshalb muss man auch bestimmte Sachen von sich wegdrücken und hat deshalb weniger Kraft tolerant zu sein.

Baschar: Letztens haben wir hier MTV geguckt. In dem Film war ein Junge, der besuchte zwei andere Jungs, und die kämpfen um den. Und auf einmal küssen sich die beiden. Ich und der Hausarbeiter sagen, was machst du da, mach's mal weg. Aber Carlos und ich mussten weiter zusehen, weil der den Fernseher nicht ausgemacht hat.

Carlos: Ich war voll schockiert. Du hattest doch die Fernbedienung.

Baschar: Ich hätte das längst weggemacht.

Wenn man das noch nie gesehen hat, dann ist das doch interessant.

Baschar: Er hat das schon mal gesehen.

Carlos: Ich hatte das noch nie gesehen.

Baschar: Der Junge ist Friseur.

Abdullah: Als die Hochzeit von Elton John gezeigt wurde, hab' ich gesagt, mach' mal weg, da guckt der immer weiter.

Miguel: Ja, es gibt überall Schwule.

Bruno: Aber wenn ein Deutscher schwul ist, ist das noch lange nicht so schlimm, wie wenn ein Türke schwul ist, den schlagen alle Türken.

Miguel: Normal.

Bruno: Ja, weil das für die eine größere Schande ist als für uns Deutsche.

Miguel: Es ist auch so, Alter.

Bruno: Ich denk' das auch. Schwul sein, also einen Pimmel in den Mund nehmen, das ist die größte Schande. (Alle schreien durcheinander.)

Hat einer von euch schon mal ein Mädchen geschlagen?

Baschar: Ein paar kleine Ohrfeigen, okay, mehr nicht.

Miguel: Daran seh'n Sie auch, warum er hier ist. Was das für Auswirkungen hat.

Baschar: Wenn man seiner Freundin sagt, sie soll da nicht hingehen, und man hört später von anderen, sie ist doch dahingegangen, da hat sie doch ein paar Ohrfeigen verdient.

Miguel: Am besten du erzählst mal, was in Somalia passiert. Erzähl's doch, das ist interessant.

Baschar: Das gehört hier nicht hin.

Miguel: Doch das gehört hier hin.

Sedinam: Mit den Beschneidungen.

Wir arbeiten auch dagegen.

Sedinam: Und er befürwortet das, damit die Frauen nicht zu Huren werden.

Thomas: Huren werden nicht feucht, die machen das mit Spucke, das finde ich abstoßend. Weißt du, was die für Pimmel da reinkriegen, mal große, mal kleine, mal Negerpimmel.

Er wollte jetzt gerade etwas zu den Beschneidungen sagen.

Miguel: Ich hab' das gelesen in einer Reportage, der Kitzler wird abgeschnitten und die Vagina wird zugenäht.

Baschar: Wird nur zugenäht.

Miguel: Der Klitoris wird abgeschnitten, in Spiegel-TV hab' ich das gesehen.

Sedinam: Was sagen Sie denn dazu, Sie arbeiten doch auch dagegen.

Es gibt verschiedene Formen von Beschneidungen in bestimmten Gebieten der Türkei, in arabischen und afrikanischen Ländern. Das sind menschenfeindliche Handlungen. Man darf einem Menschen nicht gegen seinen Willen ein Stück Fleisch abschneiden.

Sedinam: Ein Stück Fleisch abschneiden, das hört sich krass an.

Miguel: Den Lustmacher, den Geilmacher.

Das kann man sein Leben lang nicht mehr ändern.

Miguel: Drannähen kann man das bestimmt nicht mehr.

Solche Beschneidungen finden auch in Deutschland statt. Du hast gesagt, wenn mich einer provoziert, da muss ich mich doch wehren? Frauen können sich meistens nicht wehren. Was macht die Frau dann in dieser Situation?

Thomas: Weinen.

Miguel: Schreien, in die Eier treten.

Baschar: Die meisten haben heute CS-Gas dabei.

Wenn eine Frau nichts dabei hat und provoziert wird, sie muss ja irgendwie damit klarkommen.

Miguel: Wer greift schon einfach 'ne Frau an? Das finde ich armselig.

Aber das gibt es. Was macht sie dann? Nimm mal als Beispiel, du begegnest einem Zwei-Meter-Mann, dem du ansiehst, da kannst du machen, was du willst, den kriegst du nicht umgehauen, was machst du dann?

Miguel: Weglaufen.

Baschar: Am Anfang nicht, erst mal mit dem kämpfen, und wenn du siehst, der ist stärker, dann hast du keine andere Wahl.

Miguel: Einen Schlag kriegt der auf jeden Fall ab.

Es ist doch keine Schande, wenn man abhaut, oder?

Miguel: Wenn der überlegen ist, dann ist es keine Schande, auf keinen Fall.

Warum ist die Disco so gefährlich?

Bruno: Weil da Jugendliche zusammentreffen, der größte Teil ist auf Drogen, dann trinken die noch Alkohol, das führt meistens zu Aggressionen. Man nimmt

Manche fahren auf Party, um sich zu prügeln

seine Freundin mit, dann wird die Freundin angeguckt, dann heißt es erst mal, was guckst du meine Freundin so an, dann will man sich unbedingt prügeln. Manche fahren auf Party, um sich zu prügeln, so kommt mir das manchmal vor. Da gibt's nicht so schnell Polizei. Da gibt's die Türsteher und höchstens einen Discoverweis.

Baschar: Das mit der Freundin geht ja noch. Bei den meisten reicht schon beim Vorbeigeh'n ein Augenkontakt, ein kleines bisschen anfassen, direkt geht's los, was rempelst du mich an? Natürlich kannst du nicht sagen, tut mir leid, du sagst, ist doch klar, ich muss hier vorbei. Du siehst direkt, dass irgendwas von dem kommt, dann kriegst du von irgendeiner Seite einen Schlag. Oder nur beim Angucken sogar,

was guckst du? Darf ich nicht gucken? Ja, aber guck' woanders hin. Wie, guck' woanders hin? Schon geht's los. Das sind alles so Kleinigkeiten.

Würdest du sagen, dass die meisten Schlägereien im Discobereich sind?

Baschar: Ja, im Discobereich.

Hast du schon mal deine Freundin geschlagen?

Bruno: Ja, leider. Ich stand auch wegen der schon mal vor Gericht.

Miguel: So ein Schweinehund.

Wenn man Geschichten hört von Kindern, die hart geschlagen wurden, dann handelt es sich oft später um Jugendliche, die sogar die Freundin schlagen, ohne dass sie es vielleicht wollen.

Miguel: Wenn ich mal was sagen darf, man sagt immer, Frauen sollte man nicht schlagen und was weiß ich. Aber eine Frau kann einen so weit bringen, bis es dazu kommt.

Gibt es Frauen, die das wollen?

Bruno: Es gibt Frauen, die kennen einen so gut, dass sie ganz genau wissen, wie sie einen auf die Palme bringen können.

Miguel: Wenn man dann eine Backpfeife verteilt, ist es ja nicht so, dass man so schlägt, wie wenn man sich mit einem Jungen prügelt. Aber dann ist man direkt ein Schwein.

Das gibt es, man provoziert eine Handlung, um sie dem anderen dann vorwerfen zu können.

Miguel: Das hat nichts mit dem Geschlecht zu tun.

Die Tatsache, dass Frauen körperlich schwächer sind, hat schon eine Bedeutung.

Miguel: Dann können die auch mal ruhig sein und sich dementsprechend verhalten. Ich meine, jeder darf sagen, was er denkt, aber wenn die asozial werden, dass die nicht mehr die Grenzen kennen, dann kann man die vielleicht mit einer Backpfeife mal auf den Teppich bringen. Ich weiß, das ist nicht gut, auf keinen Fall. Aber wenn man sehr viel Gewalt in seinem Leben kennengelernt hat, dann kennt man das nicht anders.

Ich hab' nichts gegen dicke Frauen, sind nur nicht mein Typ

Habt ihr in der Disco eure ersten Freundinnen kennengelernt?

Baschar: Ach, es gibt genug Mädchen, in der Disco, in der Stadt. Man lernt leicht Mädchen kennen.

Oder in der Schule?

Baschar: Ja, kommt drauf an, wie die aussehen. Ich hatte mal einen Freund, der hatte einen Hauswirtschaftskurs gemacht, da waren in der Klasse von 24 Schülern 22 Mädchen. Und er hat nicht eine davon klargemacht. Da war dann immer das gleiche Gespräch mit dem, bei 22 Mädchen, das kann doch nicht sein, dass die alle nicht hübsch sind, da können zwei, drei Atzsen dabei sein, aber bestimmt auch fünf, sechs normale und auch ein paar schöne.

Was heißt denn Atzsen?

Baschar: Atzsen, das sind die Hässlichen, und Bratzsen, das sind die komplett Zerstörten, die man nicht mal angucken kann.

Würdest du auch zu einem Jungen sagen, der ist ein Atzse oder ein Bratzse?

Baschar: Bah, ich guck' doch nicht Jungen an, bei Jungen würde ich sagen, guck' mal, dieser Otto, wie der aussieht.

Habt ihr das schon mal gehört, Adse? (Die anderen nicken.)

Baschar: Wenn man nicht so hübsch ist, dann kriegt man auch keine hübsche Frau. Mein Freund wollte auch keine Dicken, deswegen hat er lieber die Finger davongelassen.

Aber es gibt Gesellschaften, wo dicke Frauen das Schönheitsideal sind.

Baschar: Ja, die gibt's. Ich hab' nichts gegen dicke Frauen, sind nur nicht mein Typ. Wenn ein Freund mit einer dicken Frau zusammenlebt, dann mach' ich den schon fertig, da sag' ich, verpiss' dich du Idiot, wieso bist du mit so einer Bradse zusammen?

Im Ernst?

Baschar: Das bezieht sich doch auch auf mich. Sagen wir mal, ich bin mit dem in der Stadt und da begegnet uns die Freundin, und der lässt die dann nicht einfach weitergeh'n, klar, und die will auch mitkommen. So, dann sind wir in einem Café und ich guck' mir andere Frauen an und die denken sich, was macht der mit so 'ner dicken Sau.

Sau ist ein übles Schimpfwort.

Baschar: Ja, ich sag' das nur so, hier ist ja niemand Dickes, sind auch keine Frauen da. Keiner will was mit einer dicken Sau zu tun haben. Ich hab' auch eine gute Freundin, die ist auch ein bisschen dicker, das ist doch kein Problem, aber eine Beziehung ist nicht sehr wahrscheinlich.

Stell' dir vor, du heiratest und nach einigen Kindern wird deine Frau dick.

Baschar: Die müsste dann abnehmen. (Gelächter)

Würdest du dich scheiden lassen, weil sie dick geworden ist?

Baschar: Nein, nein. Erstens hab' ich Kinder mit der, zweitens sind wir zusammen. Scheiden nicht, aber auf jeden Fall würde ich ein bisschen was ändern.

Woher kommt es, dass man Frauen, die Junkies waren, so verachtet?

Carlos: Ich denk' mal, mit Marihuana oder Gras fängt das an und dann steigert sich das, Probleme im Freundeskreis oder in der Schule, da werden die gemobbt.

Es gibt Frauen, die kennen einen so gut, dass sie ganz genau wissen, wie sie einen auf die Palme bringen können

Baschar: Das fängt ganz locker an, mit 14, 15.

Carlos: Das sind keine lockeren Probleme.

Baschar: Mit 14, 15 fangen die an zu kiffen, dann kriegen das die Eltern mit und schmeißen sie raus, die Kinder kommen ins Heim. Im Heim werden die noch schlimmer und irgendwann landen die auf der Straße, mit 16, 17. Die haben kein Geld, keine Drogen, nichts, dann verkaufen die ihren Körper. Sie haben keine andere Chance, um die Drogen kaufen zu können.

Aber was sagst du dazu, dass die meisten Junkie-Frauen als Kinder missbraucht worden sind?

Baschar: Ja, davon gibt es viele.

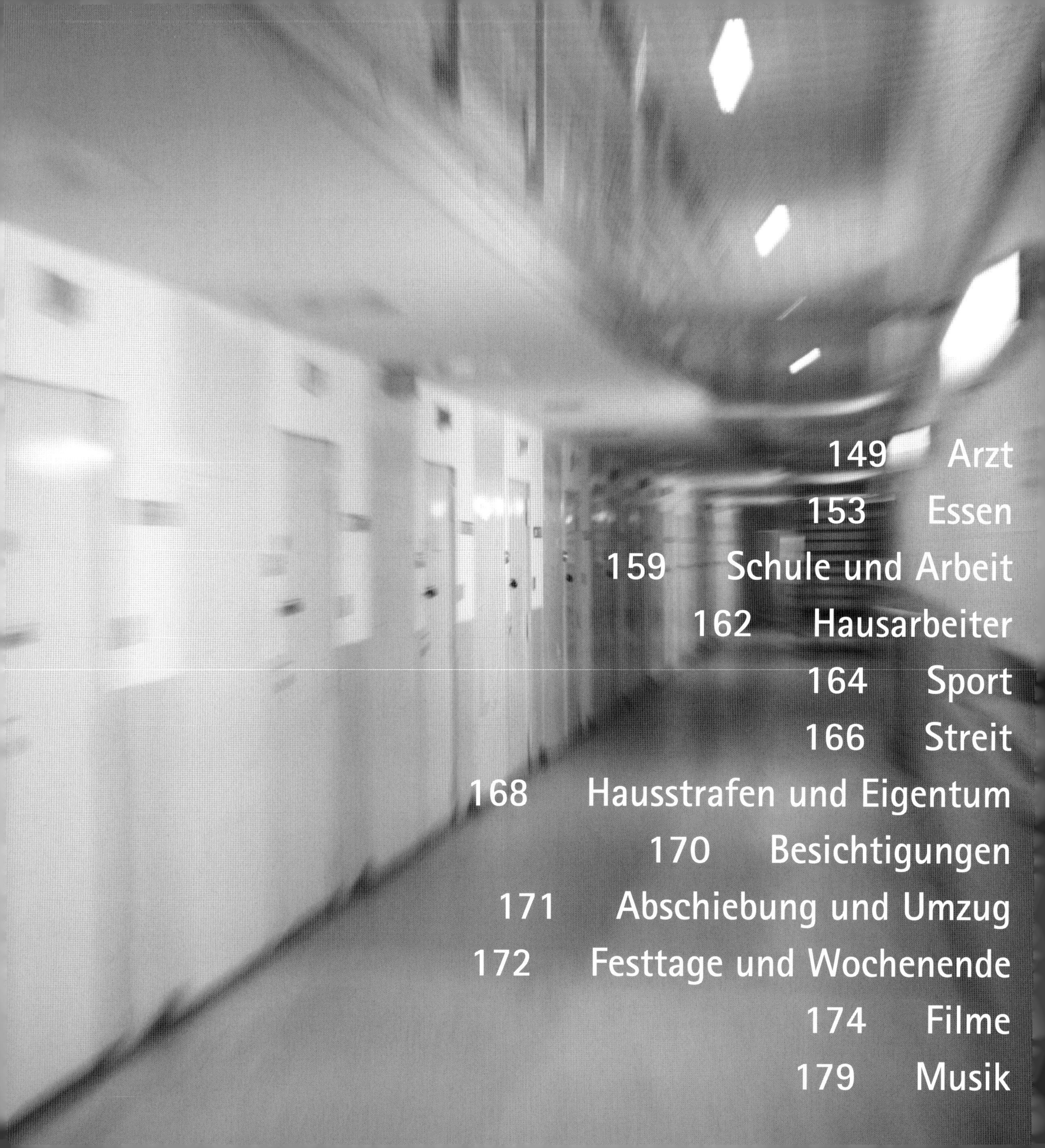

Thomas: Manchmal gibt's das Abendessen schon um drei Uhr, dann kommt ein Beamter und gibt dem drei Schlaftabletten und sagt, er soll die sofort schlucken, um vier ist der dann am Schlafen. Normalerweise kriegst du die abends um acht, neun Uhr, dann kannst du wenigstens nachts schlafen. Viele, die auf Heroin waren, können nachts nicht schlafen. Und dann kommen die Beamten eine Stunde später noch mal und wollen Methadon verabreichen. Sobald die Tür aufgeht, bist du sofort wieder hellwach und kannst nicht mehr schlafen.

Christian: Das ist der reinste Schwachsinn. Wenn die kein Methadon mehr nehmen, dann sind die noch mehr auf Turkey, als wenn die kein Heroin nehmen.

Ismail: Ich hab' immer so Träume gehabt, da hab' ich abends um sechs Uhr Tabletten genommen. Danach war mein Kopf direkt blackout.

Kennst du den Namen dieser Tabletten?

Ismail: Nee, das wollte ich wissen, aber die haben mir das nicht gesagt. Es gab nur ein Gespräch und danach nur Tabletten, aber die haben mir geschadet. Ich hatte einmal keine Tablette genommen, da war ich auf einmal am Zittern, deshalb hab' ich gesagt, Ende, diese Tabletten nehm' ich nicht mehr. Zuerst konnt' ich nicht schlafen, aber dann ging's wieder. Die Leute denken oft, ich nehm' Schlaftabletten, dann geht der Tag schneller vorbei, aber Tabletten schaden.

Viele hier tauschen ihre Tabletten gegen Tabak

Abdullah: Ich hab' mal Schlaftabletten genommen, aber nur einmal im Monat.

Ismail: Ich hab' drei Stück gesammelt, und die hab' ich an Silvester zusammen genommen. Ich hab' gedacht, Silvester, das kann ich mir nicht antun. Ich bin eingeschlafen und um halb vier wieder aufgestanden und hab' zum Fenster rausgeguckt. Überall lagen Decken, Klopapier, alles Mögliche lag auf dem Hof. Da hab' ich das Fenster wieder mit meiner Decke zugehängt.

Wenn man dir schon so ein schweres Medikament gibt, warum wird dann nicht darauf geachtet, dass du das auch wirklich nimmst? Da kann man sich doch umbringen, wenn man viele sammelt.

Andreas: Bei manchen Leuten machen die richtige Kontrolle, ob die das auch wirklich einnehmen.

Ismail: Manche juckt das nicht.

Abdullah: Viele hier tauschen ihre Tabletten gegen Tabak.

Thomas: Meine Zahnschmerzen wollen nicht weggehen, ich hab' mir selber einen Backenzahn gezogen, mitten in der Nacht, und jetzt hab' ich noch die Wurzel drin und ein ganz kleines Stück Zahn. Der Zahnarzt kommt nicht. Heute Abend, wenn ich nicht schlafen kann, schlag' ich solange gegen die Tür, bis die mich rausholen.

Bruno: Ich war vor zwei Monaten beim Zahnarzt. Ich hatte hier ein Loch und jetzt hab' ich hier auch noch ein Loch. Und was macht der? Er holt seine Flex und fängt an, an mir rumzubohren und macht so eine billige Füllung rein. Dann hab' ich gesagt, was ist denn mit diesem Loch hier? Da hat er gesagt, wir haben jetzt keine Zeit, es sind noch anderen Leute dran, kommen Sie in drei Wochen wieder.

Das heißt, er sieht ein offenes Loch und behandelt es nicht?

Thomas: Da oben hab' ich zwei Löcher gehabt, genau in der Mitte vom Zahn. Ich bin vor drei Monaten da hingegangen, da hat der das sauber gemacht und Plomben eingesetzt.

Baschar: Bei mir hat er eine Füllung reingetan und gesagt, zwei Stunden darfst du nichts essen. Okay, zwei Stunden nichts essen. Später, als ich esse, merke ich, ich kann an der ganzen Seite nichts essen, meine ganze Zunge tut weh, die Berührung mit dem Zahn war voll spitz. Am nächsten Tag esse ich Brot und da sehe ich, die Plomben sind wieder rausgekommen.

Thomas: Bei mir sind die auch beim Zähneputzen rausgefallen.

Wenn man hier einen Arzt braucht, ist man wirklich aufgeschmissen

Baschar: Vor zwei Monaten hab' ich einen Antrag geschrieben. Bis heute kam ich nicht zum Arzt.

Bruno: Bei mir muss sehr viel mehr gemacht werden, ich hab' eine richtige Zahntrümmerlandschaft. Das ist voll der Friedhof. (Alle lachen.)

Bruno: Das muss unbedingt gemacht werden. Bei mir muss dringend eine Brücke gemacht werden. Ich bin auch einverstanden, dass ich mit Hand- und Fußfesseln raus zum Zahnarzt gebracht werde. Ich kann kaum noch kauen.

Hast du das deinem Anwalt gesagt?

Bruno: Meine Anwältin sagt, da kann man nicht viel machen.

Bernd: Klar kann sie was machen, Anzeige kann sie machen.

Wenn du Schmerzen hast und nicht behandelt wirst, dann ist das Körperverletzung. Du hast einen Anspruch auf eine Behandlung, die dir die Schmerzen nimmt.

Ich will nur, dass mein Bein wieder richtig schön wird

Thomas: Ein Zahnarzt von hier ist abgehauen und der andere kommt nicht mehr, bis die Praxis komplett neu gemacht worden ist und bis hier wieder ein zweiter Zahnarzt ist. Der ist zwei Monate zu Hause geblieben. Deshalb wurden die von Haus 6 mit dem Transportbus nach Fröndenberg zum Zahnarzt gefahren.

Baschar: Seit eineinhalb Monaten kann ich nicht richtig essen. Ich nehme Zahnschmerztabletten, aber die nützen nichts.

Thomas: Für alle Schmerzen, die wir haben, kriegen wir die gleiche Salbe.

Bernd: Voltaren-Salbe.

Baschar: Die ist aber super.

Bruno: Jeden Abend sag' ich den Beamten, ich brauch' was gegen Zahnschmerzen. Ich geh' denen schon auf die Nerven, was soll ich machen? Wir schreiben dich in die Notfallliste, sagen die jetzt.

Thomas: Stimmt, du stehst auf der Notfallliste.

Was bedeutet diese Notfallliste?

Thomas: Wenn morgens die Tür aufgeht und ich sag' denen, ich muss zum Arzt, dann fragt der, ist es schlimm, und wenn ich ja sage, komm' ich auf die Notfallliste. Da stehen immer ein paar Leute drauf.

Jetzt möchte ich von dir hören, wie es beim Zahnarzt war.

Bruno: Er hat mir irgendwas reingetan. Ich hab' dem auch gezeigt, dass hier oben alles fest und hart ist. Da sagt der, das wäre nur eine Entzündung. Da hat er mir eine Salbe draufgetan, was ich schon mal komisch fand. Dann hat er gesagt, komm' in vier Wochen wieder.

Komm' in vier Wochen wieder?

Bruno: Ja, in vier Wochen hat der gesagt. Daran glaub' ich erst mal hundertprozentig nicht. Dann hab' ich gesagt, was ist mit dem anderen Zahn? In vier Wochen hat der gesagt. An manchen Abenden ist das mit den Zahnschmerzen gut, aber vorgestern hatte ich wieder starke Schmerzen, deshalb bin ich auf Ampel gegangen. Da hat der Beamte zweieinhalb Stunden gebraucht, bis er bei mir war. Da kriegst du so einen Hals.

Miguel: Wenn man hier einen Arzt braucht, ist man wirklich aufgeschmissen.

Bruno: Ich weiß nicht mehr, was ich machen soll, ich hab' ja keine Zähne mehr. Ich erklär' dem das, aber er sagt immer, nächstes Mal in vier Wochen.

Baschar: Ich war auch beim Zahnarzt mit einer dicken Backe. Der fragt, wo tut's weh? Ich sag' dem, auf beiden Seiten. Da hat der rumgebohrt und ein Loch zugemacht. Dann hab' ich gesagt, ich hab' auch auf der anderen Seite ein Loch, das tut auch weh. Da sagt er, da kann ich jetzt nichts dran ändern, kau' mit der anderen Seite und komm in vier Wochen wieder. Wie soll ich mit der anderen Seite kauen, wenn ich hier auch ein Loch habe, das wehtut? Ich hab' heute einen Antrag rausgegeben an den Bereichsleiter, und kurz bevor ich zur Schule gegangen bin, hab' ich ihm das gesagt. Jetzt guck' ich mal, was der da macht.

War bei dir auch schon mal sowas?

Bernd: Ich hab' sechs Monate auf die Behandlung gewartet. Letzte Woche war ich in Fröndenberg und wurde am Zahn operiert. Mein Anwalt musste erst mal eine Beschwerde schreiben.

Baschar: Bei so vielen Leuten sind die Zahnärzte nur dienstags und donnerstags da, und die arbeiten auch nur zwei Stunden.

Bernd: Es sind zu viele Leute. Der Zahnarzt meinte auch selber, ich kann nicht dafür garantieren, dass jeder immer drankommt. Es ist halt eine lange Wartezeit.

Aber da kann man ja nichts machen

Bruno: Aber wenn einer drankommt, dann muss er wenigstens komplett behandelt werden. So wie bei mir, die haben den einen Zahn vorne gezogen und seh'n, dass ich da vorne voll die Probleme hab' und dann sagt der, ich muss vier Wochen warten.

(Ismail hatte sich beim Fußball vor drei Wochen das Bein gebrochen und kam heute auf Krücken erstmals wieder in die Gruppe.)

Ismail: Wir sind beim Fußballspielen kollidiert. Ich hab' den Beamten zugerufen, holen Sie schnell den Sani, aber es ist sehr lang keiner aufgetaucht. Die wollen mir erzählen, der hätte erst noch in Haus 7 behandeln müssen, aber das ist doch der größte Unfall. Die tun so, als ob noch so ein Unfall gewesen wäre. Der muss doch hierhin laufen und provisorisch eine Schiene machen. Zur Begründung haben die gesagt, ich hätte geschrien, deswegen hätten die mich nicht angefasst. Mein Schienbein und mein Wadenbein waren gebrochen. Das Bein war komplett krumm, da hatten sich die Nerven verklemmt, und da hat keiner was gemacht. Das Bein hätte sofort gerichtet werden müssen.

Tamer: Das war so absurd, das können Sie sich gar nicht vorstellen. Der liegt da vorne, ich steh' dabei und sag' denen, rufen Sie doch einen Sani. Der Beamte sagt, ich schwöre es bei meiner Mutter, er kann jetzt gerade nicht kommen. Keiner ist in die Nähe gekommen, alle standen einfach so da und haben von Weitem geguckt, das war schockierend. Stellen Sie sich mal vor, da wäre irgendetwas Schlimmeres gewesen, wenn da einer 45 Minuten liegt, dann ist er tot.

Ismail: Es waren unheimliche Schmerzen, aber ich hab' keine Träne vergossen, ich hab' geschrien, aber keine einzige Träne.

Tamer: Ein Indianer kennt keine Schmerzen.

Ismail: Ich hab' meine Hände so ins Gras gekrallt und meine Zähne zusammengebissen. Aber manchmal überkamen mich richtige Schmerzen, dann hab' ich geschrien. Ich hab' versucht zu atmen, und dann ist Carlos mit Wasser gekommen, da ist es mir ein bisschen besser geworden. Die Häftlinge sind gekommen und haben mir Wasser in den Nacken gegossen. Als das passiert ist, hab' ich mich nicht mehr als Mensch gefühlt, echt, ich dachte, ich bin so ein Tier, das so daliegt und rumschreit. Der Krankenwagen ist nach 45 Minuten gekommen, und die haben sofort mein Bein gerichtet. In den drei Wochen im Krankenhaus hab' ich zehn Kilo abgenommen. Jetzt hab' ich immer noch Probleme, zum Beispiel ist es sehr schwer, auf die Toilette zu geh'n. Die Zelle ist sehr klein, da gibt's keine großen Möglichkeiten.

Ich dachte, ich bin so ein Tier, das so daliegt und rumschreit

Tamer: Der Anwalt hat Schmerzensgeld eingeklagt, kann er das kriegen?

Ismail: Ich will gar kein Geld haben, ich will nur, dass ich in ein Krankenhaus komme, dass mein Bein wieder richtig schön wird, dass ich meine Gymnastik machen kann, dass ich mal wieder diese Scheißkrücken weglegen kann.

Tamer: Ich bin jetzt mit ihm zusammen, und da haben wir gefragt, können wir nicht in eine Drei-Mann-Zelle? Das haben die abgelehnt.

Ismail: In Fröndenberg hab' ich jeden Tag Krankengymnastik gemacht, und die haben gefordert, dass ich das weitermachen muss. Und hier sagt der Arzt, das kannst du auf der Zelle machen. Seitdem ist mein Fuß nicht mehr besser geworden. Ich bin zwanzig Jahre alt und kann meinen Fuß nicht mehr benutzen. Ich war ein leidenschaftlicher Sportler. Sehen Sie mal, wie dieser Thrombosestrumpf zerrissen ist. Ich geh' zum Arzt und sag' dem, ich brauch' einen neuen, da sagt der, du kannst dir den zusammennähen. Also solche Sprüche, und die Verbände muss ich selber wechseln, mit meinen Händen, ich hab' keine Ahnung davon. Ich hab' Angst, dass sich das entzündet, da ist immer noch Blut, das Loch ist immer noch offen. Hygienisch ist das Scheiße. In zwei Wochen hab' ich Gerichtsverhandlung, deshalb hab' ich eine sehr große psychische Belastung. Ich kann keinen Sport machen, keine Arbeit, gar nichts, das ist schrecklich. Aber da kann man ja nichts machen.

Vielleicht hast du auch Glück, dass die Richter davon beeindruckt sind, was sie sehen.

Tamer: Das hilft bestimmt.

Ismail: Ich weiß nicht, an was ich denken soll, an meine Verhandlung oder meinen Fuß, es ist voll kompliziert. Wenn ich schlafen gehe, die Matratze ist sehr dünn, wenn ich mich umdrehe und mein Knie kommt dran, dann tut das richtig weh, es ist alles noch frisch. Ich hätte nie im Leben gedacht, dass es so was hier in Deutschland gibt. Ich wusste bisher, dass es das beste Land ist bei der Krankenversorgung. Ich schwöre, draußen würden die nicht mal einen Hund 45 Minuten liegen lassen. Die Operation ist eigentlich gut verlaufen, ich hab' viel Blut verloren und war deshalb zwei Tage in Beobachtung und drei Tage am Schlauch. Gott sei Dank, das hab' ich jetzt überwunden.

Warst du mit deiner Behandlung in Fröndenberg einverstanden.

Ismail: Nein, mir ist da was passiert. Am

Freitag wurde ich operiert und am Sonntag hatte ich Besuch von meinen Eltern. Dann kommt ein Typ zu mir und sagt, du hast Besuch. Ich sag' zu dem, können Sie mir helfen aufzustehen, und da hat der zu mir gesagt, das musst du jetzt selber schaffen. Er hat einen Rollstuhl angeschleppt, und mit viel Schmerzen hab' ich versucht, mich in den Rollstuhl zu setzen. Ich bin mit dem Rollstuhl ein paar Mal gegen die Wände geknallt. Bis zum Besucherraum musste ich ganz alleine fahren. Am Ende bin ich richtig ausgerastet, ich hab' zu dem gesagt, komm´ noch einmal in meine Nähe, ich bring' dich um. Bei der Rückfahrt hat mich eine Schwester gefahren. Die hat mir bei allem Möglichen geholfen, das war richtige Pflege. Da sieht man den Unterschied zwischen einem normalem Krankenhaus und einem Häftlingskrankenhaus.

Hier in Köln warst du in einem normalen Krankenhaus?

Ismail: Ja, in Ehrenfeld.

War da immer eine Wache aus dem Knast dabei?

Ismail: Da war einer, der hat mich mit Fußschellen ans Bett gebunden. Ich hab' zu dem gesagt, können Sie das nicht wegmachen, ich muss mich doch ein bisschen bewegen können. Nein, tut mir leid, das kann ich nicht machen, hat der gesagt. Da musste ich damit klarkommen.

Ich rate dir, hör' auf zu rauchen, solange, bis alles ausgeheilt ist.

Ismail: Mein Vater hat mir eben beim Besuch gesagt, wenn du mich liebst, dann rauchst du nicht mehr.

Hast du Einkauf gehabt?

Ismail: Ja, ich kann jetzt jeden Tag Nudeln essen und gestern haben wir angefangen, Gymnastikübungen auf der Zelle zu machen. Ich wollte nicht mal, dass so was meinen Feinden passiert. Im Krankenhaus überlegt man sich auch, ey Alter, was hast du gemacht. Ich hab' ja auch andere verletzt, die haben bestimmt genauso gelitten, das hab' ich mir gedacht.

Selim, was hast du am liebsten in den Paketen, die man hier dreimal im Jahr haben darf?

Selim: Beim Einkaufen hab' ich ja so alles Mögliche, was ich hier brauche, deshalb möchte ich im Paket Süßes und Saures, was ich hier nicht kaufen kann. Ich lass' mich auch immer überraschen.

Andreas: Ich krieg' zum Beispiel m&m, ich liebe m&m.

Selim: Ja, so was.

Andreas: Was krieg' ich noch, Chips und Flips von guten Firmen. Draußen gibt`s so Flips, die sind gewürzt und scharf. Ich krieg' auch so Schinkenstreifen, geile Sachen.

Selim: Hier drin gibt's nur die Billigwaren, von allem das Billigste.

Andreas: Alles ist gut und günstig. (Gelächter)

Selim: Schade, dass man kein Fleisch reinbringen kann.

Wenn du jetzt dein Sechs-Kilo-Paket auf die Zelle trägst, wie lange hält das?

Selim: So zwei, drei Tage bestimmt. (Gelächter) Mein Spannmann ist ja auch noch da. Vielleicht hält's auch länger, ich hab' ja noch nie sechs Kilo auf ein Mal bekommen. Ich krieg' ja das Oster- und Geburtstagspaket zusammen. Voll die Schokolade, sechs Kilo Schokolade, mal angucken.

Andreas: Ich hab' einen Fehler gemacht. Als ich im Dezember hier reinkam, hab' ich die Jahrespaketmarke und die Weihnachtspaketmarke gleichzeitig beantragt und hab' alles weggefressen, weil ich dachte, im neuen Jahr kann man direkt wieder ein neues Jahrespaket beantragen. Aber da sagte der Beamte, ein neues Jahrespaket gibt es erst, wenn man ein Jahr in Haft war. Jetzt muss ich warten.

Was hälst du vom Essen hier?

Thomas: Das Essen ist komisch im Knast. Erst mal kriegen die Mohr extra Essen. Das deutsche Essen ist ohne Geschmack, jedesmal das Gleiche und die Kartoffeln sind ungeschält. Manchmal ist das Fleisch nicht richtig durchgebraten. Das ist nicht

Einfach Scheiße, Knastessen eben

roh, das ist wie Leder, da kann man nicht richtig reinbeißen. Die Deutschen kriegen so eine 0,5 Millimeter dicke Scheibe Schinken und die Mohr kriegen Frikadelle, Schnitzel gebraten. Wie heißt das mit Drumherum?

Bilal: Bratwurst.

Thomas: Bratwurst und Hähnchen. Ich hab' schon einen Antrag auf Mohr-Essen gestellt. Die Suppen für die Deutschen, da ist alles Mögliche drin. Die Mohr-Leute kriegen Nudelsuppe.

Bilal: Gemüse und ein bisschen Hähnchen.

Ist das auch dein Eindruck?

Bilal: Ja, das stimmt, die kriegen viel besseres Essen.

Thomas: Die Moslems kriegen zum Beispiel einen Salat. Die Deutschen kriegen Sauerkraut, Kartoffelpüree und ein Würstchen. Die Moslems kriegen Weißkohl, Kartoffelpüree und 'ne Frikadelle. Die Frikadelle ist natürlich gebraten, lecker mit Gewürz drin. Die Würstchen sind 95 Prozent zum Wegschmeißen, und das Sauerkraut ist kalt, einfach ausgeschüttet aus den Dosen und nicht mal gekocht.

Ich hab' gehört, es gibt vier Essen, für die Allgemeinheit, für Moslems, für Diabetiker und für Vegetarier. Also vier verschiedene Essen kann man bestellen.

Thomas: Nee, bestellen geht gar nicht. Die Deutschen kriegen ihr deutsches Essen, außer du sagst, ich bin Moslem.

In vielen Gefängnisfilmen sieht man, wie die Gefangenen in den Speisesaal geh'n.

Thomas: Hier wird die Tür aufgeschlossen, du gehst mit deiner Schüssel raus, das Essen wird da reingeklatscht, und die Tür geht wieder zu.

Fändest du es besser, wenn es einen Speisesaal gäbe, wo man morgens, mittags und abends gemeinsam isst?

Thomas: Eigentlich ja. Du kommst aus der Zelle raus und bist mit anderen zusammen. Viele sind auf der Zelle alleine am Essen. Als ich Doppelzelle hatte - die hab' ich jetzt wieder –, hab' ich gemerkt, dass das Essen ein bisschen Spaß macht. Aber wenn du komplett alleine am Essen bist, macht das nicht mal Spaß.

War schon mal einer von euch in Hövelhof im offenen Vollzug?

Bilal: Ich kenn' das.

Haben die da auch Einzelessen oder haben die da einen Speisesaal?

Bilal: Die essen da alle zusammen.

Oder in Heinsberg? Da ist doch so ein Wohngruppen-Vollzug.

Thomas: Die essen auch zusammen, die haben ja die Türen auf.

Nudeln, Reis, Kartoffeln, Nudeln, Reis, Kartoffeln - immer das Gleiche

Wenn du mittags mit jemandem zusammen essen wolltest, kann der zu dir auf die Zelle kommen?

Thomas: Nein, hier darfst du das nicht.

Horst: Ich sag' mal, wenn man neu hier ist, ist das eine komplette Umstellung. Man kriegt morgens nur Tee. Das Brot für das Frühstück muss man sich abends reinholen. Das Mittagessen ist auch nichts Besonderes. Es gibt manchmal Sachen, die kann man essen, und es gibt Sachen, die muss man runterwürgen. Die Soßen sind wie Wasser, weil die viel zu wenig Soßenpulver reintun, dementsprechend schmecken die auch.

Christian: Am Anfang, als ich hier hergekommen bin, war das Essen richtig gut, aber seit ungefähr ein bis eineinhalb Monaten wird es immer schlechter. Die schälen die Kartoffeln nicht mehr, da sind die zu faul für geworden, selbst in den Suppen sind die Kartoffeln nicht geschält. Nur so Sachen halt. Am Sonntag gab's gehackte Soße, das Gehackte war teilweise noch roh. Die Wurst, ich kenn' das ja von meinem Vater, der hat 'ne Metzgerei, da ist so viel Nitrit-Pökelsalz drin. Die Wurst schmeiß' ich zu 95 Prozent in den Müll, die kann man gar nicht essen. Es gab sogar schon Blutwurst, wenn man da die Pelle aufgemacht hat, ist die Blutwurst wie 'ne Soße rausgelaufen. Normalerweise muss die fest sein. Gut sind eigentlich nur der Käse und der Thunfisch. Fleisch ess' ich hier grundsätzlich überhaupt nicht, weil es entweder total verbrannt oder noch fast roh ist. Das Einzige, was man hier gut essen kann, das ist der Salat oder das Kartoffelpüree.

Horst: Schön von Mondamin.

Hubertus: Ich find' das Essen eigentlich auch Scheiße. Kartoffeln werden nicht geschält, das Fleisch kann man kaum essen, halb roh, die Soßen wie Wasser. Schlecht finde ich auch, dass man nur abends einmal Brot kriegt.

Was für Brot ist das?

Hubertus: Das kann man sich aussuchen, Graubrot, Körnerbrot oder Weißbrot. Halt das, was da ist, kann man haben.

Gibt's genügend Brot?

Thomas: Ja, genügend, ich krieg' jeden Tag zwanzig Scheiben Brot.

Christian: Hier gibt's einen, der isst teilweise achtzig Scheiben Brot.

Thomas: Zwei komplette Brote isst der.

Christian: Der hat sich beim Einkauf mal fünf Kilo Butter geholt und hat die gegessen. (Gelächter)

Bilal: Nein, nein.

Thomas: Doch, doch, ich schwör's dir, der wiegt 150 Kilo, wenn er rauskommt.

Sedinam: Ja, ich kann dem nur zustimmen, das Essen ist Scheiße, mehr kann man darüber gar nicht sagen. Einfach Scheiße, Knastessen eben.

Auch die Suppen werden direkt im Klo weggespült

Bilal: Obwohl, ich fühl' mich hier wohl. Also, manchmal gibt es wirklich Superessen. Wie gestern, da hatten wir Nudeln. Das Beste am Tag, was wir gestern gehabt haben.

Thomas: Oder Reis.

Bilal: Ja, oder Reis, Reis gab's auch einmal, das ist das Beste. Bei uns gibt's samstags und sonntags Suppe, damit kommen wir alle nicht klar.

Wie bist du mit dem Essen hier zufrieden?

Bruno: Frühstück kriegt man hier nur, wenn man arbeitet. Die kriegen jeden Morgen Wurst oder Joghurt.

Selim: Aber auch nicht immer.

Bruno: Morgens gibt's nur Tee.

Selim: Davon wird man impotent, sagen viele.

Gibt's morgens keinen Kaffee? (Gelächter)

Bruno: Die Leute würden hier im Dreieck springen. Morgens gibt's nur diesen Kamillentee und abends Pfefferminztee. Immer das Gleiche. Nudeln, Reis, Kartoffeln, Nudeln, Reis, Kartoffeln, immer das Gleiche. Reis mit Soße, mal mit Gemüse, mal Kartoffeln mit Soße, mal Kartoffelpüree.

Selim: Aber ab und zu gibt's auch mal gutes Essen.

Bruno: Das Einzige, was ich hier gut finde, sind so Schnitzel. Ich mag die Soßen nicht, die sind immer ekelerregend. Ich bin voll pingelig mit Essen, ich esse alles immer mit Ketchup, Pizza und so.

Selim: Der ist Feinschmecker, der Junge, weil er alles mit Ketchup isst.

Wenn du Diabetiker bist, dann sagst du doch, ich bin Diabetiker.

Thomas: Ja, natürlich.

Christian: Diabetiker haben doch Zucker. In dem Essen ist gar kein Zucker, das ist doch nicht gewürzt, da ist gar nichts drin, auch der Tee ist ungezuckert.

Horst: Die bekommen eine Tüte mit Obst.

Thomas: Ja, nicht mehr. Auf jeden Fall sind zwei Kiwis, zwei Birnen, eine Banane und ein Apfel drin.

Selber auf der Zelle Nudeln kochen, da muss ich noch Erfahrung sammeln

Und diejenigen, die Aids haben, bekommen die auch Obst zusätzlich?

Thomas: Das weiß ich nicht. Ich weiß auch nicht, wer hier Aids hat.

Horst: Wenn ich mir das aussuchen könnte, würd' ich auch jeden Morgen eine Tüte Obst essen. Erstens ist das gesund, und zweitens ist das mal was anderes als dieses Brot.

Bilal: Vor allem kriegen die auch Joghurt, so drei, vier Tage vor dem Ablaufdatum.

Christian: Ich hab' schon viel Joghurt gehabt, der kommt teilweise aus Ländern, aus denen ich sowieso nichts essen würde, weil die nicht unser Gesundheitssystem haben. Wir haben hier einmal Sardinen gekriegt, die kamen aus einem Land, das hab' ich noch nie in meinem Leben gehört. Da waren Gräten drin und die Schuppen noch drauf. Die haben die Sardinen einfach in die Dose geklatscht, und das geben die uns zu essen.

Die Wirtschaftsverwaltung sagt, wenn die Joghurt einkaufen, bei dem das Verfallsdatum am nächsten Tag abläuft, bekommen sie ihn billiger und können dann öfter Joghurt ausgeben.

Christian: Also, als ich hier hergekommen bin, haben die Arbeiter jeden Morgen Joghurt gekriegt, jeden Morgen, ausnahmslos, und jetzt einmal in der Woche.

Arbeitet jemand aus der Jugendabteilung in der Küche?

Thomas: In die Küche dürfen nur Erwachsene aus der Strafhaft.

Bilal: Also, wenn man hier zunehmen oder ein bisschen kräftiger werden will, da hast du keine Chance.

Thomas: Außer du kannst einkaufen, jeder Zweite kocht, der Einkauf hatte. Wenn Essensausgabe ist, hörst du die Toiletten, bschsch ..., der hat abgespült, bschsch ..., der hat sein Essen runtergespült.

Christian: Auch die Suppen werden direkt im Klo weggespült.

Warum nimmst du das dann überhaupt rein?

Christian: Weil es appetitlich aussah.

Ich hab' Jugendliche erlebt, die sich beklagt haben, dass sie hier zu dick werden wegen der Dampfkost.

Bilal: Ich hab' zuerst abgenommen, sieben, acht Kilo auf einen Schlag. Vorher sah ich ganz anders aus, jetzt nehm' ich wieder langsam zu. Das ist bei den meisten so.

Was könnte man machen, damit das Essen besser wird? Was schlagt ihr vor?

Horst: Man könnte das doch zum Beispiel so machen wie im Krankenhaus. Jede Woche bekommt man einen Zettel, wo zwei, drei Essen draufsteh'n, und jeder kreuzt sich das an, was er haben will.

Sedinam: Ja, echt.

Horst: Und das im ganzen Knast.

Bilal: Das geht schon nicht. Das Essen machen ja Inhaftierte.

Thomas: So oder so geht das nicht, weil die Küche viel zu klein für all die Häuser ist. In der Küche können höchstens zwanzig Mann arbeiten. Wie sollen die für 1200 Gefangene drei Gerichte am Tag machen?

Bilal: Doch nicht drei Gerichte für jeden Gefangenen. Jeder hat natürlich nur ein Gericht ausgesucht, und die Gerichte wurden vor einer Woche bestellt. Da kann man sich doch drauf einrichten, dass zehn Leute das eine Gericht machen, fünf machen das andere, und die anderen fünf Leute machen das dritte Gericht. Das ist ganz einfach, wenn man's will, dann kriegt man so was auch auf die Reihe.

Bruno: Das Essen ist in allen Knästen verschieden. Ich war zweimal eine Woche auf Transport in Mönchen-Gladbach. Da gab es im Unterschied zu hier richtig krasses Essen. Was ich da alles gegessen habe. Da gab's zweimal Schnitzel, da gab's voll die geilen Fleischstücke, so ähnlich wie Frikadellen, das war auf jeden Fall voll lecker, das hatte ich noch nie gegessen, auch so coole Soßen. Ich glaube, die werden aus Willich beliefert, die haben dort eine eigene Bäckerei, hab' ich gehört. Jeden Abend gab's zwei Brötchen und noch Brot dazu. Einmal gab's beim Abendessen Brezeln, für jeden drei Stück, und dann hatten die so lange Salamischeiben, die kenne ich hier gar nicht, super, wie vom Metzger. Man nimmt sich so eine Brezel, schneidet die auf, Salami drauf, voll geil. So was hab' ich hier noch nie gehabt.

Bilal: Ich hab' morgen meinen ersten Einkauf, worauf ich mich sehr freue.

Du bist erst so kurz hier?

Bilal: Ja, ich bin seit drei Wochen hier, alle anderen haben seit vier Wochen keinen Einkauf gehabt.

Ein Junge kann echt gut kochen

Kann man nicht jede Woche einkaufen?

Bilal: Jede zweite Woche, aber vor drei Wochen ist er ausgefallen, da bin ich gerade gekommen. Ich hab' gedacht, perfekt, da kann ich direkt morgen einkaufen, da ist er ausgefallen. Ich musste eben von hier leben.

Was hast du dir bestellt?

Bilal: Oh, ich hab' mir sehr viel Kellogg's bestellt, Kakao und Milch, viele Getränke hab' ich gekauft und Thunfisch. Ich hatte eigentlich vor, Nudeln zu kaufen, aber noch bin ich nicht so weit, selber auf der Zelle Nudeln zu kochen, da muss ich noch ein bisschen Erfahrung sammeln.

Miguel: Wenn mein Urteil nächste Woche rechtskräftig wird, darf ich von dem Geld, was von draußen kommt, nicht mehr einkaufen.

Habt ihr hier in Haus 8 eine kleine Küche?

Bilal: Hier gibt es keine Küche, aber dafür so 'ne kleine Kochplatte, die kann man sich mit einem Topf zusammen ausleihen und mit auf die Zelle nehmen.

Sedinam: Aber nur bei Umschluss.

Bilal: Wir sind ja hier jetzt alle zusammen, wir kennen uns. Da hat von uns jemand vorgeschlagen, einer kauft Käse, der andere Thunfisch und noch einer etwas Wurst, und dann machen wir mal für uns was. Oder es gibt doch so lange Baguettes, da kann man auch so Käse, Mozzarella, Thunfischsalat reintun und sich selber solche Brote machen.

Thomas: Ja, ein Baguette, selber belegt.

Bilal: Ja, klar. Ich hab' die Preisliste hier gesehen. Die Kelloggs's sind eigentlich billig. Die meisten Sachen sind billig.

Horst: Der Kaffee ist teuer hier.

Bilal: Kaffee hab' ich nicht geguckt. Kellogg's kosten 1,30.

Thomas: Alles ist teurer geworden.

Wisst ihr, wie viele Leute hier drin arbeiten? Also die Leute in Uniform, die Leute von der Verwaltung, die Fachdienste wie Sozialarbeiter und Psychologen.

Christian: Vierhundertfünfzig.

Fünfhundertfünfzig. Für die gibt es ja auch ein Essen. Über der Pforte ist eine kleine Kantine, die ist für diejenigen, die hier arbeiten und mittags hier essen wollen. Wird dieses Essen auch von der allgemeinen JVA-Küche geliefert?

Christian: Nein, das ist extra, die haben eine eigene Küche. Die wird von einem von draußen betrieben, und die verdienen hier ein Heidengeld damit.

Draußen gibt es doch Großküchen, zum Beispiel in der Uni-Mensa, da werden Tausende von Essen gekocht, und das ist doch auch schmackhaft.

Christian: Das wär' hier auf jeden Fall auch möglich. Ich hab' gehört, dass der Anstaltsleiter pro Mann und pro Essen am

Ich esse alles, was von draußen kommt

Tag sieben Euro fünfzig zur Verfügung hat. Wenn man zusammenrechnet, was wir kriegen, dann ist das höchstens drei Euro wert. Da fehlt über die Hälfte. Mit dieser Hälfte könnte man viel machen, zum Beispiel mal Gewürze kaufen.

Horst: Was heißt hier sieben Euro fünfzig. Meinst du, das Brot ist umsonst, das du morgens kriegst? Meinst du, das kostet nichts? Es müssen ja auch die Löhne bezahlt werden.

Christian: Aber das machen doch alles Gefangene. Die kosten doch nicht viel.

Wie würdest du das machen, wenn du Spaghetti kochen willst?

Thomas: Da hab' ich eine leere Milchtüte von einem Liter, die mach' ich bis oben voll mit Wasser, stelle die Tüte auf das Waschbecken und steck' den Tauchsieder rein. Das Kabel vom Tauchsieder reicht genau von der Steckdose runter bis zum Waschbecken. Wenn das Wasser kocht, nimmt man den Tauchsieder raus und schüttet die Nudeln rein. Zwischendurch muss man dann immer mal rühren. Damit du richtig rühren kannst, ist es am besten, wenn man zwei Gabeln nimmt und die umgekehrt an den Stielen zusammenbindet, dann hat man einen richtig großen Rührstab. Das machst du 15 Minuten lang und rührst dabei alle drei, vier Minuten rum, dann sind die Nudeln gut. Die Soße macht man mit ´nem Brenner.

Bruno: Bei mir haben sie vor zwei Tagen einen Brenner gefunden.

Was ist denn ein Brenner?

Bruno: Man nimmt eine Thunfischdose und ein Küchentuch, macht ein bisschen Öl dran, damit es nicht ganz so schnell verbrennt und tut alles in die Dose rein. Fertig ist der Brenner. Dann nimmt man zwei andere, größere Dosen und stellt den Suppenteller oder einen Topf drauf, das ist die Halterung. Auf den Platz zwischen den Dosen kommt der Brenner, den muss man vorher anzünden, dann geht die ganze Hitze an den Teller oder Topf.

Miguel: Ich hatte einen Brenner, da wurde Zellenkontrolle gemacht, und der wurde gefunden. Deshalb hab' ich Pop Shop bis gestern gehabt, vier Tage lang.

Bernd: Ich hatte nur einen Tag.

Baschar: Ich zwei.

Bruno: Weil bei mir der Teller schwarz war, hat der mich gefragt, wo ist der Brenner? Ich hab' zuerst überlegt, ob ich ihm den geben soll. Was ist, wenn der ihn dann findet? Also hab' ich ihm den Brenner gegeben, alles klar, Pop Shop, aber nur einen Tag komischerweise.

Thomas: Die Somalier schreien die ganze Nacht am Fenster, Hunger, Hunger. Mein letztes Nusspli hab' ich dem gegeben. Ich hab' nichts mehr zum Schmieren, trotzdem geb' ich das morgens raus mit einem Zettel, wo ich seine Zellennummer draufgeschrieben habe, und sag' zu dem Beamten, geben Sie das dem Somalier, der ist am Verhungern.

Bilal: Wir haben für einen den Tauchsieder klargemacht, aber bis wir ihm die Nudeln pendeln konnten, vergingen zwei Stunden. Von unten irgendwie nach oben, dann nach links, und einer kann dann nicht pendeln.

Konnte man da nicht einfach den Beamten fragen?

Bilal: Doch, es gibt Beamte, wenn die seh'n, dass wir pendeln, sagen die, gib mal her und tragen das dem hin. Als der dann endlich alles hatte, fragt der, was er jetzt damit machen soll. Da hab' ich ihm gesagt, jetzt kannst du Nudeln kochen. Dann musste ihm einer von uns erst mal erklären, wie das geht.

Bruno: Beim Einkauf kann man sich Nudeln bestellen mit Tomatenmark, aber das hängt mir auch schon zum Hals raus. Da beschäftigt man sich mit solchen Dingen und wird langsam voll behindert.

Selim: Ein Junge kann echt gut kochen, der macht immer Pizza für's ganze Haus. Das ist mein neuer Spannmann, mit dem werde ich nie hungrig sein.

In Haus 9 habt ihr doch eine kleine Gemeinschaftsküche?

Selim: Ja, wenn Umschluss ist, kann man hier in die Küche gehen, schon korrekt.

Da kauft man sich frischen Knoblauch und Zwiebeln, damit kann man jedes Essen verbessern.

Bruno: Ich hasse Zwiebeln.

Aber da sind Vitamine drin. Honig zum Beispiel ist auch gesund.

Selim: Honig hab' ich noch vom letzten Einkauf. Also, wenn man hier keinen Einkauf hätte, würde man voll abkacken.

Bruno: In Düsseldorf, da kannst du selber einkaufen gehen, da kannst du selber gucken, was du haben willst, da gibt's alles, da kriegst du zum Beispiel auch diese Milka-Schokolade.

Ich kann lernen, hätte ich das draußen gemacht, wäre ich jetzt Anwalt

Warum wird so gerne Popcorn gegessen?

Abdullah: Weil wir die hier nicht kaufen können. Chips können wir kaufen.

Soll ich beim nächsten Mal Popcorn mitbringen?

Selim: Ja, Popcorn mit Zucker.

Abdullah: Nicht mit Salz sondern mit Zucker.

Bruno: Am Donnerstag gibt's hier Pizza.

Carlos: Zum Mittagessen.

Selim: Ich hab' es noch nie erlebt, dass es hier drin Pizza gibt.

Carlos: Letztes Mal gab's ein halbes Hähnchen, boh. Ich hab' mir sogar die Finger abgeleckt. Ich liebe fettiges Essen, von dem ich so richtig schön dick werden kann.

Bruno: Ich esse alles, was von draußen kommt.

Die Jacke, die du jetzt anhast, ist das eigene Kleidung? (Alle lachen.)

Bruno: Die darf man hier nicht haben. Ich hab' mir vom Parka das Innenfutter rausgeknöpft.

Thomas: Hier ist es auch kalt.

Sind die Heizkörper warm?

Bruno: Es reicht nicht aus. Ich muss immer das Fenster offenlassen in der Doppelzelle, sonst wacht man morgens auf und alles stinkt nach Qualm.

Ihr raucht ja auch alle auf Zelle, Wahnsinn eigentlich.

Bernd: Wir rauchen nicht, wir vernichten.

Thomas: Bei uns wird Kette geraucht.

Was kriegst du in diesem Hauswirtschaftskurs beigebracht?

Baschar: Ein bisschen mehr Deutsch lernen. Ich bin seit zwei, drei Jahren nicht mehr in die Schule gegangen und jetzt kommen wieder diese Adjektive, Substantive und die Klein- und Großschreibung. Man macht dort immer das Gleiche, Rezepte schreiben. Wir kriegen Blätter und haben pro Tag so drei Rezepte auf als Hausaufgaben.

Wo findet euer Hauswirtschaftskurs statt?

Baschar: In der Frauenabteilung.

Thomas: Aber man darf da nichts machen, die Lehrerin ist ...

Baschar: ... diese Lehrerin ist bescheuert.

Thomas: Man darf nicht mit den anderen reden, man soll immer mit zwei Leuten in einer Reihe gehen, man darf nicht stehen bleiben, man soll immer bei der Lehrerin bleiben, man darf keinen Meter zu weit gehen und in der ganzen Schulstunde darf man nicht rauchen.

Baschar: Auch wenn die sich unterhält, müssen wir neben der stehenbleiben.

Thomas: Wir beide gehen meistens nebeneinander als Erste voran, da sitzen dann Weiber auf einer Bank im Gang, und die Häßlichste sagt zu uns, ihr könnt euch freuen, dass ihr im Frauenhaus seid.

Baschar: Ich guck' die an und sage, dicke Sau, guck' mal, wie du aussiehst, meinst du, über dich freuen wir uns oder was? Damit es kein Palaver gibt, sind wir einfach weitergegangen. Die Lehrerin ist dann neben denen stehen geblieben und hat sich mit denen unterhalten. Dann hat sie versucht, uns fertig zu machen.

Aber man kommt doch raus aus dem Kabüffchen

Thomas: Sie hat gesagt, noch mal, dann fliegt ihr raus.

Warum sagst du dicke Sau?

Thomas: Die sitzt da, voll geschminkt, enge Klamotten an und meint wirklich, die wäre voll hübsch.

Baschar: Und dann bringt sie diesen Spruch, ihr könnt euch freuen, dass ihr im Frauenhaus seid.

Sie hat recht, ihr könnt wirklich froh sein, dass ihr im Frauenhaus sein könnt, das gibt es nur in Köln. Wie viele seid ihr in dem Kurs?

Thomas: Acht, vier von Haus 8 und vier von Haus 10. Jeden Tag drei Stunden, von neun bis halb zwölf.

Bekommt ihr eine Bezahlung?

Thomas: Für eine Woche haben wir 17 Euro bekommen.

Baschar: Im Monat kriegen wir 65 Euro.

Bernd: Hört sich doch gut an.

Baschar: Normalerweise geht so ein Kurs drei Monate, aber dieser nur zwei.

Bekommt ihr ein Zeugnis?

Thomas: Wir können den Hauptschulabschluss Klasse 9 kriegen, wenn wir drei Kurse mitmachen. Den Hauptschulabschluss Klasse 10, wenn wir Englisch dazu machen.

Baschar: Drei Monate Metall, drei Monate Holz, drei Monate Hauswirtschaft.

Ismail: Ich konnte zum Beispiel kein Bruchrechnen, kein geteilt, das hab' ich alles hier gelernt, Dreisatz und so. Ich bin der hellste Kopf, Alter. Hätte ich das draußen gemacht, wäre ich jetzt Anwalt.

Carlos: Zum Anwalt ist es ein langer Weg.

Sedinam, du nimmst an einer sogenannten Berufsförderungsmaßnahme teil, die auf den Schreinerberuf vorbereitet und daher auch BFM-Holz heißt. Erzähl' uns davon.

Sedinam: Montag haben wir Schule, da machen wir Deutsch, Mathematik, Englisch, ein paar Grundkenntnisse. Donnerstag, Freitag und Mittwoch arbeiten wir in der Werkstatt. Diese Woche zum Beispiel sollten wir einen Fisch machen, da lernen wir schleifen und bohren. Die ganze Maßnahme dauert drei Monate. An einem Kurs nehmen normalerweise drei Mädchen und drei Jungen teil. Zur Zeit ist aber nur ein Mädchen da, die beiden anderen sind krank. Ähnliche Kurse gibt es auch für Metall. Damit kann man auch den Hauptschulabschluss nachmachen.

Christian: Ich hab' jetzt schon einige Male mit der Sozialarbeiterin geredet, damit ich meinen Realschulabschluss machen kann und dann Abitur, aber sie sagt, das wäre hier in Ossendorf nicht möglich.

Ob man einen Realschulabschluss hier machen kann, weiß ich nicht. Aber Abitur kann man machen. Wenn ihr euch um Schulabschlüsse kümmern wollt, dann redet mit der zuständigen Lehrerin oder dem Lehrer.

Thomas: Die drei Kurse, mit denen man den Hauptschulabschluss Klasse 9 bekommt, sind auch als Vorstufe für eine Berufsausbildung anerkannt.

Christian: Wenn einer das gemacht hat, kann der Schreinermeister draußen das als erstes Lehrjahr anrechnen, dann bist du direkt im zweiten Lehrjahr.

Bei allen Abschlüssen, die hier gemacht werden, ist nicht erkennbar, dass sie in der JVA gemacht wurden.

Miguel: Für zwanzig Euro im Monat sollen wir arbeiten, für zwanzig Euro?

Christian: Der Beamte sagte gestern, morgen um halb neun bin ich da. Und wann ist er gekommen? Um halb zwei Uhr nachmittags. Du sitzt die ganze Zeit auf Zelle und bist voll am Abkacken.

Thomas: Da ziehst du dich morgens früh an, der Tee kommt und legst dich mit den Klamotten wieder ins Bett.

Sedinam: Ja, bei mir war das auch manchmal so.

Miguel: Für zwanzig Euro im Monat, also hör' mal zu, dafür schufte ich doch nicht den ganzen Tag, einen kompletten Monat lang.

Christian: Das ist richtig Scheiße, richtige Abkackarbeit. Da musst du rostige Winkel abschmirgeln.

Thomas: Ich meine, man kommt doch raus aus dem Kabüffchen.

Wenn ihr was machen müsst, was ihr nicht wollt, müsst ihr darauf achten, dass dann in eure Akte nicht Arbeitsverweigerung reinkommt.

Miguel: Nein, arbeiten schon, was tun auf jeden Fall. Ich würde doch gerne arbeiten, aber nicht für zwanzig Euro im Monat, das sind zwei Packungen Tabak, zwei Nudelgerichte und noch was zu trinken. Das sind 32 Cent in der Stunde.

Baschar: Wenn du sagst, ich will nicht, dann bist du Arbeitsverweigerer.

Christian: Aber wenn ihr schon unterschrieben habt, könnt ihr nicht mehr sagen, ich will nicht. Dann musst du zum Arzt gehen.

Thomas: Dann kriegst du Einkaufssperre.

Miguel: Ich hab' meinen eigenen Einkauf, mir ist das egal.

Bernd: Du darfst gar nicht einkaufen. Der Beamte ist da sehr penibel.

Thomas: Du darfst dann auch keine andere Arbeit machen, Einkaufssperre, Arbeitssperre, alles.

Miguel, erzähl' mal von deiner Arbeit.

Miguel: Ich bin in einem Metallkurs, der ist nur halbtags, das heißt, manchmal ist er morgens, manchmal nachmittags, so

Von der Arbeit her ist es nicht gerade das Schönste

zweieinhalb, drei Stunden. Aber meistens kommt es nicht dazu, weil der Beamte auftaucht, wann er will. Wir sind da im Moment zu fünft. Das ist eigentlich ziemlich in Ordnung, entspannte Atmosphäre, Musik läuft und ich bin nicht so oft auf Zelle. Wir machen im Moment ein Übungsstück, da wird nur das Feilen geübt, das ist ziemlich in Ordnung.

Sind da Frauen dabei?

Miguel: Nein, das sind nur Jugendliche aus diesem Haus, das ist auch nicht mit Schule, das ist nur in der Werkstatt. Von der Arbeit her ist es nicht gerade das Schönste, aber man kommt ein bisschen raus aus seiner Zelle, und vom Geld her ist es auch nicht so schön. Man kriegt 45 Euro für den kompletten Monat und davon zwanzig Euro zum Einkaufen und der Rest kommt zum Überbrückungsgeld. Das ist ja nicht gerade viel.

Wenn dir deine Freundin oder irgendjemand anderes von draußen noch etwas für den Einkauf überweist, kannst du das dann zusätzlich haben?

Miguel: Ja, die zwanzig Euro von der Arbeit und dann noch fünfzig Euro von draußen, dann hab' ich für siebzig Euro Einkauf. Der Rest kommt zum Überbrückungsgeld.

Thomas, du hast erzählt, dass ihr in Haus 4 zur Arbeit gegangen seid. Was gab's da zu tun?

Thomas: Wir sollten in Haus 4 im Hochsicherheitstrakt das Wasser aufdrehen, die Toiletten spülen, weil zu viele Keime im Wasser sind. Das Haus wurde komplett renoviert.

Ist das ganz leer im Moment?

Thomas: Ja, es sind alle verlegt worden nach Wuppertal und Düsseldorf, aber schon lange.

So ein Haus wie hier?

Thomas: Noch größer, so ein runder Block. Alle zwei Meter ist an der Decke eine Kamera. Der Besucherraum ist ein Raum mit Trennscheibe aus Panzerglas. Die haben auch Fliegengitter. Dann haben die Scheiben aus Panzerglas, alles Glas ist Panzerglas. Ist gut abgesichert.

Da sind natürlich keine Jugendlichen drin, nur Erwachsene.

Thomas: Ja, Erwachsene, die als besonders gefährlich angesehen werden, Terroristen und Mafia.

Ihr seid einfach in eine Zelle rein und habt das Wasser aufgedreht?

Thomas: Ja, die Toilette drücken und beim Waschbecken den Hahn aufdreh'n.

Haben die euch erzählt, was für Bakterien das sind?

Thomas: Nein, nur schädliche Bakterien, man darf das Wasser nicht trinken.

Ist das auch bei euch so?

Bernd: Weiß ich nicht.

Thomas: Manchmal hab' ich hier auch Wasser, das ist braun von den Rohren, alte Leitungen.

Wenn eine Zelle längere Zeit nicht belegt ist, dann muss man das Wasser laufen lassen, damit das frei wird. Müsst ihr das jetzt jeden Tag machen?

Bernd: Fast jeden Tag, außer am Wochenende.

Die machen die Hofstunde mit Handschellen

Die Räume selbst sind sauber?

Bernd: Ja, alles neu.

Habt ihr diese Arbeit im Rahmen eines Hausarbeitervertrags gemacht?

Thomas: Nein, einfach so.

Die haben gefragt, habt ihr Lust dazu?

Thomas: Normalerweise müssen das die Hausarbeiter machen, weil die versichert sind, aber wir haben einfach gesagt, wir kommen mit.

Bernd: Die Hausarbeiter haben keinen Bock mehr.

Seid ihr da allein drin?

Thomas: Ja, die schließen uns da ein, aber innen sind alle Türen offen.

Bruno: Krasse Türen sind das.

Thomas: Auch die Scheiben der Kanzel sind aus dickem Panzerglas.

Bruno: Die machen die Hofstunde mit Handschellen, hab' ich gehört.

Thomas: Glaub' ich nicht.

Wie werden die Hausarbeiter ausgewählt?

Abdullah: Das entscheiden die Beamten. Sie beobachten, wie du dich verhälst, ist er ein guter Junge, hält er sich auch an die Regeln, hat er keine C-Gruppe gehabt.

Muss man A-Gruppe sein?

Ismail: Nein, man muss nicht A-Gruppe sein. Bei mir zum Beispiel wollten die, dass ich Hausarbeiter werde, auch die Beamten, aber das Gericht hat es nicht erlaubt, weil ich besondere Sicherheitsmaßnahmen habe.

Andreas: Die Beamten entscheiden das nicht?

Abdullah: Nein, die können nur vorschlagen, entschieden wird das auf der Konferenz und wenn ein Beamter sagt, nein, den will nicht, dann ist das nein.

Wie es ist, wenn man als Hausarbeiter hier arbeitet?

Abdullah: Es hat Vorteile und Nachteile. Der Nachteil ist, täglich muss hier der ganze Flur geputzt werden, man muss um sechs Uhr morgens aufstehen, am Wochenende um neun Uhr. Jeden Tag putzen, das nervt, und das zweimal am Tag, morgens und abends. Es ist dieser lange Flur, jeden Tag, das ist unnötig, die übertreiben es, sag' ich mal so.

Ismail: Der Abdullah ist ein sehr guter Hausarbeiter.

Was ist denn ein schlechter Hausarbeiter?

Ismail: Ich hab' schon viele geseh'n, die denken, sie seien etwas Besonderes, einen auf Beamten spielen, aber sie sind auch nur Gefangene. Ich hatte mal ein zerrissenes T-Shirt und hab' dem Hausarbeiter beim Wäschetausch gesagt, gib mir ein anderes. Das wollte der nicht machen. Dagegen ist Abdullah superkorrekt. Wenn beim Essen zehn Kiwis übriggeblieben sind, dann gibt es Hausarbeiter, die nehmen für sich alle zehn, anstatt uns eine mehr zu geben.

Abdullah: Früher gab's mal Hausarbeiter, wenn es da Joghurt gab, haben die alle Joghurts zu sich auf die Zelle genommen und gar nicht verteilt. Das war nicht immer so, aber das kam öfters vor.

Wehrt ihr euch nicht dagegen?

Abdullah: Man erfährt das immer erst später. Ich hab' das auch erst jetzt erfahren, weil die das erzählt haben. Beim Wäschetausch gibt's immer pro Person zwei Sachen, also zwei Unterhosen, zwei Paar Socken. Früher gab es Hausarbeiter, die haben gesagt, nee, wir tauschen nur ein Stück. Ich dachte mir, es ist zu wenig Wäsche da, das kann sein, aber jetzt hab' ich erfahren, dass die nur keine Lust hatten, hinterher alles zu zählen. Die ganze Wäsche muss hier vorne im Flur hingelegt werden und dann muss gezählt werden. Weil die darauf keinen Bock hatten, haben die immer nur ein Stück getauscht.

Was sind die Vorteile als Hausarbeiter?

Abdullah: Die Vorteile sind halt, die Tür ist immer auf, Wäsche können wir uns holen, wann wir wollen, jeden Tag duschen und das Essen können wir uns immer als Erste nehmen.

Hast du schon mal erlebt, dass ein Mitgefangener von dir als Hausarbeiter etwas verlangt hat, was verboten war?

Abdullah: Es gibt Leute, die fragen mich, ob ich einen Brief einem Hausarbeiter von einem anderen Haus geben kann. Das mach' ich nicht, das ist verboten. Wer dabei geschnappt wird, wird direkt gekündigt.

Erwarten die Beamten, dass die Hausarbeiter ihnen erzählen, was sie im Haus mitkriegen?

Essen können wir uns immer als Erste nehmen

Thomas: Nein, du brauchst nicht zu zinken. Der S. hat im Haus 10 einen verzinkt, der ist zu den Beamten hin und hat gesagt, der und der hat Dope auf der Zelle. Deshalb wurde der von Haus 10 nach Haus 8 verlegt. Hier in Haus 8 hat er keinen verzinkt. Als Hausarbeiter musst du kehren, den kompletten Flur putzen, Essen holen, Essen verteilen, Klopapier bringen, neue Klobürsten holen. Wenn in einer Toilette Verstopfung ist und du das nicht mehr geregelt kriegst, müssen die Hausarbeiter das machen. Die müssen eigentlich alles sauber machen. Den Freistundenhof müssen sie nicht unbedingt sauber machen, wenn da zuviel Müll draußen ist. Die Dusche müssen die sauber machen,

Wäsche verteilen, Wäsche einsammeln, Wäsche sortieren, Wäsche aufschreiben. Die können den ganzen Tag rumlaufen.

Was verdienen die?

Thomas: Hausarbeiter 1 verdient viel. Aber die vier Hausarbeiter, die wir haben, kriegen nicht so viel. Die Hausarbeiter 2 und 3 kriegen nur hundertzehn Euro im Monat.

Du hast doch gesagt, es gibt vier in Haus 8.

Thomas: Ja, zwei sind in Stufe 2 und zwei in Stufe 3.

Manche Gefangene sind wirklich unterdrückt

Helfen die auch den Gefangenen? Zum Beispiel, wenn einer einen anderen Gefangenen um Tabak bittet, bringen die ihm das?

Thomas: Machen die. Seit ich Hausarbeiter bin, krieg' ich immer drei Sardinendosen zum Abendessen, dreimal soviel wie die anderen.

Bernd: Ich auch.

Thomas: Ja, du bist in der letzten Zelle, du kriegst die ganzen Reste.

Stimmt es, dass das warme Essen oft kalt ist, wenn es in der letzten Zelle ausgeteilt wird?

Bernd: Ja, aber es ist nicht die Regel. Dafür krieg' ich auch am meisten.

Aber mir hat neulich einer gesagt, die letzten Zellen kriegen gar nichts mehr, weil die Freunde der Hausarbeiter zuviel bekommen haben.

Bernd: Ja, manchmal ist der Tee ausgegangen.

Thomas: Es gibt eigentlich immer genug. Die Hausarbeiter gucken auch drauf.

Gibt es Hausarbeiter, die bei bestimmten Gefangenen, die sich nicht wehren können, die Sachen für sich behalten?

Thomas: Manche Gefangene sind wirklich unterdrückt.

Das ist eine Riesenschweinerei, den Leuten das Essen nicht zu geben.

Thomas: Das müssen die, es stehen doch die Beamten dabei. Sie sind immer zu zweit, einer schließt auf, der andere schließt zu.

Bernd: Heute Abend gibt es Kiwi und Eier. Da hab' ich mir schon vier Kiwi bestellt, das muss sein.

Baschar: Die Hausarbeiter kriegen direkt alles.

Gibt's hier drin eine Karategruppe?

Thomas: Das darfst du nicht.

Aber selbst in den übelsten Gefängnissen der USA gibt es Boxen.

Thomas: Wenn du hier nur so zum Spaß boxt, dann rufen die Beamten ein paar Mal und wenn du nicht aufhörst und wenn es ganz wild wird, dann kommen da unten aus der Tür plötzlich zehn Beamte in den Hof.

Hätte ich ein Seil, könnte ich seilspringen

Sedinam: Hier kannst du nichts machen, die haben hier alles unter Kontrolle.

Bis vor ein paar Jahren, gab es für den Jugendbereich hier Boxunterricht. Ali Cakir, ein Sozialarbeiter türkischer Herkunft, hat das organisiert. Das wurde nicht nur als Sport, sondern auch als Antigewalttraining verstanden.

Sedinam: Davon haben wir noch nie was gehört.

Bernd, du bist letztes Mal zum Volleyball gegangen, erzähl' mal davon.

Bernd: Wir wurden abgeholt, sind dann zur Turnhalle nach Haus 17/1 gegangen und haben uns warm gespielt. Gespielt haben wir gegen Haus 17/1.

Wie bist du in die Mannschaft reingekommen?

Bernd: Der Beamte hat die Leute, die A-Gruppe hatten, gefragt, wer alles mit zum Volleyball gehen möchte. Da hab' ich mich gemeldet.

Ihr habt vorher nicht gemeinsam trainiert?

Bernd: Nein.

Hast du jetzt jeden Montag Sport?

Bernd: Nein. Das war jetzt nur einmal so. Das kommt drauf an, wann die Sportbeamten Zeit haben.

War das Spiel fair?

Bernd: Das ging so. Wir konnten das noch nicht so gut. Die von Haus 17/1 konnten das super. Das waren Erwachsene, die dürfen jeden Tag Sport machen.

Wie viele Leute sind in einer Mannschaft?

Bernd: Wir waren acht gegen acht.

Wie muss man sich das vorstellen?

Bernd: Das war in der Turnhalle. Wenn man die Treppe runtergeht, wo die Kammer und die Kirche ist, da ist noch eine Tür, dann immer geradeaus und die erste Tür, das ist die Turnhalle. Die ist ungefähr so groß wie die Hälfte von unserem Freistundenhof.

Wie oft kommt ihr da hin?

Bernd: Haus 8 hat immer montags und donnerstags Sport. Da gehen wir manchmal in die Turnhalle, wenn es wenige sind, und wenn es viele sind, gehen wir nach draußen.

Thomas: Draußen spielen wir aber nur Fußball.

Ist das nur für Leute mit A-Gruppe?

Thomas: Nein, zum Fußball darf jeder hingehen. Die Hausarbeiter können da nicht hin, weil das in der Arbeitszeit ist.

Selim: Ich geh' immer zum Fußball. Wenn der Kraftraum auf ist, geh' ich zum Training, ich versuch' bei jeder Gelegenheit, etwas zu machen.

Habt ihr regelmäßig Krafttraining?

Selim: Nur einmal die Woche.

Ismail: Ich hab' gestern einen Plan gemacht, ich mach' jetzt jeden Abend, bevor ich schlafen gehe, Liegestützen. Gestern hab' ich damit angefangen.

Kannst du fünfzig am Stück?

Ismail: Ja, locker. Draußen hab' ich hundert Kilo gedrückt, jetzt drücke ich achtzig. Meine Kraft ist immer noch da. Am Wochenende bin zwei Tage nicht in die Freistunde gegangen.

Das ist falsch, geh' immer raus, bei jedem Wetter. Bist du schon mal gelaufen?

Ismail: Hätte ich ein Seil, könnte ich seilspringen. Das ist eine Lieblingsübung von mir. Ich hab' versucht, mir mit der Decke ein Seil zu machen, das geht aber nicht.

Läuft bei euch in der Freistunde niemand?

Alle im Chor: Nein.

Selim: Die kommen sich bestimmt doof dabei vor.

Thomas: Ich trainiere jeden Tag, weil ich fit sein muss, wenn ich rauskomme.

Sedinam: Das mach' ich auch. Weil es jetzt Sommer ist, mach' ich das abends, wenn's kühler wird.

Bilal: Wenn du trainierst, dann schwitzt du doch. Am Tag kann ich das schlecht, aber abends ist das in ein zwei Stunden durch.

Christian: Aber wenn du schwitzt wie ein Arsch, dann darfst du duschen.

Bilal: Heut' ist Duschen ausgefallen.

12

Thomas: Ja, das ist öfters. Schon seit drei Wochen sind die Duschen kaputt, nur ab und zu funktioniert das.

Bruno: Der hat mich abgezogen.

Stimmt das?

Bruno: Da sitzt mein Zeuge.

Miguel: Wir waren zu viert, da muss man gerecht teilen, Alter.

Baschar: Wir kochen zusammen und wir essen auch zusammen.

Bruno: Und das geht alles auf meine Kosten oder was?

Wie so ein Pferd frisst der, der frisst mir die Haare vom Kopf

Miguel: Ich will mich eigentlich da raushalten, weil es geht mich nichts an. Einerseits hat er recht, andererseits hat auch der andere recht. Aber er ist kniestig, sehr geizig.

Baschar: Mensch, laber' keinen Scheiß.

Erzähl' die Geschichte, Baschar.

Baschar: Der hatte eine Marlboro-Packung, da hab' ich mit dem getauscht und gesagt, ich geb' dir einen Thunfisch, ein Tomatenmark und ein Pack Nudeln dafür. Am nächsten Tag hab' ich das mitgebracht, wir waren bei dem auf Umschluss und haben gekocht und zusammen gegessen. Ich hab' gesagt, demnächst geb' ich dir das wieder.

Bruno: Morgen hast du gesagt.

Baschar: Morgen ja, okay. Ich hab' die Sachen mitgebracht und er denkt, er kriegt alles noch mal.

Bruno: Alles nicht.

Baschar: Auf meine Kosten hat er gegessen und denkt, er kriegt alles wieder.

Dann hätte der die tausend Thunfischdosen ganz schnell bei sich auf der Zelle

Miguel: Ich war auch mit dabei, das kam mir schon alles komisch vor, deswegen hab' ich auch nichts gegessen.

Bruno: Der hat mehr gegessen als ich, wie so ein Pferd frisst der, der frisst mir die Haare vom Kopf.

Bruno: Lassen Sie uns über ein anderes Thema sprechen.

Baschar: Ich beschwer' mich nicht, ich geb' dem die Sachen zurück.

Miguel: Schwör' auf deine Mutter. (Alle reden durcheinander.)

Wär' es denn eine Lösung, wenn es da unten einen Schrank gäbe, in dem tausend Thunfischdosen drinliegen, und jeder kann sich bedienen?

Bruno: Dann hätte der die tausend Thunfischdosen ganz schnell bei sich auf der Zelle.

Baschar: Eine Packung Marlboro kann man nicht mit zwei Thunfischdosen, einem Siedi und einem Tomatenmark vergleichen. (Alle reden durcheinander.)

Miguel: Vielleicht ist das nicht gut, wenn ich das sage, aber hören Sie mal die Meinung von Bruno.

Bruno: Du bist ein richtiger Geizhals, du gibst nichts wieder. Auf den Koran hast du geschworen.

Hört doch mal auf, so durcheinander zu reden. Jetzt bist du mal dran Bernd. Warum streitest du denn nicht ein bisschen mit?

Bruno: Weil er damit gar nichts zu tun hat.

Kriegst du nichts von denen?

Bruno: Der leiht sich wahrscheinlich nichts.

Bernd: Ich frag' nie.

Bruno: Der ist schlau.

Du leihst dir nichts und hast dann auch keinen Ärger.

Pass' auf Junge, der zählt jede Zigarette

Bernd: Ich frag' höchstens mal nach einer Zigarette, das war's.

Bruno: Dann sammelt sich das, dann musst du dem irgendwann mal 'ne Packung wiedergeben.

Miguel: Pass' auf Junge, der zählt jede Zigarette.

Gibt es unter euch Leute, die Zinsen verlangen, wenn sie etwas verleihen?

Miguel: Zinsen nicht.

Baschar: Ich geb' fast jeden Tag sieben, acht Drehungen.

Bernd: Der ist reich.

Baschar: Nein, ich bin nicht reich, ich geb' wenigstens etwas ab, und dann hör' ich mir diese zwei Idioten an, ich sei räudig.

Bruno: Du bist räudig, wenn du das nicht wärst, hättest du es mir wiedergegeben, so wie du das versprochen hast?

Baschar: Der ist einer von den Schlauen, frisst die Sachen von anderen und will die ganzen Sachen wieder zurückhaben.

Bruno: Hab' ich gesagt, ich will die ganzen Sachen? Du hast auf den Koran geschworen, dass du mir einen Thunfisch und ein Tomatenmark gibst, was hast du mir gegeben?

Baschar: Schrei' nicht, schrei' nicht.

Bruno: Hat auf den Koran geschworen und gibt nichts wieder.

Miguel: Lasst uns mal das Thema wechseln.

Bruno: Geizkragen.

Was ist nymphoman?

Carlos: Dem Jungen muss man sogar manche Wörter erklären, der wusste noch nicht mal, was nymphoman heißt. (Gelächter) Was lachst du, weißt du, was nymphoman heißt?

Baschar: Ich hab' das schon mal gehört, ich hab' es vergessen. Was heißt das noch mal?

Carlos: Wenn jemand sexsüchtig ist.

Baschar: Ja, genau. Du bist erst selber gerade mal vier Jahre in Deutschland und tust so, als ob du aller besser weißt.

Carlos: Ich weiß nicht alles besser, aber einige Sachen muss man schon wissen.

Baschar: Du benutzt diese deutschen Hochwörter und lebst selber noch nicht lange hier.

Carlos: Das sind keine Hochwörter, das sind lateinische Wörter.

Das kommt aus dem Griechischen.

Carlos: Wollte ich auch gerade sagen, nymphoman ist kein lateinisches Wort wie zum Beispiel sustrahieren, addieren.

Abdullah: Was ist das denn, Alter?

Carlos: Sustrahieren.

Abdullah: Du kannst das ja nicht mal richtig aussprechen.

Carlos: Ja, wie heißt es denn, subtrahieren, was heißt das?

Abdullah: Minus nehmen.

Carlos: Ja, ich wollte erklären, dass es lateinische Herkunft hat.

Baschar: Du kennst ja Latein.

Carlos: Ich kenne kein Latein.

Wenn man Spanisch spricht, dann versteht man viel von Latein. Italienisch und Spanisch kommen ja aus dem Lateinischen.

Baschar: Das ist schon mal ein Vorteil.

Carlos: Ja, das ist schon mal was anderes.

Gibt es unter den Jugendlichen hier im Haus auch Gruppenkonflikte, zum Beispiel zwischen Türken und Russen?

Ismail: Ja, die gibt's.

Tamer: Hier aber nicht viel.

Ismail: Aber als die Russen hier waren, schon.

Tamer: Hier nicht so, aber in Siegburg. Dort sind richtig viele Russen.

Selim: Die finden das voll locker, die finden, das ist gar kein richtiger Knast.

Was du von Siegburg erzählt hast, hast du das erlebt oder nur von anderen gehört?

Tamer: Ich hab' das von anderen gehört, das muss schon extrem sein.

Abdullah: Du warst doch in Siegburg?

Ismail: Ja, ich war dort, ich hab' das ja gesehen, ich hab' auch eine Schlägerei mitgekriegt, gleich am ersten Tag. Die

Für die ist der Knast ein Getto

Freistunde ist in einem Riesenhof und in einer Ecke ist ein Haufen Russen, in einer anderen Ecke stehen die Marokkaner und Albaner zusammen und hier stehen die Türken und die anderen, die nichts mit diesen Gruppen zu tun haben, die laufen ihre Runden. Das ist nicht wie hier, dass jeder mit jedem redet. Jeder hat seine Gruppe. Ein Mitgefangener, der aus Siegburg zurückkam, hat erzählt, es sei dort sehr schlimm. Eigentlich muss man diese Schlägereien vermeiden. Man ist im Knast und muss versuchen, seine Zeit so gut wie möglich abzusitzen, ohne Probleme. Aber viele sehen das so, für sie ist der Knast ein Getto, sie bilden im Knast eine Gruppe wie im Getto. Die Russen sind gefährlich, wenn sie in der Mehrzahl sind, allein sind sie nicht gefährlich.

Was gibt es denn für Hausstrafen hier?

Thomas: Einkaufssperre, Arbeitssperre.

Sedinam: Besuchssperre.

Thomas: Sportsperre.

Wird der Pop Shop durch einen Beamten mitgeteilt oder gibt es da eine Konferenz?

Thomas: Der Beamte kommt einfach zu dir und sagt Pop Shop. Unten ist ein Kalender, da schreibt der das drauf, der hat C-Gruppe oder Pop Shop. Dann wird das bei der Konferenz mitgeteilt, was der gemacht hat und so.

Was ist das für eine Konferenz, von der du sprichst?

Echt, die Beamten haben immer recht

Thomas: Die Beamtenkonferenz.

Christian: Diese Konferenz machen die mittwochs. Der Anstaltsleiter, alle Abteilungsleiter und Hausleiter sitzen zusammen an einem Tisch. Die besprechen dann ihre Sachen anhand von Papieren. Dann wird ein Hausbeamter hochgeholt, und der gibt seinen Senf dazu, und dann entscheiden die die Sachen, ohne die betreffende Person anzuhören.

Für die ganze JVA?

Christian: Ja, aber über die einzelne Person.

Kann man Beschwerde einlegen gegen die Hausstrafen?

Sedinam: Ja.

Baschar: Gegen einen Beamten hat man nie 'ne Chance.

Miguel: Das ist echt wie ein Kampf David gegen Goliath.

Sedinam: Echt, die Beamten haben immer recht.

Christian: Da hat einer C-Gruppe gehabt, das war der Rolf. Ein Beamter kam bei dem in die Zelle rein, hat die Poster geseh'n und direkt die C-Gruppe einen Monat verlängert, einfach so, nur weil der Poster an der Wand hatte, obwohl das jeder hat.

Miguel: Dieser Beamte ist ein bisschen sehr engagiert.

Was dürft ihr denn hier drinnen haben an Eigentum, außer der Uhr?

Thomas: Auch die Uhr darf nicht zu wertvoll sein.

Carlos: Erzähl nix, ich hab' hier im Haus 8 schon eine Rollex geseh'n.

Sedinam: Ja, aber dann haben die Beamten nicht so drauf geachtet.

Sind Goldketten erlaubt?

Christian: Goldketten hab' ich hier auch schon geseh'n.

Thomas: Die Erwachsenen haben Goldohrringe, Goldketten, Goldringe.

Früher war vieles erlaubt, aber dann wur*de die Abzieherei so doll, dass sich auch Eltern beschwert haben, weil ihren Kindern alles abgenommen wurde. Deshalb wurde die Privatkleidung abschafft und das Tragen von teurem Schmuck verboten.*

Thomas: Ja, da wurden sogar die Hosen abgezogen, alles.

Deshalb müsst ihr jetzt alle Gefängniskleidung tragen. Gibt es noch etwas Eigenes, was ihr tragen könnt?

Thomas: Gar nichts. Ich hab' einen Zettel auf der Zelle, da steht drauf, was man haben darf und was nicht, nicht mal einen Jogginganzug darf man haben.

Bernd: Nur in Siegburg ist der Jogginganzug bei den Strafgefangenen erlaubt.

Das heißt keinerlei eigene Kleidung.

Thomas: Du musst hier immer über die Kammer gehen, dort wird dir das alles abgenommen.

Das Einzige, was nicht in Ordnung ist, sind Unterhosen mit braunen Streifen, das ist eine Schweinerei

Was ist denn, wenn einer einen teuren Stein im Ohr oder an der Nase hat?

Christian: Das meiste ist doch gefälscht, die laufen zwar mit einem dicken Ohrring rum, aber das ist doch aus Glas und nichts wert.

Wie ist eure Meinung dazu, dass es früher erlaubt war, Privatkleidung zu tragen und jetzt nur noch Knastkleidung? Ist das für den Frieden unter euch besser?

Sedinam: Ich denke schon, dass es für den Frieden besser ist.

Thomas: Das Einzige, was nicht in Ordnung ist, ist die Unterwäsche. Manche kriegen Unterhosen, da sind noch braune Streifen drin, das ist eine Schweinerei.

Christian: Ich finde es ziemlich Scheiße,

Köln

dass bei uns einer mit Privatklamotten rumläuft. Die haben Tausende von Kleidungsstücken auf der Kammer rumliegen zum Tauschen, aber bei dem haben die gesagt, sie hätten nicht genug zum Tauschen. Wenn du montags auf die Kammer gehst, da haben die Hosen ohne Ende. Alle laufen mit den Scheißklamotten rum und der alleine darf seine Privatklamotten anziehen. Das finde ich unfair. Aus Prinzip müsste der schon so richtig auf die Schnauze kriegen, damit die dem die Klamotten abnehmen.

Mit welcher Begründung trägt der Privatkleidung?

Christian: Was weiß ich, wenn ich das sehe, kriege ich einen Hals. Ich könnte doch auch meine Klamotten schön tragen, und er als Einziger trägt seine. Warum darf er das?

Sedinam: Weil angeblich die passenden Teile nicht mehr da sind.

Thomas: Ich bin zweimal die Woche auf der Kammer, da liegen genug von den Idiotenanzügen, da liegt alles bis oben hin.

Ich dachte, Allergiker dürften eigene Kleidung tragen.

Thomas: Der soll Kleidung wie alle tragen oder der soll den ganzen Tag auf Zelle bleiben. Manche, die haben Termin, die dürfen dafür ihre Privatkleidung anzieh'n, aber die müssen dann auf Zelle bleiben, die dürfen nicht mit der Privatkleidung in den Hof.

Carlos: Vor Kurzem war eine Schulklasse aus Mülheim hier bei uns im Haus im Hobbyraum. Davor haben sie den Hof besichtigt. Sie haben unsere Zellen gesehen, auch meine und die von einem anderen Hausarbeiter. Ein paar von ihnen waren geschockt. Da haben wir unsere Lebenserfahrungen weitergegeben, damit sie anders handeln können, wenn sie mal in ähnliche Situationen kommen. Einige haben ein bisschen auf cool gespielt. Die denken halt, dass sie ein bisschen schlauer sind als wir und glauben, wenn ich mal was mache, erwischen die mich schon nicht. Wir waren zu viert hier aus dem Haus.

Wie viele waren das?

Carlos: Vier Mädchen und zehn Jungs, zwischen 15 und 16 Jahren. Die waren ganz schön geschockt, aber die nehmen das voll locker. Ich hoffe, dass die irgendwas behalten haben. Es war auch eine Klasse von der Gesamtschule aus Köln hier. Einige hatten öfter die Schule geschwänzt, einige hatten schon ein paar Meldungen bei der Polizei, und einige hatten Sozialstunden gemacht. Der Lehrer, ein Psychologe aus der Schule, wollte ihnen ein bisschen sagen, dass sie hier landen können, wenn sie so weitermachen. Wir vier Hausarbeiter und der Horst haben da ein paar Erfahrungen weitergegeben.

Abdullah: Heute war eine Schulklasse da, deshalb wurden wir eingeschlossen.

Bruno: Vor Kurzem waren doch auch welche hier. Was waren denn das für welche?

Abdullah: Staatsanwälte, Richter, die waren hier am Gucken.

Fred: Die haben auch in die Zellen reingeguckt.

In deine Zelle, in der du drin warst?

Fred: Ja, auch. Die haben echt komisch geguckt.

Abdullah: Am Mittwoch kommen noch mal welche.

Wenn ihr nicht wollt, dass euch fremde Leute angucken, dann müsst ihr das den Beamten sagen. Ihr seid doch hier nicht im Zoo.

Fred: Die meisten trauen sich das nicht. Innerlich denken die aber, dass sie nicht angeguckt werden möchten von fremden Leuten, nur man sagt dann nichts, weil man sich schämt.

Carlos: Aus Angst. So was ist erniedrigend für mich.

Wer hat denn noch erlebt, dass die Tür aufgeht und die Zelle besichtigt werden sollte?

Fred: Bei mir war das letzte Woche. Ich war gerade beim Essen, da ging die Tür auf und da stand einer vor der Tür und fragte, kann ich mal kurz reingucken? Und im Hintergrund standen noch ein paar Leute und haben so um die Ecke kurz reingeguckt. Ich dachte erst, der wollte mir was sagen und bin aufgestanden. Klar war mir das peinlich, aber ich hab' es nicht gesagt. Der hat auch gefragt, dürfen wir mal kurz reinkommen? Das waren vier, fünf Leute, so Mitte zwanzig, Männer und Frauen. Das war ganz kurz nur, die sind nicht reingekommen, die haben nur von außen geguckt. Mir war das schon peinlich, die haben mich so angeguckt, als ob ich jemanden umgebracht hätte. Ich hab' mich geschämt. Es ist ja auch komisch, wenn Leute von draußen so reinkommen, zum Besichtigen.

Wer einen deutschen Pass hat, muss sich keine Sorgen machen, dass er nach der Haft abgeschoben wird. Ich hab' euch erzählt, dass es hier einen jungen Griechen gab, der nach Griechenland abgeschoben wurde.

Miguel: Griechenland, das ist doch Europäische Union, trotzdem?

Es werden auch Leute nach Italien abgeschoben oder nach Spanien.

Miguel: Das heißt für mich also Abschiebung, da ich fünf Jahre bekommen habe. Da sag' ich nach zweieinhalb Jahren Bescheid, dann schieben sie mich ab?

So was ist erniedrigend für mich

Thomas: Da kriegst du Halbstrafe.

Ja, ausländische Gefangene können nach der Hälfte der Strafe abgeschoben werden. Kennt ihr jemand, der abgeschoben wurde?

Miguel: Ja, ich kenne einen, der ist vorher im Knast gewesen, dann ist er rausgekommen und hat wieder mit der gleichen Scheiße angefangen, dann hat er drei Jahre gekriegt und wurde abgeschoben.

Wie wurde das gemacht?

Miguel: Der hat seine Halbstrafe abgesessen und dann haben die den in Abschiebehaft gesteckt. Der hatte keine Chance, weil er keine deutschen Papiere hatte.

Habt ihr von dem wieder was gehört?

Miguel: Ab und zu ruft der mal an.

Aber er ist nicht heimlich zurückgekommen?

Miguel: Das ist ein anderer, der ist schon das sechste Mal abgeschoben worden, der kommt immer wieder hierher.

Was sollen die Leute machen, die hier groß geworden sind und hier gerne leben?

Miguel: Dann lass' ich mir die Fresse

Deutschland schmeckt

einhauen, dann seh' ich ganz anders aus und keiner erkennt mich.

Was haltet ihr von dieser Art von Strafe, von der Abschiebung?

Miguel: Es kommt auf die Person an.

Bruno: Wenn ich von einem Land in ein anderes Land gehe, dann muss ich versuchen, mich dort anzupassen. Die meisten, die hierhin kommen, die sagen sogar Scheiß-Deutschland.

Miguel: Deutschland schmeckt.

Bruno: Ich war mal in der Türkei. Als Deutsche werden wir dort behandelt, ich sag' mal, wie Könige. Wenn du dir dort erlauben würdest, was wir hier machen, du wärst sofort tot. Die kommen hierhin und passen sich unserer Mentalität nicht an, das finde ich einfach Scheiße. Die ziehen auch über uns Deutsche her, und das ist das Traurige dran.

Baschar: Aber du hast doch hier auch Scheiße gebaut.

Bruno: Ja, aber das ist mein Land. Für das, was du hier gemacht hast, würdest du in deinem Land tot sein.

Baschar: Ja, auf jeden Fall.

Ich hab' gehört, dass das gesamte Haus 8 in das renovierte Haus 9 umgezogen ist. Erzähl' doch mal von diesem Umzug, Bernd.

Bernd: Ich bin um sechs Uhr aufgestanden und hab' den Hausarbeitern geholfen, die Sachen rüberzutragen.

Carlos: Wir Hausarbeiter wurden um sechs Uhr geweckt.

Baschar: Manche mussten bis neun Uhr warten, bis sie umziehen konnten. Ich war der Letzte, den die geholt haben, um neun Uhr, dann hab' ich mir auch Zeit gelassen, war mir auch scheißegal.

Bernd: Die haben erst die untere Reihe gemacht.

Haben alle helfen können?

Carlos: Nein, nur sechs.

Was war eure Aufgabe?

Bernd: Sachen und Betten rübertragen.

Warum hat nicht jeder Gefangene seine Sachen selbst getragen?

Carlos: Weil die zu faul sind.

Als du jetzt in deine neue Zelle gekommen bist, was war da drin?

Bernd: Ein Tisch, ein Schrank, ein Bett.

Baschar: Eine Toilette, eine saubere Toilette.

Ist alles neu gewesen?

Bernd: Ja, auch das Waschbecken war neu.

Und was war mit dem Eimer?

Baschar: Das waren alte. Ich hab' mir

einen neuen Eimer genommen, den alten hab' ich dagelassen.

Hast du dir deine Poster an die Wand gemacht?

Bernd: Noch gar nichts.

Ist das im neuen Haus verboten?

Carlos: Nein, da sind Leisten, an die Wände darf man nichts kleben.

Wie muss man sich das vorstellen, verläuft über die ganze Wand eine Leiste?

Bernd: Nein, nur eineinhalb Meter lang, über dem Bett.

Baschar: Wäre ich Hausarbeiter, hätte ich auch helfen müssen. Aber ich trag'

Es kommt drauf an, wie gut man sich mit den Beamten versteht

doch nicht dem anderen, der neben mir steht, seine Klamotten.

Carlos: Ich hab' nicht die Klamotten von anderen getragen, sondern die Schränke der Beamten aus dem Beamtenzimmer und die Betten von hier.

Die Betten habt ihr auch rübergetragen? Als ich vorhin gefragt habe, was in den neuen Zellen in Haus 9 drin war, hat's geheißen, das Bett und der Tisch.

Baschar: Aber das waren die Betten, die die von Haus 8 mitgenommen haben, das waren keine neuen Betten.

Bernd: Ich hab' ein neues Bett.

Baschar: Da waren keine neuen Betten.

Carlos: Der meint die Matratze.

Und mittags war alles gelaufen?

Bernd: Nachmittags.

Baschar: Da war nicht mehr viel zu tun, dann haben die mich schon eingeschlossen.

Hat an diesem Tag keiner gearbeitet?

Bernd: Die arbeiten mussten, gingen arbeiten.

Hast du dir deine Zelle selbst aussuchen können?

Bernd: Ich wollte erst auf die 211, die ist oben, und dann hat der Beamte gesagt, ich soll auf die 215.

Baschar: 211 bin ich.

Wie wird das geregelt?

Baschar: Es kommt darauf an, wie gut man sich mit den Beamten versteht.

Carlos: Am Anfang war ich oben 217, dann 203, auch oben, und danach war ich 121 unten, mit Abdullah zusammen.

Wir machen mit unseren Gruppen immer eine kleine Feier, wenn wir zum letzten Mal reinkommen im Dezember, und bringen auch ein kleines Geschenk mit. Was wünscht ihr euch für so ein kleines Paket – Tabak, Tee, Kaffee? Was wäre noch wichtig für euch?

Baschar: Zucker.

Miguel: Da kann doch jeder seine Wünsche aufschreiben. Ich brauch' keinen Zucker.

Bruno: Aber wir können ihn doch nicht durch die Gegend schicken, kauf' dies, kauf' das.

Miguel: Das gibt es doch alles in einem Laden, bei Spar, Edeka oder im Penny-Markt, gibt's überall Cappucino, Zucker.

Es darf natürlich nicht zu teuer werden, aber sagt ruhig beim nächsten Mal die Dinge, die ihr gerne hättet, und wenn es etwas gibt, was ihr gerne esst, dann sagt es, Döner oder Hamburger.

Bruno: Boh, hab' ich gerade Döner gehört?

Miguel: Hat er uns schon mal mitgebracht. Eine Kochplatte könnten wir hier hinstellen. Mach' mal deinen Mund sauber, da ist Schokolade überall.

Nächste Woche wissen wir, wie es weitergeht, ob ich montags länger bleiben kann. Ich muss ja immer jemanden haben, der mich durchschließt.

Miguel: Ach, Sie haben keinen Schlüssel?

Boh, hab' ich gerade Döner gehört?

Nein, ich hab' keinen Schlüssel, ich hab' mich auch nie darum bemüht, ich hab' gedacht, Leute einzuschließen, ist nicht mein Ding.

Miguel: Das ist korrekt.

Bruno: Das verdient Respekt.

Wie waren diese 14 Tage - Weihnachten, Neujahr - für dich?

Miguel: Ganz ehrlich, beschissen.

Habt ihr häufig Umschluss gehabt?

Miguel: An Weihnachten konnten diejenigen, die auf Einzelzelle sind, die Nacht bei einem anderen auf der Zelle verbringen. Ich bin jetzt auf einer Doppelzelle,

An Sylvester denkst du, was hab' ich um diese Zeit vor einem Jahr gemacht

und deshalb gab es für mich diesen Nachtumschluss nicht. Ich hab' ja schon jemanden auf der Zelle.

Der Kerim, der heute nicht da ist, sagte, dass er lieber allein ist.

Miguel: Irgendwo ist es besser.

Ab und zu ist es doch schön, wenn man hier drin mit jemandem zusammen ist, mit dem man sich versteht, ist ja selten genug. Hier gibt's oft Streit, selbst hier bei uns in dieser kleinen Runde, wo es eigentlich entspannt zugehen könnte.

Miguel: Die Leute sind frustriert, da lassen die ihren Frust raus.

Habt ihr über die Feiertage einigermaßen was zu rauchen gehabt?

Miguel: Es gab ja Weihnachtspakete für alle. Ihr Weihnachtspaket hat mir auch gut über die Runden geholfen, vielen Dank noch mal.

Hat der Knast auch noch ein Weihnachtspaket verteilt?

Carlos: Die haben Suppe verteilt.

Miguel: Ich bin vor den Feiertagen in der Antiaggressionsgruppe gewesen. Da haben wir auch eine kleine Weihnachtsfeier gemacht mit Döner, so wie bei uns in der Erzählwerkstatt. So hab' ich zwei Döner in einer Woche gegessen. Das muss man erst mal schaffen.

Der Psychologe hat das mitgebracht?

Miguel: Genau. Wir mussten ihn erst mal schwer dazu überreden, aber wir wollten, dass die Gruppe einen guten Abschluss macht. Er hat uns auch sehr gute Berichte geschrieben.

Hat der Bruno auch durchgehalten in diesem Antiaggressionstraining?

Miguel: Ja. Es war sehr schön, diese Weihnachtsfeier, wir haben schön Kaffee getrunken.

War Besuchszeit zwischen Weihnachten und Neujahr?

Bernd: Ja.

Miguel: Ich hatte am 27. Besuch.

Wie war für dich diese Zeit über Weihnachten und Neujahr?

Bernd: Abgekackt.

Also ihr empfindet das so, dass es für Gefangene eine traurigere Zeit ist als sonst?

Aber wenn man es so sieht, dann ist alles traurig, ob das jetzt Weihnachten ist oder Sylvester oder Sommer

Miguel: Aber wenn man es so sieht, dann ist alles traurig, ob das jetzt Weihnachten ist oder Sylvester oder Sommer. Im Sommer weiß ich, die Sonne scheint, die Leute sind jetzt draußen am Schwimmen, ist auch abgekackt.

Baschar: Aber an Sylvester denkst du, was hab' ich um diese Zeit vor einem Jahr gemacht.

Selim: Das kannst du aber auch nicht wiederholen.

Thomas hat mal erzählt, dass das Wochenende die schlimmste Zeit im Knast ist. Ist das für euch auch so?

Selim: Für mich ist das auch so. Das Wochenende ist immer länger, da sind die Freistunde und der Einschluss früher.

Andreas: Da geht schon um drei Uhr die Tür zu und dann ist gar nichts mehr. Ich guck' zum Beispiel immer um Viertel nach sechs Fußball und in der Zeit, von Viertel nach drei bis sechs weiß ich nichts mit mir anzufangen, da kommt ja auch nichts Richtiges im Fernsehen, und da werd' ich schon voll müde, schlaf' ein und wache dann erst wieder mitten im Fußball auf, und danach kann ich nicht mehr einschlafen. Das Wochenende ist voll komisch.

Liest du keine Bücher?

Andreas: Nicht so gerne. Ich les' schon ab und zu, aber nicht so, dass ich sagen würde, ich wäre voll die Leseratte.

Eigentlich kann man das Gefängnis schön zum Lesen nutzen.

Andreas: Ich hab' draußen auch nicht viel gelesen. Ich schreib' immer Briefe am Wochenende an die Freundin und an Freunde.

Guckt ihr wirklich nur Fernsehen?

Bernd: Den ganzen Tag liegen wir im Bett rum.

Gehst du nicht in die Bücherei und bestellst dir ein paar Bücher.

Bernd: Krieg' ich nicht. Da ist ein Buch weggekommen und dann hat man geseh'n, dass ich zwei Stück hingetan habe, da hat die Bücherei gesagt, das fehlt uns. Jetzt krieg' ich kein's mehr.

Also, wenn ein Buch nicht zurückgegeben wird, fällt man raus aus der Ausleihe?

Thomas: Und muss bezahlen. Keiner von uns hat Lust zu lesen. Fernsehen gucken, essen, pinkeln, rauchen.

Was haltet ihr denn von diesen Mittagssendungen, wo irgendwelche jungen Leute gegenseitig über sich herziehen?

Thomas: Die gucken wir gar nicht, da gucken wir lieber Zeichentrickfilme.

Bruno: Um ein Uhr fängt das an, das Jugendgericht, das Familiengericht, das Strafgericht, dann schaltest du um, da kommt Barbara Salesch, dann kriegt man so einen Hals. Dann machst du den Fernseher aus und nimmst dir was zum Lesen oder ich guck' mir Cartoons an, Balu der Bär.

Da geht schon um drei Uhr die Tür zu und dann ist gar nichts mehr

Thomas: Das gucken wir auch, Käpten Balu.

Gab es einen Film, der euch in der letzten Zeit beeindruckt hat?

Thomas: Gestern kam Rocky.

Die Rockyfilme hab' ich auch geseh'n.

Baschar: Dieses Wochenende lief „Sieben". Das ist ein Horrorfilm mit Morgan Freemann und Bratt Pitt. Das war schon gruselig. Der Täter hat bei jedem Mord eine der sieben Todsünden irgendwo hingeschrieben. Da wussten sie, wie viele Morde er noch begehen will.

Bruno: „Wetten dass" guck' ich auch gerne.

Tamer: Gucken Sie auch gerne Filme?

Das ist doch Teil unseres Lebens.

Tamer: Wer ist denn ihr Lieblingsschauspieler?

Ich hab' keinen Lieblingsschauspieler. Gestern zum Beispiel kam im Fernsehen ein Film mit Robert Redford, den seh' ich gerne, aber genauso gerne auch viele andere.

Tamer: Lola rennt.

Ja, das ist ein schöner Film.

Selim: Mit Moritz Bleibtreu. Ich kenn' einen Film mit dem, das Experiment. Kennen Sie den?

Ja, der Film entstand nach einer wirklichen Begebenheit. Da hat ein Psychologe wissen wollen, was zwischen Gefangenen und ihren Wachen geschieht, und hat dieses Experiment entwickelt. Diejenigen, die die Macht haben, werden verführt, sie auszunutzen und zu missbrauchen, und diejenigen, die machtlos sind, werden provoziert, dagegen etwas zu unternehmen. Wenn das eskaliert, läuft das sehr schnell aus dem Ruder und wird wie in dem Film zur Katastrophe.

Tamer: Al Pacino ist ein cooler Schauspieler, Robert de Niro, Kevin Costner auch. Ich guck' gerne Filme, die auf arte kommen, aber wir kriegen hier kein arte. Da kommen immer so coole Filme.

In der letzten Woche lief auf Kabel TV ein Film über die Jugendabteilung der JVA-Köln am Beispiel eines neu inhaftierten Jugendlichen. Man sah die Aufnahmeprozedur und seine Zelle. Ich hab' gehört, du fandest den Film schlecht.

Tamer: Schlecht war, dass sie nur das Sterile gezeigt haben und alles so voll kalt war. Der Typ geht in seine Zelle rein und bekommt nicht mal ein Leihradio, wie das bei Neuen üblich ist. Sie haben nicht gezeigt, dass es Umschluss gibt, also dass man zusammen auf einer Zelle sein kann. Sie haben keine einzige Zelle von jemanden gezeigt, der schon etwas länger hier war, also keine Zelle mit Fernseher, Radio, Poster und anderen Sachen, mit denen man sich ablenken kann. Der Film war meiner Meinung nach mehr zur Abschreckung. Allein wie der Beitrag schon begonnen hat, wie die Beamten vorgestellt wurden, die wären lebenslänglich und unschuldig im Knast. Da fühlte ich mich verarscht.

Carlos: Ich fand das voll nett, wie der Neue behandelt worden ist, das ist total lächerlich.

Wie bist du denn behandelt worden, als du hier reinkamst?

Carlos: Ich kam rein, die haben mich nicht direkt angeschrien, aber in einem Ton mit mir gesprochen, der sagen sollte, dass du niedriger bist als die, dass du schon ganz unten stehst. Du musst halt gehorchen. Ich war auch nicht nur ein paar Minuten im Warteraum am Anfang, ich saß da über zwei Stunden. Als ich ganz neu hier war, kam keiner zu mir abends auf die Zelle, um mir zu sagen, jetzt geht die Tür zu und morgen früh geht sie wieder auf. Die haben einfach die Tür zugemacht und das war's.

Tamer: Das war vielleicht bei ihm ein Extremfall. Wenn man einen netten Beamten hat, dann ist das nicht so wie im Film. Der Beamte in dem Film ist in Wirklichkeit auch gar nicht so streng, wie er sich da gezeigt hat. Schließlich sind wir hier im Jugendknast und nicht irgendwo in Amerika, in Alcatraz. Der Beamte hat ein bisschen geschauspielert.

Carlos: Die Beamten auf der Kammer, die im Film gezeigt wurden, waren alle übernett, wie Engel.

Bruno: Als ich reinkam, hat man mich gar nicht gefragt, welche Kleidergröße ich habe. Bei mir stand schon alles bereit. Nimm dein Bündel und gehe.

Carlos: Bei mir haben die schon gefragt, welche Kleidergröße ich habe.

Bruno: Bei mir haben die nur nach der Schuhgröße gefragt, sonst nichts.

Carlos: Wenn man zum Kleiderwechseln auf die Kammer geht, wollen die immer Stress machen. Die geben immer Kontra. Wenn ich zum Beispiel sage, ich möchte meine Hose tauschen, sagen die, du kommst jede Woche deine Hose tauschen. Ich sag' dann, ich arbeite ja, ich will nicht mit derselben Hose drei Wochen rumrennen.

Selim: Positive Sachen haben die in dem Film gar nicht gezeigt, die wollen voll abschrecken. Die haben mich auch nicht interviewt, das fand ich nicht so toll.

Jörg und ich dachten, der Jugendliche, der in dem Film zu sehen war, sei ein Schauspieler, aber das ist nicht so. Ich hab' den vorhin gesehen, der ist Hausarbeiter in Haus 10.

Bruno: Der kam nicht frisch von draußen rein. Ich hab' mich schon erkundigt. Normalerweise sitzt man auch nicht allein in

Die haben einfach die Tür zugemacht und das war's

dem Warteraum. Was mir noch aufgefallen ist, man kriegt nicht so ein Hemd wie der, wenn man reinkommt. So ein Hemd kriegt man nur, wenn man Schüler ist.

Beim letzten Mal haben wir uns den Film „Gegen die Wand" von Fatih Akin angesehen.

Carlos: Das Heftigste für mich war, als die Frau abgestochen wurde. Da hab' ich auch an mich gedacht, auf jeden Fall.

Andreas: Die Frau war aber auch krass.

Carlos: Ich konnte leider nicht die ganze Zeit dabei sein, weil ich ja arbeiten musste, aber ich fand den Film schon heftig.

Andreas: Das Ende war nicht schön. Sie hatte versprochen, ihn zu treffen, und ist dann einfach nicht gekommen, und dann war es vorbei.

Carlos: Sie sollte sich entscheiden, hat der Typ gesagt, für ihn oder für das neue Leben.

Carlos: Ich finde, sie hatte sich richtig entschieden.

Beide Hauptdarsteller, der Mann und die Frau, haben sich in der Psychiatrie kennengelernt, weil beide einen Selbstmordversuch gemacht hatten. Der Mann ist mit dem Auto gegen eine Wand gefahren, daher der Filmtitel „Gegen die Wand", und sie hat versucht, sich die Pulsadern aufzuschneiden, weil sie in ihrer Familie nicht leben konnte. Sie hat dann zu dem Typen in der Klinik - gleich nachdem sie sich kennengelernt haben - gesagt, willst du mich heiraten. Sie hat das auch erklärt, dass sie Hilfe braucht, um aus der Familie rauszukommen. Sie hat auch ganz direkt gesagt, sie will frei sein von der Familie, damit sie ficken kann. Was würdest du denn machen, wenn dich das eine Frau fragen würde?

Selim: Ich würd' die ficken, mehr nicht. Heiraten würd' ich die auf keinen Fall. Ich heirate nur eine Jungfrau.

Wenn ein Mädchen so eine Hure ist, dann kann der Vater gar nicht mehr rausgehen, wegen der Ehre

Aber wenn sie dich so fest bitten würde, rette mich aus dieser Familie, würdest du ihr dann nicht helfen?

Selim: Ich hasse solche Türkinnen, ich würd' das nicht machen. Wenn ein Mädchen so eine Hure ist, dann kann der Vater

gar nicht mehr rausgehen, wegen der Ehre.

Wenn zu dir so eine Frau käme und würde sagen, ich brauch' deine Hilfe, heirate mich, würdest du ihr helfen?

Tamer: Ich würde darüber nachdenken, ich würd' mir die Situation noch mal ganz genau angucken. Ihre Situation war ja nicht so schlimm, sie wurde ja nicht geschlagen, es war so ein türkisches Frauenleben, ein ziemlich typisches.

Selim: Sie war voll die Hure.

Tamer: Ich würd' ihr trotzdem helfen. Sie wird schon Gründe haben, warum sie auf keinen Fall nach zu Hause zurückgehen will. Das ist mir auch schon passiert.

Es war so ein türkisches Frauenleben, ein ziemlich typisches

Es gibt Familien, die machen einem das Leben schwer. Fred, zum Beispiel ist vor zwei Jahren von zu Hause rausgeflogen.

Tamer: Das ist mir auch passiert.

Einerseits hat sie diesen Mann geliebt und er hat ihr gedankt, weil er durch sie zu einem neuen Leben gefunden hat. Er hat das so erlebt, dass sie ihn gerettet hat – durch ihr verrücktes Leben konnte er aus seinem Leben als Säufer herausfinden. Er war völlig unten, er war der Bierflaschenaufsammler in der Disco. Er konnte sich kaum noch auf den Beinen halten, seine Wohnung war ein Dreckloch. Und am Ende des Filmes kommt er aufrecht gehend aus dem Gefängnis, er hat gut ausgesehen, er hat gewusst, was er will. Sie hat sich dann für ihr Kind und die neue Beziehung entschieden, gegen ihn.

Tamer: Im Endeffekt ist damit für sie herausgekommen, was ihre Familie am Anfang für sie gewollt hat. Sie hat zwar einen kurzen Umweg gemacht, aber am Ende ist sie da hingekommen.

Sie war voll die Hure

Carlos: Wie lange war der wohl im Knast?

Tamer: An der Tochter kann man das ja sehen, das waren bestimmt fünf, sechs Jahre.

Was bedeutet euch Hip-Hop?

Tamer: Kiffen.

Bruno: Ist gute Musik.

Selim: Er findet sich wieder in diesen Liedern.

Tamer: Bei Hip-Hop achtet man mehr auf den Klang, auf den Beat. Bei Rap, da hat man nur diesen Sprachgesang, da ist der Beat immer eintönig.

Fred, kennst du dich auch aus mit dem Hip-Hop?

Techno ist eine Musik, die man nur unter Drogeneinfluss ertragen kann

Fred: Ja, ich weiß, welche Lieder zum Hip-Hop gehören.

Kennst du einen Text?

Fred: Nein, auswendig nicht.

Ismail: Egal, welche Texte, du hörst immer motherfucker.

Fred: Suck my dick.

Sie sind sexistisch und frauenverachtend.

Tamer: Das auch. Siebzig Prozent der Texte kann ich versteh'n, also übersetzen in meinem Kopf. Hauptsächlich geht's in den Videoclips um Frauen, Goldketten und dicke Autos. Wir leben in einer Konsumgesellschaft. Aus dem Getto kommen mit nichts und auf einmal so dicke Ketten haben. Das finden die meisten Jugendlichen gut.

Ismail: Das finde ich voll dumm. Die Stars mit ihren Autos und ihren Ketten, dass sie sich das leisten können, was interessiert mich das?

Tamer: Wenn ich das erreicht habe, dann bin ich glücklich. Wenn ich auf einem zweihunderttausend Euro teuren Auto sitze, hier eine Alte, da eine Alte, eine dicke Goldkette, dann sag' ich, ich hab's geschafft. Das wär' mein Wunsch, komplett im Luxus zu leben, ein ganz fettes Haus, eine Sauna, ein Whirlpool, dann so ein Swimmingpool mit Wasserfall. Ich sag' jetzt nicht, dass ich davon träume, aber wer würde das nicht gerne haben?

Ismail: Musik gehört einfach zum Leben. Ich fahr' zum Beispiel Auto und mach' mir Musik an, ich war vielleicht eben schlecht gelaunt und dann läuft eine gute Musik, und dann denkt man an was anderes. Wenn ich draußen arme Leute auf der Straße gesehen habe, hab' ich denen manchmal 20, 25 Euro in die Hand gedrückt. Dann hab' ich gesehen, die Leute haben sich darüber gefreut. Wenn ich mehr Geld hätte, würde ich auch mehr Geld spenden. Irgendwo ist das auch schön, wenn man geholfen hat mit seinem Geld, für mich ist das ein gutes Gefühl. Wenn ich zum Beispiel hier rausgehe und geb' meinen Fernseher dem Typen, dann ist das vielleicht kein Gefühl, was andauert, in dem Moment bin ich korrekt, und der wird sich voll darüber freuen.

Fred: Der wird das auch nie vergessen.

Was ist für euch Techno?

Ismail: Abstand.

Tamer: Techno ist eine Musik, die man nur unter Drogeneinfluss ertragen kann. Es gibt auch welche, die das ohne Drogen hören, aber ich schätze, das sind unter 15 Prozent.

Ismail: In der Disco mit Techno sind die Drogen auf jeden Fall da.

Tamer: Drogen und Techno vereinigen sich wie Salz und Suppe. Das ist eigentlich keine Musik, das sind eigentlich nur Töne. Wenn man sieht, wie die tanzen, das ist keine Ästhetik, das ist nur krank.

Selim: Fishbone, das ist die Marke von denen.

Tamer: Aber ich bitte dich, die haben auch coole Sachen.

Ismail: Fishbone ist die allgemeine Techno-Marke.

Drogen und Techno vereinigen sich wie Salz und Suppe

War Techno mal deine Musik?

Bruno: Nein.

Tamer: Das ist ein Kiffer, und wenn man kifft, will man eher sanfte Musik.

Ismail: Reggae.

Tamer: Rap.

Bruno: Ich hör' das zum Wachwerden.

Wann hast du deine erste Anzeige bekommen?

Selim: Das war sehr spät, da war ich schon 15. Ich war in der Realschule und hatte da viele Aktionen gemacht, und die Lehrer hatten keinen Bock mehr auf mich. Da war so ein Klassen-PC, den hatte ich aus dem Fenster geworfen, und auch immer die Schüler so unter Druck gesetzt. Die hatten eigentlich den Lehrer gern, und die haben dann einen Brief gegen mich geschrieben, und der wurde auf der Konferenz vorgelesen. Dieser anonyme Brief war voll übertrieben, aber manches hat auch gestimmt. Die haben geschrieben, der begrüßt uns mit einem Kick, in der Pause wirft er mit einer halbvollen Flasche und beim Fußballspielen würd' ich sagen, wer mir den Ball abnimmt, der kriegt Schläge. Ich würd' denken, ich wär' der King, und am Ende stand dann, wir unterschreiben den Brief deswegen nicht, weil wir Angst haben, dass wir von Selim Schläge bekommen. Da stand ich in der Klassenlehrerkonferenz, mein Vater guckt mich enttäuscht an, und dann bin ich halt von dieser Schule geflogen.

Ich hatte soundso keinen Bock schulmäßig

Wenn du die Namen gewusst hättest, hättest du die Schüler dann geschlagen?

Selim: Das hätte ich sicher gemacht. Ich bin damals zu ein paar Verdächtigen hin und hab' denen gesagt, du warst das, und hab' denen so eine Schelle gegeben, obwohl ich nicht sicher war, dass sie das waren.

Was kam bei der ersten Anzeige raus?

Selim: Da kamen so fünf, sechs Anzeigen zusammen, aber keiner der Schüler hat dann bei der Polizei eine Aussage gemacht. Da kam dann nur diese Sache wegen dem PC, also Sachbeschädigung. Das Bußgeld hab' ich dann bezahlt, und die Sache wurde eingestellt.

Wann war deine erste Gerichtsverhandlung?

Selim: Vor vier Jahren. Die Jugendgerichtshilfe hatte mir ja gesagt, wenn ich den Schaden bezahle, wird das direkt eingestellt. Das war für mich gar kein Problem, dieses Gericht. Ich bin da hingegangen, und der Richter war an dem Tag sehr nett zu mir. Der sagte, ich will dich hier nicht mehr wiedersehen, dann bin ich rausgegangen.

Warst du zu dieser Zeit arbeitslos?

Selim: Nein, das war die Zeit, als ich Aushilfsarbeiten gemacht hab' und Kartons auf das Fließband gestellt habe. Das ging eine Zeitlang gut, bis ich einen Laden ausgeraubt habe. Die haben das dort mitgekriegt, und weil da so viele Türken waren, bin ich aus Scham nicht mehr hingegangen.

Warum hast du dich geschämt?

Selim: Ich hab' mich geschämt, weil die Türken, die da gearbeitet haben, die finden das nicht so gut, was ich gemacht habe. Wenn ich da noch weiter hingegangen wäre, würden die vielleicht was Falsches sagen, dann würde ich richtig abkacken, und da hatte ich keine Lust drauf.

Du hättest auch sagen können, ich möchte in den Augen dieser Kollegen gut dastehen.

Selim: Das ist schwer bei denen. Wenn da was geklaut worden wäre, hätten die mich bestimmt zuerst verdächtigt. Der Vorarbeiter meinte sogar, ich konnte diesem Jungen so und so nie vertrauen. Auf einmal kam der mit diesem Spruch an, das hat mir mein Bruder erzählt, der hat da auch gearbeitet. Dann hatte ich auch keine Lust mehr und wurde arbeitslos. Ich kam dann auf die Hauptschule und dann kam die zweite Anzeige. Ich war dort der Größte von der Größe her. Ich hab' mich wie der King gefühlt und hab' die immer rumkommandiert. Und immer, wenn was war, haben die Lehrer nur mich gesehen, sogar wenn ich nichts gemacht habe, war ich der Schuldige. Dann hatte ich einen anderen Türken abgezogen und der ist direkt zur Direktorin gegangen und hat der das gesagt. Danach musste ich zur Direktorin und die meinte, ich zeig' dich an. Dann war noch ein Mädchen in meiner Klasse, die hat mich immer genervt, der hab' ich eine Backpfeife gegeben, dafür hab' ich auch eine Anzeige bekommen. Die Lehrerin hatte das der Direktorin gesagt. Von da bin ich dann auch geflogen und kam auf eine andere Hauptschule. Ich hab' dort auch nur gestört, deshalb hatten die auch keinen Bock mehr und haben mir direkt nach der Neunten den Abgang gegeben. Ich hatte so und so keinen Bock schulmäßig. Immer kam so Stress von der Schule, die riefen bei mir zu Hause an, da kamen Briefe. Ich hatte keine Lust mehr.

Aber du könntest einen Abschluss schaffen.

Selim: Ja, könnte ich auch. Früher hab' ich die Arbeiten immer gut geschrieben, obwohl ich Scheiße gebaut habe.

Versuchst du jetzt hier, den Abschluss nachzuholen?

Selim: Ich hab' den Antrag auf Hauptschule abgegeben, aber er wurde nicht genehmigt. Jetzt mach' ich den Metallkurs.

Für die allermeisten Berufe braucht man eine Ausbildung und Abschlüsse.

Tamer: Wegen seinem Mittäter darf er da nicht hingehen. Bei mir ist genau das Gleiche, ich hab' auch einen Antrag gestellt, aber ich darf auch nicht teilnehmen, weil ich einen Mittäter hier im Haus habe. Da ist einer gekommen, der war erst einen Tag hier, dem haben sie direkt die Schule genehmigt.

Selim: Weil ich noch nicht 18 war, musste ich auf die Berufsschule. So lang man noch nicht volljährig ist, muss man einmal die Woche da hin. Da hab' ich so und so nur Scheiße gemacht, weil das war voll sinnlos. Da kriegt man eh keinen Abschluss oder so was. Da waren andere, die hatten wie ich auch den Abgang nach der neunten Klasse. Wir haben uns alle verstanden, alle das gleiche Schicksal, und dann haben wir da nur Scheiße gebaut. Damals hatten die alle gekifft, ich nicht. Die kamen immer so stoned in die Klasse, waren alle noch am Chillen und so, da haben sich alle kaputtgelacht. Wenn da was zum Abschreiben von der Tafel war, hab' ich gesagt, warum seid ihr so doof und schreibt das ab. Ja, du hast recht, haben die gesagt und mit den Stiften geworfen. Da meinte der Lehrer zu mir, du brauchst nicht mehr zu kommen. Ich dachte, wenn ich nicht komme, muss ich Bußgeld bezahlen. Nein, ich schicke dir kein Bußgeld, du kannst gehen, sagte der zu mir. Dann bin ich da gar nicht mehr hingegangen. Danach haben mein Bruder und meine Eltern immer auf mich eingeredet, geh' Abschluss machen und so. Deshalb bin ich zu einem Ausbildungszentrum gegangen, da gibt es verschiedene Bereiche, Metall, Holz, Friseur, Elektro und so. Das war zur Vorbereitung auf eine Ausbildung, da kriegt man auch Geld, das ist so wie Hartz IV, Ein-Euro-Job, da hab' ich mich verarscht gefühlt, ein Euro und so. Da waren auch nur Idioten, da war auch ein Türke, den ich gut kannte, wir haben uns auch verstanden, aber ich weiß nicht, ich konnte nicht stillsitzen, ich musste immer Aktion machen. Da haben die mich auch runtergeschmissen.

Wenn die Lehrer nichts sagen, erlaube ich mir auch viel

Wenn ich an die jetzige Schuldiskussion denke, wo die Lehrer berichten, dass sie nicht mehr unterrichten können, weil die Schüler so frech sind, frage ich, was sind denn das für Lehrer?

Selim: Das Problem ist, da gibt's keine Disziplin. Wenn ich störe, was sagt denn da der Lehrer, der sagt gar nichts. Als ich mal kurz in der Türkei war, war ich dort mit meinem Cousin zusammen in der Schule. Wenn da einer was sagt, da schreit der Lehrer direkt, der gibt Schläge, der diszipliniert alle. Wenn die hier wären, die wären auch alle so wie wir, aber dort können die nicht stören, dort sind die automatisch ruhig, hören zu. Wenn die Lehrer nichts sagen, erlaube ich mir auch viel. Dann kam das mit der Zeit so, dass ich mir gar nichts mehr sagen ließ, weil ich das so gelernt habe. Ich kann machen, was ich will, kein Lehrer sagt was.

Tamer: Kann sein, dass die Lehrer in Deutschland nicht erfahren genug sind, dass die vielleicht nur ihren Stoff da runterrasseln und sich nicht individuell auf die Schüler einlassen. Die machen halt einfach ihren Stoff und gehen dann nach Hause.

Hier wird einem erst mal klar, was man gemacht hat

Selim: Der Lehrer hat mir mal gesagt, ach komm', mach' mal weiter, ich hab' schon Schlimmere als dich gesehen. In der Hauptschule, auf der ich war, waren auch alle aus unserer Straße.

Ist der Lehrer mal zu deinen Eltern nach Hause gekommen?

Selim: Die haben Briefe geschrieben, angerufen und danach nicht mehr mal das, die haben die Hoffnung aufgegeben.

Andreas: Früher gab's doch in der Schule immer die Prügel mit dem Stock.

Selim: Das ist auch besser so. (Alle reden durcheinander.)

Tamer: Wenn eine ganze Schule ausrastet, dann muss doch auch was mit der Schule sein. Es gibt ja viele asoziale Gegenden mit vielen ausländischen Kindern und vielen Schülern mit Problemen, aber die rasten ja auch nicht alle aus.

Selim: In den Nachrichten kam, die Lehrer hatten voll Angst vor den Schülern. Aber die müssen zeigen, dass sie keine Angst haben. Sie müssen auf die Schüler draufgehen, ich meine schreien, und denen zeigen, dass sie unterlegen sind.

Du hast nie erlebt, dass man dir mal auf die Finger gehauen hat?

Selim: In der Schule nicht.

Sind die Eltern der Kinder, die abgezogen wurden, nicht gekommen und haben gesagt, was geht hier ab?

Selim: Selbst wenn, ich hätte die gar nicht ernst genommen. Wenn der Lehrer mal handgreiflich geworden wäre, hätte ich den vielleicht sogar geschlagen. Hier wird einem erst mal klar, was man gemacht hat.

Hat dich niemand mal gepackt und geschüttelt und gefragt, was machst du denn für eine Scheiße?

Selim: Ich kann mich nicht daran erinnern.

Ismail hat erzählt, er bekommt Briefe von Leuten, die ihm draußen gesagt haben, er ist auf dem falschen Weg, also er hat das schon gehört. Du hast so was nie gehört?

Selim: Ich hatte immer meinen eigenen Kopf, ich hörte nie auf andere.

Tamer: Ich war auf dem Friedrich-Wilhelm-Gymnasium hier in Köln und da sind viele Kinder von reichen Eltern, die meisten Eltern sind wohlhabend. Als ich da hingegangen bin, hatte ich Turnschuhe von Deichmann an und deshalb hat die ganze Klasse über mich gelacht, weil ich diese billigen Schuhe anhatte.

Im Ernst?

Tamer: Ganz im Ernst, ich wurde in der Schule ziemlich gehänselt. Vielleicht hätte ich auch gehänselt, wenn ich eines dieser wohlhabenden Kinder gewesen wäre. Man ist halt eine Schicht über den anderen. Vielleicht wurde denen von ihren Eltern beigebracht, dass sie etwas Besseres sind als diejenigen, die nicht so viel Geld haben. Ich bin deswegen kriminell geworden, ich hab' damals gedacht, ohne Geld bist du eigentlich nichts.

Dass arme Menschen verachtet werden, ist eine Realität in unserer Gesellschaft.

Tamer: Ich war dann noch ziemlich lange nicht auf dieser kriminellen Schiene. Als dann später das Kiffen dazu gekommen ist, kam es halt zur Beschaffungskriminalität, wie man das so nennt.

Ist es teuer, wenn man viel raucht?

Tamer: Schon ziemlich. Aber nicht nur deswegen, auch wegen der Klamotten, weil man gut dastehen will in der Gesellschaft. Man denkt sich, das dauert alles viel zu lange. Mein Vater hat viel Geld, aber er ist nicht der Typ, der sagt, ich schieb's dir in den Arsch. Verdien´ es dir selber, hat er gesagt.

Dann bist du von der Schule geflogen?

Tamer: Dann bin ich auf die Realschule gekommen, und danach ist so der typische Abstieg gekommen. Da war ich immer weiter zugekifft.

Baschar: Englisch war immer schon mein Feind, schon in der Schule hatte ich Probleme damit. Mit viel Glück hatte ich eine Vier gekriegt.

Ich dachte, ihr hört gerne Rap-Musik, da kann man doch ein bisschen Englisch lernen.

Baschar: Da kann man ein bisschen mitsingen, aber da weiß man hinterher nichts mehr. Da würde man sich blamieren, wenn man das nachsprechen würde.

Thomas: Englisch war in der Schule für mich Freistunde, war die Kifferstunde. Ich hab' alles gelernt, außer Englisch, das wollte ich nicht.

War von euch jemand Klassensprecher?

Selim: Ich war mal Klassensprecher, aber nur, weil lauter Türken in der Klasse waren.

Erzähl' mal.

Selim: Ich bin Klassensprecher geworden, hab' aber nichts gemacht. Da war überhaupt keine Gelegenheit irgendetwas zu machen.

Wie war es bei dir?

Tamer: Ich war oft Klassensprecher. Ich war sehr beliebt in den Klassen. Die Mädchen mochten mich gerne. Mit den Typen kam ich auch ganz gut klar. Ich hab' aber auch nicht viel gemacht. Ich war ja nur bis zur achten Klasse in der Schule.

Hattest du Verhandlungen mit den Lehrern?

Tamer: Nein, wenn man noch so jung ist, da geht man nicht zur Direktion. Ich denke, dass das erst kommt, wenn man älter wird. Ich bin mit zu den Klassensprecherfahrten gegangen und hab' mich mit den Mädchen vergnügt.

Musstet ihr denn nur einteilen, wer die Tafel sauber macht, oder was war denn eure Aufgabe?

Tamer: Ich kann mich erinnern, dass ich auch für Ruhe sorgen musste. Wenn es irgendwelche Auseinandersetzungen gab, musste man schon eingreifen. Aber ich erinnere mich nicht mehr richtig daran, das ist alles schon so lange her.

Selim: Ich erinnere mich auch an Sitzungen der Schülervertretung, wo sich alle Klassensprecher trafen, aber wir haben da nur gestört. Die Lehrerin hat uns was erzählt, was wir der Klasse weitererzählen sollten, aber ich wusste danach gar nicht mehr, was.

Tamer: Da fällt mir ein, als das mit Solingen war, mit dem Brandanschlag auf eine türkische Familie, da hab' ich als Klassensprecher was vorgelesen, vor der ganzen Schule.

Ismail: Ah, als ob ich neu geboren bin. (Ismail ist mit seinem Döner fertig.)

Carlos: Wenn ich morgens um neun aus der Disco gekommen bin, bin ich erst mal Döner essen gegangen.

Ismail: Ich hab' am Tag Minimum zwei Döner gegessen. Vor dem Training und danach.

Andreas: Ich hab' mich nur für Fußball interessiert, ich spiele auch im Verein. Ich bin immer zu Fortuna Düsseldorf gefahren zum Fußballspielen mit ein paar Kollegen, dort spielt ein Kollege von mir, mit dem hab' ich angefangen, Fußball zu spielen und Alkohol zu trinken.

Wenn du gut spielst, warum machst du dir das kaputt?

Andreas: Keine Ahnung, das frag' ich mich auch.

Ja, im Ernst, das fragst du dich?

Andreas: Ja, ich wäre gerne wieder so wie damals.

Du weißt jetzt nicht mehr, wer du bist?

Andreas: Nein, auf jeden Fall nichts Besonderes, es gibt nichts, worauf ich stolz sein könnte.

Es gibt nichts, worauf ich stolz sein könnte

Aber jeder Mensch ist einzigartig.

Andreas: Manche sind einzigartig gut, und manche sind einzigartig schlecht.

Was ist für dich das Interessante an dem Playstation-Spiel?

Andreas: Ich hab' damit alle meine Zeit vergeudet, kann man sagen. Das macht Spaß und bringt Spaß. Man kann allein spielen, aber auch zu zweit oder - ich hab' so ein multiplay - da kann man zwei gegen zwei spielen, das macht noch mehr Spaß. Das ist wie wenn man im Fernsehen ein Fußballspiel sieht, so ist das dann auch.

Baschar, du hattest in deiner Freizeit das höchste Glück beim Gameboy.

Baschar: Wir haben das öfter gespielt. Ich war bei meinem Cousin und da waren immer Ältere. Bei uns Somalis kaut man Khat. Wir haben gekaut und gespielt. Das Beste daran war, man kifft sich voll zu. Man spielt, man lacht, man macht Turniere.

Hast du auch Fußball gespielt?

Baschar: Ja, auch Fußball.

Und diese Spiele, bei denen es darum geht, möglichst viele abzuknallen?

Baschar: Das haben wir nie gespielt, wir haben nur Fifa 2002 gespielt.

Da hat man wie beim Fußball alles selbst in der Hand, es ist also kein Glücksspiel?

Baschar: Es ist kein Glücksspiel. Wenn du zum Beispiel Freistoß hast, da musst du genau in die Mitte treffen, dann kommt der richtig gut. Nach einiger Zeit macht das immer mehr und mehr Spaß. Ein paar sind am Kauen, ein paar am Kiffen, ein paar am Trinken, sieben, acht Leute, vier Joysticks, zwei Games.

Gibt's das auch hier drin?

Abends ging's ab in die besten Diskotheken

Baschar: Nein, das ist das Problem, wenn das erlaubt wäre, würde ich das direkt machen.

Warum ist das nicht erlaubt?

Baschar: Angeblich haben mal Russen durch eine Memorycard in der Playstation Nachrichten von draußen empfangen. Daher wurde das verboten.

Das heißt, es ist ein Gesellschaftsspiel, man ist zusammen und amüsiert sich?

Baschar: Ja, das haben wir auch im Winter zusammen gespielt, als es kalt war. Bei uns gibt es einen großen Park, da waren wir im Sommer immer am Grillen und Fußballspielen. Wir sind auch mit den

Mädchen schwimmen gegangen, wir haben vieles gemacht. Abends ging's ab in die besten Diskotheken, die es gab, nicht nur in Köln, Bonn oder Düsseldorf, sondern auch mal nach Frankfurt.

Wie hoch war der Eintritt?

Baschar: Das Billigste, was wir bezahlt haben, waren acht Euro. Es gibt andere Diskotheken, die sind ziemlich teuer.

Kann man dafür ein Getränk kriegen?

Baschar: Nein, das ist nur der Eintritt. Hinter Aachen, nach der Grenze, kommt eine der besten Diskotheken. Da bezahlst du acht Euro Eintritt. Für das Bezahlen musst du dir Chips geben lassen. Ein Chip ist ein Euro fünfzig wert. Mit diesen Chips bezahlst du, nicht mit Geld. Ein schönes Getränk kostet vier Chips, sechs Euro.

Dogan, du hast erwähnt, dass du Kampfsport gemacht hast. Kannst du uns mal erzählen, wie du dazu gekommen bist?

Dogan: Mein Onkel, der Bruder meiner Mutter, ist deutscher Meister im Kickboxen gewesen, und die haben gesagt, komm' auch. Da war ich zehn oder elf Jahre alt. Dieser Onkel war ein Vorbild für mich.

Hattest du Wettkämpfe gesehen, in denen er gekämpft hat?

Dogan: Ja.

Wie sieht das aus, wenn man mit zehn Jahren anfängt, so einen Sport auszuüben?

Dogan: Ich war im Verein, dreimal die Woche war Training. Morgens ging ich in die Schule und von fünf oder sechs Uhr bis acht war Training. Ich hab' Taekwondo gemacht, da macht man das meiste mit den Füssen und mit den Beinen.

Das heißt, du kannst mit dem Fuß so einen Meter achtzig hoch treten?

Dogan: Jetzt nicht mehr. Ich hab' ja vor drei, vier Jahren aufgehört.

Warum?

Dogan: Die Kollegen haben angefangen zu kiffen und Einbrüche zu machen.

Baschar: Schlechtes Umfeld.

Ismail, du hast erzählt, dass du mit Freunden gerne auf Partys gegangen bist. Waren diese Partys in Wohnungen oder in der Disco?

Ismail: In Discotheken in Köln und in Hennef.

Seid ihr nur Jungs gewesen oder seid ihr als Paare da hin?

Ismail: Nur mit Jungs sind wir da hin.

Abdullah: Und als Paare wieder raus. (Gelächter)

Abdullah erzähl' mal von deiner Freizeit.

Abdullah: Am Wochenende war ich meistens bis 18, 19 Uhr zu Hause. Danach bin ich rausgegangen mit Freunden, mal in die Discothek oder auf die Straße. Und in der Woche, kommt drauf an, wie das Wetter war, manchmal bin ich ins Schwimmbad gegangen oder hab' einfach so auf der Straße rumgelungert.

Wenn man ins Schwimmbad geht, dann muss man Eintritt bezahlen. Vielleicht hat man noch eine Freundin und die sagt, kauf' mir doch mal 'ne Cola. Da sind ganz schnell zehn Euro zusammen, die man haben muss. War das für dich ein Problem?

Abdullah: Natürlich gab es Zeiten, wo man Geldnot hatte, aber das war nicht das große Problem draußen.

Wenn man keine Disziplin hat, kommt man im Leben nicht weiter

Also, wenn du was gemacht hast, was nicht erlaubt war, dann war das nicht wegen Geld?

Abdullah: Doch, wegen Geld. Ich sag' ja, manchmal gab's Zeiten, da gab's kein Geld, dann musste man halt so 'ne Dummheit machen, aber das hat dann auch für ein paar Wochen wieder gereicht. Das waren dann Wochen ohne Geldprobleme und danach kamen wieder die Probleme.

Hast du dein Geld beim Glücksspiel rausgeworfen?

Abdullah: Nein, so was hab' ich nie gemacht.

Wer hat Erfahrung mit Glücksspiel von euch?

Carlos: Ich. Ein Freund von mir, der spielt gerne, der ist echt süchtig davon. Er gibt das nicht gerne zu, aber der sitzt von morgens bis abends vor den Automaten. Der hat seine Arbeit dadurch verloren. Wenn der irgendwas gewinnt, zum Beispiel bevor ich verhaftet wurde, hat er mir dreihundert Euro gezeigt und meinte, Jungs, lasst uns was trinken geh'n, ich geb' was aus. Wir hatten an dem Tag keine Lust dazu. Am nächsten Tag hab' ich zu dem gesagt, komm', lass uns jetzt einen trinken geh'n. Da meinte er, heute nicht, ich hab' kein Geld mehr. Der hatte alles verzockt, die ganzen dreihundert Euro an einem Tag. Der ist noch jünger als ich, der ist noch keine achtzehn, und hat keine Arbeit. Das ist schon heftig. Ich hab' mit ihm geredet über seine Sucht, aber er versteht das nicht.

Abdullah, warst du mal in einem Verein?

Abdullah: Ja, im Fußballverein, aber da wurde ich rausgeschmissen wegen den ganzen Vorfällen. So jemanden wollten die da nicht.

Da fliegt man richtig raus, wenn man ein Verfahren bekommt?

Abdullah: Nicht überall, kommt drauf an, was für Leute das sind. Mein Trainer war sogar ein Marokkaner, aber der sagte, nee, nee, kannste vergessen. Beim Sport ist das Wichtigste Disziplin, wenn man die

Ich war Meister von Nordrhein-Westfalen in Taekwondo

nicht hat, dann kannst du so gut sein, wie du willst. Wenn man keine Disziplin hat, kommt man im Leben nicht weiter.

Was ist für dich Disziplin?

Ismail: Disziplin ist, dass man die Regeln einhält, wenn man gegen einen kämpft, dass man aus Wut nicht einfach unerlaubte Schläge macht. Wenn man provoziert, das ist keine Disziplin, und wenn man gegenüber dem Trainer frech wird. Disziplin ist, dass man regelmäßig zum Training kommt, dass man alles, was dazu gehört, einhält.

Abdullah: Wenn man auf dem Spielfeld macht, was man will, das ist keine Disziplin.

Ismail: Ja, genau.

Abdullah: Man muss schon hören, was der Trainer sagt, und das auch akzeptieren. Wenn einer Fehler macht, nicht rumbrüllen, auch das ist Disziplin.

Ismail: Dogan hat den rotschwarzen Gürtel.

In welchem Kampfsport?

Dogan: Taekwondo.

Wie lange hast du dafür trainiert?

Dogan: Fünf Jahre. Ich hab' auch um Meisterschaften gekämpft. Ich war Meister von Nordrhein-Westfalen in Taekwondo.

Schade, das man das nicht im Gefängnis machen kann.

Ismail: Hätte er weitergemacht, wäre er jetzt im Olympiateam.

Ich glaube, dass man mit Kampfsport auch Selbstbeherrschung lernen kann.

Ismail: Das wird zur Routine mit der Zeit.

Baschar war ein guter Fußballer und hat dann entschieden, lieber auf Partys zu gehen, als zu trainieren, und kam dann mit einer Alkoholfahne aufs Spielfeld.

Baschar: Mein Trainer hat das gewusst, dass ich auf Partys gehe. Er hat einfach zu mir gesagt, zeig' mal deine Hände, und schon hat er den Stempel von der Disco entdeckt.

Warst du auch in einem Sportverein?

Carlos: Ja, aber nicht lange. Ich war 16 und hatte mit Drogen angefangen. Wir waren in der Fußballbezirksliga. Dann war ich einmal bei Bayer zum Probetraining, da meinte der Trainer, du musst erst mal abspecken. (Gelächter) Ich war da schon übergewichtig. Als ich nach Deutschland kam, hab' ich übertrieben mit dem Essen. Ich saß nur zu Hause, hatte keine Freunde, das war halt so.

Maradonna ist auch ein bisschen füllig geworden.

Carlos: Ja, klar. Der Trainer meinte, ich soll laufen, und wenn ich weiter trainiere, können wir dich einschreiben, dann kannst du wenigstens mit uns zusammen trainieren, bei Bayer Leverkusen.

Überleg' mal, da kommen Leute hierher, die schon auf dem Weg zum Erfolg waren, und dann kommt man in so eine Scheiße rein.

Baschar: Auch für mich ist das schade, ich könnte Oberliga sein.

Carlos: Dann kamen die Drogen, Koks, und da hat sich alles gesteigert. Damals war ich nur an den Wochenenden auf Partys, und dann hat's angefangen mitt-

Für Spaghetti alla bolognese muss man nicht kochen können

wochs, freitags, samstags, also mitten in der Woche war ich schon auf Partys, obwohl ich am nächsten Tag arbeiten musste. Das war schon heftig.

Kannst du kochen?

Baschar: Ja, natürlich.

Bernd: Ich kann alles würzen, aber nicht kochen.

Wie habt ihr kochen gelernt?

Sedinam: Von den Eltern, zugeguckt, da sieht man, wie man kocht.

Christian: Ich verstehe unter richtig kochen, dass das Essen richtig geil schmeckt, fünfsternerestaurantmäßig. Für Spaghetti alla bolognese muss man nicht kochen können, da schmeißt man einfach die Nudeln ins Wasser, wenn es kocht, wartet bis sie schön sind und dann kommt die Soße dazu.

Die Frauen stehen drauf, die wollen heute, dass ein Mann auch kocht

Also das kannst du?

Christian: Na klar, aber richtig kochen kann ich nicht.

Miguel: Ich bin seit Jahren allein zu Hause und koche immer für mich.

Christian: Wer sagt, dass er richtig kochen kann, der soll einmal Calamares machen. Wenn er die vernünftig hinkriegt, dann kann er kochen.

Miguel: Kein Problem.

Wie macht man Calamares?

Miguel: Erst mal waschen, schneiden. Mehl und Eier verrühren für den Teigmantel. Es gibt verschiedene Arten sie zu machen, man kann die auch kochen oder dünsten.

Christian: Warum bist du kein Koch geworden?

Miguel: Weil ich nur für mich koche.

Sedinam: Die Frauen stehen drauf, die wollen heute, dass ein Mann auch kocht.

Miguel: Ich koch' auch für meine Freundin.

Sedinam: Das kommt besser an, heutzutage, dass nicht nur die Frau kocht, jahrelang.

Miguel: Ich sag' ehrlich, ich will der Hausmann werden, die Frau soll arbeiten gehen. (Alle lachen.) Ich kann kochen, ich kann waschen, ich kann bügeln, ich kann Sachen, die andere nicht können. Das hab' ich gelernt.

Wenn du hier durchs Haus gehst und alle fragst, wer einen Knopf annähen kann, wirst du sehn, das kann nicht jeder.

Sedinam: Wir haben auch Hauswirtschaft in der Schule gehabt, sogar Weben hat man uns beigebracht.

Du hast gesagt, dass du im Angelverein warst.

Thomas: Ja, drei Jahre hab' ich geangelt.

Habt ihr die Fische gegessen?

Thomas: Ja, aber geräuchert, ich mag keine gekochten Fische.

Was für unterschiedliche Fische hast du gefangen?

Thomas: Aale, Welse, Hechte, kleine Bresen.

Miguel: Das erste Mal, als ich fischen war, das war vor zwei Jahren in Spanien. Das war nachts, das hatte ich noch nie erlebt, ich wusste gar nicht, wie das läuft und was da so gemacht wird. Da wurde mit Körben gefischt, damit haben die Tintenfische gefangen. Die haben die aus dem Wasser geholt und auf den Boden geschmissen und dann richtig draufgehauen. Ich sitz' da so und denke, was machen die da. Weißt du, warum die das machen? Weil die Tintenfische sonst steif werden, man kann die sonst nicht essen.

Hat jemand von euch mal ein Tier gehabt?

Sedinam: Eine Katze.

Wie hast du sie bekommen?

Sedinam: Hat mir meine Freundin geschenkt, einfach so.

Wo ist die Katze jetzt?

Sedinam: Zu Hause bei meinen Eltern. (allgemeines Gelächter)

Christian: Ich hatte schon als kleines Kind einen Rottweiler und meine eigene Katze.

Miguel: Ich hab' auch schon Tiere gehabt, Mäuse und einen Hund, die sind alle gestorben. Wenn ich rauskomme, hol' ich mir einen kleinen Affen. (Gelächter)

Gibt's hier einen Wettbewerb, wen kann man am besten auslachen?

Miguel: Man hat doch sonst nichts zu lachen.

Selim, du hast gesagt, dass du in einer Türkenstraße groß geworden bist und dass ihr dort irgendwann mit dem Abziehen angefangen habt. Erzähl' mal, wie das anfing.

Selim: Das war schon in der Grundschule. Damals kam ich nie aus unserer Straße raus. Auf der Grundschule hab' ich dann erst mal deutsche Kinder geseh'n, auch ein paar Russen waren da. Für uns war Abziehen irgendwie normal, wir sind damit aufgewachsen. Als wir klein waren, wurden wir von den Großen abgezogen und verprügelt. Und als wir dann ein bisschen größer wurden, haben wir das für normal gehalten. Ich war in der Grundschule in einer Klasse, da waren nur Türken, das gibt's ja sonst gar nicht.

Also du bist zuerst abgezogen worden?

Selim: Ja, zuerst bin ich abgezogen worden. Früher war ich nicht so wie heute, da hab' ich gerne gespielt, Fangen und so ein Scheiß, auch Fußball und Sport. Ich weiß nicht, immer wenn ich rausging, wurde ich geschlagen. Ich konnte nichts machen. Ich war klein, die anderen waren größer und dann mit der Zeit, als ich elf oder zwölf war, kam das, dass ich das bei anderen gemacht habe. Das war für mich irgendwie normal, das machte jeder. Als wir klein waren, da war unsere Straße so richtig voll, nicht so wie jetzt. Viele Leute sind da inzwischen weggezogen. Wir waren immer mit vielen Leuten unterwegs. Wir gingen manchmal durch die Stadt, und wenn wir jemanden gesehen haben, haben wir den abgezogen.

War dir nicht bewusst, dass das verboten ist?

Selim: Das ging mir nicht durch den Kopf, dass das verboten ist, gar nicht. Das war die normalste Sache der Welt.

Wenn ich mir jetzt vorstelle, ich geh' auf jemanden zu und nehme ihm sein Geld weg, dann wehrt der sich doch.

Selim: Bisher hat sich gar keiner gewehrt.

Du gehst hin und sagst, gib mir dein Geld, und du kriegst das Geld?

Selim: Ja, normal. Wenn er es nicht gibt, holen wir es selber raus.

Aber daran siehst du ja, dass das nicht okay ist.

Selim: Ich hab' das damals nicht so gesehen.

Haben manche geweint, denen ihr das Geld abgenommen habt?

Selim: Ja, auch. Die sind nach Hause gelaufen und haben geweint. Das ist normal, die waren Kinder und wir waren Kinder. Jetzt würde ich das nicht mehr machen, jetzt hab' ich es nicht mehr nötig, jemanden abzuziehen. Damals hab' ich das aus Spaß gemacht, als Kind wollte sich jeder einen Namen machen. Wir haben Aktionen gemacht, damit wir namensmäßig rauskommen, dass man Respekt kriegt. Dass keiner kommt und Witze über dich macht und lacht oder dich doof anmacht. Bei uns sind halt alle so drauf wie ich. Wir haben uns phantastisch gefühlt, so nach dem Motto: Wir haben's drauf, keiner kann uns was sagen. Wenn irgendetwas war, auch bei Kleinigkeiten, waren direkt dreißig, vierzig Leute da, manchmal sogar noch mehr. Wir haben uns cool gefühlt. In der Grundschule haben wir sogar einen Ball genommen und den Lehrer von hinten angeschossen. Da haben die sogar Lederbälle an der Schule verboten.

Wie oft bist du denn abgezogen worden in deinem Leben?

Selim: Als ich so zehn Jahre alt war, haben Jungs, die waren vielleicht 16, 17, die haben mir meine Schuhe ausgezogen und sie in den Bach reingeworfen. Denen war langweilig, da hatten die Spaß dran.

Carlos: Feige ist das.

Selim: Das macht man auch nicht. Ich hab' so was nicht gemacht mit kleinen Kindern. Aber es gab schon krasse Geschichten. Wir hatten uns mal so Steinschleudern gebastelt und einer von uns hat damit eine Ente abgeknallt und der hat ihr dann die Zunge rausgerissen. Damals hab' ich gesagt, hör' doch damit auf, aber da war ich noch zu klein.

Als wir klein waren, wurden wir von den Großen abgezogen und verprügelt

Bilal: Wir waren sechs Mann und immer zusammen. Morgens aus dem Haus raus, ich weiß, ich muss die andern treffen, das ist so wie hier. Irgendwann sitzen wir immer alle zusammen. Bei uns war das dieser Reiz. Wir wollten Feiern geh'n und trinken und zeigen, was wir haben.

Sedinam: Das Problem sind die Frauen, das Geld und die Autos.

Christian: Einen Freundeskreis will man haben und immer mit dabei meine Freundin und mein bester Freund. Mein bester Freund ist gleichzeitig Mittäter gewesen. Der sitzt jetzt auch, und der hat auch nichts gesagt, der wird auch nichts sagen, selbst in der Gerichtsverhandlung wird der nichts sagen, genauso wenig wie ich was sagen werde. Wir sitzen unsere Strafe ab und dann ist alles gut. Und danach machen wir genauso weiter wie vorher. (Lautes Durcheinander)

Horst: 85 Prozent sehen Ossendorf wieder. Also ich bin einmal auf die Schnauze geflogen, das war das letzte Mal. (Alle reden durcheinander.)

Das Problem sind die Frauen, das Geld und die Autos

Wer so rumtönt, danach machen wir genauso weiter, der wird schon erwartet und ständig beobachtet.

Bilal: Wir haben alle eine Scheißwut.

Christian: Wir sind alle keine Engel.

Vermisst du deine Freunde?

Selim: Ja, sehr. Ich freu' mich, wenn wir uns wenigstens in Strafhaft in Siegburg sehen werden, wenn wir schon nicht rauskommen. Deshalb geh' ich dann direkt nach Siegburg und nicht in Berufung. Die Gegend, aus der wir kommen, dafür ist Siegburg zuständig, und deswegen kommen wir alle vier nach Siegburg. Aber ich glaube, ich komm' auch auf Bewährung raus. Die meisten haben beim ersten Raub Bewährung bekommen. Die Freundin von einem Mittäter erwartet ein Kind, der kriegt bestimmt auch Bewährung, der war auch nur der Fahrer. Ich werd' bei Gericht sagen, dass ich den reingezogen habe.

Man sieht echt, wenn man im Knast ist, ob man Freunde hat

Ismail: Wir haben draußen gedacht, wir hätten gute Freunde, denen man vertraut hat, und erst jetzt haben wir hier drinnen gemerkt, dass es keine Freunde sind. Nur draußen und wenn du Geld hast, sind das deine Freunde. Ich hätte niemals gedacht, dass ich von denen so enttäuscht werde. Deswegen hau' ich mir gegen den Kopf, wieso bist du so dumm, so naiv?

Kerim: Es gibt Freunde und es gibt Bekannte, da muss man unterscheiden. Auf einen Freund muss man sich verlassen können. Man sieht echt, wenn man im Knast ist, ob man Freunde hat.

Woran hast du das gemerkt, dass du Freunde hast?

Kerim: Also, ich freu' mich jedesmal, wenn ein Brief kommt oder wenn einer von den Kollegen zu Besuch kommt. Meine Mutter lass' ich aber in der letzten Zeit lieber kommen, weil die hat das alles echt mitgenommen. Am Anfang ist sie nur einmal im Monat gekommen, die restlichen zweimal sind meine Freundin und ein Kollege gekommen, der hat die immer mitgenommen. Dann dachte ich mir, meine Mutter soll lieber kommen. Daran hab' ich gemerkt, wer mein Freund ist und wer nicht. Die kann man an einer Hand abzählen.

Aber immerhin kommt jemand, da ist es nicht so schlimm für dich gewesen wie für Ismail, der von gar keinem der alten Freunde besucht wird.

Andreas: Mir schreiben auch voll viele, ich krieg' fast jeden zweiten Tag Post.

Tamer: Bei mir kommt kein einziger.

Selim: Mich besucht keiner, weil alle meine Freunde so und so hier drin sind. (Gelächter)

Könnt hier euch dann untereinander schreiben?

Selim: Das geht nicht wegen der Tätertrennung.

Ismail: Ich hab' bisher dreißig Briefe bekommen und von diesen dreißig ist kein einziger von einem der Freunde, mit denen ich draußen rumgehangen bin. Die anderen, die mir geschrieben haben, das waren die, die mir draußen gesagt haben, ey Ismail, das ist ein falscher Weg, was du da machst, die nutzen dich alle aus. Die

Also bin ich kein Freund für die, nur so ein Kollege, der für die Schlägereien gemacht hat

haben mir geschrieben. Sogar 15-jährige Kinder haben mir geschrieben. Wenn ich draußen Geld hatte, hab' ich oft was mit den Jüngeren unternommen. Ich bin zum türkischen Laden, hab' Hackfleisch geholt, den Grill genommen und bin mit den Jungs in die Berge zum Grillen. Diese kleinen Jungs haben mir alle Briefe geschrieben, hallo Bruder, wann kommst du wieder? Aber kein einziger von meinen Freunden, mit denen ich 24 Stunden rumgehangen bin. Das enttäuscht einen sehr. In guten Zeiten hast du viele Freunde, ich hab' jetzt mal schlechte Zeiten, wo kein Freund hinter meinem Rücken steht und mir einen Brief schreibt. Zehn Minuten, um einen Brief zu schreiben, das ist doch nicht zuviel verlangt. Also bin ich kein Freund für die, nur so ein Kollege, der für sie die Schlägereien gemacht hat, und jetzt interessiert das keinen mehr. Wenn ich rauskomme, sagen die, ey Bruder, wir haben dich vermisst, wie geht's dir? Genau so. Aber ich möchte dann mit denen keinen Kontakt mehr haben. Die haben immer gesagt, du bist der Stärkste, komm' geh' hin, du kannst gut kämpfen, du bist Kickboxer. Wir haben mal gegen andere Türken eine Schlägerei gemacht, ich bin mitgegangen, aber ich hab' diesmal nicht geschlagen. Trotzdem steht jetzt in der Anklageschrift, Anführer Ismail ist mit seiner Bande da hingegangen, und die anderen haben gesagt, wir sind dem Ismail gefolgt. Zwei gute Freunde, mit denen ich aufgewachsen bin, haben das gesagt. Ich war der Dumme.

So bald Geld ins Spiel kommt, kann die Freundschaft sofort zerplatzen

Tamer: Bei mir ist das auch passiert. Ich war draußen, hatte ein schönes Auto, das war auf den Namen einer meiner Freunde angemeldet. Dann bin ich hier reingekommen. Mein Anwalt kommt und sagt, ich muss richtig bezahlt werden, und das war nicht gerade wenig. Da hab' ich mich auf meine Freunde verlassen, hab' mit denen Kontakt aufgenommen. Sie haben gesagt, ja, wir geben dir das Geld für den Anwalt, wir verkaufen das Auto. Vor Kurzem kam ein Neuer hier rein und hat erzählt, einer meiner Freunde hat sich ein neues geiles Auto gekauft – das war mein Auto. Die fahren jetzt mit meinem Auto rum. Nicht mal einer von denen ist gekommen und hat mich besucht. Als wir zusammen in der Disco waren, hab' ich die Champagnerflaschen aufgemacht, wir haben zusammen getrunken, und jetzt denkt keiner daran, mal hundert Euro einzuzahlen. Ich fühl' mich voll allein. Ich steh' jeden verfluchten Morgen auf und denk' dran, dass dieser Wichser jetzt mit meinem schönen Auto rumfährt und mir nicht mal hundert Euro eingezahlt hat.

Warum hast du nicht gemerkt, dass diese Freundschaften nichts wert sind?

Tamer: Ich bin eigentlich misstrauisch, aber vielleicht war ich auch zu naiv.

Wieso bist du misstrauisch geworden?

Tamer: Wenn man in einer Halbwelt lebt, kann man gar nicht wissen, wem man vertrauen kann, da wird die Freundschaft extrem belastet, weil Geld im Spiel ist, und dann neigen die Menschen dazu, immer auf ihren eigenen Arsch zu achten. Wenn man als kleine Jungs miteinander rumhängt und zusammen Fußballspielen geht, wenn kein Geld im Spiel ist, dann könnten diese Freundschaften ewig halten. Aber sobald Geld ins Spiel kommt, kann diese Freundschaft sofort zerplatzen. Da sagt der eine, wenn ich mich jetzt von dem anderen trenne, dann hab' ich alles Geld für mich alleine oder sonst irgendwas, wie auch immer. Und wo das normal ist, ist es sehr schwer zu vertrauen. Es ist auch sehr sehr selten, dass Menschen, die zusammen illegale Geschäfte machen, bis zum Ende zusammen halten. Das ist so selten, dass es das fast gar nicht gibt.

Würdest du sagen, du hast in einer Halbwelt gelebt?

Tamer: Ja, auf jeden Fall. Unter Halbwelt versteh' ich, wo die Gesetze anders sind. Es gibt die eine Welt, wo die Leute arbeiten geh'n, und dann gibt's die andere Welt von Leuten, die nicht arbeiten geh'n, die sich halt anderweitig über Wasser halten.

Es ist auch sehr sehr selten, dass Menschen, die zusammen illegale Geschäfte machen, bis zum Ende zusammenhalten

Andreas: Bei mir ist das so, ich wohne direkt über einer Kneipe. Alle meine Freunde kamen immer zu mir. Meine Mutter arbeitete unten in der Kneipe und bei mir oben war es immer ruhig. Nach mei-

ner Verhaftung sind alle diese Leute zu meiner Mutter hingegangen und haben gefragt, wie es mir geht. Sie haben nach meiner Adresse gefragt, und die meisten schreiben mir. Die haben auch zu meiner Mutter gesagt, wenn es Probleme gibt, wollen sie helfen. Das Problem ist mein Stiefvater, wenn der getrunken hat, der nervt meine Mutter voll ab.

Du hattest einen Freundeskreis von Leuten, die gerne kiffen.

Andreas: Es haben nicht alle gekifft, so ist das nicht.

Carlos: Bei mir melden sich zwei Leute. Mit denen hab' ich immer gekifft, und die kommen mich auch besuchen.

Ismail: Vor 14 Tagen war ein Cousin von mir hier und der hat mir erzählt, dass er alle meine Freunde in der Disco getroffen hat, und keiner hat nach mir gefragt. Daran hab' ich gesehen, im Leben hat man keine richtigen Freunde.

Selim: Falsche Freunde waren das.

Ismail: Ich hab' in den falschen Leuten meine Freunde gesehen. Wir haben zusammen im Sandkasten gespielt, ich hab' bei ihren Eltern gegessen, die haben bei mir übernachtet, solche Freundschaften waren das.

Carlos: Aber die anderen haben immer diese Hintergedanken gehabt, die wollten dich halt nur ausnutzen.

Baschar: Richtige Freunde sind für mich, die meinen Anwalt bezahlen, die alles für mich erledigen, was normalerweise die Familie erledigt.

Aber wenn man jung ist, hat man nicht viel Geld, um einen Anwalt bezahlen zu können.

Baschar: Seine Freunde arbeiten doch, die können doch mal vierzig, fünfzig Euro zusammentun und überweisen oder mal deinem Anwalt dreihundert Euro geben. Die machen auch noch immer das, was die früher auch gemacht haben, da kommt doch Geld zusammen, das ist doch gar kein Problem.

Abdullah: Geld kommt und geht. Es sind jetzt schlechte Zeiten.

Ismail: Also ich hab' mich selber in die Scheiße reingezogen. Wenn man mit Kiffern zusammen rumhängt, fängt man auch an. Irgendwann kommt die Zeit, wo du schlecht gelaunt bist, und dann bietet dir einer einen Joint an und den nimmst du. Das ist so. Schade, dass man das erst hier sieht.

Das heißt, du hast das kapiert und könntest jetzt nach Hause gehen?

Ismail: Ich hab' mich draußen echt um einen Ausbildungsplatz bemüht und auch einen gefunden, als Maurer, den hab' ich immer noch. Alles lief gut. Wenn ich rauskomme, zieh' ich nach Köln, in eine sehr ruhige Gegend. Das ist nicht diese Chorweiler-Mülheim-Gegend. Dann denke ich an Ausbildung und Arbeit, wieder eine Freundin, mit der ich ausgehen kann. Ich weiß, dass ich das schaffe. Ich bin das erste Mal in meinem Leben im Knast und das soll auch dabei bleiben.

Hast du eine umfangreiche Anklage?

Ismail: Ich hab' eine schlimme Anklage, wegen Menschenhandel. Die haben mich von unten bis oben richtig verarscht, als ob ich ein absoluter Dummkopf wäre.

Was ist das Problem?

Ismail: Das Problem ist mein bester Freund, mit dem ich aufgewachsen bin, der hat mich in die Falle gelockt. Der ist jetzt mit meiner Freundin zusammen, und die haben mich angezeigt, das ist das Problem. Aber ich hab' Vorstrafen und die beiden keine, deswegen glauben die mir soundso nicht. Mein Vater hat mir gesagt, kein einziger von meinen anderen Freunden ist gekommen und hat mal gefragt, wie es mir geht, nicht einmal gefragt, wo ist Ismail, was macht Ismail? Keiner.

Baschar: Scheiße, die Eltern haben dich immer mit diesen Leuten zusammen geseh'n. Sie kennen diese Leute nicht, aber sie denken, das seien gute Freunde. Jetzt fragen die sich, was ist los, warum gehen die den nicht besuchen?

Ismail: Auch hier drin lernt man Leute kennen, die sagen, wenn ich rauskomme, dann schreib' ich dir, kein Problem. Die gehen raus, leck' mich am Arsch, Alter, ich bin frei, endlich, juckt mich nicht, was ich gestern noch gesagt habe. Du teilst mit denen hier deine schlechtesten Tage und versuchst, Kraft zu bekommen von denen. Ich zum Beispiel nehme von Dogan Kraft, ich geh' zu dem, wir reden zusammen. Ich weiß, er hat viel hinter sich, er hat die Kraft, er lacht, spricht mit mir. Als ich den ersten Tag hier war, war ich verrückt.

Das Wichtigste im Leben sind die Freunde und die Familie

Wenn dich einer fragt, wie war es denn da drin, da kannst du zurückfragen, wo warst du denn die ganze Zeit? Und du willst noch von mir wissen, wie es war?

Miguel: Dann kommt dies, ich wollte dich ja besuchen, ich wollte ja kommen - scheiß' drauf, mich soll gar keiner besuchen. Solange meine Familie kommt, juckt mich hier alles nicht, scheiß' auf alles.

Bruno: Bei mir kamen schon Freunde und meine Freundin kam auch schon ein paar Mal. Ich war darüber glücklich und überrascht, dass die überhaupt gekommen ist.

Bruno: Das Wichtigste im Leben sind die Freunde und die Familie.

Würdest du sagen, hier drin sind wir Kumpels oder wir sind Freunde?

Miguel: Etwas zwischen Freund und Kumpel.

Wenn man hier drin ist, ist man ja nicht freiwillig zusammen. Oder trefft ihr euch auch, wenn ihr draußen seid?

Miguel: Ja, wir feiern auch zusammen.

Christian: Die wenigsten Leute kann man Freunde nennen, wirklich die allerwenigsten. Ich hab' einen einzigen Freund mein ganzes Leben lang gehabt, und ich werde auch immer nur einen Freund haben. Als ich hier reingekommen bin, hat der mir Briefe geschrieben, der kam mich besuchen, hat mir einen Fernseher und eine D-Box gekauft, der hat mir Geld überwiesen, das hat kein anderer gemacht. Der Freundeskreis war ja ziemlich groß, von denen hat nicht ein Einziger einen Brief geschrieben, keinen Besuch gemacht, gar nichts, die kann man nicht Freunde nennen.

Christian: Zweckgemeinschaften sind das draußen. Ich nehme Drogen, du nimmst Drogen, ich hab' keine Drogen, du hast Drogen.

Es gibt die Vorstellung, auf der einen Seite sind die Täter und auf der anderen die Opfer. Und in der Regel wird gar nicht gesehen, dass diejenigen, die im Gefängnis sitzen, selbst auch oft Opfer genau derselben Taten waren, wegen denen sie auch als Täter verurteilt worden sind. Wenn zum Beispiel einer wegen Diebstahl sitzt, kann man feststellen, er wurde selbst schon oft beklaut, oder wenn einer sitzt wegen Körperverletzung, kann man feststellen, er wurde selbst schon oft zusammengeschlagen. Darüber möchte ich mit euch sprechen, damit deutlich wird, die Welt ist nicht schwarz-weiß, hier die Bösen, da die Guten. Alles ist viel komplizierter.

Bruno: Ich wurde mit einem Baseballschläger zusammengeschlagen.

Von einem allein?

Bruno: Nein, von drei Leuten. Ich wollte Gras holen, also Marihuana, und hab' jemand angerufen und bin zu dem hingefahren. Am Telefon hat er mir gesagt, wenn ich bei ihm bin, sollte ich noch mal anrufen. Dann war ich bei dem vor der Haustüre und hab' angerufen. Und dann sagt der, was denkst du dir eigentlich Junge, du hast damals meinen Freund geschlagen, halt's Maul und guck' mal auf den Balkon. Ich hab' auf den Balkon geguckt und da stand er und hat mir den Mittelfinger gezeigt und gebrüllt, du kleiner Hurensohn und so. Das hat mich dann voll wütend gemacht. Ich hab' bei einer Nachbarin geklingelt, die hat mir die Tür aufgemacht, da hat sie gesagt, was ist denn los? Da hab' ich gesagt, ich muss mal hoch zum P. Ich bin hochgegangen, hab' erst ein paarmal fest an die Tür geklopft, aber sie haben nicht aufgemacht. Da hab' ich die Tür eingetreten und bin reingegangen in die Wohnung. Da waren die zu dritt, haben erst mal Palaver gemacht, und dann haben die gesagt, verpiss' dich. Weil der eine ein Messer geholt hat, bin ich runter. Dann war ich wieder auf dem Weg zur Bushaltestelle, meine Freundin war auch dabei, und da hab' ich gesehen, wie die zu dritt von hinten kamen. Das waren zwei 18-Jährige und ein 20-Jähriger, der war so groß wie ich. Ich hab' mich umgedreht und bin auf den Größten direkt drauf und hab' mich mit dem geprügelt. Und in dem Moment hat einer von denen meine Freundin mit dem Messer bedroht. Ich wollte auf den zurennen, aber da kam der Dritte mit einem großen Holzknüppel von hinten. Ich wollte dem auch eine reinboxen, aber da kam der Knüppel zwei-, dreimal auf mein Auge drauf. In dem Moment sind die weggelaufen, aber ich hab' das erst nicht so mitbekommen, das dauert ja seine Zeit, bis man das alles mitkriegt. Auf einmal wurde mein Auge so dick, dass ich gar nichts mehr sehen konnte, und mir wurde total schwindelig. Das hat eine Nachbarin von dem mitbekommen und sofort den Krankenwagen angerufen. Dann war ich knapp eineinhalb Monate im Krankenhaus, offene Schädelbasisfraktur, Stirnhöhlenbruch, Nasentrümmerbruch, Augenknochen beide gebrochen.

Ich wurde mit einem Baseballschläger zusammengeschlagen

Gab's dann eine Strafanzeige gegen die anderen?

Bruno: Wegen Notwehr wurden die freigesprochen.

Notwehr?

Baschar: Drei Leute gegen einen und dann Notwehr.

Bruno: Ja, das war der größte Witz, das hat auch meine Anwältin jetzt gesagt, aber damals hatte ich keinen Anwalt. Ich wär' beinahe gestorben. Der Arzt meinte, wenn die drei Zentimeter weiter oben getroffen hätten, wäre der Gehirnbrei rausgelaufen, da bist du querschnittsgelähmt fürs ganzes Leben. So gesehen, hab' ich noch Glück im Unglück gehabt.

Die Narbe, die man bei dir sieht, die kommt daher?

Bruno: Ja, die geht von hier über meinen Augen von ganz rechts bis ganz links. Im Krankenhaus haben mir die Ärzte die Nase und die Stirn operiert. Später haben sie in einer achtstündigen Operation die Stirn hier vorn aufgeschnitten und wie bei einem Cabriolet alles aufgeklappt und das Muskelgewebe wieder zusammengenäht. Ich sah schrecklich aus, die haben auch alle meine Kopfhaare, meine Augenbrauen, meine ganzen Haare entfernen müssen. Mein Bruder kam zu Besuch und hat mich nicht erkannt. Mein Kopf war ganz dick geschwollen.

Aber dann er hat mich erwischt und zusammengeschlagen

Das ist schon eine extreme Geschichte. Bist du mal beim Kaufen von Marihuana betrogen worden?

Bruno: Ich hab' einem fünfhundert Euro geschuldet, der hat mich dann auch verprügelt deswegen. Der war schon älter und stärker. Ich hab' von dem immer auf Kommission genommen und den immer wieder vertröstet und gesagt, ich geb' es dir später. Schließlich waren es dann so zweihundert Gramm, das waren damals so sechs- bis siebenhundert Mark. Deshalb bin ich dem immer aus dem Weg gegangen und hab' den gar nicht angerufen. Er hat zweimal angerufen, da hab' ich gesagt, ich kann nicht zahlen. Aber dann hat er mich erwischt und zusammengeschlagen, da sind mir zwei Zähne rausgefallen.

Ist dir mal was geklaut worden?

Bruno: Ja, ein Handy. Bei uns war ein Zigeuner, mit dem hab' ich mich eigentlich gut verstanden, der saß im Auto und fragte, kann ich mal telefonieren. Da hab' ich dem mein Handy gegeben und er ist losgefahren. (Alle lachen.) Seitdem hab' ich den nicht mehr gesehen, und jetzt sitzt er selber. Ich hab' gehört, er sitzt wegen 52 Kreditkartenbetrügereien. Der hat siebeneinhalb Jahre bekommen, so viel ich weiß. Er sitzt jetzt in Hövelhof und hat dort D-Box und alles auf der Zelle.

Du bist hier wegen Diebstahl und Körperverletzung. Hast du auch schon mal Prügel bezogen von anderen?

Baschar: Öfters. Als ich 14, 15 war, da war ich sehr frech und immer nur mit Älteren unterwegs. Als die sich mal wieder geschlagen haben- die haben nicht eins zu eins gekämpft–, hab' ich einmal voll den Falschen erwischt mit irgendeiner Flasche. Da hab' ich auch richtig gekriegt.

Was heißt denn, den Falschen erwischt?

Baschar: Das war ein Freund von denen. Ich dachte, der gehört zu den anderen.

Warst du da besoffen?

Baschar: Nein, normal. Ich dreh' mich um und sehe, wie der auf mich zukommt. Obwohl ich schon auf dem Boden lag, hat der immer weiter draufgetreten, bis meine Nase kaputt war und die Hälfte von den Zähnen. Dann haben die anderen den beruhigt.

Wenn man jemand eine Flasche auf den Kopf schlägt, kann man den töten.

Baschar: Das lief so, was will man machen?

Wenn die Leute nachdenken würden, würde hier bloß die Hälfte sitzen

Bruno: Im Ragezustand. Man denkt nicht groß nach in dem Moment. Wenn die Leute nachdenken würden, würde hier bloß die Hälfte sitzen.

Baschar: Solange die Bullen noch nicht da sind, interessiert das keinen. Sobald die kommen, muss man erst mal laufen.

Bruno: Man denkt doch, wenn man sich mit mehreren schlägt, dass es bei der Schlägerei bleibt und dass keiner zur Polizei geht.

Baschar: Ist auch so.

Ist dir das öfter passiert, dass du so zusammengeschlagen worden bist?

Baschar: Nach der Disco hab' ich auch

mal Schläge von Türstehern gekriegt.

Wie kam das?

Baschar: Nach der Disco waren wir alle besoffen, auf jeden Fall. Irgendein Freund von mir hat eine Karte gefunden, die war fünfzig Euro wert. Wir haben mit dieser Karte in der Disco unsere Getränke bezahlt. Und irgendwann bei 37 Euro oder so, wollte ich selber von meiner Karte was trinken. Ich will meine Karte rausholen und hab' auf einmal gesehen, meine Karte

Neid muss man sich erarbeiten, Mitleid kriegt man geschenkt

fehlt. Ich guck' überall, meine Karte ist weg. Ich geh' zu dem Freund und sage, hey, das ist meine Karte, du Idiot, die Karte hab' ich verloren. Auf jeden Fall sollte ich am Ende mehr bezahlen, als ich dabei hatte. Ich sag' also, ich kann Ihnen jetzt soundsoviel bezahlen, und den Rest bezahle ich das nächste Mal. Dann sagte der, das geht nicht, du bezahlst das jetzt oder wir ziehen dich komplett hier aus. Dann musste ich erst mal warten, bis die Disco zu Ende und alle Leute draußen waren. Und dann hab' ich zwei, drei richtig aufs Gesicht gekriegt, nicht nur von einem, von dreien wurde ich auf dem Boden zusammengetreten. Danach haben die mich dann gehen lassen und gesagt, scheiß' auf dein Geld, Hauptsache du hast es richtig gekriegt. Verpiss dich und Hausverbot. Seitdem bin ich nicht mehr dahin gegangen.

Bruno: Du kannst die auch anzeigen.

Baschar: Wer glaubt dir das?

Hat schon jemand versucht, dich auf der Straße abzuziehen?

Baschar: Nicht direkt, aber bei uns gab es schon so ein paar Idioten, die denken, sie können uns das geklaute Geld, mehrere Tausend Euro, locker abziehen. Aber bei mir war das nicht der Fall, weil ein Cousin von mir, der war in Köln-Ehrenfeld mit älteren Türken zusammen, vor denen viele Leute Angst hatten, und alle wussten das. Meinem Cousin hab' ich bei jeder Kleinigkeit Bescheid gesagt, direkt hat der dann Palaver gemacht.

Da gibt es keinen Respekt untereinander, dass man sagt, wir beklauen uns gegenseitig nicht?

Bruno: Es ist der Neid. Neid muss man sich erarbeiten, Mitleid kriegt man geschenkt.

Was ist dir schon geklaut worden?

Thomas: Zwei Fahrräder, ein Handy und abgezogen worden bin ich in Holland. Das war vor eineinhalb Jahren, wir sind nach Holland gefahren, da wollte ich Marihuana kaufen, da wo ich sonst auch immer kaufe. Dort sind wir mit drei Marokkanern, mein Kollege und ich, in ein Auto gestiegen und wollten aus der Stadt rausfahren, damit uns bei diesem Deal keiner sieht. Da haben die uns plötzlich im Auto die Knarre an den Kopf gehalten, wollten das Geld haben, aber uns den Stoff nicht geben. Wir haben denen die Kohle gegeben, sind ausgestiegen, und dann sind die abgehauen. Da haben wir noch Steine hinterher geschmissen in unserer Wut, aber da konnten wir nichts machen.

Obwohl die euch gekannt haben, haben die euch einfach euer Geld abgenommen?

Thomas: Ich bin da einmal im Monat hingefahren und hab' mir da was geholt und in Deutschland wieder verkauft.

Warum bist du nicht mit Freunden am nächsten Tag da hingegangen und hast dir dein Geld wieder zurückgeholt?

Thomas: Hätte ich machen können, aber ich hatte keine Ahnung, wo die wohnten, und die Holländer machen einmal Fingerschnipsen, dann stehen die alle auf der Matte, da machst du als Deutscher nichts mehr.

Baschar: Was willst du da als Deutscher machen, da musst du selber aufpassen. Die wissen, dass du noch nach Deutschland zurück musst.

Jetzt bist du dran, Bernd, ist dir schon mal was geklaut worden?

Bernd: Bis jetzt eigentlich noch nie, ich hab' nur mal einen CD-Player verloren.

Bist du noch nie abgezogen worden auf der Straße?

Bernd: Bis jetzt noch nicht.

Bist du schon mal betrogen worden?

Bernd: Ja, schon ein paarmal, wenn ich mir Gras gekauft habe.

Wie war das, erzähl' mal.

Bernd: Ich wollte mir was kaufen, dann haben da ein paar Gramm gefehlt. Aber da konnte ich nichts machen, weil die viel mit Türken zusammen waren, da bin ich gegangen.

Hat von euch mal einer Gras gekauft und zu Hause gemerkt, das ist gar kein Gras?

Bernd: Ich guck' immer direkt.

Da kannst du ja sagen, wenn der mich betrügt, dann geh' ich da nicht mehr hin.

Bernd: Ja, da bin ich auch nicht mehr hin.

Eine andere Möglichkeit gegen den Betrug vorzugehen hast du nicht?

Bernd: Eigentlich schon, Schlägerei, aber da hab' ich keinen Bock drauf.

Ich hab' einen im Erwachsenenhaus interviewt, der hat von seinem Dealer irgendeinen Dreck angedreht bekommen, nur kein Marihuana, und dann wollte er seine fünfzig Mark zurück. Und als der die nicht wieder rausgeben wollte, kam es zu einer Schlägerei und dabei hat er dem Dealer ein Ohr abgebissen. (Alle lachen.) Dafür ist er dann wegen schwerer Körperverletzung angezeigt worden und eingefahren.

Bruno: Ich kenne einen, der hat neunhundert Gramm Käse gekauft, das sollte Haschisch sein. Erst als er zu Hause war und das ausgepackt hat, hat er das geseh'n.

Was ist dir schon geklaut worden?

Miguel: Also, ich weiß noch, als Kind wurde mir mein Lieblingsfahrrad geklaut. Ich hatte immer gut drauf aufgepasst und zwei Schlösser drangemacht. Das haben die mir trotzdem geklaut, vor dem Haus.

Warst du versichert?

Miguel: Nein, wie denn auch? Kann man ein Fahrrad versichern?

Deswegen werden doch so viele Fahrräder geklaut, weil die versichert sind. (Alle lachen.) *Seid ihr dann zur Polizei gegangen und habt das angezeigt?*

Miguel: Nein, meine Eltern dachten sogar, ich hätte das verkauft. (Alle lachen schallend.)

Bruno: Das war aber nicht zum Lachen.

Miguel: Nein, ich fand das nicht zum Lachen, ich war dann noch der Schuldige, das fand ich ziemlich Scheiße.

Haben dir deine Eltern schon als Kind nicht geglaubt?

Miguel: Keine Ahnung, ich hab' da schon gekifft. Vielleicht haben sie sich gedacht, ich hätte das verkauft, um an Stoff zu kommen.

Ein Fahrrad für einen Joint.

Miguel: Für einen Joint vielleicht nicht, schon für etwas mehr, aber ich hätte das niemals gemacht. Später wurde ich noch mal beklaut. Ich kam morgens früh in meinen Keller und hab' geseh'n, dass da eingebrochen wurde. Die haben mir ein Laptop geklaut und zwei Flachbildschirme.

Baschar: Das hattest du doch selber geklaut.

Miguel: Ja, das stimmt, aber das war weg.

Das müssen doch Leute gewesen sein, die dein Versteck kannten.

Miguel: Sie wissen das doch, klauen und beklaut werden.

Ist das nur einmal passiert oder öfter?

Miguel: Öfter ist was weggekommen.

Bist du auf der Straße mal abgezogen worden?

Miguel: Ja, das haben auch schon welche gemacht. Wie soll ich sagen? Da kommen Ältere und wollen einen abzieh'n. Scheiße, aber man kann nichts machen. Die sind stärker, was soll man machen? Man versucht, sich so gut wie möglich zu wehren, aber das bringt nicht viel.

Was haben die genommen?

Miguel: Ein bisschen Geld, ein paar Kleinigkeiten, Schmarotzerei einfach.

Du hast eine Anklage wegen Körperverletzung. Bist du selbst auch mal angegriffen worden, ohne dass du was gemacht hast?

Miguel: Sehr oft.

Wenn einer daher kommt mit dem Spruch, was guckst du so blöd, und fängt an zu schlagen.

Miguel: Ja, aber dann wehre ich mich. Ich hab' auch schon mal gnadenlos kassiert, da hab' ich mich nicht großartig wehren können.

Warst du deswegen auch schon im Krankenhaus?

Miguel: Ja, öfter. Da war ich so 15 oder 16, da hatte ich ziemlich viele Schulden bei jemanden. Da hat der mich gepackt, hat mir die Zähne rausgetreten, die Nase und die Rippen gebrochen. Ja, das kann passieren. Damals war ich dumm.

Das heißt, die Polizei kriegt viele Dinge gar nicht mit?

Miguel: Die kriegen gar nichts mit. Das ist nur die Spitze des Eisbergs, was die sehen und hören wollen. Bei den kleinen Fischen, wenn die sich untereinander abstechen, das ist denen doch scheißegal, Hauptsache, einer weniger oder nicht? Verbrecher unter sich sollen sich doch die Köpfe einschlagen, ist doch denen egal.

Ich war erstaunt, dass ihr immer wieder von Geldstrafen gesprochen habt. Wieso nehmen die von Jugendlichen so viel Geld?

Thomas: Wenn du die Strafe nicht bezahlen kannst, dann gehst du in den Knast. Aber wenn du als Jugendlicher so viel Geld hast, dann musst du auch was auf dem Kerbholz haben.

Ist es so, dass in Jugendgerichtsverfahren häufig Geldstrafen gegeben werden?

Sedinam: Es kommt immer drauf an, wegen welcher Straftaten man verurteilt wird. Es gibt nicht bei jeder Straftat eine Geldstrafe.

Hast du auch schon eine Geldstrafe bekommen?

Sedinam: Ja, sechshundert Euro beim ersten Mal.

Was ist mit dem Geld geschehen, was machen die damit?

Sedinam: Ich weiß nicht, vielleicht nimmt das der Staatsanwalt oder der Richter.

Christian: Man muss damit die Prozesskosten bezahlen.

Es gibt Bußgelder. Der Richter sagt zum Beispiel, überweise die fünfhundert Euro an den Kölner Appell für seine Gefängnisarbeit.

Sedinam: Ich musste das bei einem Trägerverein bezahlen, der so Hilfsprojekte macht, Caritas oder so eine Diakonie.

Christian: Du weißt ja als Jugendlicher, wenn du Kurier bist, dann kriegst du immer nur Geldstrafe, wenn du das Zeug von A nach B bringst.

Sedinam: Na, mein Freund hat damit auch gehandelt.

Andreas: Ich hab' einen Brief bekommen von der Polizei, ich soll an einen Beamten 650 Euro Schmerzensgeld zahlen. Als ich festgenommen worden bin, haben die mich mit fünf Mann gepackt und auf den Boden geschmissen, dabei hat sich einer am Knie verletzt, und dann hat er sich direkt an Weihnachten vier Tage krankschreiben lassen und im Januar noch mal eine Woche. Ich soll jetzt die Krankenkosten bezahlen, Verdienstausfall 650 Euro.

Wenn du Kurier bist, dann kriegst du immer nur Geldstrafe

Tamer: Hast du den getreten?

Andreas: Nein, als die mich festgenommen haben, ist der aufs Knie gefallen.

Tamer: Der war dann selber schuld, und du sollst jetzt dafür bezahlen?

Andreas: Ja, weil ich mich angeblich gewehrt habe. Die schreiben eiskalt: Wollen Sie mir bitte bis zum 31.5. die 650 Euro überweisen. Ich hab' jetzt mit der Sozialarbeiterin gesprochen, die ruft da an und sagt denen, dass ich hier bin. Wie soll ich das denn bezahlen?

Ist das ein Urteil von einem Richter?

Andreas: Wieso Richter, das ist von der Polizei, die wollen einfach Schadensersatz haben.

Das muss ein Richter oder Staatsanwalt beschlossen haben.

Andreas: Weiß ich nicht. Wenn ich das bezahlen muss, werd' ich das schon tun, aber ich will das eigentlich nicht bezahlen. Das ist doch unlogisch, der hat sich anderthalb Monate nach der Festnahme krankschreiben lassen und ausgerechnet noch an Weihnachten, das ist doch geplant.

Wer von euch hat Schulden?

Bruno: Ich hab' so viele Schulden, dass ich draußen schon fast nicht mehr glücklich werde. Acht oder neun Inkassofirmen haben mich angeschrieben. Ungefähr zehntausend Euro Schulden hab' ich. Allein durch drei Handyverträge hab' ich Schulden.

Wie kommen diese Schulden zustande?

Bruno: Mit 18 hab' ich meinen ersten Handyvertrag gemacht, obwohl ich eigentlich ganz genau wusste, dass ich das nicht bezahlen kann. Dann kamen SMS und hier ein Telefonat und dort ein Telefonat, und schließlich hatte ich ungefähr eine Rechnung von fünf- bis sechshundert Euro im Monat. Dann geht das zu einer Inkassofirma und jedesmal, wenn die einen Brief schreiben, tun die Mahngebühren drauf. Dann hab' ich meinen nächsten Vertrag gemacht und noch mal einen Vertrag und dann kam zweimal der Gerichtsvollzieher. Dann musste ich zum

Ich hab' so viele Schulden, dass ich draußen schon fast nicht mehr glücklich werde

Gericht gehen und dort eine eidesstattliche Versicherung unterschreiben, dass ich das nicht bezahlen kann.

Was machst du jetzt mit den Schulden?

Bruno: Draußen wollte ich mich bei einer Schuldnerberatung melden. Es gibt so ein Existenzminimum von zwei- bis dreihundert Euro und alles, was da drüber ist, muss man an die Firma abgeben. Ein Jahr lang und danach ist man schuldenfrei.

Miguel: Echt, egal wie viel?

Bruno: Ja, egal wie viel. Aber natürlich nicht, wenn du da jeden Monat nur zehn Euro einzahlst. Du musst auf jeden Fall mit denen eine vernünftige Vereinbarung hinkriegen.

Wie konntest du denn dreimal über sechshundert Euro Handyschulden machen?

Ich jag' mein Geld nicht gerne in die Telefonzelle rein

Bruno: Mir ging's eben um die Handys, da hab' ich mehr oder weniger nicht drüber nachgedacht.

Kann man das als Handysucht bezeichnen?

Bruno: Auf jeden Fall, das ist eine Sucht. Bei mir fing das mit ein, zwei SMS schreiben an und einmal telefonieren. Aber wenn man am Telefonieren ist, dann denkt man, ach, so hoch wird die Rechnung schon nicht sein, und auf einmal macht's bäng, sechshundert Euro.

Warum hast du kein Prepaidhandy genommen?

Bruno: Die kriegt man ja nicht so billig. Ich zahl' ein oder zwei Euro und hab' dann ein Superhandy und zahle monatlich meine Telefonrechnungen. Das Prepaidhandy muss ich direkt bezahlen. Was ich eine richtige Schweinerei von den Anbietern finde, dass die nicht alle eine Sperre für die Jugendlichen haben. Wenn da hundertfünfzig Euro vertelefoniert werden, dann sollten die erst mal stopp machen und gucken, ob du das bezahlen kannst. Aber vielen ist das so egal, die lassen das einfach laufen, laufen, laufen - bis du fünf-, sechshundert Euro vertelefoniert hast, obwohl die eigentlich wissen, dass du das gar nicht bezahlen kannst. Das ist genau wie bei der Sparkasse, eigentlich darfst du als Jugendlicher nicht ins Minus gehen, das ist eine Vereinbarung. Aber mit dem Lastschriftverfahren kannst du ins Minus gehen. Darüber hab' ich mich auch richtig verschuldet. Ich hab' mir eine Playstation und eine Anlage gekauft. Es gibt auch Firmen, die melden dir, wenn du zum Beispiel eine SMS von deiner Traumfrau hast, melde dich unbedingt. Wenn man die Telefonnummern dieser Firmen einmal anruft, werden direkt hundertfünfzig Euro abgebucht. Das sind so richtige Abzockerfirmen, so was gibt es auch.

Aber bei dir waren das normale Telefonate.

Bruno: Ja, bei mir waren das normale Telefonate, aber ich hab' halt oft eine halbe Stunde mit meiner Freundin gesprochen.

Warum bist du dann nicht ins Festnetz oder in eine Telefonzelle?

Bruno: Ja, mir war es wichtiger, das Geld in der Tasche zu haben. Ich jag' mein Geld nicht gerne in die Telefonzelle rein. Meine Eltern haben bei mir zu Hause irgendwann eine Telefonsperre reingemacht, dass man mich nur noch anrufen kann, aber ich konnte nicht mehr raustelefonieren.

Als du die erste Rechnung bekommen hast, über sechshundert Euro, warum ging das trotzdem weiter?

Aber so kann man sich ganz schnell in die Pfanne hauen

Bruno: Den Vertrag, die Karte hab' ich weggeworfen und dann hab' ich einen neuen Vertrag gemacht. Meine Freundin und ich haben zuerst gedacht, dass wir uns untereinander nur Mails schreiben, weil fünfzig Mails waren frei, und dann denkt man, okay, dann bleibe ich bei den fünfzig Mails, und am Anfang zählt man auch noch mit. Dann fängt man an, sich zu streiten, und ruft dann die Freundin an und will den Streit klären und dann dauert das eine halbe Stunde.

Außer dem Handy hast du auch noch von anderen Schulden gesprochen.

Bruno: Als ich 16 war, hab' ich mein erstes Konto gekriegt, ein Girokonto. Dann hab' ich von einem Freund gehört, der hat das 53mal gemacht, also Kreditkartenbetrug. Aber eigentlich ist das eine Marktlücke. Die Sparkasse erklärt, dass man nicht ins Minus gehen kann, bis man 18 ist. Wenn man jetzt mit seiner Karte in manche Läden geht, kann man einfach beim Bezahlen die Karte durchziehen, unterschreiben und dann ist es gut. So hab' ich Einkäufe gemacht, bis zu neunzig Euro konnte man gehen. Bei Plus zum Beispiel gibt's so Angebotssachen, da hab' ich mir zwei Sachen geholt und bin 'ne halbe Stunde später wieder reingegangen und hab' gesagt, ich möchte das gerne umtauschen, den Kassenbon hatte ich ja. Dann hab' ich das Bargeld ausgezahlt bekommen und so hatte ich Bargeld jeden Tag. Aber so kann man sich ganz schnell in die Pfanne hauen. Wenn du weißt, dass das geht, dann ist der Reiz so groß, dass man das immer macht. Wenn man Geld braucht, denkt man, ach egal, einmal zwanzig Euro. Da geht man hin, nimmt die zwanzig Euro, und am nächsten Tag denkt man, Scheiße, die zwanzig Euro sind weg, einmal mach' ich das noch. Und so läppert sich das. Ich finde das eine richtige Schweinerei, dass man das machen kann.

Möchtest du wie ein unmündiger Mensch behandelt werden? Also, wenn du jetzt entlassen wirst, dann kriegt der nächste Polizeibeamte den Auftrag, dir jeden Tag zehn Euro Taschengeld auszuzahlen. Ist es das, was du brauchst? (Alle lachen.)

Bruno: Auf keinen Fall, das nicht. Es geht ja nicht darum, mein Geld zu verwalten, es geht ja darum, dass ich mir welches beschaffen musste, als ich keines hatte. Das nennt man auch Beschaffungskriminalität.

Miguel: Ich bin auch verschuldet und hab' mich jetzt noch mehr verschuldet. Ich weiß gar nicht mehr, wie hoch das ist. Das geht an die Abertausende. Vor Kurzem hatte ich die Inkassobriefe alle bezahlt. Jetzt ist da noch die Körperverletzung, wegen der ich Bewährung gekriegt habe, der will von mir sechstausend Euro Schmerzensgeld haben. Und jetzt diese letzte Körperverletzung, der Typ kann nicht mehr arbeiten, der war in der Reha-Klinik nach einer Notoperation, der will irgendwann auch mal Geld von mir haben. Wer weiß, wie viel das wird.

Hat einer von euch einen Prozess gehabt, wo es Prozesskosten gab?

Miguel: Die muss ich auch bezahlen, das noch dazu. Meine Anwalt sagte mir, er will versuchen, dass das zurückgenommen wird, aber das haben die erst mal abgelehnt. Er wusste auch noch nicht, wie viel das wird.

Ich sitz' im Knast und muss noch bezahlen dafür?

Die Justiz hat nicht das Geld, um für jede JVA einen hauptamtlichen Schuldenberater zu finanzieren, obwohl der angesichts der großen Verschuldung vieler Gefangenen Arbeit genug hätte. Das hat ja auch einen Zusammenhang mit der Rückfälligkeit. Jedenfalls ist es wichtig, dass ihr euch in der Strafhaft direkt mit euren Sozialarbeiterinnen oder Sozialarbeitern zusammensetzt und überlegt, was getan werden kann, damit diese Schuldenfrage geklärt wird.

Miguel: Da wollen die mir sicher mein Überbrückungsgeld wegnehmen.

Jeder Gefangene kann bis zu einem gewissen Betrag gepfändet werden.

Bruno: Wenn ich kein Konto habe, haben die nichts zum Zugreifen.

Wenn du hier möglichst früh rauskommen willst, dann musst du zusehen, dass die Schuldenfrage geregelt ist. Wenn du sagst, ich bin in der Haft bereit, jeden Monat fünfzig Euro abzuzahlen …

Miguel: Das ist doch zuviel. Ich sitz' im Knast und muss noch bezahlen dafür?

Wenn du mehrere Tausend Euro Schulden hast und du nicht bereit bist, ein bisschen davon abzuzahlen, dann hast du für deine Entlassung schlechte Karten.

Miguel: Ein bisschen ist okay.

Bruno: Die Briefe wegen meiner Schulden, die werden die doch weiter zu mir nach Hause schicken oder?

Wohin geht denn deine Post?

Bruno: Zu meinen Eltern.

Machen die deine Post jetzt auf?

Bruno: Kann sein. Was ist denn, wenn ich gar nicht reagiere?

Dann gehen die vor Gericht. Schreib' deinen Eltern, dass sie dir alle Post ungeöffnet in die JVA schicken sollen. Dann gehst du mit diesen Briefen zur Sozialarbeiterin und sagst ihr, dass du Hilfe bei der Schuldenregulierung brauchst. Und den Firmen schreibst du, dass du die Zahlungsaufforderung erhalten hast und zahlen wirst, sobald du kannst, aber dass das jetzt nicht geht, weil du inhaftiert bist und nichts hast.

Bernd: Ich hab' schon zehn Anträge auf Arbeit geschrieben.

Du hast erzählt, dass du viel geklaut hast, da kommen doch normalerweise die Versicherungen und fordern Geld.

Bernd: Wenn die keinen erwischen, können die auch nichts verlangen.

Wenn ich ein Auto klaue und es zu Schrott fahre, dann kommt doch die Versicherung und verlangt, dass ich das Auto bezahle oder?

Bruno: Gibt's da nicht die Haftpflichtversicherung?

Daniel: Das zahlt dann die Versicherung.

Bernd: Wenn du ein Auto klaust, zahlt doch nicht deine Versicherung.

Miguel: Für den Sachschaden, den ich gemacht habe, musste ich 980 Sozialstunden ableisten.

Bruno: Bei uns wohnte ein Türke, dessen Auto war nicht versichert, der hatte kein Vollkasko und kein Teilkasko, und der hat einen anderen voll gerammt und musste alles bezahlen.

Wer von euch hat schon mal um Geld gespielt?

Bruno: Um achthundert Euro sogar.

Was hast du da gemacht?

Bruno: In der Spielothek ein bisschen Karten gezockt. Wir haben auf unsere eigenen Varianten gespielt, soweit wir das Geld dafür hatten. An einem Abend hab' ich mein ganzes schönes Geld verloren. Wenn dann das Spiel zu Ende ist, kommen auch noch Streitereien auf, von wegen ich will mein Geld wiederhaben. Und wenn man dann so eine Wut in sich hat, weil das ganze Geld weg ist, dann kann es richtig heftig werden.

Hast du mit Freunden gespielt oder waren das Fremde?

Bruno: Teils Freunde, teils Fremde, Bekannte von Freunden, kann man sagen.

Haben die dich übers Ohr gehauen?

Bruno: Nein, ich hab' einfach schlecht gespielt.

Miguel: Was habt ihr denn da gespielt, Poker nehm' ich an?

Bruno: Ja, Poker.

Miguel: Wenn man pokert, dann muss man spielen, man darf nicht aufhören, bevor das letzte Geld aus der Tasche ist.

Hast du mit Automaten gespielt?

Miguel: Ja, mit Geldautomaten. Ich hab' da mehr verloren als gewonnen, das ist aber immer so, auch Black Jack und die ganzen anderen Geschichten, Roulette.

Wenn du mal eine Glückssträhne hattest, was kam da raus aus dem Automaten?

Miguel: Es gab so schöne Tage, da hatte ich über Tausend Euro.

Tausend Euro sind da rausgekommen?

Miguel: Ist doch wenig oder? Wenn man bedenkt, was ich da schon alles reingeballert habe. Ich bin auch schon ins Kasino spielen gegangen, das war schön. Man muss seinen Personalausweis vorzeigen und sich vorher eintragen und wenn man geht, muss man sich wieder austragen. Das war in Ahrweiler.

Bruno: In Aachen ist ein ganz berühmtes Kasino.

Miguel: Das stimmt, das kenne ich auch.

Was hast du im Kasino eingesetzt?

Miguel: Fünfzig Euro, siebzig Euro, ich hab' das ein paarmal verdoppelt, so auf Roulette. Aber einmal bin ich hingefahren, da waren 250 Euro einfach so weg für nichts, da hab' ich mich schon geärgert, Scheiße.

Ich hab' da mehr verloren als gewonnen

Die meisten Verluste, wo gab es die?

Miguel: Bei den Automaten. Da sind schnell fünfzig oder hundert Euro kleingemacht, klackklack, einer nach dem anderen.

Warst du da spielsüchtig?

Miguel: Mir tat schon der Finger weh.

Bruno: Bei mir war einer in der Klasse, der hatte eine richtige Spielsucht. Der hat bei Bayer gearbeitet und um die Tausend Euro Lohn bekommen, achthundert davon sind am Wochenende draufgegangen für das Zocken. Der hat fast überall Geld reingeworfen in die Automaten. Ich bin da einmal mitgegangen, ungelogen, ich hab' 42 Token rausgeholt zum Weiterspielen, der hat sich so geärgert, der hätte mich beinahe aus den Socken gekloppt. Der sagt, ich schmeiß' hier meinen halben Monatslohn rein und du kommst hier mit zwei Mark an.

In einem Film über die Kölner Ringe wurden Jugendliche aus den Vororten gefragt, was sie mal später werden wollen. Da haben die gesagt, Türsteher. Wenn der Filmemacher das denen nicht in den Mund gelegt hat, dann kann das doch nur dadurch zum Wunsch werden, das es Türsteher gibt, die sie kennen und die für sie Vorbilder sind, und das sind sie wahrscheinlich nur dadurch, dass sie ein dickes Auto haben. Was verdient man als Türsteher?

Tamer: Hundertfünfzig oder zweihundert Euro am Abend vielleicht.

Selim: Aber die sind ja nicht nur Türsteher, die machen auch auf Mädchen und schicken die für sich auf den Strich.

Tamer: Ich denke, es geht auch um Drogenhandel. Die Türsteher entscheiden mit darüber, wer in der Disco verkaufen darf und wer nicht. Es wird auch viel erpresst. Die Veranstalter der Disco, die kriegen ganz direkt gesagt, wir bekommen vierzig, fünfzig Prozent deiner Einnahmen, sonst ficken wir dich ganz einfach. Ich hab' schon von einem Fall gehört, da musste einer sechzig bis siebzig Prozent seiner Einnahmen abgeben.

Carlos: Da muss der doch pleite gehen.

Tamer: Der ist nicht pleite gegangen. Das waren doch nicht siebzig Prozent von den Einnahme, sondern siebzig Prozent vom Gewinn.

Die Türsteher stehen doch voll im Blick der Öffentlichkeit. Wenn da ein Zivilfahnder der Polizei zusieht, der muss doch sehen, was da läuft an Drogenhandel und Zuhälterei. Da steht man doch mit einem Bein im Gefängnis.

Tamer: Das ist doch klar, wenn man mit solch illegalen Methoden Geld verdient, dann steht man immer mit einem Bein im Gefängnis.

Die Kripobeamten, die Selim und seine Freunde verhaftet haben, kannten sie alle und sie haben das auch sehr persönlich genommen, als sie bei der Haftprüfung zunächst mal freikamen, das hat die so wütend gemacht, dass sie dafür gesorgt haben, dass die gleich wieder in Haft kamen. Ismail hat Ähnliches erzählt. Da kamen die Kripobeamten sogar noch zu seiner Mutter, als er schon verhaftet war.

Köln ist zu groß, da kann man nicht alles aufdecken

Tamer: Das sind andere Verhältnisse, die kommen aus der Vorstadt, da kennt jeder jeden. Mitten in Köln, in der Millionenstadt, sind ganz andere Verhältnisse. Ich kenn' keinen einzigen Polizeibeamten und kein Polizeibeamter kennt mich. Wenn ich mit einem Auto über die Ringe fahre, würde kein Polizeibeamter zum anderen sagen, da kommt der Tamer, aber in den Vororten ist das möglich.

Selim: Ja, bei uns haben die den Durchblick.

Ich bin fest davon überzeugt, dass die wichtigsten Türsteher den entsprechenden Kripobeamten bekannt sind, außerdem ist diese ganze sogenannte Rotlichtszene mit Spitzeln durchsetzt.

Tamer: Das ist doch klar, man muss halt gucken, wie man das alles plant. Das ist doch ein Kampf, die Polizisten haben ihre Mittel, aber die Verbrecher haben auch ihre Mittel, da hat jeder seine Verbindungen. Es gibt auch Korruption, sie ist vielleicht in Köln nicht sehr verbreitet, aber hin und wieder gibt es auch bestimmt ein paar Polizeibeamte, die Tipps geben, hier und da gibt's eine Razzia. Wenn ich jetzt zum Beispiel jemanden erpresse, weil ich erfahren habe, dass der eine schwere Straftat begangen hat, und ich ihm das beweisen kann. Dann hat der Schiss, weil er nicht will, dass das rauskommt. Der geht doch nicht zu den Bullen, sondern er zahlt. Da kann im Grunde nichts passieren. Solche Dunkelzahlen von Straftaten, die die Polizei nicht kennt, sind enorm, gerade wenn's um Drogenhandel geht. Köln ist zu groß, da kann man nicht alles aufdecken.

In den Kölner Zeitungen liest man manchmal, auf den Ringen kämpfen albanische Türsteher gegen türkische Türsteher. Habt ihr davon schon mal was gehört?

Tamer: Ich hab' davon gehört. Der Kosovo-Krieg liegt ja noch nicht so weit zurück und durch das, was da passiert ist, sind viele mit Asyl nach Deutschland gekommen. Und diese Albaner waren teilweise unberechenbar, die kamen aus dem Krieg und hatten schon Leute umgebracht.

Selim: Viele kamen ja auch allein, ohne Familie.

Tamer: Aber auch wenn die mit ihrer Familie kamen, darum geht's nicht, bei denen waren die Umstände ganz anders, das kann man gar nicht vergleichen. Die haben in der Mülltonne nach Essen gesucht. Die haben ein extrem hartes Leben hinter sich. Und die Türken, die schon länger hier leben, die sind schon einigermaßen verweichlicht. Jeder macht da seine Geschäfte, so und so. Dann kommen die Albaner und sagen, wir wollen auch was von dem Kuchen. Weil die halt ein bisschen krasser drauf waren, konnten die sich bekriegen. Da sind die mit dem Auto zu einem türkischen Café gefahren und haben da reingeschossen, mit Maschinengewehren, solche Geschichten.

In dem Film über die Kölner Ringe wurden auch tunesische Familien als Zuhälterclans präsentiert, da wurden auch die Schwestern von verhafteten Zuhältern interviewt. Die haben fest behauptet, unser Bruder ist unschuldig, der macht so was nicht.

Tamer: Die Schwester von denen hat jetzt selbst einen Puff. Das sind schon krasse Leute.

Hier in der Zeitung war auch von Auseinandersetzungen zwischen Türken und Russen in Köln-Stammheim die Rede.

Tamer: Die Russen sind noch nicht so richtig im Kommen. Die sind immer noch mehr in den Vororten. Ich hab' in Hürth gewohnt, da gibt es viele Russen. Aber Massenschlägereien gibt's kaum. Wenn, dann sind das so 15-, 16-Jährige.

Selim: In Chorweiler gab es so etwas, da hat ein Russe einen Türken abgestochen, und dann haben die Türken in der Straße, wo die Russen wohnen, Randale gemacht. Da kam auch die Polizei.

Andreas, hast du schon mal Kontakt zu Türstehern gehabt?

Andreas: Ich zeig' denen meinen Ausweis, wenn die den sehen wollen, und dann geh' ich weiter.

Hat von euch andern schon mal jemand Discoverbot gehabt?

Tamer: Ja, ich. Ich hatte Hausverbot, ich war einfach voll besoffen und hatte mich nicht mehr unter Kontrolle. Da war so ein Junge, der hat sich mit mir angelegt, und dann gab's eine Schlägerei und dann haben die mich da rausgeworfen, seitdem hab' ich da Hausverbot.

Andreas: Ich war mal mit einigen Türken und einigen Deutschen in einer Disco, und da war ein Türke, der war auch so gebaut wie Tamer, aber sah mehr aus wie ein Türke. Da hat der Türsteher zu dem gesagt, nein, du passt hier nicht ins Schema, du kommst hier nicht rein, und dann sind wir alle nicht reingegangen. Das war in Duisburg, da sind wir extra hingefahren wegen der Disco und da ist der nicht reingekommen, obwohl er voll korrekt ist.

Tamer: Das war bei mir auch mal. Meistens hab' ich nicht solche Probleme, höchstens wegen der Kleidung. Ich zieh' gerne leichtere Sachen an und nicht so feine Sachen. Da lassen die mich manchmal auch nicht rein, das hat aber nur was mit den Klamotten zu tun.

Diese Discos brauchen die Türsteher, weil die für Ordnung sorgen, damit die Besucher ihre Ruhe haben. An allen Orten, wo viel Alkohol konsumiert wird und viele Jugendliche sind, kann man ohne Security einpacken, oder?

Tamer: Auf jeden Fall.

Carlos: Aber es gibt auch Türsteher, die übertreiben ihre Autorität. Die haben nur die Aufgabe aufzupassen, wer reinkommt und wer nicht. Am meisten werden sie gebraucht bei Schlägereien.

Deswegen machen die Kraftsport und Kampfsport.

Carlos: Genau und manche nehmen auch Anabolika. Da steh'n ja manchmal solche Brocken an den Türen mit einem V-förmigen Oberkörper, da guckt alles raus, solche Adern.

Aber ihr würdet doch auch sagen, dass nicht jeder Türsteher kriminelle Sachen macht.

Tamer: Ich würde sagen, siebzig Prozent machen das, weil die Möglichkeit einfach groß ist. Wenn ich im Getto aufwachse, werde ich zu achtzig Prozent kriminell, und wenn du ein Türsteher bist und da bist, wo Drogen verkauft werden, wo sich halt die Möglichkeit ergibt, mehr Geld zu verdienen, dann wird zugegriffen. Die Art des Menschen ist es halt, dass man immer mehr haben will, dass man sich nicht zufrieden gibt mit dem, was man hat.

Sogar die Nippel haben Muskeln gehabt

Carlos: Wir haben mal einen Film gesehen, da hat ein Türsteher Tricks verraten, wie man in Discos reinkommen kann. Der hat so einen blauen Müllsack genommen und hat zu dem Türsteher gesagt, ich komm' von der anderen Disco und will bei euch Eis holen, bei uns ist die Eismaschine kaputt. Das sagt der ganz cool, die haben drinnen angerufen, da muss jemand Eis holen und der ist auf diese Weise reingekommen. Im Nachtflug, das ist eine Disco am Ring, da ist es auch schwer reinzukommen. Da ist ein Freund von mir nicht reingekommen, weil er einen Zopf hatte.

Aber es gibt doch auch Türsteher mit langen Haaren und Zopf.

Tamer: Wenn ich das so krass ausdrücken darf, der Türsteher guckt in den Spiegel und sagt sich, Leute, die so aussehen, darf ich nicht reinlassen.

Ich hab' in Discotheken Hausverbot, wie oft hab' ich das schon gehört, und trotzdem bin ich wieder reingekommen

Carlos: Ja, genau. Da steht einer da mit einem richtig engen Shirt, das ist so richtig angegossen, da hat alles rausgeguckt, sogar die Nippel haben Muskeln gehabt. Der war so groß wie Selim, der hatte ein Riesenkreuz und ganz dünne Hüften, der hatte Handschuhe getragen mit Eisen drin, der hatte einen Totschläger hinten drin gehabt, der sah richtig heftig aus.

Manchmal liest man in den Zeitungen, dass es Türsteher bei Discos gibt, die für bestimmte Leute, die ihnen nicht passen, ein Lokalverbot aussprechen. Gibt's sowas?

Thomas: Das hatte ich in Düsseldorf. Da waren drei Discotheken nebeneinander. Ich hab' da nichts gemacht, die kannten mich gar nicht, ich wollte da mit meiner Freundin rein, da sagten die, du hast hier Verbot, da war ich noch nie drin. Ich hatte meinen Ausweis und alles dabei, aber die sagten, Verbot.

Weißt du warum?

Thomas: Nee, ich hab' gefragt, warum, aber das hat der nicht gesagt.

Baschar: Ich hab' in Discotheken Hausverbot, wie oft hab' ich das schon gehört, und trotzdem bin ich wieder reingekommen.

Thomas: Ich hab' das auch ausprobiert und bin nicht reingekommen.

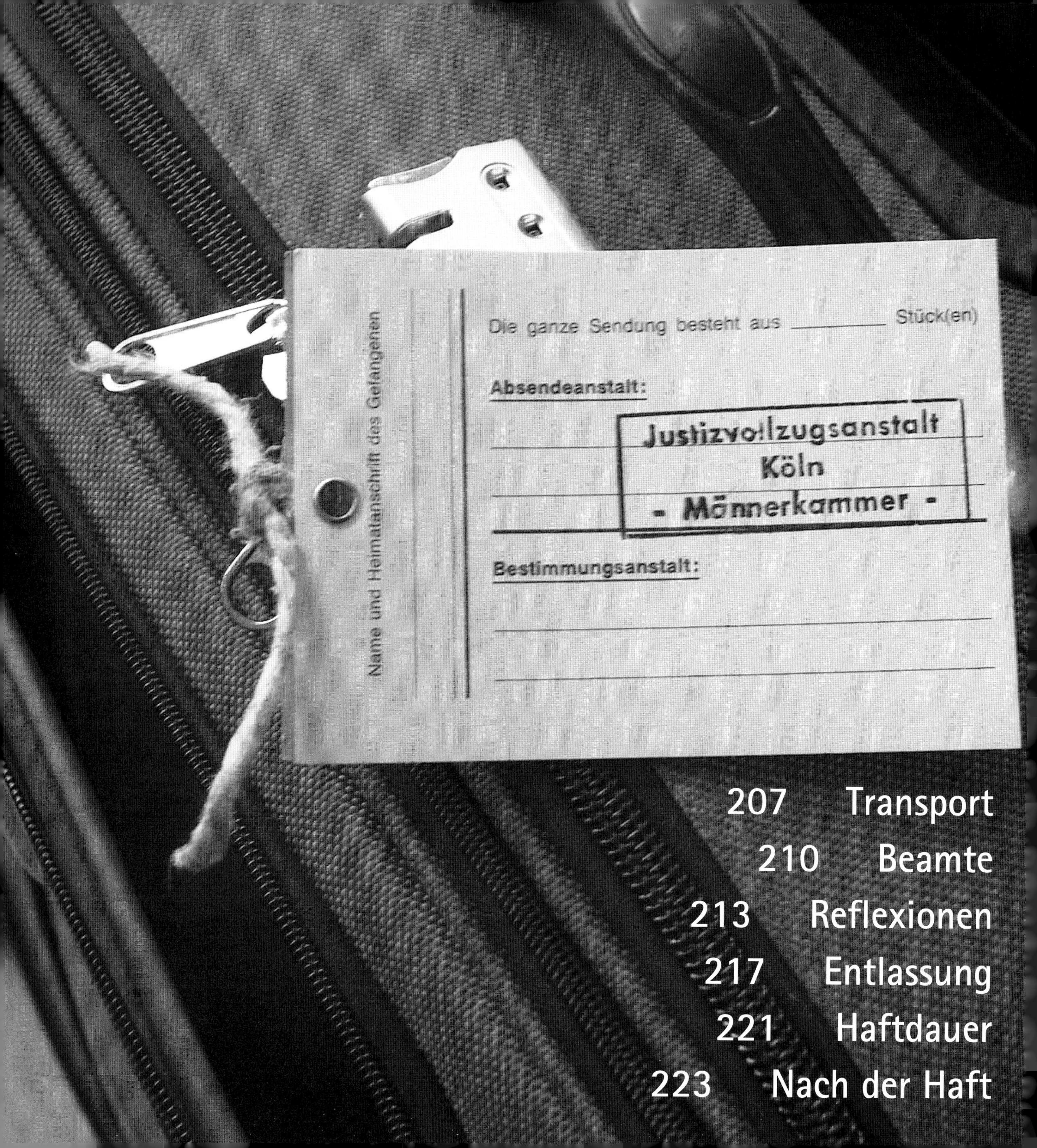
Name und Heimatanschrift des Gefangenen
Die ganze Sendung besteht aus ________ Stück(en)
Absendeanstalt:
Justizvollzugsanstalt
Köln
- Männerkammer -
Bestimmungsanstalt:

Wenn ihr auf den Transport geht, dann sitzen hinten drei Beamte, die sind bewaffnet.

Sedinam: Dürfen die denn überhaupt schießen?

Thomas: Ja, die Beamten rufen, bleib' stehen, wenn du weiter läufst, gibt's einen Schuss in die Luft. Dann merkst du, es ist gelaufen und bleibst stehen.

Christian: Es sei denn, du hast einen großen Vorsprung, dann kannst du der Kugel ausweichen.

Viel Spaß beim Ausweichen.

Thomas: Hier ist an der Mauer eine Straße, und da fährt eine Beamtin mit dem Fahrrad und einer Maschinenpistole rum.

Die Türme sind meistens nicht besetzt.

Christian: Das sagt jeder, dass die Türme nicht besetzt sind, aber ich glaub' das nicht.

Sedinam: Deswegen fahren die auch die ganze Zeit Streife.

Thomas: Der Turm da vorne in der Ecke, der ist besetzt. Der bewacht auch den Freistundenhof 10. Manche Türme sind besetzt, du kannst sagen, jeder zweite ist besetzt.

Wenn du in ein anderes Gefängnis transportiert wirst, kommst du meistens mit völlig Fremden auf eine Zelle. Erzähl' mal, wie das ist.

Andreas: Ich hatte bisher immer Glück. Man lernt die meistens schon auf dem Transport kennen. Als ich die erste Woche dort war wegen Haftprüfung, kamen wir direkt auf eine Sechs-Mann-Zelle, aber nur mit drei Leuten. Jeder hatte ein Doppelbett für sich und wir hatten da einen großen Fernseher, voll geil. Ich war da mit einem zusammen, den kenne ich von draußen, wir hatten voll den Spaß. Und da

Das macht auch Spaß, so durch die Gegend zu fahren

war noch einer mit uns, der war schon älter, so zwischen dreißig und vierzig, der war voll drauf. Wir haben geseh'n, dass der Shore raucht und wollten ihn deshalb ansprechen. Der saß so da und war nicht mehr ansprechbar, der kam nicht mehr klar. Wir haben uns die ganze Zeit über den kaputt gelacht. Der hatte die Zigarette in der Hand und die Glut war schon an seinem Finger. Er macht sie aus, aber so voll mit Zeitververzögerung. Später, da war die Zigarette schon aus, da hat er seine Hand geschüttelt, als würde er sich gerade verbrennen, aber der hatte gar nichts mehr in der Hand. Und die ganze Zeit während des Schlafens hat der mit dem Fuß gewackelt. Ich red' nicht gern über andere, aber das war schon lustig, wie der drauf war. Der war korrekt, echt ein netter Typ, den hab' ich auch wieder getroffen, als ich die zweite Woche wieder da war.

Wie fährt der Transportbus von Köln nach Mönchengladbach?

Andreas: Ich bin einmal Einzeltransport gefahren mit Handschellen, das war in einem kleinen VW-Bus. Zurück fährt man auf jeden Fall über andere Knäste, aber an die Hinfahrt erinnere ich mich nicht mehr genau. Die Rückfahrt macht man in einem großen Transportbus, und die hat immer länger gedauert. Da fährt man morgens los, so acht, halb neun Uhr, und fährt, glaub' ich, zuerst nach Willich. Dort mussten wir bis halb elf warten, dann ging's von da noch mal über zwei Knäste und dann zurück nach Köln.

Selim: Das macht auch Spaß, so durch die Gegend zu fahren.

Andreas: Beim zweiten Mal bin ich über Bergisch-Gladbach gefahren, und auf dem Rückweg hatte ich den ganzen Wagen für mich allein gehabt. Ich saß da mit Handschellen und konnte die ganze Zeit aus dem Fenster gucken. Auf einmal kommen wir zu einer Abfahrt, dort wo ich wohne, nur noch ein paar Meter weiter, dann wäre meine Abfahrt gekommen. Oh, ich war so nahe an zu Hause. Ich hab' nur gedacht, oh Scheiße, hoffentlich kommst du beim Termin raus. Aber dann hab' ich voll die Kelle kassiert.

Selim: Wie lange bist du schon hier?

Andreas: In vier Tagen sind es fünf Monate.

Selim: Ich hatte bisher nur einen Transport, von meinem Wohnort hier nach Ossendorf. Das war so ein gepanzerter Polizeibus mit Zellen drin. Ich und zwei meiner Mittäter waren da drin. In diesem Bus konnte man miteinander reden, wie geht's, wie steht's. Ich wurde als Erster rausgelassen und bin erst mal hier in Haus 9 reingekommen. Ich hatte damals sehr lange Haare, da haben die mich zu einem in die Zelle getan, der kriegte voll Angst. Dann kam ein Mittäter, und ich musste nach Haus 2 gehen. Später wurde der nach Wuppertal gefahren, und ich kam wieder zurück in Haus 9.

Kein
Durchschließen
von Gefangenen
ohne Begleitung /
optische Übergabe !

Andreas: Aber Transport ist gar nicht so schlimm, man triff voll die Leute. Als ich einmal reinkam, traf ich einen, den hab' ich zuletzt vor drei, vier Jahren draußen gesehen. Ich war mal mit einem Mädchen bei uns aus dem Heim zusammen, und dieser Typ hat auch in diesem Heim gewohnt. Aber der hat immer voll die Scheiße gebaut, der hat mit Drogen zu tun gehabt. Ich sitz' in irgendeinem Knast im Warteraum, auf einmal guck' ich und denke, den kennst du doch. Da hab' ich den wieder getroffen nach vier Jahren, der machte auch voll die Reise. Dann saß ich mit dem in einer Viererzelle im Bus und wir haben uns die ganze Zeit unterhalten, wie es einem geht und so. Das Einzige, was einen abfuckt, ist am Ende, wenn man hier ankommt, kommst du in diesen Warteraum und du weißt nicht, wie lange das dauert. Da sind immer so viele Leute und dann holen die den Ersten und den Zweiten, das dauert immer so Ewigkeiten, und du kannst dich da nicht vernünftig hinsetzen. Das finde ich immer am Schlimmsten, wenn du da unten warten sollst. Der Transport selber ist eigentlich voll in Ordnung.

(Baschar erzählt, dass er beim Fußball verletzt wurde und zur Behandlung ins Vollzugskrankenhaus nach Fröndenberg kam.)

Baschar: Am 28. Dezember wollten die mich nach Fröndenberg schicken, aber es gab keinen Transport wegen Sylvester. Ich bin ich dann geröntgt worden, da haben die irgendwas gesagt, von wegen Innenband gerissen. Nach Neujahr bin ich dann nach Fröndenberg gefahren worden, das dauerte zwei volle Stunden.

War das ein normaler PKW?

Baschar: Nein, 22 Leute waren da drin in einem langen Bus. Ich komm' da an und war voll kaputt. Das war ein Raum zweimal so groß wie hier, ein Patientenraum, da waren etwa dreißig Leute drin. Die haben mich gerufen, ich bin hingegangen und da waren zwei Frauen, die meinten ausziehen, da hab' ich mich ausgezogen bis zur Unterhose. Dann hat die eine irgendwie an meinem Bein so gedreht, da sind direkt die Schmerzen gekommen, da hab' ich gesagt, genau da tut es weh. Da sagt die, es ist nichts Schlimmes. Wenn du noch weiter Beschwerden hast, dann meldest du dich am 22., und ich soll die Schiene tragen. Was soll ich mit einer Schiene, die nichts nützt. Es waren noch keine zwei Minuten, da haben die mich wieder rausgeschickt, für zwei Minuten bin ich vier Stunden gefahren. Da hab' ich das dem Beamten hier gesagt, da meinte der, warum schreibst du das nicht dem Bereichsleiter. Da sag' ich, sie sind doch auch Bereichsleiter, meinte er, ich kann auch nichts dafür.

Hast du noch Schmerzen?

Baschar: Klar hab' ich noch Schmerzen, sobald ich Fußball spiele, ich kann nicht mehr so wie früher spielen. Jetzt kümmern die sich gar nicht mehr drum, die Sani gucken sich das gar nicht mehr an. Wenn ich noch Beschwerden habe, soll ich mich erst am 22. melden. Ich hab' aber jetzt schon Beschwerden.

Warst du über Nacht in Fröndenberg?

Baschar: Nein, ich war nur ambulant. Ich bin morgens hingefahren und mittags zurück.

Wisst ihr, warum man nach Heinsberg oder nach Siegburg kommt?

Sedinam: Das versteh' ich auch nicht.

Miguel: Das hängt vom Wohnort ab. Oder wenn man sagt, man hat Probleme mit jemandem in Siegburg, ich werd' da umgebracht, gequält, dann kommt man auch woanders hin.

Thomas: Das kommt auch auf den Gefangenen an, wie der sich verhält. Heinsberg ist halb offen. Da kriegst du Lockerungen, da kannst du rausgehen.

Kennt ihr den Ali? Der ist nach Siegburg gekommen und schreibt richtig begeistert, dass es dort besser ist als in Ossendorf, das Essen, alles.

Christian: Ja, der ist dort im fünften Stock und macht Therapie. Er ist nicht im normalen Vollzug.

Gegen die Beamten kannst du nichts machen, die sind die Chefs

Miguel: Siegburg ist einer der härtesten Knäste in Deutschland für Jugendliche, das kam sogar im Fernsehen.

Thomas: Beim Duschen steht da einer neben dir und guckt auf die Uhr.

Christian: Ich geh' auf gar keinen Fall nach Siegburg. Ich kenne einen, der ist wegen Nichtigkeiten geschlagen worden. Gib mir die Zigarette, hat einer von ihm verlangt, und weil er sie nicht gegeben hat, ist er direkt geschlagen worden. Die Schwuchtel, die hier war, der wurde in Siegburg in der Dusche gefickt. Dort wird dir der Einkauf abgezogen, nur so Sachen.

Dass es so Dinge gibt, das glaub' ich, aber dass das der Alltag ist, glaub' ich nicht.

Thomas: Wir haben hier im Haus 8 vor sechs Tagen versucht, die Bäume im Hof abzubrennen. Dafür hatten wir alle sechs Tage Pop Shop.

Christian: Und das alles nur wegen einem Feuerwerk von Big Brother, das die hier draußen in Ossendorf veranstaltet haben in dieser Nacht.

Thomas: Alle fingen an zu schreien und haben alles rausgeworfen, Lebensmittel, Teller, Schüsseln.

Miguel: Mein Nachbar hat geschrien, Krieg.

Baschar: Der eine, der an diesem Tag in den Bunker kam, wurde auch geschlagen.

Miguel: Das war einer meiner Nachbarn.

Sedinam: Die haben dem den Mund zugehalten, dass man ihn nicht schreien hören konnte. Dann haben die den in den Bunker gebracht und dort vermöbelt.

Miguel: Ich hörte, wie die Tür aufgeht, aber sonst hat man nichts gehört. Wenn die nachts jemand in den Bunker bringen wollen, kommen immer mehrere Beamte. Und wenn die die Tür aufmachen, hast du gar keine Chance. Nachts dürfen die Beamten nur zu zweit eine Zelle öffnen. Wenn du da aufmuckst, kriegst du Schläge.

Thomas: Ich hab' mich auch gewundert, warum schreit denn im Flur keiner.

Wisst ihr ungefähr, um wieviel Uhr das war?

Sedinam: Um zwölf Uhr ging das richtig los.

Wann wurde der Gefangene rausgeholt?

Miguel: Um ein Uhr dreißig.

Sedinam: Das war Zelle 223.

Miguel: Der kam in die B-Zelle in Haus 2, der bleibt da auch noch einen Monat.

Die B-Zelle, also die Beruhigungszelle, ist für mich ein Raum ohne Möbel mit Kamera, und da darf ein Jugendlicher keine drei Tage bleiben.

Mein Nachbar hat geschrien, Krieg

Thomas: Haus 2 hat keine Beruhigungszelle, das ist eine Beobachtungszelle. Da sind alle Möbel fest angeschraubt, damit man nichts kaputtmachen kann. Die haben so 'ne Tür und davor ist noch mal eine Tür mit Gitter und einer Luke, wo Essen durchgereicht werden kann.

Miguel: Ich hatte einen Kollegen, der war in der Beruhigungszelle und der konnte dort nachts nicht schlafen, weil er immer die Kamera hörte.

Thomas: Ein Bekannter von mir ist dort geschlagen worden.

Dann muss man die anzeigen, die schlagen.

Sedinam: Das kann dann aber keiner beweisen, wer ist denn Zeuge?

Miguel: Das bringt nichts.

Christian: Wenn ich meinen Spannmann als Zeuge habe, dann sind auf der anderen Seite fünf, sechs Beamte, die genau das Gegenteil sagen. Wer glaubt den dreckigen Inhaftierten mehr als den Beamten?

Aber je mehr Anzeigen kommen, desto deutlicher wird, dass da was dran sein muss.

Thomas: Wenn eine Anzeige kommt und die kommt durch, und die Beamten erfahren das, dann bringen die dich in den Bunker. Gegen die Beamten kannst du nichts machen, die sind die Chefs.

Sedinam: Gegen die Beamten haben wir keine Chance.

Thomas: Im Knast kriegt man alles.

Sedinam: Auch die Beamten, hab' ich gehört, bringen selber Sachen rein.

Jeder ist bestechlich

Christian: Ja, da wurden welche gefeuert. Im Januar 90 haben sie im Haus 11 insgesamt 95000 DM in bar gefunden. Die Beamten haben Drogen reingebracht und die Knackis haben das verkauft.

Sediman: Das heißt, die sind auch nicht so sauber, wie die tun.

Christian: Du verdienst als Beamter auch nicht viel.

Thomas: Jeder ist bestechlich.

Nein, nicht jeder.

Christian: Doch jeder, das Geld muss stimmen.

Thomas: Wenn Geld vor ihm liegt, dann ist der auch bestechlich.

Christian: Wenn es das Geld nicht ist, dann sind es andere Gründe, aber jeder ist bestechlich.

Sedinam: Nein, nicht jeder ist bestechlich.

Christian: Doch, jeder hat Familie.

Sedinam: Es gibt Personen, die so reich sind, die brauchen das nicht.

Aber es gibt Leute, die sind für ihre Überzeugungen gestorben. Man hat ihnen gesagt, werde zum Verräter, dann kommst du frei, da haben sie gesagt, nein.

Christian: Ja, aber hätten die jetzt Frauen und Kindern und alles genommen, Oma und Opa, und hätten die alle nebeneinander gestellt und hätten gesagt, entweder du wirst jetzt zum Verräter oder du musst zugucken, wie wir alle erst verstümmeln und dann erschießen.

Thomas: Oach.

Sedinam: Dann hätte der das gemacht.

Ja, das gibt es auch in der Geschichte, Geiselerschießungen.

Sedinam: Das ist grausam.

Was ist denn nach deiner Erfahrung ein guter Beamter?

Fred: Er muss ein offenes Ohr haben, wenn man Probleme hat, und nicht nur uninteressiert zuhören. In Haus 10 waren schon korrekte Beamte, ich hab' die nach einem Leihradio gefragt, die haben sich sofort darum bemüht. Manche sagen, sie haben kein's, obwohl sie welche haben, so kommt mir das vor.

Ismail: Glaub' mir, hier sind nicht alle korrekt. Weißt du noch, wir sind zusammen vom Transport gekommen und waren in einem Warteraum. Wir beide waren die Letzten in der Reihe und mein Fuß hat richtig wehgetan. Da hab' ich zu dem Beamten gesagt, mein Fuß tut weh, können Sie mir helfen, da hat der nur gesagt, leg' dich auf den Boden.

Fred: Das war echt der Hammer. Der war länger dort als ich, mich haben die früher gerufen, aber bei ihm hat man doch gesehen, dass er Probleme hat.

Für mich gibt es keine guten oder schlechten Beamten, sondern nur schlaue und dumme

Was ist für dich ein guter Beamter?

Ismail: Ein guter Beamter ist für mich, wenn er mit dem Gefangenen über seine Probleme redet. Dass er dem Häftling Sachen sagt, mit denen er ihm behilflich sein kann. Ein guter Beamter muss auf jeden Fall so sein.

Haben die dafür richtig Zeit?

Ismail: Ja, auf jeden Fall.

Tamer: Für mich gibt es keine guten oder schlechten Beamten, sondern nur schlaue und dumme. Das ist doch eine einfache Psychologie, wenn ich mit dem Häftling so und so umgehe, dann weiß ich, ich bekomme die und die Reaktion. Wenn ein Beamter kommt und die ganze Zeit abwesend wirkt oder seine Macht missbraucht, dann ist das nicht korrekt. Er kann ja immer noch die Distanz bewahren, aber ein bisschen menschlich reden, das sollte er. Es gibt halt manche, die machen nur die Tür auf und zu. Durch solche Beamte entstehen auch große Probleme. Wir sind ja

sucht hat, die Türen offen zu lassen, aber es ging nicht, weil zuviel geklaut wurde und es zu viele Schlägereien gab.

Hubertus: Aber man könnte doch jedem Gefangenen seinen Schlüssel geben. Die haben Angst wegen dem Chaos. Du siehst doch, wie sich ein paar Leute hier benehmen.

Thomas: Die Erwachsenen benehmen sich vernünftig. Die Hälfte der Jugendlichen sind nicht wie Erwachsene, die können 18, 19, 20 Jahre alt sein, im Verstand sind die wie zwölf. Die denken, hier ist ein Kindergarten.

Bilal: Ich wär' viel lieber bei den Erwachsenen als hier.

Thomas: Ich sag' denen, verurteilt mich nach dem Erwachsenenstrafrecht, sonst mach' ich einen Amoklauf. Das sag' ich denen, ich hab' keinen Bock mehr.

Was sagst du dazu? Du möchtest doch auf keinen Fall als Erwachsener verurteilt werden?

Christian: Ich komm' soundso in den Erwachsenenvollzug. In drei Wochen bin ich 21, dann bin ich soundso hier weg.

Geht das automatisch?

Christian: Ja klar. Hier ist das schlimmste Haus, die Zellen sind total versifft und nachts immer diese Brüllerei.

Horst: Im Erwachsenenhaus ist es ruhig, man kann um zehn Uhr abends pennen gehen. Da muss man auch nicht fünf Wochen warten, bis man einen Jogginganzug kriegt, da kann man jede Woche die Wäsche tauschen und seine Privatsachen kriegen.

Wie viele sind denn hier im Haus?

Thomas: Sechzig Mann.

Und da könnt ihr sechs nicht für Ordnung sorgen?

Bilal: Was heißt Ordnung?

Wenn es hier Leute gibt, die andere schikanieren, und wenn ihr euch einig seid, dann sagt ihr denen, das hört auf, du machst hier laufend Ärger, hör' auf damit.

Bilal: Das geht nicht mit Worten. Zum Beispiel hier ist einer, der ist 14, der hat viel Scheiße gebaut. Der hat am Anfang Angst vor mir gehabt, und ich hab' dem gesagt, wenn du Probleme hast, helf' ich dir.

Thomas: Wenn du bei dem auf Zelle kommst, dann denkst du, das ist ein richtiger Verbrecher.

Christian: Man ist ja erst ab 14 strafmündig, aber die wollen das jetzt auf zwölf runtersetzen, weil die meisten so kriminell sind.

Sedinam: Das macht die kaputt, die Kinder.

Horst: Ich finde das richtig. Viele Zwölfjährige machen draußen Verbrechen und sind bei der Polizei am Lachen. Ihr müsst mich soundso wieder gehen lassen, so sitzen die bei der Polizei.

Thomas: Das hab' ich auch früher gesagt.

Wenn Zwölfjährige auf dem Polizeirevier sind, dann sind die bestimmt nicht alle am Lachen. Soll man Kinder in ein geschlossenes Heim stecken?

Thomas: Was heißt denn Heim, das ist immer ein Schwererziehbarenheim, auch wenn es geschlossen ist, kannst du abhauen. Manche denken vielleicht, dort lernt man was Besseres als zu Hause. Aber man muss sich doch fragen, warum sind die im Heim? Von hundert Leuten sind dort vielleicht drei, wo die Eltern nicht mehr da sind und wo die niemanden mehr haben, der die aufnehmen kann. Die anderen sind im Heim wegen Verbrechen, wegen Diebstählen, Schlägereien und so. Wie wollen die dich denn im Heim bessern?

Ich kenne viele Heimkinder, die sind im Alter immer schlimmer geworden

Christian: Aber das ist doch im Knast genauso. Mein erster Spannmann, der hat immer Einbrüche gemacht. Da hat der ein Jahr und zwei Monate Kelle gekriegt und danach wurde er ein richtiger Einbrecher. Wäre der nicht in den Knast gekommen, dann hätte der das nicht gemacht. Ich kenne viele Heimkinder, die sind im Alter immer schlimmer geworden. Der ist mit acht Jahren ins Heim gekommen und hat dann mit Achtjährigen zu tun gehabt. Da haben die schon Scheiße gemacht. Dann war der irgendwann 14 und hat dann mit den 14-Jährigen zu tun gehabt. Dann haben die noch mehr Scheiße gemacht. Und dann war der irgendwann zwanzig, und da haben sie so richtig angefangen.

Horst: Im Fernsehen hab' ich eine Sendung geseh'n. Da war ein 13-Jähriger, der ist einen Tag nach seiner Tat 14 geworden, dem konnten die nichts anhaben, weil er noch nicht strafmündig war. Der hat nichts bekommen, keine Sozialstunden, gar nichts.

Thomas: Warum fangen denn die 13-Jährigen, die 14-Jährigen an zu vergewaltigen? Nur weil ein kleiner Wichser das getan hat, und das müssen die dann ausgerechnet groß im Fernsehen präsentieren. Jede Person muss wissen, dass ein 14-Jähriger eine Siebenjährige vergewaltigt hat. Und die kleinen Kinder, die gucken sich das an und denken, wenn die Kleinen das können, dann kann ich das auch.

Horst: Wenn du im Zugangshaus 2 bist, dann darfst du Umschluss nur mit jemandem machen, der auch unter zwanzig ist. Aber hier im Jugendhaus hab' ich einen Spannmann, der ist erst 14. Wieso darf hier ein 14-Jähiger bei einem 20-Jährigen auf der Zelle sitzen? In Haus 2 wird auch gesagt, der Ältere nutzt den bloß als Putzfrau aus.

Die meisten 14-Jährigen stehen hier unter Welpenschutz

Bilal: Bei mir ist das so, der kleine Junge, der guckt mich so an, weil ich mit dem teile. Ich teile jedes Essen mit dem, alles was ich kriege. Da sagt der, aber das ist doch dein letztes Stück, ich sag' zu ihm, nimm es oder hast du keinen Hunger?

Horst: Was haben wir denn mit zwölf im Kopf gehabt? Schule, Fernsehen gucken, Sport.

Geschieht denn von Seiten der JVA etwas, dass die 14-Jährigen geholt werden und man mit denen spricht?

Christian: Die meisten 14-Jährigen stehen hier unter Welpenschutz. Wir hatten hier zum Beispiel einen, den P., der hat 'ne Fresse gehabt von hier bis da oben. Der konnte jeden beleidigen, aber dem hat keiner was getan, weil er so klein ist. Soweit ich weiß, geschieht den 14-Jährigen hier nichts an Gewalt.

Horst: Ich war mit dem auf Zelle ganz am Anfang. Ich hab' zu dem gesagt, du kannst mit jedem hier den Molli machen, aber wenn du mit mir den Molli machst, dann hau' ich dir eins in die Fresse. So hat er mich richtig kennengelernt. Der ist eigentlich ganz in Ordnung.

Holen die Beamten oder Psychologen diese 14-Jährigen mal zu sich, um mit ihnen zu reden?

Horst: Bei manchen kommt der Anwalt erst nach zwei Monaten, bei anderen sogar erst nach drei Monaten.

Hubertus: Bei mir kam die Jugendgerichtshilfe gleich nach der ersten Woche, als ich hier war.

Thomas: Der P. sitzt ja auch schon das zweite Mal.

Bilal: Ich kenne einen, der kam mit zwölf ins Jugendheim. Zuerst war der auf dem Gymnasium, dann kam er auf die Hauptschule, danach auf die Sonderschule, und jetzt nimmt den schon gar keine Schule mehr an. Der hat immer den Unterricht gestört, das ist auch alles genau eingetragen im Führungszeugnis der Schule. Der ist jetzt in Haft, weil bei ihm Fluchtgefahr besteht. Der hat nicht immer zu Hause geschlafen. Die Mutter ist vom Vater geschieden und sie hat jetzt einen anderen Mann. Er hat noch drei ältere Brüder, die waren schon alle in Haft. Den Ältesten kenne ich, der war schon drei Jahre in Haft, der wohnt bei uns um die Ecke.

Horst: In solchen Fällen hat der Richter meistens Mitleid. Er sieht, der ist unter schlechten Verhältnissen aufgewachsen, seine Geschwister saßen im Knast, der kennt das nicht anders. Dann kann der wirklich mit einer geringen Strafe rechnen. Hast du aber ein sauberes Leben gehabt, dann fragen die sich warum, wieso, weshalb? Dann heißt es sofort, wenn er einmal Scheiße baut, da besteht die Gefahr, dass er in die Kriminalität rutscht.

Jeder sollte mindestens eine Chance kriegen

Bilal: Wir haben das vorher alle nicht so gesehen, dass wir hier landen.

Christian: Ich hab' mal einen gekannt, den haben alle Shore genannt. Mit 14 kriegt er Bewährungsstrafe, dann kommt er wieder in den Knast. Die Bewährung wird nicht widerrufen, er kriegt noch eine Bewährungsstrafe. Er nimmt weiter Shore, wird noch krimineller, und jetzt sitzt er wieder im Knast und kriegt seine dritte Bewährungsstrafe. Was soll mit dem werden? Demnächst bringt er jemanden um oder was?

Sedinam: Das versteh' ich auch nicht bei diesen Drogensüchtigen.

Bilal: Nicht nur Drogensüchtige, ich hab' einen Freund, der hat viermal Bewährung bekommen, obwohl er sogar einen schweren Raub mit Körperverletzung begangen hat.

Horst: Jeder sollte mindestens eine Chance kriegen.

Bilal: Der kam zuerst in Untersuchungshaft, weil er keinen festen Wohnsitz hatte, dann kam er raus, hat Bewährung bekommen auf ein paar Jahre, wegen Zuhälterei und Dealen mit Kokain. Da hat er wieder Bewährung bekommen, drei oder vier Jahre. Dann wurde er bei Einbrüchen erwischt. Ein Jahr lang ist der eingebrochen in Kioske, mit einem Schaden von über hunderttausend Euro, da hat er wieder Bewährung bekommen. Und ich hab' nur einen Einbruch gemacht und keine Bewährung bekommen. Das versteh' ich nicht.

Horst: Bei mir steht drauf, dass ich weiterhin kriminell werden könnte. Mein Mittäter hatte soundso viele Vorstrafen, wegen Diebstahl und Einbruch. Da steht drin, er hätte die Chance, bei Berufung auf Bewährung rauszukommen, und bei mir wurde die Bewährung abgelehnt. Das musst du dir mal reinzieh'n.

Wenn du entlassen wirst, gehst du dann durchs ganze Haus, um dich zu verabschieden?

Bernd: Nein, nur von denen, die ich kenne und die schon länger hier sind.

Ismail: Viele Beamten lassen das nicht zu. Als Baschar verlegt wurde, konnte er sich von mir verabschieden, aber bei Dogan haben sie das nicht erlaubt.

Carlos: Die haben keinen Bock, die Türen aufzumachen. Neulich musste ich zwei Stunden warten, als ich Kopfschmerzen hatte, bis einer kam.

Bernd: Bei mir hat das mal drei Stunden gedauert.

Die Tatsache, Bernd, dass du entlassen wirst, bedeutet doch für dich, dass du dir Gedanken machst, wovon lebe ich, wenn ich rauskomme?

Baschar: Von Überbrückungsgeld. (lautes Gelächter)

Bruno: Was ist denn zum Beispiel, wenn ich hier drin nicht großartig gearbeitet habe, krieg' ich dann trotzdem Überbrückungsgeld oder krieg' ich gar nichts?

Wer nicht arbeitet, hat kein Überbrückungsgeld. Das Überbrückungsgeld ist ein Teil des Arbeitsentgeldes, das monatlich für dich bis zur Entlassung zurückgelegt wird.

Thomas: Mein Bruder hat 36 Monate hier durchgehend gearbeitet, der kam mit zweitausend Euro raus.

Wer mit zweitausend Euro rauskommt, kann sich immerhin eine Wohnung mieten.

Thomas: Du gehst zum Sozialamt, dann kriegst du von denen noch mal ein bisschen für die Wohnung bezahlt.

Kannst du bei deinen Eltern wohnen, wenn du rauskommst?

Bernd: Erst mal geh' ich zu meinem Bruder und dann such' ich mir eine Wohnung von da aus.

Bei jedem, der entlassen wird, beobachtet die Polizei, was der macht. Deswegen werden auch so viele schnell wieder verhaftet, weil sie gleich wieder die alte Scheiße machen.

Thomas: Ja, du hast kein Geld, willst mal ins Kino, das kostet zehn Euro. Zwanzig, dreißig Euro brauchst du Minimum, um ein bisschen was zu haben.

Bruno: Es gibt auch Leute, die müssen sich schon vor der Entlassung um eine Wohnung kümmern. Ich kenne einen, dem haben sie gesagt, bevor er keine Wohnung hat, lassen sie ihn nicht raus. Der musste sich bei einem Haus für Haftentlassene bewerben. Die können dich doch nicht ohne alles auf die Straße lassen, dann fängt das ja direkt wieder alles von vorne an.

Das ist ein Traum für jeden, der hier ist, Blitzentlassung

Freut man sich für die, die entlassen werden, oder sind da auch ein bisschen Schmerzen dabei?

Thomas: Nein, ich gönne das jedem, ich hab' mich für den sehr gefreut, auch für die anderen. Bis auf den Moment kurz davor, da bist du dann am Denken, die haben noch eine Stunde höchstens, bis die draußen in Freiheit sind, weg sind. Und wenn sie draußen sind, dann denkst du, was machen die jetzt, die geh'n jetzt gleich einen trinken, vielleicht in den Puff oder sonst was.

Sedinam: Natürlich, das gehört dazu.

Thomas: Da denkst du dran. Aber am nächsten Tag ist das wieder vergessen.

Sedinam: Ich gönne das jedem, der hier rauskommt, nur nicht Mördern und Kinderfickern, denen kann ich das selbst nicht verzeihen.

War jemand von euch dreien mit einem von denen, die entlassen wurden, ein bisschen befreundet?

Thomas: Ich war mit allen dreien befreundet, das war ein gutes Verhältnis.

Christian: Ich hab' mit einem immer Umschluss gemacht.

Blitzentlassung, wie geht das vor sich? Die beiden sind heute morgen aufgewacht wie ihr alle und dann haben sie erfahren, dass sie entlassen werden.

Christian: Einer ist am Mittwoch, der andere am Samstag entlassen worden.

Samstags auch?

Thomas: Ja, das kommt drauf an, bei dem einen war es um vier Uhr oder so, da hat hier der Richter angerufen. Dann sagt der Beamte hier, pack' deine Sachen, du hast Blitzentlassung. In fünf Minuten hast du gepackt.

Sedinam: Das ist mir auch vor zwei Jahren hier passiert. An einem Freitag, steh' auf, pack' deine Sachen, du kannst nach Hause gehen. Die haben hier angerufen. Das war ein sehr schönes Gefühl, wieder in Freiheit zu sein.

Christian: Das ist ein Traum für jeden, der hier ist, Blitzentlassung.

Sedinam: Ein Glücksgefühl.

In der U-Haft passiert das bei einigen.

Sedinam: Ja.

Thomas: Oft, das war jetzt schnell hintereinander bei drei, vier Leuten. Aber dann dauert das wieder zwei Monate, da wird dann keiner entlassen, da kommen nur Neue. Und dann gibt es wieder so Monate, in denen wieder ein paar geh'n.

Bilal hat gesagt, ich bin hier als Ersttäter in U-Haft, das versteh' ich nicht. Hat der Richter ihm U-Haft gegeben, um ihm einen Denkzettel zu verpassen?

Thomas: Das kann sein.

Sedinam: Das kann sein.

Thomas: Der Richter geht dem Fall nach und sagt sich, der war jetzt zwei Monate drin, das ist schon ein Denkzettel. Aber der hat vielleicht draußen ein Kind, eine Freundin oder Ex- Freundin, der muss sich darum kümmern, das kann er draußen besser. So denkt er, wenn es um eine Tat

Klar würde ich ein paar Leute besuchen, die mir geholfen haben, hier klarzukommen

geht, wo es nur ein Jahr oder zwei Jahre Haft gibt und man Chancen auf Bewährung hat.

Christian: Und die berufliche Perspektive, die beachten die auch, zum Beispiel bei Schülern.

Thomas: Es gab einen, der wurde rausgelassen, weil er montags Schule hatte.

Christian: Deswegen ist der am Samstag rausgekommen, weil heute die Schulen anfangen. Also, das hat sich der Richter gedacht und ruft hier an. Die passenden Papiere liegen in Haus 1.

Sedinam: Das wird der Gefängnisverwaltung gefaxt und dann geht das nach Haus 1.

Thomas: Und dann wird der Kammer Bescheid gesagt.

Er hat auf der Kammer seine Habe. Wenn er jetzt Lust hätte, seinen Fernseher hierzulassen, geht das?

Christian: Wenn er einen Entlassungsschein hat, ja. Ohne Entlassungsschein kann er nichts hierlassen.

Thomas: Aber wenn er Blitzentlassung hat, kriegt er sofort seinen Entlassungsschein. Da muss er fünf, sechs Unterschriften machen. Dann kann er sagen, er schenkt den Fernseher dem und dem. Das muss der unterschreiben und dann bleibt der Fernseher hier.

Christian: Das hätte ich an dem seiner Stelle auch gemacht. Der hat sogar seine Nagelschere mitgenommen. Ich hätte alles hiergelassen, alles.

Kannst du dir vorstellen, dass du dich für andere Gefangene engagierst, wenn du rauskommst?

Abdullah: Keine Ahnung, weiß ich nicht, kann ich so jetzt nicht sagen. Hier drin kann man viel reden, aber wenn man rauskommt, ist es ganz anders. Ich bin dann mit den Gedanken schon woanders.

Aber dir ist doch klar, du bist jetzt auch jemand, der den Laden hier kennt. Und wenn du mit Gefangenen sprechen könntest, würde das denen was bringen, weil du davon was verstehst.

Abdullah: Meinen Sie so mit Besuchen?

Ja, Besuche. Und vielleicht hättest du auch das Interesse, so eine Gruppe zu machen.

Abdullah: Besuche kann ich mir schon vorstellen, aber eine Gruppe machen, ich weiß nicht. Nicht, dass ich das nicht gern machen würde, aber ich glaub' nicht, dass das passieren wird.

Wenn du an die Besuche denkst, hast du bestimmte Leute im Auge oder gilt das allgemein?

Abdullah: Ein paar Leute gibt's schon, zum Beispiel den Carlos und den Tamer würde ich besuchen. Kollegen, mit denen ich schon länger hier bin und mit denen ich mich ein bisschen besser verstehe.

Carlos, was fällt dir ein zu diesem Thema?

Carlos: Ich wusste gar nicht, dass das geht. Kann jeder von draußen eine Gruppe machen?

Im Prinzip schon.

Carlos: Klar würde ich ein paar Leute besuchen, die mir geholfen haben, hier klarzukommen, die immer für mich da waren, die mit mir geredet haben, als ich sie gebraucht habe, die mir Kraft gegeben haben, als ich voll am Ende war. Klar, selbstverständlich würde ich die besuchen, auf jeden Fall, und nicht nur einmal, sondern öfter. Wenn derjenige mir das erlauben würde, zum Beispiel den Abdullah.

Selim: Ich würde auf jeden Fall auch ein paar Leute besuchen kommen, wenn ich draußen bin, und ich würde Briefe schreiben. Aber bei mir ist es so, wenn ich jetzt rauskomme, dann geh' ich in die Türkei. Mein Onkel macht mir dort einen kleinen Laden auf, ein Internetcafé. Ich komm' dann nur alle paar Monate nach Deutschland, um die Aufenthaltsgenehmigung nicht zu verlieren.

Tamer: Musst du dann nicht zum Militär?

Selim: Nein, ich verlängere erst mal meinen Aufenthalt hier, dann muss ich nicht zum Militär.

Abdullah: Darf man denn mit Bewährung ins Ausland?

Carlos: Man darf ein paar Monate, glaub' ich.

Selim: Scheiß drauf, ich geh' einfach da hin.

Abdullah: Wenn die das sehen, dann kriegst du wieder einen Haftbefehl und landest wieder hier.

Nein. Ich kenne einen, der ist mit Erlaubnis seiner Bewährungshilfe nach Frankreich umgezogen. Aber bei dir, Selim, macht sich deine Familie Gedanken, wie man am besten vermeiden kann, dass du rückfällig wirst, und sie denkt sich, dass es für dich das Beste ist, wenn du weit weg von den alten Freunden bist.

Selim: Das ist eine gute Idee von meinem Vater.

Tamer, was fällt dir zur Haftentlassung ein?

Tamer: Ich würde auf jeden Fall zwei Leute besuchen, den Ismail und meinen Spannmann. Mein Spannmann, mit dem ich jetzt auf Zelle bin, den hab' ich vor zwei Jahren, als ich hier war, kennengelernt. Schon damals hab' ich mich gut mit dem verstanden. Mit ihm bin ich jetzt auch schon zwei Monate auf Zelle, wir helfen uns gegenseitig. Es wäre für mich selbstverständlich, dass ich den eine Stunde besuchen komme. Ich weiß, dass ich dem damit auf jeden Fall eine Freude machen würde. Die restlichen sind mir ziemlich egal, wenn ich hier rauskomme.

Gibt es für diejenigen, die entlassen werden, für eine bestimmte Zeit ein Besuchsverbot oder kann man direkt nach der Entlassung zum Besuch kommen?

Abdullah: Nach sechs Wochen darf man den ersten Besuch machen.

Da ist ja wohl der Hintergedanke, dass die meisten nach sechs Wochen den Knast und ihre Freunde drin vergessen haben.

Wir helfen uns gegenseitig

Tamer: Und dann noch zur Frage, ob ich mich für Gefangene engagieren würde, um den Leuten im Knast zu helfen. Wenn man mich dafür bezahlen würde, würde ich das bestimmt machen, ehrenamtlich würde ich das nicht machen, das gebe ich ehrlich zu.

Bruno: Besuchen gehen würde ich Leute auch. Aber eine Gruppe, ich weiß nicht, vielleicht wenn man älter ist und länger im Knast war.

In der Zeit, in der ihr jetzt im Gefängnis wart, habt ihr doch Haftbedingungen erfahren, die ihr gerne anders haben würdet. Wie macht man das, dass es anders wird?

Tamer: Wenn ich hier drin bin, kann ich nicht großartig was ändern. Ich kann Anträge schreiben, aber ich glaube, die schmeißen die in den Müll.

Wem hilft denn das Gefängnis? Hilft das Gefängnis dir?

Tamer: Auf keinen Fall, ich hab' jetzt erfahren, dass meine Freundin schwanger ist. Wenn ich nicht rauskomme in kürzester Zeit und meine Freundin nicht unterstützen kann draußen, dann wird vielleicht aus dem Kind jemand, der irgendwann in den Knast kommt. Ich hoffe, dass ich bei der Haftprüfung rauskommen kann. Ich hab' einen festen Wohnsitz inzwischen. Ich hab' jetzt auch einen Ausbildungsplatz. Mein Vater hat eine kleine Firma und da kann ich direkt anfangen. Was mit dem Kind wird, das macht mir voll zu schaffen, ich denk' die ganze Zeit dran. Wenn ich das vorher gewusst hätte, hätte ich mich gestellt. Jetzt kommt die mich hier besuchen und hat mir das in Anwesenheit der Beamten gesagt. Bei jedem Besuch ist die am Weinen, immer ist die am Weinen. Für mich ist halt

Wenn wir auf unserer Zelle beten, dann machen wir mit einer Decke die Toilette komplett zu

wichtig, dass ich jetzt rauskomme, um meiner Freundin in all dem Stress zu helfen. Die ganze Stresssituation, in der sie jetzt durch mich ist, die wirkt sich auch auf die Schwangerschaft aus. Soll ich einen Brief an meinen Richter schreiben? Kann das nicht schaden?

Ich denke, du kannst dem schildern, in was für einer Stresssituation sie ist, die durch deine Inhaftierung verstärkt wird, und dass du gerne bei ihr wärest, damit sie das Kind ohne Stress bekommen kann. Und dann versprichst du, dass du keine Dummheiten machst.

Tamer: Ich hab' ja auch keinerlei Vorstrafen, ich hab' noch nie eine Sozialstunde in meinem Leben gehabt.

Abdullah: Wenn du jetzt nach der Haftprüfung rauskommst und wirst dann in der Verhandlung zu einer kleiner Strafe verurteilt, kommst du direkt in den offenen Vollzug, dann hast du bessere Karten.

Ismail: Ich hab' meinem Vater gesagt, wenn ich Kelle kriege, will ich abgeschoben werden. Mit Halbstrafe kann man ja abgeschoben werden, aber ich hab' gehört, man kann auch schon mit einem Drittel abgeschoben werden. Stimmt das?

Das hab' ich noch nicht gehört, aber es gibt mit manchen Ländern Verträge, dass man die Strafe im Heimatland absitzen kann. Aber deine Heimat ist doch Deutschland.

Ismail: Nein, ich bin zwar hier geboren, aber ich hab' einen türkischen Paß.

Willst du denn deine Strafe lieber in einem türkischen Gefängnis absitzen?

Ismail: Nein, ins Gefängnis in der Türkei will ich nicht.

Ich hab' schon gehört, dass abgeschobene Gefangene in der Türkei von der Polizei direkt zur Begrüßung geschlagen worden sind, als die erfahren haben, dass die hier im Gefängnis waren.

Ismail: Ja, natürlich, das ist schlimm. Wenn du abgeschoben wirst, dann sehen die in der Türkei ja, dass ein Krimineller aus Deutschland kommt. Du hast eine Schande über die Türkei gebracht, du hast die türkischen Mitbürger ins schlechte Licht gebracht mit deiner Kriminalität.

Ismail, du hast gesagt, du möchtest nicht in ein türkisches Gefängnis. Was weißt du über Gefängnisse in der Türkei?

Ismail: So großartig kann ich das nicht sagen, aber ich weiß genau, es ist nicht angenehm da, auf keinen Fall.

Tamer: Man kann das Leben im Gefängnis mit dem Leben draußen vergleichen. So wie die Standards draußen sind, so ist auch das Leben im Knast. In Deutschland ist der Knast immer frisch gestrichen und es gibt einigermaßen saubere Toiletten. In der Türkei draußen gibt's Armut.

Ismail: Der Punkt ist, ich bin hier geboren, und ich seh' wie ein Türke aus. Jeder Türke in der Türkei sagt Deutscher zu mir. Ich geh' in einen Laden, kaufe was, das kostet normalerweise ein Euro, die verlangen von mir zwei Euro, weil ich für sie ein Deutschländer bin. Ich war mal mit meiner Oma in einem Laden und hab' mir ein T-Shirt von Puma gekauft, das kostete damals für mich vierzig Millionen, und danach kam ein anderer und der hat es für zwölf Millionen bekommen.

Aber inzwischen muss sich doch in der Türkei herumgesprochen haben, dass es auch hier arme Leute gibt.

Ismail: Aber es gibt auch Türken, die kommen hierher, machen krumme Geschäfte mit Drogen und kommen nach drei Jahren mit einem BMW zurück. Und deshalb denkt man in der Türkei, in Deutschland fällt das Geld vom Himmel.

Tamer: Es gibt auch ehrlich arbeitende Türken. Wenn ich mir hier in Köln ein Haus kaufen will, dann kostet mich das eine halbe Million, in der Türkei krieg' ich das schon für hunderttausend. Das ist der Unterschied. Das Geld von hier ist dort unten viel mehr wert. Die Leute, die hier im Mittelstand leben, gelten dort schon als Reiche.

Ismail: Was es in der Türkei nicht gibt im Gefängnis, dass die Toilette direkt in der Zelle ist. Das ist wegen dem Gebet und so. Wenn wir auf unserer Zelle beten, dann machen wir mit einer Decke die Toilette komplett zu.

Wenn ihr hier rauskommt und eure Freundin sagt, Mensch, wie hast du das bloß durchgestanden? Dann sagst du, eigentlich weiß ich das auch nicht. Irgendwie von Tag zu Tag und manchmal in den Nächten, in denen man fürchterlich durchhängt, ist abkacken gar kein Wort.

Miguel: Hundertprozentig.

Bruno: Ich denk' so, jeder Tag, jede Stunde, jede Sekunde ist einfach eine gewonnene Zeit. Die Zeit läuft für mich, nicht gegen mich.

Miguel: Ich hab' mal ausgerechnet, ich hab' noch 26 000 Stunden vor mir, mein Freund, das ist nicht gerade wenig, 26 000 Stunden.

Ismail: Nach zwei Wochen draußen haben viele alles vergessen.

Carlos: Man wird hier reingesteckt, Tür auf, Tür zu, essen, schlafen, Sport, das war's, manche haben Arbeit. Viele Leute wissen nicht, wenn sie draußen sind, wie man damit umgehen kann.

Ismail hat gesagt, schade, dass ich nicht schon nach der zweiten oder dritten Verhandlung in den Knast kam, sondern erst jetzt, nach der fünften.

Ismail: Ja, das stimmt, dann hätten die mich früher gestoppt, auf jeden Fall. Ich bin in Siegburg schon so oft am Knast vorbeigefahren und hab' gedacht, ach Knast, was ist das schon, geht locker ab. Aber wenn man drin ist und das erlebt, dieses Gefühl, das man hier hat, hat man nirgendwo. Ich hab' mich nur einmal schlimmer gefühlt, das war in diesem Internat in der Türkei. Aber mit Einsperren

Ich hab' noch 26 000 Stunden vor mir

kann man nicht alles wegmachen. Du kannst einen Menschen von mir aus fünf Jahre einsperren, der hat dann diese gewisse Krankheit in sich. Zum Beispiel einer, der immer Raubüberfälle gemacht hat. Nach fünf Jahren geht der raus und vierzehn Tag später dreht der sein nächstes großes Ding. Solche Leute gibt es. So wie bei mir mit meinen Aggressionen. Es wird von Tag zu Tag schlimmer, ich merke das selber. Ich versuche mich super unter Kontrolle zu halten. Der Kollege kommt zum Beispiel zu mir und sagt, wie gestern beim Fußball, Vorsicht Ismail, das hier ist Fußball, ein Spiel, beruhige dich. Solche Sachen. Wenn sie mich jetzt für zwei, drei Jahre in den Knast stecken, was hab' ich davon? Ich bin dann immer noch aggressiv. Deswegen machen die bei manchen echt Fehler, wenn sie die Leute einfach in den Knast stecken, statt zum Beispiel in eine Therapie, das hilft besser.

Das gibt es doch auch. Für die Drogensüchtigen gibt es Therapie statt Strafe.

Tamer: Eine Therapie anbieten, um kriminelle Energien abzubauen, sich mit den Menschen beschäftigen, das würde helfen. Aber das würde den Staat viel Geld kosten, deshalb wird er das nicht machen. Lieber schnell wegstecken und nach Möglichkeit vielleicht sogar noch abschieben, dann sind wir die los.

Thomas: Was du in Deutschland machen kannst, das kannst du nicht in anderen Ländern machen. Wenn du das zum Beispiel in Amerika machst, da gibt's direkt dreimal lebenslänglich oder Todesstrafe.

Miguel: Da kriegst du für eine Körperverletzung, wie ich sie gemacht habe, direkt fünfzehn Jahre.

Was ist denn das Ergebnis in Amerika? Passieren dort weniger oder mehr Straftaten?

Bruno: Auf jeden Fall mehr.

Miguel: Das hält die Leute trotzdem nicht ab.

Aber warum machen die das dann?

Bruno: Weil die damit durchgreifen wollen. In Amerika ist das so: Wenn ich da in ein Haus geh' oder auf ein Grundstück, dürfen die mich abknallen.

Miguel: Du darfst 'ne scharfe Waffe haben.

Bruno: Ich hab' mal von einem Fall hier gehört, da war 'ne Frau, bei der waren

Aber Einbrecher an sich sind eigentlich harmlos

Einbrecher im Haus, die hat Todesangst gehabt. Die hat die Waffe von ihrem Mann genommen und hat auf den Einbrecher abgedrückt. Dafür musste die achteinhalb Jahre hinter Gitter. Da hab' ich mir gedacht, was ist denn das, die hat Todesangst, weil ein Einbrecher reinkommt, dann schießt die, dann ist das nicht mal

Notwehr. Soll die sich noch zusammenschlagen und vergewaltigen lassen?

Miguel: Aber Einbrecher an sich sind eigentlich harmlos.

Bruno: Aber die Frau wusste ja nicht, dass er nur einbrechen will.

Miguel: Ja, wenn ich einen sehe, dann kriegt er einen mit der Brechstange übergezogen.

Bruno: Aber du bist ein Mann, sie war eine Frau und konnte das nicht. Wir sind doch Männer, eine Frau hat doch noch mehr Angst als ein Mann.

Bist du gegen die Todesstrafe?

Carlos: Total. Ich hab' mich darüber auch mit einem Beamten unterhalten, der sagte auch, wie können die einen Mörder zur Todesstrafe verurteilen. Wenn der Staat den selber umbringt, da macht sich der Staat doch selber strafbar.

Vielleicht verlangen wir auch viel zu viel von der Justiz

In den USA ist über die Hälfte der Bevölkerung für die Todesstrafe. Politiker, die gegen die Todesstrafe sind, können dort keine Wahlen gewinnen.

Carlos: Ist der elektrische Stuhl noch erlaubt?

Selim: Ja, in einigen amerikanischen Staaten werden die Leute immer noch damit hingerichtet.

Tamer: Ich finde das voll unmenschlich, auf jeden Fall.

Ismail: Ich bin am Überlegen, was mache ich, wenn ich viel Kelle kriege, sagen wir mal drei Jahre. Was mache ich mit diesen drei Jahren, wie kann ich diese drei Jahre zu meinen Gunsten verbringen? Was kann ich machen, damit diese Aggressionen nicht mehr vorkommen? Wenn ich das nicht weiß, dann komm' ich raus, und wenn mich einer anmacht, bin ich direkt auf 180. Ich hau' den um und komme für noch längere Zeit rein. Zum Beispiel der Junge hier hat viel Geld gemacht. Der kommt von hier raus und hat 500 oder 600 Euro Überbrückungsgeld. Diese 600 sind in einer Woche weg. Dann steht er da. Hat er dann diese Kraft, dass, was er hier sagte, ich will mich ändern, auch zu machen? Und du kommst vom Knast, da ist alles noch schwerer. Anstatt einen an der Hand zu packen, wenn du vom Knast rauskommst, und dem diesen Weg zu zeigen, dem zu helfen Arbeit zu finden. Stattdessen geht die Tür auf, raus, such' dir eine Arbeit. Der findet keine Arbeit und macht direkt wieder einen Raub.

Vom Justizministerium hat es ein Projekt gegeben, das heißt Mabis, und da wurden diejenigen, die im Gefängnis eine Berufsausbildung gemacht haben, wie du sagst, an die Hand genommen und man hat ihnen geholfen, in der Zeit der Entlassungsvorbereitung eine Stelle zu finden. Das wird leider nicht bei allen gemacht.

Tamer: Vielleicht verlangen wir auch viel zu viel von der Justiz. Vielleicht muss man halt einfach so damit leben, wie es ist.

Ismail: Was heißt, wir fordern zuviel? Du kommst raus und kriegst Bewährung. Und dann Arbeit zu finden, das dauert nicht ein paar Wochen, das dauert richtig lange. Das Problem in dieser langen Zeit ist, dass du kein Geld hast. Und da überlegt man, wie komm' ich an Geld, und dann ist man automatisch wieder in der alten Szene drin. Wenn man dann wieder erwischt wird, kriegt man richtig Kelle. Es dauert eine halbe Ewigkeit, bis du wieder rauskommst.

Wenn man das Einmaleins nicht gelernt hat, dann kann man es nicht

Das muss man verhindern. Wenn man aber rauskommt und weiß, ich hab' meine Therapie abgeschlossen, ich bin selbstsicher. Wenn einer mich anmacht, weiß ich, wie ich mich zu verhalten habe, wie ich mich zurückziehe. Genau wie Mathematik, wenn man das Einmaleins nicht gelernt hat, dann kann man es nicht.

Selim, machst du dir auch solche Gedanken wie er?

Selim: Eigentlich nicht. Wenn ich rauskomme, meine Eltern sind immer hinter mir. Mein Vater hat mir auch eine Arbeitsstelle klargemacht, da geh' ich vorübergehend hin. Aber ob ich dann wieder rückfällig werde, ist eine andere Sache. Das kann man nie wissen. Ich werd' jetzt nicht so groß reden, dass ich nichts mehr mache, wenn ich rauskomme. Einen Raub würd' ich nicht machen, das ist mir zu übertrieben. Ich würd' eher so Sachen machen, wo kein Risiko ist, Einbruch oder so.

Ismail: Sehen Sie, der Gedanke ist schon da. Allein der Gedanke.

Abdullah: Du machst Einbrüche, dann reicht dein Geld nicht, dann sagst du dir, dann mach' ich einen Raub, da krieg' ich mehr Geld.

Abhängen: Mit Freunden entspannt seine Zeit verbringen.

Abkacken: Auf der Zelle sitzen und unzufrieden sein, ohne Tabak, Radio oder Fernseher und keinen Einkauf haben. Langeweile haben.

Abziehen: Anderen, meist Schwächeren, gegen deren Willen etwas wegnehmen.

Ampel: Eine Lampe über der Zellentür, die den Beamten signalisiert, dass der Gefangene etwas von ihnen will. Der Gefangene kann diese Ampel durch einen Druck auf eine Taste neben der Zellentür zum Leuchten bringen.

Aufschluss: Wenn die Zellentüren aufgeschlossen werden und sich die Gefangenen gegenseitig besuchen oder auf dem Gang aufhalten können. (vgl. Umschluss)

Assi: Abkürzung für Asoziale.

Blättchen: Papier, um Zigaretten zu drehen. Unverzichtbar für einen Joint.

Blech: Ein V-förmiges Stück Blech auf dem Heroin erhitzt wird, um den Rauch zu inhalieren. (vgl. Shore)

Bong: Wasserpfeife.

Brenner: In einer Konservendose wird ein mit Öl oder Margarine getränktes Stück Stoff angezündet und darüber kann gekocht werden.

BtM: Betäubungsmittel, Drogen.

Carl Lewis: Einer der erfolgreichsten Leichtathleten der Welt. Er hat in den Jahren 1983 bis 1996 mehrere Weltrekorde erzielt.

Chillen: Sich beruhigen, entspannen, rumhängen.

Crack: Eine Droge, die aus Kokainsalz und Natrium hergestellt wird. Sie wird in kleinen Pfeifen geraucht und wirkt extrem schnell.

CS-Gas: Ein Tränengas, das 1928 von den Briten Corson und Stoughton (daher CS) entdeckt wurde. Der Stoff kommt auch in Schreckschuss- bzw. in Gaspistolen, aber auch in kleinen Spraydosen zur Selbstverteidigung zum Einsatz und bewirkt durch Reizung der Augen und Atemwege Tränen und Husten.

DITIB: Dachverband der türkisch-islamischen Union. (Diyanet Isleri Türk-Islam Birligi)

Drehungen: Selbstgedrehte Zigaretten.

Ecstasy-Tabletten: Auch XTC, ist eine Sammelbezeichnung für eine Vielzahl von Phenylethylaminen. Seit Beginn der 1980er Jahre wurden diese Pillen als Partydroge entdeckt.

Einfahren: In den Knast kommen.

Einschluss: Wenn die Zellentüren geschlossen werden.

Endstrafe: Bis zum Ende der Strafe in Haft bleiben.

Fifa: Internationale Föderation des Verbandsfußballs (Fédération Internationale de Football Assocation)

Fishbone: Eine Kleidermarke, die die Jugendlichen den Techno-Fans zuordnen.

Fliegengitter: Gitter aus feinmaschigem Draht, das vor den Fenstern der Zellen zusätzlich zum normalen Gitter angebracht wird.

Freistunde/Hofgang: Alle Gefangenen haben Anspruch darauf, täglich eine Stunde außerhalb der Zelle an der frischen Luft zu sein.

Fröndenberg: Haftkrankenhaus von Nordrhein-Westfalen mit 200 Betten für männliche und 28 Betten für weibliche Gefangene.

Gras: Marihuana. Die Blütenblätter der weiblichen Cannabispflanze. Die Konzentration des Wirkstoffes THC ist sehr gering.

Habe: Das Eigentum des Gefangenen.

Hausarbeiter: Das sind in jedem Hafthaus zwei bis vier Gefangene, die die Flure sauber halten, Essen verteilen, Wäsche tauschen usw.

Hövelhof: Offene Jugendstrafanstalt in NRW für über 200 Jugendliche und Heranwachsende

Kammer: Die Kleiderkammer der JVA verwahrt die Habe (siehe Habe) der Gefangenen bis zur Entlassung und ist für den Tausch der Wäsche und Kleidung zuständig.

Kanzel: Das Büro der Beamten am Anfang des Hafthauses. Durch die großen Glasscheiben kann der ganze Gang des Hafthauses eingesehen werden.

Kelle: Eine relativ hohe Haftstrafe.

Khat: Somalische Kaupflanzen, ähnlich wie Koka-Pflanzen.

Koka: Kokain.

Kopf: Der Kopf einer Pfeife in der Haschisch oder Marihuana geraucht wird.

Mohr: Steht für Moslems.

Peace: Ein Stück Haschisch. Das THC-haltige Harz der Cannabispflanze (siehe auch Gras) wird in kleinen Blöcken verkauft.

Pendel: Eine Schnur, an deren Ende ein Gewicht, z.B. ein Schuh, befestigt ist, damit man es erfolgreich von einem Fenster zum Zellennachbarn „pendeln" kann. Auf diese Weise kann man dem Zellennachbarn was zum Lesen, zum Rauchen oder zum Essen „pendeln".

Pille-Palle: Synonym für „einfach". All das, was man ohne großen Aufwand erlernen kann, wenn man sich etwas damit beschäftigt.

Pop Shop: Freizeitssperre (siehe auch Buchrückseite).

Querbeet-Gruppe: Eine Gesprächsgruppe, die wöchentlich von den Seelsorgern angeboten wird.

Sani: Abkürzung für Sanitäter.

Shore: Heroin. Es wird entweder durch die Nase aufgesogen (gesnieft) oder intravenös gespritzt. Auch „Folienrauchen" ist verbreitet. Dabei wird das Heroin auf einer Alufolie erhitzt und die aufsteigenden Dämpfe werden inhaliert. (siehe auch Blech).

Spannmann: Der Mitgefangene, mit dem man auf der Zelle zusammengelegt worden ist.

Speed: Ein weißes Pulver (Amphetamine), das durch ein Papierröhrchen geschnupft oder in Wasser aufgelöst injiziert wird. Seine Wirkung ähnelt der von Kokain. Es ist weit verbreitet und hat neben Ecstasy die größte Szeneakzeptanz.

Stöppel: Zigarettenkippe.

Taekwondo: Eine koreanische Kampfsportart, bei der Fußtechniken dominieren.

Trennscheibe: Glasscheibe im Besucherraum. Man kann sich sehen und hören, aber man kann sich nicht berühren oder etwas übergeben.

Tupac: Tapuc Shakur, einer der erfolgreichsten schwarzen Hip-Hop-Künstler aus den USA (1971-1996). Er starb an Schussverletzungen.

Umschluss: Wenn Gefangene in die Zelle anderer Gefangenen umgeschlossen werden, nennt man das Umschluss.

Weghängen: Aufgeben, sich umbringen.

Zahnpasta: Wird im Gefängnis benutzt als Ersatz für Klebstoff, Reißzwecke oder Tesafilm, zum Anbringen von Poster und Fotos in der Zelle.

Zinken: Verraten.

1. Der Gefangene hat den Anordnungen der Bediensteten unbedingt Folge zu leisten.

2. Die Lichtrufanlage darf nur in Notfällen betätigt werden.

3. Fenstervorhänge sowie Teppiche, gleich welcher Art, sind nicht zugelassen. Die Gitter sind stets frei zu halten.

4. Wände, Haftraumtüren und das Zelleninventar dürfen weder bemalt noch beklebt werden. Die Außenwände sind frei zu halten. Bilder/Poster dürfen nur an den dafür vorgesehenen Bilderleisten angebracht werden.

5. Das Rauchen auf den Fluren ist nicht gestattet.

6. Müll wird ausschließlich in den dafür bereitgestellten Mülleimer entsorgt. Der Müll ist unaufgefordert, nur morgens bei der Frühkostausgabe, vor die Haftraumtür zu stellen bzw. in die Abfalltonne zu entleeren.

7. Mit der von der Anstalt für die Haftzeit zur Verfügung gestellten Wäsche und dem Geschirr sowie der Haftraumeinrichtung ist sorgsam umzugehen. Decken, Bettlaken usw. dürfen weder als Teppich, Wandbehang, Tischdecke oder ähnliches verwendet werden.

8. Elektrogeräte wie z.B. TV, Radio, usw. dürfen nur auf dem eigenen Haftraum und nur in Zimmerlautstärke betrieben werden. Das Verleihen der Geräte ist nicht zulässig. Bei Verstößen werden die Geräte eingezogen.

9. Der Gefangene hat bei der Kostausgabe komplett bekleidet an der Haftraumtüre zu erscheinen. Das Rauchen ist während der Kostausgabe einzustellen.

10. Nach der Freistunde beim Einrücken hat jeder Gefangene unaufgefordert vor seinem Haftraum zu stehen.

11. Das Beschädigen der Feinvergitterung (Fliegengitter) führt unverzüglich zu einer Einstufung in die C-Gruppe (in diesem Falle mind. 6 Wochen Freizeitsperre).

12. Das Reinigen der Hafträume erfolgt an den Duschtagen und grundsätzlich bei geschlossener Türe.

Zuwiderhandlung wird mit Ausschluss von den Freizeitmaßnahmen und / oder Disziplinarmaßnahmen geahndet. Entstandene Schäden sind zu ersetzen.

Pünktliches Erscheinen ist zwingend notwendig, um einen Besuch durchführen zu können!

Bedenken Sie bitte, dass in der JVA eine Vielzahl an Besuchen stattfindet und Termine nur begrenzt zur Verfügung stehen, deshalb sagen Sie bitte rechtzeitig jeden Termin ab, falls Sie einmal einen Termin nicht einhalten können. Dieser kann dann nämlich an andere Besucher vergeben werden.

Jede Person, die eine JVA betritt, muss sich einer Personenkontrolle unterziehen!

Zu diesem Zwecke halten Sie bitte Ihren Ausweis und Besuchsschein bereit! Sie werden durch einen Rahmen, wie sie etwa auf Flughäfen verwandt werden, geleitet! Folgen Sie dabei bitte unbedingt den Anweisungen der Bediensteten! Personen mit Herzschrittmachern melden sich bitte vor der Kontrolle!

Alle Gegenstände, die Sie lose bei sich tragen, wie z.B. Schlüssel, Führerschein, Kaugummi etc. und auch alle Arten von Uhren, z.B. Armband- oder Taschenuhren sind abzulegen! Diese werden in einem Schließfach verwahrt.

Alle Gegenstände, die zur Abgabe bestimmt sind, können nur abgegeben werden, wenn Sie zu einem Besuch in die Anstalt kommen! Darüber hinaus dürfen keine Gegenstände, egal welcher Art, abgegeben werden! Insbesondere keine Post und Briefmarken!

Zu einem Regelbesuch (3x monatlich/30 Min.) können Sie grundsätzlich 13 Euro mitbringen.

Von diesem Geld können die Besucher 6 Euro für den eigenen Verzehr verwenden. Für maximal 7 Euro können Sie dem Gefangenen an Automaten Tabak, Getränke und Schokolade kaufen.

Die 13 Euro müssen automatentauglich sein (50 Cent / 1 Euro / 2 Euro). Die Anstalt ist nicht permanent in der Lage, Geld zu wechseln. Bitte haben Sie dafür Verständnis, wenn Sie kein ausreichendes Münzgeld mitbringen und kein Wechselgeld zur Verfügung steht! Auch Gutschriften für spätere Besuche sind nicht möglich!

Untersuchungshaftgefangene dürfen, wenn die regelmäßige Reinigung gewährleistet ist, in der JVA Privatkleidung tragen. Wollen Sie also dem Gefangenen Kleidung mitbringen, packen Sie diese in eine einfache Einkaufstüte.

Es kann nur beim Besuchstermin Wäsche getauscht werden!

Strafgefangene sind verpflichtet, Anstaltskleidung zu tragen. Sie können also keine Kleidung mitbringen. Sollte es zu einer Ausnahmeregelung kommen (z.B. Sportkleidung), sprechen Sie diese bitte beim nächsten Besuch mit den Bediensteten ab.

Unabhängig von der Haftart kann den Gefangenen der Besitz eines TV- oder Radiogerätes sowie der Besitz eines Walkman oder einer Spielkonsole gestattet werden. Diese Geräte dürfen ausschließlich zu den Besuchsterminen mitgebracht werden! Maximale Bildschirmdiagonale des TV-Gerätes: 42 cm.

In einigen Bereichen des Besuches kann es zu Sonderregelungen kommen! Alle Sonderbestimmungen können nur in Absprache und mit vorheriger Genehmigung der JVA in Kraft treten! Erkundigen Sie sich also entweder bei einem Ihrer Besuche bei den Bediensteten oder rufen Sie die Anstalt unter der Rufnummer 0221 5973 - 0 an.

JVA-Köln

Maßnahmen zur erzieherischen Ausgestaltung - Gruppeneinteilung, Konsequenzenkatalog (Popshop) und Abstufungsmaßnahmen.

1. In den Hafthäusern für jugendliche und heranwachsende Untersuchungsgefangene der Abteilung „junge männliche Untersuchungsgefangene" bei der JVA Köln, wird der Vollzug in differenzierter Form angeboten. Die Differenzierung ist durch die Einteilung der Gefangenen in sogenannte A-, B- bzw. C-Gruppen gekennzeichnet.

Von dem dazugehörenden Konsequenzenkatalog sollte erst dann Gebrauch gemacht werden, wenn andere behandlerische Maßnahmen nicht mehr zur Verfügung stehen.

I.

Die Grundüberlegung für die Einteilung in Gruppen ist der Gedanke, dass die Gefangenen der A-Gruppe (offene Gruppe) aufgrund ihres positiven Mitwirkens besonders hervorgehoben werden sollen, sowohl in den Ansprüchen, die an sie gestellt werden, als auch in den Möglichkeiten für Begünstigungen und Annehmlichkeiten im Vollzugsalltag.

Von den Gefangenen der B-Gruppe (Regelgruppe) wird erwartet, dass sie ein normales Verhalten im Umgang mit Mitmenschen und Gegenständen zeigen sowie die Einhaltung der Hausordnung beachten.

In der C-Gruppe (geschlossene Gruppe) befinden sich Gefangene, die dieses „normale" Verhalten, welches wir von jedem Mitmenschen erwarten, nicht zeigen.

Im folgenden bedeutet das:

In die A-Gruppe (offene Gruppe) können Gefangene aufgenommen werden, die:

- sich mindestens vier Wochen in der B-Gruppe bewährt haben,

- sich besonders kooperativ verhalten,

- niemanden provozieren,

- Anweisungen zügig nachkommen,

- einsichtig sind und sich nicht in endlose Diskussionen verwickeln,

- sich stets um Arbeit bemühen,

- bei Arbeitseinsatz oder Teilnahme an schulischen Maßnahmen dort eine korrekte Arbeits- und Schulleistung zeigen,

- alltägliche Dinge (z.B. Pünktlichkeit, Absprachen einhalten, Körperpflege, Ordnung zeigen) selbstbestimmend und eigenverantwortlich bewältigen,

- mitarbeitsfähig und verantwortungsbewusst sind.

In die B-Gruppe (Regelgruppe) werden Gefangene eingestuft, die:

- als Zugang in die Abteilung kommen,

- aus der A-Gruppe abgelöst und nicht explizit in die C-Gruppe eingestuft werden,

- aus der C-Gruppe herausgenommen wurden,

- sich an der Hausordnung orientieren und rapportfähig sind,

- soziales Verhalten den Mitinhaftierten und Bediensteten gegenüber zeigen,

- in den Bereichen Körperhygiene und Ordnung beanstandungsfrei sind,

- nicht an alltägliche Dinge des Lebens (z.B. Pünktlichkeit, Absprachen einhalten) erinnert werden müssen.

In die C-Gruppe (geschlossene Gruppe) werden Gefangene eingestuft, die:

- offensichtlich keine Bereitschaft zeigen, sich an die Grundregeln zu halten und zu deren Förderung sie eine/n persönliche/n Betreuer/in benötigen,

- kein Interesse an Arbeits- oder Ausbildungsmaßnahmen bekunden und die Arbeit und Mitarbeit verweigern,

- durch Verstöße gegen Anordnungen oder die Hausordnung auffallen,

- Abzieherei begehen,

- sich an Sachen vergreifen und Gegenstände beschädigen,

- durch ihr Verhalten Dritte gefährden (z.B. durch brennende Gegenstände, Pendeln, schütten heißes Wasser durchs Fenster, werfen brennende Gegenstände aus dem Fenster, etc.)

- keine eigene Lebensbewältigungsstrategie haben,

- Alltäglichkeiten des Lebens (Pünktlichkeit, Absprachen, Körperpflege, Ordnung) entweder nicht oder nur auf Hinweise und Anordnungen bewältigen,

- über wenig Verantwortungsgefühl gegenüber sich selbst (Verwahrlosungstendenz, Selbsttötungsabsichten bzw. Selbsttötungsversuche) und Anderen verfügen (Körperverletzungen, Misshandlungen, verbale Angriffe),

- nicht rapportfähig noch zu einer selbstbestimmenden Lebensführung fähig sind.

II.

Die Inhaftierten der jeweiligen Gruppen können, wenn sie davon selbst aktiv Gebrauch machen, über nachfolgende Rahmenmöglichkeiten verfügen:

A-Gruppe (offene Gruppe):

- Aufschluss (Hobbyraum mit Kicker/ Tischtennis, Sitzgelegenheiten zum Spielen oder Kaffeetrinken, oder Aufenthalt im Freistundenhof), wenn eine ausreichende Freizeitgestaltung gewährleistet werden kann,

- Umschluss auf Wunsch oder wenn der Aufschluss entfällt,

- ein verstärktes Freizeitangebot,

- vermehrte Sportangebote an Wochenenden,

- Teilnahme an Angeboten des AK Bildung (Konzerte).

An den Möglichkeiten der A-Gruppe sollten zeitgleich nicht mehr als 15 Gefangene teilnehmen.

B-Gruppe (Regelgruppe):

- Teilnahme am Umschluss,

- uneingeschränkte Teilnahme am normalen Freizeitangebot.

C-Gruppe (geschlossene Gruppe):

erhalten in der Zeit, in der die Mitglieder der anderen Gruppen am Gemeinschaftsleben teilnehmen, Gelegenheit, über ihre Situation und ihre Anpassungsbereitschaft nachzudenken. Dabei hoffen wir als Bedienstete, dass bei den Gruppenmitgliedern der C-Gruppe die Bereitschaft zur Integrierung in die Gemeinschaft und der Wille zu einer allgemein verträgliche Verhaltensänderung besteht. Den Betroffenen bieten wir dazu unsere Gesprächsbereitschaft an.

III.

Zu den obigen Rahmenbedingungen ist ein zusätzliches Regelwerk zur erzieherischen Ausgestaltung des Vollzuges erforderlich.

Mit diesem Regelwerk soll für alle Seiten Planbarkeit und Transparenz sichergestellt werden.

Zugänge werden grundsätzlich in die B-Gruppe (Regelgruppe) eingestuft. Sie können frühestens nach vier Wochen einen Antrag auf Einstufung in die A-Gruppe stellen.

Gefangene, die aus disziplinarischen oder sonstigen Gründen wieder aus der A-Gruppe herausgenommen werden mussten und dabei der B-Gruppe zugeführt wurden, können frühestens nach Ablauf von 14 Tagen einen Neuaufnahmeantrag stellen.

Gefangene der C-Gruppe können frühestens nach Ablauf von vier Wochen einen Antrag auf Einstufung in die B-Gruppe stellen. Zur Aufnahme in die B-Gruppe ist zwingend vorrausgesetzt, dass in den letzten beiden Wochen keine negativen Eintragungen im Wahrnehmungsbogen (W-Bogen) erfolgt sind.

Einer Abstufung in die C-Gruppe (geschlossene Gruppe) geht immer ein (meldepflichtiges) besonderes Vorkommnis voraus. Das bedeutet, dass für jede Abstufung in die C-Gruppe zuvor eine schriftliche Meldung vorliegen muss (wichtig ist die Dokumentation; es erfolgt ein entsprechender Eintrag im W-Bogen und die hausinternen Listen sind zu ergänzen).

1 Tag POP SHOP wird verhängt, wenn:

- Müll aus dem Fenster geworfen wird,

aus dem Fenster gebrüllt wird,

- überlaute Musik als störend bemerkt wird,

- sonstige Ruhestörungen wahrgenom men werden,

- die Licht-/ Notrufanlage grundlos oder missbräuchlich betätigt wird,

- Anweisungen nur sehr zögerlich nach gekommen wird,

- gegen die Haftraumtüre getreten wird.

Je nach Intensität, Häufigkeit und Einschätzung der Kolleg/innen vor Ort können die vorgenannten Handlungen auch mit 1 - 3 Tagen POP SHOP geahndet werden.

2 Tage POP SHOP werden verhängt, wenn:

- die nächtliche Ruhe gestört wird,

- Anweisungen nicht nachgekommen wird,

- Sachen und Gegenstände beschädigt werden (z. B. Kokeln mit dem Feuer zeug, zerreißen von Bettwäsche, Zellen wände beschmieren)

- gefährliche Gegenstände benutzt wer den (z.B. Moped bauen)

3 Tage POP SHOP werden verhängt, wenn:

- Brenner benutzt werden,

- Beleidigungen jeglicher Art gegenüber Bediensteten und Mitinhaftierten geäußert werden

Je nach Situation und Einschätzung der Kolleg/innen können hierzu bis zu 7 Tage POP SHOP verhängt werden oder, wenn durch Vorlage einer Meldung eine Abstufung in die C-Gruppe erfolgt. Jede bemerkte Beleidigung soll berücksichtigt werden, auch wenn die beleidigten Personen sich nicht angesprochen fühlten.

7 Tage POP SHOP werden verhängt, wenn:

- jemand schuldhaft von der Arbeit abgelöst wird,

- verbale oder körperliche Auseinander setzungen stattgefunden haben (dabei ist es unerheblich, ob körperliche Verlet zungen eintraten)

Bei einem Vergehen eines Gefangenen der A-Gruppe, welches mit 1-2 Tagen POP SHOP geahndet wird, erfolgt eine Abmahnung.

Sollte sich das Verhalten nicht bessern oder eine nochmalige Verhängung von POP SHOP erforderlich sein, so ist er in die B-Gruppe herabzustufen. Eine Herabstufung erfolgt auch bei einer Verhängung von POP SHOP ab 3 Tage.

Als Konsequenzen aus dem Regelwerk folgen:

Für die Dauer des POP SHOP werden Radios und TV Geräte eingezogen.

Gehören die Geräte dem nicht betroffenen Spannmann, wird nach Möglichkeit eine Verlegung auf eine radio- und fernsehfreie Zelle vorgenommen.

Ab 3 Tage POP SHOP wird der Inhaftierte auf eine Einzelzelle gelegt.

Die Dokumentation des POP SHOPs erfolgt über die W-Bögen.

Ab 3 Tage POP SHOP ist zusätzlich noch ein Popshopzettel auszufüllen, der dem Bereichsleiter vorzulegen ist.

Diese Verfügung tritt mit Wirkung vom 01.01.2006 in Kraft.